# Mr. Midshipman Glover, RN

## Eine Geschichte der Royal Navy von heute

TT-Jeans

**Writat**

Diese Ausgabe erschien im Jahr 2024

ISBN: 9789359948737

Herausgegeben von
Writat
E-Mail: info@writat.com

# Inhalt

# Vorwort

In dieser Geschichte der modernen Royal Navy habe ich mich bemüht, während ich viele Abenteuer sowohl an Land als auch zu Wasser erzählte, die Denk- und Sprachgewohnheiten verschiedener Arten von Offizieren und Männern des höheren Dienstes darzustellen, die unter der White Ensign leben und dienen, um Tag.

Um dies noch anschaulicher zu erreichen, habe ich dafür gesorgt, dass einige der Hauptfiguren voneinander die Handlungsstränge der Geschichte aufnehmen und die Beschreibung der Ereignisse aus ihrer eigenen Sicht fortführen; Der Rest der Geschichte ist in der dritten Person geschrieben, wie von einem externen Erzähler.

Ich hoffe, dass diese Methode dem Buch zusätzliches Interesse verleiht.

Ich habe große Unterstützung von mehreren Artillerie-, Torpedo- und Pionierleutnants erhalten, die die Manuskripte so gelesen haben, wie sie geschrieben wurden, viele Detailfehler korrigiert und viele nützliche Vorschläge gemacht haben.

Die Geschichte darf daher den Anspruch erheben, technisch korrekt zu sein.

TT-JEANS,

CHIRURG KONTERADMIRAL, KÖNIGLICHE MARINE

# KAPITEL I

## Das Glück von Midshipman Glover

Im Ausland bestellt. Hurra!

*Midshipman Glover erklärt, wie ihm das Glück kam*

Alles begann völlig unerwartet, als wir Urlaub hatten und bei Mellins auf dem Land wohnten.

Wenn ich „wir" sage, meine ich Tommy Toddles und mich. Sein richtiger Name war Foote, aber niemand nannte ihn jemals anders als „Toddles", und ich glaube, dass er fast vergessen hätte, wie sein richtiger Name eigentlich war, wenn er nicht auf der Messingplatte auf dem Deckel seiner Seekiste eingraviert gewesen wäre , und wenn er nicht verpflichtet gewesen wäre, es sehr deutlich auf seiner Wäsche markieren zu lassen.

*Britannia vor zwei Wochen* verlassen – auch als vollwertige Midshipmen, was alles nur einem Glücksfall zu verdanken war – und wohnten beide bei Christie im Haus seines Vaters in Somerset.

Es war Christie, den wir Mellins nannten, weil er so ungeheuer dick war; und obwohl es ihm überhaupt nichts ausmachte, dass wir das taten, war es während unseres Aufenthalts in seinem Haus ziemlich unangenehm, denn wir konnten kaum anders, als seinen Vater „Colonel Mellins" zu nennen.

Sehen Sie, er war noch dicker als Mellins selbst, und gleich am ersten Abend, als wir dort waren – wir waren beide nur ein wenig nervös – nannte Toddles ihn Colonel Mellins, als wir ihm „Gute Nacht" wünschten, und er starrte uns so böse an heftig, dass wir uns in unser Zimmer schlichen und wirklich dachten, wir sollten besser weglaufen.

Wir öffneten sogar das Fenster und schauten mit einem elenden Gefühl hinaus, um zu sehen, ob es möglich sei, über den Efeu oder den rostigen alten Wasserspeier hinunterzuklettern, ohne alle zu wecken, als plötzlich Mellins mit einem Kissen hereinplatzte, das er ganz schön zusammengeknüllt hatte, und hätte uns fast aus dem Fenster geschleudert. Als wir ihn schließlich zurück in sein Zimmer am anderen Ende des Korridors fuhren und ihn platt machten, hatten wir alles vergessen, krochen wie Mäuse zurück und schliefen ein.

Genau zu dieser Zeit erschienen in den Zeitungen die außergewöhnlichen Meldungen über die Zunahme der Piraterie an der chinesischen Küste und darüber, wie sich einige chinesische Kaufleute zusammengetan hätten, um in

England Schiffe zu kaufen und eine Expedition zur Säuberung des Meeres auszurüsten.

Sie können sich vorstellen, wie interessiert wir drei waren, zumal Toddles' Vater vor fünfzig Jahren an zahlreichen Kämpfen mit den kantonesischen Piraten teilgenommen hatte und Toddles die aufregendsten Geschichten herunterplapperte, die ihm sein Vater erzählt hatte.

Wir sahen in den Zeitungen, dass die Admiralität im Begriff war, Marineoffiziere zur Übernahme des Kommandos zu entsenden, aber es kam uns nie in den Sinn, dass wir möglicherweise einen Blick hineinwerfen könnten, bis eines Morgens ein Brief für mich von Cousine Milly eintraf, deren Vater ein alter Admiral ist Er lebt in Fareham und ist nicht besonders freundlich, wenn ich ihn besuche.

Meine Tante! Waren wir nicht aufgeregt! Sie schrieb tatsächlich, dass sie dachte, sie könnte mich in das Geschwader ernennen, wenn ich gehen wollte, da der Kapitän, der das Kommando übernahm, ein guter Freund von ihr war.

Sie können sich vorstellen, was ich geschrieben habe und wie ich sie mit Butter bestrichen, sie als Vollidiotin bezeichnet und gesagt habe, sie sei eine „perfekte Reißerin". Am Ende sagte ich: „Mr. Arthur Bouchier Christie, Midshipman, und Mr. Thomas Algernon Foote, Midshipman, meine Freunde, würden gerne auch gehen."

*Britannia* verlassen hatten . Sie stehen ganz oben auf der Liste und müssen daher ziemlich gut darin sein, „X und Y" zu jagen, was natürlich einen großen Vorsprung in der Marine darstellt.

Zwei Morgen danach schickte mir Milly eine Postkarte: „Ich hoffe, wir schaffen das für euch drei."

Danach waren wir so aufgeregt, dass wir nichts anderes taten, als auf den Postboten zu warten, und sogar zum Dorfpostamt gingen und dort herumlungerten, fast in Erwartung eines Telegramms.

Nun, Sie werden es kaum glauben! Schon am nächsten Morgen standen unsere Termine in der Zeitung.

Ich habe die Liste auch jetzt noch irgendwo verstaut, und sie begann:

„Die unten genannten Offiziere der Royal Navy wurden zur Hälfte bezahlt und an die kaiserlich-chinesische Regierung für besondere Dienste ausgeliehen."

Ganz unten auf der Liste stand „Midshipmen", und wir hätten vor Aufregung fast Colonel Christies Papier zerrissen, als wir in sehr kleiner Schrift und unter vielen anderen Namen Arthur B. Christie, Harold S. Glover (das war …) lasen ich selbst – Hurra!) und Thomas A. Foote.

Nun, ich kann Ihnen nicht viel darüber erzählen, was danach geschah, denn wir waren einfach verrückt vor Freude; Aber ich erinnere mich, dass mein Vater und meine Mutter dem Ganzen einen Dämpfer versetzten, als ich nach Hause eilte.

Und als meine Sachen gepackt und zum Bahnhof gefahren waren, kam ich mir ziemlich brutal vor, denn alle weinten, und selbst mein Vater reagierte etwas heiser, als ich ihm Lebewohl wünschte. Ich glaube, mir muss auch etwas ins Auge geraten sein, wahrscheinlich eine Fliege, aber sie war nicht da, als der Zug in den Hafenbahnhof von Portsmouth einfuhr und Mellins und Toddles mich abholten und mich zum Ende des Piers schleppten, um unser erstes zu holen Blick auf unser neues Schiff, das in Spithead lag.

Jetzt müssen Sie lesen, wie all diese Dinge entstanden sind, sonst werden Sie sie nie richtig verstehen.

# KAPITEL II

## Helston erhält einen seltsamen Brief

Helstons Pech – Ping Sang erzählt von Piraten – Ping Sang macht ein Angebot – Helston jubelt

Im Jahr 1896 führten zwei Marineoffiziere ein etwas eintöniges, eintöniges Leben in dem ruhigen kleinen Dorf Fareham in Hampshire, das sich unter den von einer Festung gekrönten Portsdown Hills schmiegt und fast in Hörweite des unaufhörlichen Klapperns der Nieten und Hämmerungen der Mächtigen liegt Werften von Portsmouth.

Diese beiden Männer hatten beide vor vielen Jahren auf dem kleinen Kanonenboot *Porcupine* in China gedient, und ihre vielen Eskapaden und Abenteuer hatten häufig den Zorn des Admirals, der diese Station befehligte, auf sich gezogen. Wohin auch immer das *Stachelschwein* ging, es würde mit Sicherheit irgendeinen Ärger geben. An einer Stelle beschwerte sich ein empörter Taotai[#] darüber, dass alle Waffen – veraltete alte Vorderlader – in seiner Festung eines Nachts in den Graben gefallen seien; ein anderes Mal kamen sie nur knapp mit dem Leben vor einem wütenden Mob davon, während sie tatsächlich einen äußerst grotesken, aber noch höher verehrten Joss aus dem Tempel trugen, zu dessen Schändung sie die örtlichen Priester überredet und bestochen hatten, ihnen zuzuzwinkern.

[#] Taotai = Militärrichter.

Als Kameraden bei jedem Abenteuer und Kameraden in diesen vier aufregenden Jahren waren sie schließlich mit halbem Sold zusammengekommen und hatten sich mit ihrem alten Marinediener Jenkins, einem wortkargen alten Mann, der sich um sie kümmerte, in diesem Dorf niedergelassen .

Beide Männer waren unter vierzig Jahre alt, obwohl eine genauere Schätzung schwierig gewesen wäre, denn der kleinere der beiden ertrug sich mit der Kraft und Wachsamkeit von dreißig, doch sein Gesicht war alt mit den Falten und Furchen der Sorge und Traurigkeit. Während die große, hagere Gestalt des Zweiten nicht so aufrecht gehalten wurde und seine Handlungen auch nicht so energisch waren, verlieh das jugendliche Feuer in seinen Augen seinem meergebräunten Gesicht und seinen dünnen, eng zusammengezogenen Lippen und dem hervorstehenden Kiefer das Aussehen ein Mann, der den Höhepunkt seiner Männlichkeit noch nicht erreicht hatte.

Der kleinere Mann hieß Fox, ein Arzt, der bei seiner Heirat aus dem Dienst ausgeschieden war, nur um ein Jahr später seine Frau und mit ihr seine ganze Lebensfreude zu verlieren. Er ließ sich in diesem Dorf in der Nähe ihres Grabes nieder, eröffnete eine kleine Praxis, die nur wenig Zeit in Anspruch nahm, und führte ein Leben, aus dem sein großer Kummer jede Spur seines früheren Ehrgeizes ausgelöscht zu haben schien.

Nicht so der größere Mann, Helston, ein Kommandant, der als Invalide entlassen und auf die Hälfte seines Soldes gesetzt worden war und an den Folgen von Fieber litt, das er sich auf Kreuzfahrten vor der Westküste Afrikas, in China und im Mittelmeer zugezogen hatte. Obwohl sein Körper durch Krankheiten geschwächt war, freute er sich stets über die Aussicht auf Wiederherstellung seiner Gesundheit und seines vollen Lohns und träumte sehnsüchtig von der Zeit, in der er wieder über Wasser gehen und schließlich sein eigenes Schiff befehligen könnte.

Er fand jedoch im Allgemeinen ein äußerst unsympathisches Publikum im Doktor, der mit kaum verhohlener Langeweile seinen rosafarbenen Plänen zuhörte und zynisch sagte: „Wer zum Vergnügen zur See fährt, würde für einen Zeitvertreib ins Gefängnis gehen." Hören Sie auf meinen Rat und besorgen Sie sich ein gemütliches Quartier bei der Küstenwache, und belästigen Sie das Meer nicht mehr. Es hat Ihnen nicht viel gebracht.

„Es ist alles mein Pech, Doc, alter Junge", antwortete Helston; „Keine Schuld des Meeres. Ich habe als Jugendlicher den Idioten gespielt, war oben bei der Admiralität immer in Ungnade gefallen, und jetzt, mit diesem faulen Fieber in mir, werden sie mich nicht wieder einstellen."

Aber er endete immer mit: „Nun, ich habe die letzten drei Jahre geduldig genug gewartet, und das Glück muss sich bald wenden."

Bei einer solchen Gelegenheit, als die Wärme und Helligkeit eines Maitages Helston mehr als sonst von seinen Chancen auf einen vollbezahlten Dienst begeistert hatte, knurrte Dr. Fox, während er die Asche aus seiner Pfeife klopfte: „Das nächste Schiff, tatsächlich." ! Sie reden von nichts als Schiffen und Meer, Meer und Schiffen, wenn Sie doch einen Badestuhl kaufen sollten, den Sie hineinrollen können.

„Macht nichts, alter Junge, ich bin nicht so schlimm, und ich wette, dass sie mir in weniger als sechs Monaten ein Schiff geben!"

„Wenn sie es tun, werde ich mitkommen", spottete der Doktor, als er launisch ins Bett stolzierte.

„Das ist ein Schnäppchen", rief Helston ihm fröhlich hinterher.

Ein Grund, warum Helston sich hier beim Doktor niedergelassen hatte und die große Quelle seiner ehrgeizigen Träume war, war eine bestimmte Dame namens Milly, die zusammen mit ihrem Vater – sein Name ist nicht notwendig, denn er wurde immer als „der" bezeichnet Admiral" oder „Miss Millys Vater" – lebte in der Nähe des Dorfes. Er hatte sie viele Jahre lang ständig umworben und kannte sie seit ihrer Geburt, aber die etwas verächtliche kleine Dame hatte ihn viele Male abgelehnt, allerdings nicht ohne ihm eine leichte Hoffnung auf besseren Erfolg zu geben, falls er jemals in den Rang einer befördert würde Kapitän. Da Mistress Milly jedoch nie persönlich in diese Geschichte einsteigt, muss über sie nichts weiter gesagt werden, als dass sie eine der bezauberndsten kleinen Flirts war, die jemals einen alten Vater tyrannisierte oder das Herz jedes Mannes, den sie traf, verwüstete.

Ein paar Wochen nach diesem Vorfall und während die beiden beim Frühstück waren, stolperte der alte Dorfpostbote den Weg hinauf, der zu ihrem Haus führte, und Jenkins, ein düsterer, mürrischer Mann mit wenigen Worten, brachte einen großen offiziellen Umschlag herein.

„Was habe ich gesagt, alter Junge?" rief Helston aufgeregt und riss es auf. „Habe ich nicht gesagt, dass sich mein Glück ändern würde? Hallo! Das ist kein gewöhnlicher Termin. Was ist das?" Eine große Anzahl von Papieren fiel auf den Tisch, und als der Doktor einige Anzeichen von Interesse zeigte, untersuchten die beiden Männer sie hastig, während Jenkins stramm dahinter stand, um die Neuigkeit zu erfahren.

Der erste kam von der Admiralität, die Helston darüber informierte, dass die Beilagen über die chinesische Botschaft eingegangen seien, und ihm befahl, sich sofort in Whitehall zu melden. Bei diesen Anlagen handelte es sich um Listen von Schiffen, die in den letzten Jahren an der chinesischen Küste zerstört worden sein sollen, Listen chinesischer Kriegsschiffe, die während des Chinesisch-Japanischen Krieges zerstört worden sein sollen, und Dokumente, die den allmählichen Anstieg der Versicherungsprämien für diese Schiffe belegen der chinesische Küstenhandel.

„Wo ist Ihr Termin?" höhnte der Doktor. „Ich gehe zu meinen Patienten."

„Ich habe es verstanden, Doc. Schauen Sie hier! Erinnern Sie sich an den alten Mandarin, den wir einmal bei Cheefoo aus einer misslichen Lage gerettet haben? Nun, hier ist ein Brief von ihm. Hören Sie!" Als Helston dies sagte, setzte er sich auf den Tisch und las es laut vor, während der Doktor ungeduldig seine Pfeife stopfte:

„LIEBER KOMMANDANT HELSTON, vielleicht erinnern Sie sich daran, dass Sie mir vor vielen Jahren bei Cheefoo das Leben gerettet haben? Jetzt kann ich Ihnen vielleicht einen Gefallen tun."

„In den letzten drei oder vier Jahren gab es eine sehr große Anzahl von Dampfern, Schiffen und Dschunken, die im Küstenhandel eingesetzt wurden und den Hafen unter günstigen Umständen und offenbar in gutem Zustand verlassen haben, von denen man jedoch seitdem nichts mehr gehört hat. Die Zahl ist schnell so groß geworden, dass ich und mehrere an der Schifffahrt interessierte Freunde vermutet haben, dass dieses Verschwinden nicht auf natürliche Ursachen zurückzuführen ist. In diesem Jahr haben beispielsweise drei unserer neuesten Dampfer Nagasaki voller wertvoller Fracht verlassen Keiner von ihnen konnte schlechtes Wetter erlebt haben, doch seitdem hat man von keinem von ihnen gehört. Seltsamerweise transportierten sie eine große Menge militärischer Vorräte nach Peking, die von deutschen Dampfern umgeladen worden waren, und alle drei verließen das Schiff innerhalb von drei Wochen Kapitäne waren Engländer – auch sehr gute Männer – und was die Besonderheit ihres Verschwindens noch verstärkt, ist die Tatsache, dass der Kapitän des englischen Postdampfers, der dem letzten aus dem Hafen folgte, acht Stunden später an ihm vorbeigekommen wäre, wenn er es gewesen wäre auf ihrem richtigen Kurs, habe sie nie gesichtet. Wir haben die Küste erfolglos nach Spuren von Wrackteilen abgesucht, und erst in den letzten zwei Monaten haben wir einen Hinweis erhalten.

„Eine unserer großen Dschunken aus Formosa machte sich wegen Wassermangels auf den Weg zu einer Insel, von der zuvor berichtet wurde, dass sie nur gelegentlich von koreanischen Fischern bewohnt sei. Ein paar Männer gingen an Land, um die Fässer zu füllen, fanden die Fischernetze verlassen und kein Wasser, Also folgten sie einem Pfad, der ins Landesinnere führte und einen Hügel hinaufführte. Als sie fast oben angekommen waren, stießen sie auf vier tote Chinesen, die an Bäumen hingen, und obwohl sie große Angst hatten, gingen sie weiter, bis sie auf der anderen Seite des natürlichen Hafens in Sicht kamen Sie schwören feierlich, dass sie vor Anker zwanzig oder dreißig Dampfer und mehrere Kriegsschiffe gesehen haben und dass es am Ufer viele Lagerhäuser (Go-Downs) und Hütten und eine sehr große Anzahl von Eingeborenen gab. Sie gingen gerade hinunter, um Wasser zu holen, als einer dieser Männer, der glücklicherweise früher zur Besatzung der *Tslai-ming* , unseres Spitzendampfers, gehört hatte, sie dort liegen sah. Er ist ein süßer Kerl, und kam sofort zu dem Schluss dass es sich dabei um Piraten handelte (erinnern Sie sich, wie schrecklich sie sich vor „Pilonen" fürchteten?) und mit seinen Kameraden zu ihrem Boot zurückliefen.

„Sie haben uns diese Nachricht überbracht.

„Vor vier Jahren, als diese Insel das letzte Mal besucht wurde, wurde sie als unbewohnt gemeldet. Ich persönlich habe nicht an der Geschichte der Männer gezweifelt. Tatsächlich sind sie so verängstigt und haben ihre Geschichte so freizügig verbreitet, dass es schwierig ist, eine Antwort zu bekommen Crew zusammen für jeden Hafen südlich von Amoy.

„Ich habe sehr sorgfältige Nachforschungen angestellt, um die Anwesenheit der Kriegsschiffe zu erklären, und habe herausgefunden, dass viele der Kriegsschiffe und fast alle Torpedoboote, die während des letzten Krieges an Land gefahren wurden, um einer Gefangennahme zu entgehen, Ist verschwunden.

„Die örtlichen Mandarine und Beamten wissen natürlich nichts, aber von den in der Nähe lebenden Eingeborenen erfahre ich, dass große Schiffe kamen und einige Wochen in der Nähe der gestrandeten Schiffe blieben und sie schließlich abschleppten. Es besteht kein Zweifel, dass zwei, wenn nicht drei, Kreuzer in schlechter Lage wurden an ein paar Europäer verkauft und sind verschwunden, wo niemand weiß. Auch ein paar der Jangtse-Korvetten sind auf mysteriöse Weise verschwunden.

„Ich erinnerte mich an den Thron, aber sie taten nichts und machten sich über meinen Bericht lustig. Die Mandarine erwischten meine Informanten, folterten sie, bis sie die Wahrheit ihrer Geschichte leugneten, und lachten mich dann natürlich aus.“

„Der Handel stand praktisch still, also beschlossen wir, einen unserer besten Kapitäne, einen Engländer, zu schicken, um zu sehen, ob die Geschichte der Männer stimmte. Er landete nachts von einer Dschunke, verkleidet als Eingeborener, und verbrachte einen Tag Er berichtet, dass dort mit Sicherheit drei Kreuzer und sieben Torpedoboote vor Anker liegen und mindestens zwanzig Küstendampfer, darunter auch die drei, die mit Schiffen beladen verschwanden An der engen Hafeneinfahrt arbeiteten große Mengen Kulis , und soweit er sehen konnte, rüsteten sie hinter Erdwällen mit Waffen aus. Er glaubte, einige Europäer erkennen zu können Plan des Hafens, der die Positionen von Schiffen, Gebäuden und Kanonen markiert.

„Ich beschloss, ihn am nächsten Tag zu einigen der Minister zu bringen, die ich persönlich kannte, weil ich dachte, dass sie den Worten eines Engländers mehr Aufmerksamkeit schenken würden. Ich muss Ihnen sagen, dass die drei Eingeborenen, die als erste die Nachricht überbrachten und gefoltert wurden, um sie zu leugnen Sie waren verschwunden, und da es sich um sehr ehrliche, treue Männer handelte, vermutete ich, dass es sich um eine hinterhältige Handlung handelte, und um den Engländer in Sicherheit zu bringen, ließ er ihn in dieser Nacht in meinem *Yamen schlafen* , und am nächsten Morgen wurde seine Leiche gefunden Tage später in einem unteren Viertel der Stadt, aller Wertsachen beraubt, einschließlich des Plans, den er in seiner Handtasche hatte, obwohl dieser selbst nicht mitgenommen wurde. Der Pförtner sah ihn hinausgehen, und es besteht kein Zweifel, dass seine Gewohnheiten instabil waren , aber trotzdem ist sein Tod sehr verdächtig.

„Natürlich hatte ich keinen ausreichenden Beweis für die Regierung, aber meine Freunde und ich zeichneten zehn Millionen Dollar und baten die

Regierung um weitere fünf Millionen, um eine Expedition auszurüsten und diese Piraten zu vernichten, und boten an, ihnen die Männer zu übergeben …" Wir hatten vor, das Land zu kaufen, und auch einen Teil unserer Rückeroberungen. Sie weigerten sich zunächst, dachten aber, man könne damit Geld verdienen, und versprachen uns vier Millionen, den Schutz der Reichsflagge und die Nutzung ihrer Werften.

„Wir hatten darüber nachgedacht, uns an eine europäische Macht zu wenden, um die Angelegenheit aufzugreifen; aber Sie wissen ja, wie groß die Spannungen hier draußen derzeit sind und wie heftig die internationalen Eifersüchteleien sind; wir kamen daher zu dem Schluss, dass es Jahre dauern würde, dies zu erreichen." etwa über die gewöhnlichen diplomatischen Kanäle, und da der jährliche Handel für uns zwischen 10.000.000 und 20.000.000 Pfund wert ist, können wir es uns nicht leisten zu warten.

„Als Präsident des China Trading Defense Committee bin ich daher befugt, Ihnen die Kontrolle über dieses Geld anzubieten, wenn Sie die Verantwortung übernehmen, mit größtmöglicher Geschwindigkeit eine kleine Expedition zu organisieren, um uns von dieser unerträglichen, zerstörerischen Piraterie zu befreien." unser Gewerbe.

„Sie erhalten diesen Brief und die beigefügten Listen und Tabellen von unserem Botschafter in London, der Ihnen alle Möglichkeiten zur Gewährung imperialer Provisionen für Ihre Schiffe und Offiziere sowie alle Informationen geben wird, die er kann."

„Ich weiß genug über Ihre Verdienste, um zu glauben, dass Sie Ihre Aussichten verbessern werden, wenn Sie das Kommando über diese Expedition übernehmen, und es ist mir eine große Freude, Ihnen die Gelegenheit dazu zu geben."

„Übermitteln Sie mir Ihre Entscheidung und Ihre Pläne; machen Sie sich keine Sorgen um Geld – Eile ist das Wichtigste. – Ihr aufrichtiger Freund,

„PING SANG.

„TIENTSIN, *17. März.*

„ *PS* : Wenn Sie das Kommando nicht annehmen, wird es Leutnant Albrecht von der Kaiserlichen Deutschen Marine angeboten.

„Ich hoffe, dem Doktor mit den breiten Schultern und den schrecklichen Fäusten geht es gut. Gib ihm mein ‚Kinn-Kinn' und bring ihn mit, wenn du kannst."

Helston beendete die Lektüre und beide Männer starrten einander voller Erstaunen an, während Jenkins heimlich damit begann, das Frühstücksgeschirr herauszunehmen.

„Nun, von all den verrückten, dummen Plänen, von denen ich je gehört habe!" keuchte der Doktor.

„Da ist etwas dran, alter Junge. Ping Sang war einer der reichsten Mandarinen Chinas, als wir vor vielen Jahren dort draußen waren. Ein großartiger Kerl, wie Sie sich erinnern, und in seinen Ansichten praktisch ein Engländer – er ging nach Charterhouse, als er war ein Junge – und außerdem hat seine Regierung es aufgegriffen, und ich muss mich der Admiralität melden; also glauben sie offensichtlich daran, alter Mann", fuhr Helston fort, „wenn das alles wahr ist." Beförderung daraus, und das bedeutet – Sie wissen es genauso gut wie ich – das bedeutet Milly. Und er tanzte durch den Raum, als hätte er nie Fieber in seinen rheumatischen Beinen gehabt.

„Hören Sie mit dieser Dummheit auf und fahren Sie nach London und finden Sie heraus, ob das alles ein Stutennest ist oder nicht", sagte der Doktor. „Jenkins, gehen Sie und bereiten Sie sofort die Sachen des Kommandanten vor."

„Für China, Sir?"

„Nein. Für London, du Narr!"

„Sehr gut, Sir", und los ging Jenkins.

„Nun, auf Wiedersehen, Helston, ich mache mich auf den Weg in die Praxis. Machen Sie sich nicht zum Narren und teilen Sie mir das Ergebnis mit."

Als der Doktor zurückkam, war Helston verschwunden, und es war später Abend, als ein Telegramm die Nachricht von ihm brachte. Der Doktor öffnete es hastig: „Aufrichtiger Job – Befehl angenommen. Alle Kleidungsstücke schicken – kann nicht zurückkommen – zu beschäftigt."

Drei Tage später erhielt er einen langen Brief. Darin schrieb Helston, dass er in den letzten Tagen ständig mit der Admiralität, dem Auswärtigen Amt und der chinesischen Botschaft in Kontakt gewesen sei, um vorläufige Einzelheiten zu klären. „Die Bank von England hat auf Anraten des Botschafters und von Ping Sang eineinhalb Millionen auf meinem Guthaben, das Geld ist also sicher genug, und ich versuche, jedes Schiff zu ergattern, das in den nächsten drei Jahren bereit sein wird." Unsere Admiralität wollte zunächst nicht, dass ich das Kommando übernehme, aber ich wusste, was das bedeutete. Also sagte ich ihnen das Wenn ich das Kommando nicht absolut und vollständig übernehmen würde, würde ich es aufgeben, und das bedeutete natürlich, dass die Deutschen einen Blick hineinwerfen würden. Das steckte in ihren Mägen fest, also machten sie sich auf den Weg, und ich soll mein sein Ich habe einen eigenen Chef und habe alle Offiziere, die ich will, und einen großen Anteil an Männern von der Marine. Sie haben mir ein

Büro und ein paar Angestellte gegeben, und schon bin ich furchtbar beschäftigt.

„Soweit ich das beurteilen kann, scheint ihre Idee zu sein, dass ein paar Kreuzer vom Typ *Apollo* und zwei oder drei Zerstörer für meine Zwecke ausreichen und durchaus im Rahmen meiner Möglichkeiten liegen; wenn ich nicht in der Lage bin, die Piraten zu zerstören, deren Obwohl sie immer noch an ihrer Existenz zweifeln, werde ich zumindest in der Lage sein, die Insel zu blockieren, bis sich die gegenwärtige politische Spannung etwas entspannt hat, und dann hoffen sie, einige Schiffe von unserer Flotte abtrennen zu können, um mir zu helfen, insbesondere wenn ich das schlüssig beweisen kann „Sie können auf die Existenz dieser Piraten verwetten", schloss Helston, „wenn es mir gelingt, ohne Einmischung aus England wegzukommen und an Hongkong vorbeizukommen, werde ich jetzt nicht auf andere Hilfe warten müssen." und wenn es nur etwa achtzehn Monate dort bleibt, werde ich ein gemachter Mann sein.

"Dummkopf!" dachte der Doktor; „Er grübelt ständig über sein Unglück. Wenn die Menschen die Dinge nur positiv sehen würden, würden wir weniger von diesem verhängnisvollen Unglück hören, von dem sie immer glauben, dass es ihnen folgt."

Als er von der Runde seiner sehr begrenzten Praxis zurückkam und die auf ihn wartende Londoner Zeitung aufschlug, fluchte er wütend, als er sah, dass zwei Kolumnen der geplanten Expedition gewidmet waren. „Dummer Idiot! Er verrät sich diesen Interviewern. Es macht ihn vielleicht berüchtigt, aber der Admiralität wird es nicht gefallen; und wenn es Piraten gibt , werden sie seine Pläne und Pläne erfahren, fast sobald er sie selbst kennt."

# KAPITEL III

## Die Ausstattung eines Geschwaders

Helston betrügt den Doktor – Wertvolle Informationen – Der Doktor macht einen Handel – Das Geschwader versammelt sich

Es war ein Monat vergangen, in dem der Doktor in den Papieren sah, dass Helston in Elswick einen Kreuzer erworben hatte, der auf „spec" gebaut war, einem Panzerkreuzer, der von Laird's gebaut wurde, für eine südamerikanische Republik, die auf ihren Anspruch auf sie verzichtet hatte und drei Zerstörer, die bei Yarrow, Thorneycroft und Laird fertiggestellt wurden. Ende des Monats lief er auf ein Telegramm hin nach London und traf Helston in Waterloo.

„Ich hätte dich kaum kennen sollen", sagte er und ergriff seine Hand; „Du siehst doppelt so gut aus wie vor sechs Wochen. Für welchen dummen Auftrag hast du mich hierher gebracht?"

„Ich zeige dir meine kleine Flotte, alter Junge. Wie geht es Milly und ihrem alten Vater?"

„Es geht ihr gut. Als ich sie das letzte Mal gesehen habe, habe ich Don Quijote nach ihr gefragt; aber verwirr dich, ich bin hungrig, ich will deine Schiffe nicht sehen. Ich habe in meinem Leben genug gesehen; du hättest es wissen sollen." Das."

„Dann komm mit, alter Junge, wir essen etwas und machen dich besser gelaunt", antwortete Helston lächelnd und brachte ihn in sein Hotel.

Am Nachmittag besuchten sie Yarrows Werft und fuhren am nächsten Tag flussaufwärts nach Chiswick, wo Thorneycrofts Zerstörer mit seinen Motoren und Kesseln an Bord fast startbereit lag. „Komischer Zustand, Doc, alter Junge", begann Helston, während er ihre glatten Seiten tätschelte, „dass ich Schiffe kaufe. Stellen Sie sich vor, ich hätte vor sechs Wochen jemals Schecks im Wert von drei Vierteln unterschreiben müssen eine Million und denke dir nichts dabei!"

„Wie viel hat dich das gekostet?" fragte der Doktor grimmig.

„Etwas mehr als 40.000 Pfund – ein Flohbiss", lachte Helston; „Und sie soll nächste Woche ihre Probefahrten absolvieren – garantiert dreißig Knoten. Das würde Ihre elende Leber durcheinander bringen, Doc, wenn Sie mit mehr als fünfunddreißig Meilen pro Stunde dahinrasen! Es ist eine komische Sache, aber es gab mehrere Angebote für sie In den letzten Tagen habe ich also sofort einen Scheck ausgestellt und sie bekommen. Die anderen waren ein wenig skeptisch, was das Bargeld angeht.

„Einige dieser kleineren Republiken sind es immer", lachte der Manager, der in ihrer Nähe stand.

„Von allen anderen war es auch Patagonien", fuhr Helston fort. „Sie hat versucht, alle meine Schiffe zu bekommen, und seltsamerweise war sie noch nie zuvor auf dem Markt und besitzt auch nicht so etwas wie ein Schiff."

„Ich gehe davon aus, dass sie genauso zivilisiert werden möchte wie einige ihrer Nachbarn und eine Rebellion gegen die Armee starten möchte", fügte der Manager hinzu.

Nach dem Abendessen an diesem Abend zeigte Helston dem Doktor eine Liste der von ihm ausgewählten Offiziere, darunter mehrere, die sie aus alten Zeiten kannten. Die Admiralität hatte sie alle zur Hälfte bezahlt und sie für achtzehn Monate an die chinesische Regierung ausgeliehen, sobald Helston ihre vorübergehenden Aufträge für das Geschwader, das er ausrüstete, ausgestellt hatte. Der chinesische Botschafter war ermächtigt worden, ihre Aufträge zu unterzeichnen, und die Schiffe sollten den Gelben Drachen fliegen.

„Wie ich sehe, haben Sie noch keine Ärzte", sagte der Doktor. „Ich nehme an, niemand war so dumm, sich freiwillig zu melden."

Helston öffnete eine Schublade in seinem Schreibtisch.

„Da sind Sie, fast fünfhundert Männer in der Marine, der Armee und aus allen Teilen der Welt."

„Ich wusste nicht, dass es so viele Narren auf der Erde gibt", knurrte der Doktor. „Wem willst du die Gelegenheit geben, zu ertrinken oder in die Luft zu gehen?"

„Oh, ich werde sie nicht auswählen. Diese Aufgabe überlasse ich meinem Chefarzt."

„Welchen Idioten hast du dafür erwischen können?"

„Du, alter Junge", antwortete Helston und klopfte ihm auf die Schulter; „Du warst der allererste, der sich freiwillig gemeldet hat."

"ICH!" sagte der Doktor wütend. „Ja, ich würde lieber daran denken, mich freiwillig für eine Reise zum Mond zu melden!"

„Das kann ich nicht ändern, Doc. Sie sagten mir an jenem Abend in Fareham, als Sie so schlecht gelaunt waren, dass Sie mit mir kommen würden, wenn ich ein Schiff bekäme, und hier ist Ihr Auftrag: ‚Alles gehört Ploper, savez'. Komm schon, Alter, lass mich nicht im Stich, wir werden uns unsere

alten Orte in Japan ansehen und es dir wieder so gemütlich machen Sie
können möglicherweise an Bord eines Schiffes sein.

„Nun, Sie haben mir einen Streich gespielt", antwortete der Doktor,
nachdem er im Zimmer herumgetrampelt und geraucht hatte, „und wenn Sie
nicht von Fieber und Schüttelfrost geplagt wären, würde ich Sie zuerst in
Jericho sehen; aber das werde ich tun. " Wir sehen uns sicher durch diese
Torheit – allerdings eher um Millys Willen als um deinetwillen, du schlaues
Biest.

„Ich wusste, dass Sie kommen würden, Doc. Sie tun sich nicht gut, wenn Sie
in Fareham Trübsal halten, und die Praxis kommt ganz gut zurecht, nicht
wahr? Sie bekommen das Gehalt eines Flottenchirurgen, und Jenkins schon
in der Lage, für uns beide zu sorgen.

Nachdem die Angelegenheit geklärt war, diskutierten die beiden Männer bis
spät in die Nacht über Pläne.

Auf dem Weg nach Newcastle am nächsten Morgen, als der Zug King's
Cross verließ, sprang ein Mann eilig in ihren Waggon, seine Taschen wurden
ihm nachgeworfen und die Tür schlug heftig zu.

„Ich störe mich irgendwie", sagte er einleitend und entschuldigend. Er war
ein junger und sehr gutaussehender Mann, typisch amerikanisch, von den
langen Haaren, die ihm aus der Stirn gestrichen waren, bis zu seinen langen,
spitzen Stiefeln, sein westlicher Akzent war sehr stark und nasal.

„Ich schätze, Sie beide haben nicht Ihr ganzes Leben an Land verbracht. Ich
bin seit sechs Jahren bei der US-Marine und kann einen Marinemann wie
einen Zeiger erkennen."

„Ja, wir sind beide bei der Marine", antwortete Helston lächelnd.

„Da haben Sie es ja; Sie Briten nennen *Ihre* Marine immer *die* Marine. Unsere
amerikanischen Schiffe – Schiff für Schiff – würden ihnen alle Punkte geben
und ihnen Plätze verdrängen. Wir haben im Moment nicht so viele, aber wir"
Wir huschen nur herum, und wir haben das Eisen und den Verstand, und
der Kongress wird die Dollars finden. Ich bin aus der Marine ausgestiegen
und habe mir einen Haufen hinterlassen, also habe ich einfach meine
Provision geschickt Und seitdem genieße ich es – das ist vor vier Jahren und
ich werde in ein paar Wochen das Ölgeschäft aufrütteln traf die alte *Monocacy*
?"

„Zweimal", sagte Helston sehr amüsiert.

„Nun, ich war zwei Jahre lang Kadett in dieser alten Truppe – Reginald S.
Hopkins, meine Bilanz – und ich schätze, wir haben da draußen gemeinsame
Bekannte."

„Mein Name ist Helston.“

„Helston!“ rief der Amerikaner. „Ich kenne Ihr Gesicht – ich konnte nicht erraten, wo ich es gesehen habe, bevor ich Ihr Bild in jedem illustrierten Tagebuch gesehen habe, das ich in den letzten zehn Tagen gelesen habe – schütteln Sie, Sir, schütteln Sie“, und er ergriff warm Helstons Hand . „Ich freue mich sehr, Ihre Bekanntschaft zu machen. Ich schätze, Sie sind der Mann, über den derzeit auf dieser Erde am meisten gesprochen wird.“

Das Gespräch drehte sich natürlich um die bevorstehende Expedition, an der Hopkins großes Interesse zeigte. „Ich schätze, ich kann Ihnen ein paar mittelmäßige Informationen über die Schiffe geben, die die Chinesen an Land gesetzt haben. Ich war mit den Japanern in Wei-hai-wei unterwegs, habe mich nur umgesehen – sozusagen Korrespondent einer Bostoner Zeitschrift – und bin an Bord einiger Schiffe gegangen Ich schätze, der dumme Idiot, der so viel Alteisen gekauft hat, wünschte, er hätte sie dort gelassen. Es gibt keine Werft in den Staaten, die mit einer Beerdigung mithalten könnte Die Torpedoboote – sie waren hoch und trocken – ich bin sehr neugierig, sage ich Ihnen – ihr Kessel war geplatzt und hatte ihr Deck gesprengt, als sie auf Grund ging, ich glaube, ich habe noch nie so ein Durcheinander gesehen wie die Motoren waren – zwei schreckliche, starrende Leichen, die auch schon eine Woche dort waren – ugh!“

„Es ist ein großes Glück, dass ich dich kennengelernt habe“, sagte Helston eifrig. „Ich habe an ein Dutzend Männer telegrafiert, die dort oben waren, und keiner weiß etwas anderes als zweifelhafte Gerüchte.“

„Ich schätze, die meisten Europäer suchten nur um diese Zeit herum und plünderten oder verließen den Ort, wenn sie den Pigtails geholfen hatten“, sagte der Fremde gedehnt.

„Sie haben wohl nichts von den Kreuzern gehört, die an Land gegangen sind?“ fragte Helston.

„Habe ich das nicht! Habe ich das nicht? Ich bin gegen einen kleinen Scotchman gestoßen – den Chefingenieur an Bord der *Mao Yuen,* als ihr alter Kapitän ihre Nase an Land stieß und sich schnitt Mandarinen wollten seinen Kopf und die Japaner seinen Körper. Ich habe ihn in einen Dampfer gepackt, und er war bestimmt froh, seinen Kopf mitnehmen zu können!“

„Hat er Ihnen etwas über den Zustand seines Schiffes erzählt?“ fragte Helston, „denn sie ist eine von denen, die verschwunden sind.“

„Hat er das nicht?“ brüllte der Amerikaner und schlug sich auf den Oberschenkel. „Während er unter meinen Fittichen war, schrie er ständig: ‚Oh Gott! Oh Gott! – zweihundert Leichen an Bord, brennend vorn und hinten – sie werden mich töten, wenn ich an Deck gehe – die Kessel haben gewonnen „Ich halte den Druck nicht aus, und mein Zuhause ist in Glasgy.“ Er war gerade richtig verrückt und weckte mich in der Nacht, indem er schrie: „Wir sind auf den Felsen, wir sind auf den Felsen – die Dampfleitung ist geplatzt.“ , und ich komme nicht an Deck – der Dampf, der Dampf‘, und ich habe ihn dabei erwischt, wie er versuchte, die Wand hochzuklettern.“

„Sie muss sich sehr schwer verletzt haben, als der Stoß ihre Hauptdampfleitung zerschmetterte“, sagte Helston; „Und in der Botschaft erzählt man mir, dass die *Yao Yuen* , ihr Schwesterschiff, das ebenfalls wieder flott gemacht wurde, völlig zerstört wurde. Es scheint mir, dass noch so viel Reparatur diese beiden Schiffe nicht zu Kampfschiffen machen wird.“

„Sie haben es gerade geschafft, Captain. Geben Sie mir den alten *Monocacy* – Sie erinnern sich an die alte Wanne – und ich schätze, ich würde die ganze Menge wegspülen.“

Er verließ den Wagen an der ersten Haltestelle.

„Ein Glück, dass wir ihn kennengelernt haben, Doc“, sagte Helston; „Seine Informationen können sehr wertvoll sein, und er scheint ein guter Typ eines amerikanischen Marineoffiziers zu sein.“

„Sie werden alle über einen Kamm geschoren“, knurrte der Doktor, „glauben, ihr eigenes Land sei das einzige auf der Welt, und sie selbst seien die strahlendste Zierde. Einen eingebildeten, prahlerischen Lügner würde ich ihn nennen.“

„Heute Morgen ist die Leber schlecht“, dachte Helston.

Am Nachmittag fuhren sie nach Elswick und inspizierten den Kreuzer, den Armstrong's fast fertiggestellt hatte. Tatsächlich bereitete sie sich auf ihre Motoren- und Geschützversuche vor. Sie war als Spekulation gebaut worden, und Helston hatte sie eifrig für die Kleinigkeit von 290.000 Pfund gekauft. „Wir hätten weitere 20.000 Pfund verdienen sollen, wenn Sie nicht sofort bezahlt hätten“, sagte der Manager reumütig, „denn der patagonische Agent bot uns am nächsten Morgen 310.000 Pfund an.“

Als nächstes reisten sie nach Birkenhead und sahen den Zerstörer der Laird, der fast seebereit war, und den Panzerkreuzer, der Helstons Flaggschiff werden sollte und für zwei Monate versprochen worden war.

Sie inspizierten die Kabinen achtern.

„Wenn ich mitkomme, müssen Sie diese beiden zu einem machen“, sagte der Doktor. „Ich werde in meinem Leben nicht in einer gewöhnlichen Kabine eingeengt sein.“

„In Ordnung, alter Junge“, antwortete Helston und gab die nötigen Anweisungen, „was passiert, wenn du nicht deinen Willen durchsetzt?“

„Mich nach Hause entlassen", antwortete der Doktor mit einem Augenzwinkern. „Wollten die Patagonier das?"

„Haben ihr Bestes gegeben", lächelte Helston, „aber das Geld, das bereit war, hat geholfen."

„Mir scheint, dass jemand sehr besorgt ist, dass du deine Schiffe nicht kaufen solltest, Helston. Irgendwie faul, nicht wahr?" schlug der Doktor auf dem Rückweg nach London vor.

Zwei Tage später veröffentlichten die Zeitungen Listen mit vorübergehenden Aufträgen, die die chinesische Regierung an Offiziere der Royal Navy gewährt hatte, die an ein Geschwader verliehen wurden, das sich derzeit in England aufrüstet.

Helston hatte die Admiralität die Erlaubnis erteilt, den Rang eines Kapitäns zu übernehmen, während er das Kommando über sein Geschwader innehatte.

Die übrigen Offiziere, Kommandeure, Leutnants, Ärzte, Ingenieure, Zahlmeister, Marinesoldaten und Offiziere waren alle für verschiedene Aufgaben abkommandiert – die Ausstattung der Schiffe, den Kauf und die Überwachung von Vorräten und Proviant sowie die Rekrutierung der Besatzungen.

Die Admiralität stellte die gesamten Besatzungen für die drei Zerstörer und die Notbesatzungen für die beiden Kreuzer zur Verfügung, bestehend aus Unteroffizieren, Matrosen, Kanonieren, Maschinenbauern, Waffenschmieden und auch einer kleinen Abteilung Marinesoldaten, wobei sie auf Anraten des Auslands handelte Während das US-Büro und die chinesische Botschaft Hinweise auf die Möglichkeit eines Verrats äußerten, bestand die restliche Besatzung ausschließlich aus Marine-Reservemännern mit bekanntermaßen gutem Charakter.

In den folgenden drei Wochen ereigneten sich mehrere verdächtige Vorfälle, die darauf hindeuteten, dass Einflüsse am Werk waren, die die Expedition verzögerten oder beschädigten.

Der Zerstörer von Thorneycroft brach zweimal zusammen. Beim zweiten Versuch konnte eine schreckliche Katastrophe abgewendet werden, als beim Vordrehen der Motoren eine lockere Mutter im Hochdruckzylinder festgestellt wurde. Es war sehr wahrscheinlich, dass es absichtlich dort platziert wurde.

Auf Lairds Kreuzer kam es zu mehreren kleinen Pannen, die auf nicht ordnungsgemäß befestigte Sicherungsmuttern zurückzuführen waren, während die Hauptlager einer ihrer Schraubenwellen fast glühend heiß wurden und sich herausstellte, dass sich Sand mit dem Wasser vermischt hatte, das währenddessen darüber gepumpt wurde der Vollgasversuch. Allein dadurch verzögerte sich die Abreise der Expedition um einen Monat, da der riesige Guss entfernt werden musste. Auch der Zerstörer der Laird wurde eines Nachts von einem Schlepper angefahren, als er vor Birkenhead vor Anker lag, und da es eine vollkommen klare Nacht war und er sich nicht im üblichen Schleppkurs befand, war dies sehr verdächtig. Glücklicherweise war der Schaden nicht schwerwiegend.

Am schwerwiegendsten war die Entdeckung eines als Werftarbeiter verkleideten Mannes, der sich mit vielen Metern Zündschnur und einer Dynamitpatrone in der Tasche an den Magazinschlössern von Armstrongs Kreuzer zu schaffen machte, wofür er natürlich keine Erklärung hatte.

Doch drei Monate nach Erhalt von Ping Sangs Brief befanden sich Armstrongs Kreuzer, benannt nach Helston dem *Starken Arm* , die drei Zerstörer „No. 1", „No. 2" und „No. 3" und ein robuster kleiner Handelsdampfer Die *Sylvia* , die als Lagerschiff dienen sollte, lagen in Spithead, ließen fröhlich den Gelben Drachen an ihren Fähnrichsstäben fliegen und warteten nur auf den Abschluss der Reparaturen an Lairds Schiff, das Helston Laird *nannte* .

Helston, der Doktor und zwei oder drei Offiziere befanden sich noch immer in London und beendeten die Ausrüstungsarbeiten für das Geschwader.

# KAPITEL IV

## Die Piraten sind nicht untätig

Eine Katastrophe – „Die geheimnisvollen Drei" – Verdacht bestätigt – Drei Chinesen – Helston Desperate

Eines Abends nach dem Abendessen, während sie Billard spielten, wurden die Falttüren aufgerissen und Hopkins, den Helston seit seiner ersten Begegnung auf dem Weg nach Newcastle nicht mehr gesehen hatte, stürmte herein und verärgerte beinahe den Kellner.

„Entschuldigen Sie, Captain", sagte er und ergriff warm Helstons Hand. „Ich platze immer vor Energie, bin erst vor drei Stunden auf der Insel gelandet, habe Sie hierher verfolgt und freue mich jetzt sehr, Sie wiederzusehen. Ich bin die letzten zwei Monate durch Europa gereist, habe die Hauptstädte und die gekrönten Häupter gemacht und …" andere Sehenswürdigkeiten; und jetzt komme ich hierher, um meine Fallen einzupacken und wieder loszufahren, denke ich, wie läuft Ihr Picknick?

„Oh, ziemlich gut", antwortete Helston, erfreut, ihn zu sehen und ihn den anderen vorzustellen. „Es gab in letzter Zeit einige seltsame Pannen, die verdächtig aussehen, als würde bereits jemand gegen uns arbeiten, aber ich denke, in ein oder zwei Wochen sind wir wieder weg."

„Nun, ich nenne das einfach prompt; in den Vereinigten Staaten geht es nicht glatter. Vielleicht sind diese Unfälle einfache Zufälle."

„Das mag sein, aber sie sind trotzdem sehr besorgniserregend", antwortete Helston und öffnete ein Telegramm, das ihm ein Kellner gebracht hatte. Er überflog es nachlässig, aber ihm fiel die Kinnlade herunter. Es war vom Kapitän der *Strong Arm* : „Ich bedauere, heute Nacht zu berichten, dass der Pulverkahn der Regierung Ram 8.15 verunreinigt hat; er trieb nach achtern und sank und explodierte, als er unterging. Das Schiff machte Wasser und sank am Kopf. Muss zur Untersuchung anlegen." Die Explosion verursachte geringfügige Schäden, nachdem ein Teil des Schiffes und des Ofens in der Steuerbordplatte des Zerstörers „Nr. 1" getötet und an Land gezogen worden war.

Zur Bestürzung der anderen las Helston es laut vor. „Das bedeutet, dass sich unsere Abreise auf unbestimmte Zeit verzögert", sagte er bitter. „Ich muss sofort nach Portsmouth aufbrechen." Er ging in sein Zimmer, um eine Tasche zu packen. Plötzlich klopfte es an der Tür und Hopkins kam herein.

„Entschuldigen Sie, dass ich Sie gerade störe, Captain, aber mir ist klar geworden, dass diese Explosion nicht ganz fair und ehrlich ist, und ich möchte einfach nur einen Vertrag mit Ihnen aushandeln.“

"Also was ist es?" fragte Helston, amüsiert über seinen Ernst.

„Nun, ich habe gedacht, dass diese Angelegenheit ein einfaches Picknick werden würde, und wenn es jetzt Teufelei gibt, wird es noch einen lustigen Anblick geben, bevor Sie sich auf den Weg gemacht haben, und ich bin einfach scharf darauf, dabei zu sein. Ich Ich bin ein bisschen ein Seemann und habe ein bisschen von der Fachsprache gelernt, also sollte ich meinen Nasenbeutel wert sein. Werden Sie es mit mir aufnehmen, Sir, wenn Sie feststellen, dass diese Explosion auf Verrat zurückzuführen ist?“

„Ich werde mich darum kümmern, wenn ich zurückkomme“, antwortete Helston.

„Vielen Dank, Sir. Gute Nacht.“ und Hopkins verschwand.

„Dieser Mann ist mir egal“, sagte der Doktor, als er Helston nach Portsmouth begleitete (sie sprachen von Hopkins). „Er redet zu viel und ich hasse Ausländer. Ich hoffe, du nimmst ihn nicht mit.“

Allerdings war Hopkins selbst offenbar zuversichtlich, dass er vergeben sein würde, denn am nächsten Morgen setzte er sich beim Frühstück ganz ungefragt an ihren Tisch und zwang dem Doktor immer wieder sein Gespräch auf. Nun gab es eine Sache, die der Doktor niemals tun würde, und das war, beim Frühstück zu reden; Erst als er nach dem Frühstück seine Pfeife getrunken hatte, war es sicher, ihn anzusprechen, und an diesem Morgen war er zufällig besonders lebhaft. Als das Essen vorbei war, kochte er vor Zorn.

„Schlechte Laune, das vermute ich“, knurrte der Doktor, als er später in ein Hansom sprang und zur US-Gesandtschaft fuhr; „Eine bösartige Leber, die dafür sorgt, dass ich diesen Kerl nicht mag. Auf jeden Fall sollten wir besser alles über ihn wissen, wenn er mit uns kommt.“

In der Botschaft gelang es ihm, an mehrere alte Marinelisten zu gelangen, und er fand den Namen Reginald S. Hopkins, den er 1885 einem Kadetten an Bord der *Monocacy gegeben hatte, der jedoch in späteren Jahren nicht mehr erwähnt wurde.*

Er erkundigte sich, ob der Marineattaché im Gebäude sei, und glücklicherweise war er dort und konnte dem Doktor weitere Informationen geben.

„Selbst ein Marineoffizier, Doktor?“ sagte der Attaché und blickte auf seine Karte.

„Ja, wir gehören zu den ‚Piratenfängern‘, wie wir genannt werden, und dieser Mann, Hopkins, möchte unbedingt zu uns stoßen.“

1885 mit Erlaubnis aus der *Monocacy zurückgezogen hat.*“

„Das habe ich unten herausgefunden; aber du weißt wohl nichts mehr über ihn?“

„Nun, nicht offiziell, wissen Sie; aber vor drei oder vier Jahren war ich Flaggleutnant unseres asiatischen Geschwaders, und wir hörten, dass er in den chinesisch-japanischen Krieg verwickelt war und sich auf einem chinesischen Schiff in der Schlacht von Yalu befand , und es wurde gesagt, dass er später eine Menge Geld damit verdient hat, die zerstörten Schiffe zu kaufen und sie als altes Eisen zu verkaufen. Ich denke, er wäre wahrscheinlich ein nützlicher Mann für Sie.

„Ich denke, das würde er“, sagte der Doktor ernst. „Ich nehme an, du hast ihn nie getroffen?“

„Nein, niemals; aber es gab Gerüchte, dass er mit zwei Partnern, einem Engländer und einem Deutschen, ein wildes, abenteuerliches Leben unter den Chinesen führte, bei dem er nach Minen suchte oder Expeditionen gegen aufständische Provinzrebellen durchführte. Früher wurden sie die „Geheimnisvollen“ genannt Drei im Tientsin Club, wenn ich mich recht erinnere, und es hieß, sie hätten mit vielen der höchsten Beamten Hand in Hand gestanden.

„Früher war es eine schlechte Laune und eine schlechtere Leber“, murmelte der Doktor, als er wegfuhr und das Taxi zu einem bekannten Detektiv dirigierte, „aber nachdem ich das gehört habe – ob es nun Neugier oder Misstrauen ist, werde ich es tun.“ Erfahren Sie mehr über diesen jungen Mann.

Am nächsten Morgen erhielt er einen Brief von Helston aus Portsmouth, der seine Befürchtungen bestätigte, dass ein weiterer und erfolgreicher Versuch unternommen worden sei, der Expedition Schaden zuzufügen. Die Überreste des Pulverkahns waren von Tauchern untersucht worden, die berichtet hatten, dass es sich mit Sicherheit nicht um die üblichen Frachtkähne der Regierung handele. Die dreiköpfige Besatzung war verschwunden, obwohl sie sicher gelandet sein musste, da ihr Beiboot an den Strand von Southsea geschleppt worden war, und diese Tatsache verstärkte den Verdacht. Sowohl „No. 1“ als auch die *Strong Arm* waren mit Erlaubnis der Admiralität in Portsmouth angedockt worden, und die Reparaturen, die Tag und Nacht vorangetrieben wurden, würden im Fall von „No. 1“ mindestens sechs Wochen dauern, obwohl die Es wurde festgestellt, dass der Kreuzer nur geringfügige Schäden erlitten hatte.

„Die Rechnung wird riesig sein", schrieb Helston ziemlich verzweifelt, „nicht so sehr für die eigentlichen Reparaturen, aber es bedeutet, dass alle Besatzungen sechs Wochen länger gehalten und ernährt werden müssen, als ich berechnet hatte. Auf jeden Fall sind sie es, ich bin froh." Ich möchte sagen, dass es umso eifriger ist, nach dieser Affäre mit den Schurken in Kontakt zu kommen, die sie unter der Gürtellinie getroffen haben. Nach der Beerdigung der drei Männer des Zerstörers, die getötet wurden, ging ich an Bord jedes Schiffes und stürzte die Männer hinein achtern und sagte ihnen, dass jeder Mann, der seinen Job aufgeben wollte, in seinem Namen dem Waffenmeister nachgeben könne. Sie brachen in Jubel aus, und kein Mann hat das getan.

„Immerhin ein schlechtes Spiel, Hopkins", sagte der Doktor später, als er den Amerikaner traf.

„Nun, ich kann nicht sagen, dass es mir leid tut", antwortete er offen, „wenn es mir die Chance gibt, einen Blick auf das Spiel zu werfen."

Jeden Tag berichteten ihm die vom Doktor beauftragten Detektive über Hopkins' Bewegungen, aber einige Tage lang passierte überhaupt nichts Verdächtiges. Er verbrachte seine Zeit damit, Geschäftshäuser zu besuchen, die besonders mit dem Chinahandel zu tun hatten , und abends besuchte er entweder das Hotel oder ein Theater. Dann wurde jedoch berichtet, dass er am Abend zuvor nach Einbruch der Dunkelheit ein großes „Abteilhaus" in der Nähe der Millwall-Docks besucht hatte, einen Ort, der von einem Chinesen für die chinesischen Feuerwehrleute und die dort beschäftigten Deckarbeiter genutzt wurde Handelsschiffe im Osten. Er blieb fast zwei Stunden dort, steckte beim Herauskommen mehrere Papiere in die Tasche und wurde von zwei Chinesen zur Tür begleitet, die ihn offenbar mit größtem Respekt behandelten.

Es kam vor, dass er an diesem Abend unter dem Vorwand, ins Theater zu gehen, vom Abendessen weggeeilt war.

„Er ist auf jeden Fall ein Lügner", dachte der Doktor, aber sein Verdacht änderte sich noch bevor der Morgen vorbei war.

Im Hotel wohnten zwei kleine amerikanische Jungen, mit denen Hopkins eine große Freundschaft geschlossen hatte. Als er die Haupttreppe hinunterging, traf er auf diese beiden, die wie immer kämpften. „Raus hier, ihr jungen Schlingel!" knurrte der Doktor und die beiden Jungen rannten davon. Zwei Schritte weiter unten bemerkte der Doktor einen bunten Stempel auf dem Teppich, bückte sich und stellte fest, dass es sich um eine Neuausgabe der Patagonischen Republik handelte. „Bitte, Sir", sagte einer der Jungen, als er zurückkam, „das gehört uns. Mr. Hopkins, der große

Mann, der an Ihrem Tisch sitzt, hat es uns heute Morgen gegeben – er hat es aus einem großen Umschlag gerissen."

„Ich habe noch nie einen gesehen", sagte der Doktor und dachte an den seltsamen Zufall.

„Mr. Hopkins hat ein großes, knisterndes Papier mit einem riesigen grünen Siegellack-Siegel, genau wie dieses", stimmte der Junge zu. „Du solltest es sehen – es ist wunderschön!"

„Puh! Das ist seltsam", murmelte er. „Was macht Hopkins mit patagonischen Buchstaben? Und ein ‚großes, knisterndes Papier mit einem riesigen grünen Siegel' bedeutet ein offizielles Dokument, sollte ich meinen. Ich habe kaum von dem Namen gehört, bis Helston mir erzählte, dass sie versuchten, seine Schiffe zu kaufen. Puh! Ich frage mich, ob er etwas damit zu tun hat? Ich werde es herausfinden.

Aber die patagonische Agentur wusste nichts von Hopkins. Ein Österreicher namens Von Grootze war an den Verhandlungen über Schiffe beteiligt gewesen, daher kehrte der Doktor verwirrt zurück.

Einige Tage später berichteten die Kriminalbeamten, dass Hopkins die „Abteilung" in Millwall erneut besucht hatte und dass am nächsten Tag eine sehr große Zahl Chinesen nach Antwerpen verschifft worden sei.

„Nun, er scheint etwas mit diesen Chinesen zu tun zu haben, erhält Mitteilungen aus Patagonien, ist ein bekannter Abenteurer, und was vielleicht am überzeugendsten ist, ich mag ihn nicht", dachte der Doktor. „Helston kommt morgen zurück, und ich werde ein langes Gespräch mit ihm über diese Angelegenheit führen."

Also erzählte er Helston am nächsten Tag alle Einzelheiten, die seinen Verdacht erregten, und fügte hinzu: „Ich glaube nicht, dass da viel dran ist, aber ich bin ein schrecklich misstrauischer Kerl und kann ihn nicht leiden."

„Nun", antwortete Helston sehr ernst, „wissen Sie, was in diesem Pulverkahn gefunden wurde? Ein toter Chinese! – bis auf seinen Zopf nicht wiederzuerkennen. Wir haben es geschafft, die Tatsache sehr geheim zu halten, aber das scheint irgendwie einen Zusammenhang herzustellen." , nicht wahr?"

Das Beste, was man tun könne, sei, darin waren sich beide einig, sei, ein Auge auf Hopkins zu haben, und um das einfacher zu machen, beschloss Helston, seinen Auftrag als Sekretär für sich selbst zu vergeben. Als er es später Hopkins schenkte, konnte niemand leugnen, dass seine Ausdrucksformen extremer Freude echt waren. Zwei Nächte später jedoch ging der Doktor, als er um Mitternacht ins Hotel zurückkam, mit sehr ernstem Gesicht zu Helstons Zimmer hinauf.

„Ziemlich spät, einen Kerl hinauszuschicken", sagte Helston und schaltete das Licht ein. „Hallo, Mann, du siehst ziemlich verängstigt aus! Was weht jetzt im Wind?"

„Ich komme gerade aus der Krankenstation, von der ich Ihnen erzählt habe. Ich habe dem Chef vorgetäuscht, dass ich einen chinesischen Koch zum Essen mitnehmen wollte. Er war ein hässlicher alter Kantoneser und nahm mich mit in sein kleines Zimmer – Pugh ! Wie der Ort nach Knoblauch und abgestandener Kleidung stank – und während ich wartete, hörte ich einen schrillen Streit im Nebenzimmer – es gab nur eine hölzerne Trennwand – und plötzlich hörte ich ein Stimme, von der ich schwören würde, dass sie die von Hopkins war, befahl Schweigen.

„Er hat uns erzählt, dass er ins Theater geht", unterbrach Helston, der jetzt völlig wach war.

„Sie können sich vorstellen, dass ich damals im Quivive war und mein Bestes tat, um zu hören, was los war. Zwei Chinesen versuchten offensichtlich, Geld von ihm zu erpressen, aber sie redeten so schrill und so schnell – Sie wissen ja, wie sie reden Sie sind aufgeregt – ich konnte nicht viel davon verstehen, bis sich eine andere Stimme einschaltete und ich deutlich hörte: „Er hat zu viel Opium geraucht, massa, ich geh ihn schütteln – ich kann mich nicht bewegen – sehr großer Mann – nein, ich kann warten." Gehen Sie schnell nach oben – springen Sie ins Boot – und dann geht's in die Luft. Ah Tung gehört dem Toten – du zahlst, Kumpel, fünfzig Dollar reichen aus – alles gehört Ploper.' Du kennst ihr Pidgin-Englisch?"

„Können Sie schwören, dass es Hopkins' Stimme war?" fragte Helston. „Das muss der Bruder des Mannes gewesen sein, der im Pulverkahn getötet wurde."

„Ich würde dieses scheußliche nasale Geräusch überall schwören."

Es war früh am nächsten Morgen, als sich die beiden trennten, und dann hatten sie beschlossen, Hopkins nicht vermuten zu lassen, dass sie von seinem Verrat wussten, und ihn dennoch damit rechnen zu lassen, sich der Expedition anzuschließen.

„Tatsächlich", sagte Helston, „ist es unser bester Schutz, ihn an Bord zu haben, und wir müssen dafür sorgen, dass er uns nicht entwischt."

Der Detektiv berichtete, dass Hopkins am Abend zuvor in der „Abteilung" gewesen sei, und fügte lächelnd hinzu: „Was Sie wahrscheinlich schon wissen, Sir, denn Sie waren auch dort."

Als der Doktor und Helston das Hotel verließen – Helston ging in sein Büro und der Doktor machte einen Spaziergang –, gesellte sich Hopkins zu ihnen. „Haben Sie Arbeit für Ihre Sekretärin, Captain?" fragte er gut gelaunt. „Ich schätze, ich sehne mich einfach danach, ein bisschen Federkiel zu treiben. Ich bin doch eher der Typ einer Sekretärin, nicht wahr?" und er breitete seine breiten Schultern aus und schlug sich kräftig auf die Brust.

„Nicht, bis wir flott sind, danke", sagte Helston.

„In Ordnung, ich komme einfach mit euch bis zur Ecke, und dann mache ich mich auf den Weg. Ich muss ein paar Dollar verdienen – ihr Briten seid nicht halb schlau –, bevor ich wieder segeln gehe."

Als sie am Ende der Straße ankamen, sahen sie eine kleine Menschenmenge, die neugierig auf drei Chinesen blickte, die einen ABC-Laden betraten.

„Ich werde diesen drei Kerlen die Beine zerreißen", sagte der Amerikaner, und als sie sich durch die kleine Menge drängten, pfiff er die erste Zeile von „Chin, Chin, Chinaman".

Die Menge erkannte die Melodie sofort und rief „Chin, Chin, Chinaman!"

Die Chinesen drehten sich mit wütenden Augen um, während die Menge sie verspottete.

Der Yankee wünschte seinen Freunden laut lachend Lebewohl. „Ich schätze, ein Chinese wird in London sowieso keine Manieren lernen."

„Nun, er ist jedenfalls kein Gentleman", sagte Helston, als er gegangen war. „Komisch, dass die drei da sind. So weit von den Docks entfernt sieht man sie nicht oft."

„Meine gesegnete Tante!" sagte der Doktor aufgeregt, „es war eine Heuchelei. Ich sehe es deutlich. Hopkins wollte, dass sie uns wiedererkennen konnten. Ist Ihnen nicht aufgefallen, dass sie uns ansahen und niemanden sonst; und, jetzt denke ich davon hat er gerade seinen Arm unter Ihren gelegt – das sollte Sie besonders hervorheben."

„Zeug und Unsinn, Doc! Sie dürfen nicht zu solchen voreiligen Schlussfolgerungen gelangen. Es wurde alles zu natürlich gemacht; ich kann es nicht glauben."

„Du warst schon immer ein Idiot", knurrte der Doktor. „Ich wette, dass ich recht habe."

Doch jeden Tag traf Helston diese Chinesen – nicht immer dieselben, da war er sich sicher – und sie starrten ihn immer mit einem kalten, teilnahmslosen Blick unter ihren schlitzartigen Lidern an, wenn sie an ihm auf dem Weg ins Büro oder auf dem Weg dorthin vorbeikamen. Ging er um einen hinteren, wenig frequentierten Weg herum, warteten sie vor seinem Büro auf ihn, als er es verließ. Ging er auf die andere Straßenseite, gingen sie hinüber, um ihn anzusehen. Für Helston und den Doktor bestand kein Zweifel mehr daran, dass diese Männer von Hopkins bezahlt wurden und mit Helstons Aussehen vertraut gemacht wurden, um ihn entführen oder töten zu können, als Hopkins das Signal gab. Natürlich war es außerordentlich schwierig, ein freundschaftliches Verhältnis zu diesem Mann aufrechtzuerhalten, dessen Anwesenheit ihnen Gänsehaut zu bereiten schien, aber äußerlich gab es keine Veränderung in ihrer Beziehung, oder wenn ja, schien Hopkins es nicht zu bemerken.

Einen Monat später begannen die unaufhörliche Belastung, ständig beobachtet zu werden, wohin er auch ging, und die endlosen Sorgen und Verzögerungen, die die Expedition begleiteten, ihre Wirkung auf Helston zu zeigen, der sichtlich die Kraft verlor, die ihm seine neue Ernennung zunächst verliehen hatte.

„Lass uns da raus, alter Junge", keuchte er eines Tages fast, als sie, als sie ins Hotel zurückkamen, von drei weiteren bösartigen Chinesen begrüßt wurden, die fast vor der Tür standen.

„Schenken Sie mir etwas zu trinken ein, Doc, um den Geschmack der hässlichen Bestien aus meinem Mund zu nehmen. Wenn ich nicht bald entkomme, wird mich mein Glück wieder verlassen, und sie werden mich auf die eine oder andere Weise ermorden. Ich kann' „Ich halte es nicht mehr lange aus."

Helston ging sehr aufgeregt auf und ab, und es war deutlich zu erkennen, dass die Anstrengung der letzten Wochen ihn völlig zermürbte.

„Sehen Sie mal, alter Junge", sagte er, hielt inne und wandte sich abrupt an Dr Wenn wir ihn erst einige Tage vor der Abfahrt der Expedition an Bord bringen und starten können, könnten seine verräterischen Pläne scheitern.

„Meine Idee ist nun folgende: Der *Laird* führt morgen seine Nachreparaturversuche durch, und ich werde ihrem Kapitän telegrafieren und ihm befehlen, Mängel zu melden, deren Reparatur zwölf Tage dauert, und Vorkehrungen zu treffen, als ob sich unsere Abreise bis dahin verzögern würde Dann geben Sie die Informationen an die Presse weiter.

„Der Plan ist dieser, Doc", fuhr er aufgeregt fort. „Der Zerstörer ‚Nr in Spithead, um dem Rest des Geschwaders ein Zeichen zu geben, sich auf See vorzubereiten, und um ein Telegramm an den *Laird* in Birkenhead zu schicken, in dem ich ihr befiehl, mich zu einem bestimmten Rendezvous zu treffen.

„Dieser Hopkins ist ein größerer Dummkopf, als ich ihn für ihn halte, wenn er sich dadurch täuschen lässt", knurrte Dr. Fox.

„Vielleicht haben Sie Recht, aber ich werde es versuchen; und ich werde sofort an Cummins of the *Laird telegrafieren.* "

„Sie sollten besser den Chiffriercode verwenden", schlug Dr. Fox vor.

Die vierundzwanzig Stunden, die auf die Absendung dieses Telegramms folgten, kamen mir vor wie die gleiche Anzahl von Tagen.

Helston konnte nicht schlafen. Zweimal in der Nacht kam er mit wilden Vorschlägen, wie er den bevorstehenden Schlag abwehren könne, in Dr.

Irgendwann würde er beschließen, selbst nach Birkenhead zu eilen; ein anderes Mal sagte er, dass er seine Sachen packen und in Spithead an Bord der *Strong Arm gehen* und dort auf Ergebnisse warten würde. Schließlich verließ er das Hotel erst am Abend, als die Antwort auf sein Telegramm eintraf. „Hochgeschwindigkeitsversuch erfolgreich; diverse kleine Defekte; Kondensatorrohre benötigen vierzehn Tage zur Reparatur."

Es war Hopkins, der das Telegramm einbrachte.

„Verwirr ihn!" rief Helston mit gut gespieltem Zorn. „So schnell kommen wir nie zur See."

Es wurde befohlen, dass das Geschwader in fünfzehn Tagen von Spithead aus ablegen würde, und der Presse wurde das Datum der Abfahrt mitgeteilt.

Nur Helston und Dr. Fox wussten, dass es tatsächlich eine Woche früher losgehen würde.

„Gott sei Dank", rief Helston, „es gibt nur noch ein paar Tage dieser hasserfüllten Chinesen!"

# KAPITEL V

## Das Geschwader reist eilig ab

Ein abgewendeter Zusammenbruch – Die „Sylvia" und die Zerstörer

*Die Erzählung wird von Leutnant Hugo John*
*Pattison, RN, fortgesetzt*

Mein Name ist Pattison und ich bin Oberleutnant des Zerstörers „Nr. 1",
der zum Geschwader von Kapitän Helston gehört. und mit Mühe genug
musste ich sie holen, und hätte es doch nicht tun sollen, wenn nicht ein
fröhliches kleines Mädchen in Fareham gelebt hätte, das den Skipper kannte,
als er nur die Hälfte bezahlte.

„No. 1" wurde natürlich, wie Sie sich erinnern, durch die Explosion in
Spithead beschädigt und hatte Wochen in Portsmouth mit der Reparatur
verbracht. Endlich war alles wieder in Ordnung, und am 16. Oktober lagen
wir am Becken und warteten auf den Skipper, der zu unseren Probefahrten
herauskam, während Dampf in Wolken aufstieg und Elridge, unser
Ingenieur, sehr ungeduldig wurde. Plötzlich kam Kapitän Helston herunter,
der ziemlich erschöpft aussah, und mit ihm der mürrische alte Dr. Fox und
seine Yankee-Sekretärin. Sobald sie an Bord waren, legte ich ab und machte
mich auf den Weg zum Hafen und hinaus nach Spithead. Als wir am Ende
des Southsea Piers vorbeikamen, lieh sich der Kapitän mein Teleskop aus
und reichte es mir mit den Worten: „Da sind sie wieder."

„Diese drei Chinesen, Sir?" Ich fragte ihn.

„Ja, sie sind mir aus der Stadt gefolgt und haben mich die letzten vier Wochen
begleitet. Sie können sich vorstellen, dass ich dankbar bin, wieder über
Wasser zu kommen."

Auf unserem Weg zur gemessenen Meile mussten wir nah am Rest des
Geschwaders vorbei, der in Spithead vor Anker lag, und wir stellten die
Motoren neben dem *Strong Arm ab* , während ein Boot herüberkam, um
Befehle zu holen.

Als wir wieder losfuhren, schien der Kapitän sehr erleichtert zu sein, und ich
wusste schnell, warum, denn er kam vor die Brücke und sagte mir, ich solle
mich zu einem Treffpunkt 250 Meilen flussabwärts von den Needles
aufmachen und dort würden die anderen zu uns stoßen der Flotte. „Gott sei
Dank, Pattison, ich bin wieder auf See!"

„Gehen Sie nicht zurück, Sir?" Ich fragte, natürlich sehr überrascht.

„Nein, Pattison, nein. Es tut mir leid, dass ich allen Unannehmlichkeiten bereite, aber es war absolut notwendig. Haben Sie sich noch nicht von Ihren Leuten verabschiedet?“

„Nein“, antwortete ich und wurde ziemlich rot im Gesicht, denn ich dachte, dass ich dem kleinen Mädchen, das mir meinen Termin verschafft hatte, noch nie gedankt hatte.

„Das habe ich auch nicht, das habe ich auch nicht“, seufzte der Skipper halb vor sich hin.

Der Doktor war offenbar im Geheimen, aber Hopkins, der Yankee, schien furchtbar zerrüttet zu sein, da er wegen sehr dringender privater Angelegenheiten Vorkehrungen für eine Woche Urlaub getroffen hatte und tatsächlich nur darauf wartete, dass „Nr. 1“ zurückkam Portsmouth beginnt. Wie seltsam ist es, dass Amerikaner scheinbar nie eine Ahnung von Disziplin haben? Er empfand es fast als persönliche Beleidigung, dass er vorher nicht informiert worden war, und für eine Sekunde dachte ich, er würde den Kapitän angreifen, so wütend sah er aus. Er beruhigte sich jedoch schnell genug.

Der Befehl, den der Kapitän an Bord der *Strong Arm geschickt hatte* , bestand darin, Kapitän Hunter anzuweisen, sich mit leichter Geschwindigkeit zum angegebenen Treffpunkt zu begeben, und zwar so schnell wie möglich, nachdem er ein Boot an Land geschickt hatte, um dem Kapitän der *Laird zu telegraphieren* .

Diesem letzten Befehl folgten sie außerordentlich schnell, denn noch bevor fünf Minuten verstrichen waren, sahen wir, wie ihr Streikpostenboot in Richtung Portsmouth davonfuhr.

Hopkins ist ein nachlässiger Kerl und hätte uns fast in den Kummer gebracht. Er war unten gewesen und hatte im Maschinenraum herumgeschnüffelt, und kurz bevor wir uns zu unserem Prozess niederließen, kam Elridge auf die Brücke, um dem Kapitän Bericht zu erstatten. Als er wieder wegging, sagte er scherzhaft zu Hopkins: „Es ist ein Glück, dass ich dich verfolgt habe. Kennst du diese Schmierstoffzufuhr, die du nicht verstehen konntest? Ich habe festgestellt, dass du jeden Ölhahn und unsere Steuerbordkurbel ausgeschaltet gelassen hast.“ Die Lager wären in ein paar Minuten glühend heiß gewesen. Du bist ein nachlässiger Bettler.

„Ich bin so mächtig neugierig“, entschuldigte sich Hopkins und bat Elridge, ihn wieder nach unten kommen zu lassen.

„Ganz bestimmt nicht. Ich möchte Sie hier oben haben“, sagte Kapitän Helston auf eine so wütende Weise, dass alle ziemlich erstaunt waren.

Die Nachricht, dass wir nicht zurückkehren würden, verbreitete sich bald unter meinen Männern, und Kapitän Helston befahl mir, sie direkt hinter der Brücke anzugreifen, und hielt ihnen eine kleine Rede – genau das Richtige – keine großen Worte und hochtönenden Phrasen. Er sagte ihnen, dass es ihm sehr leid tue, dass sie nicht die Gelegenheit hätten, sich von ihren Freunden zu verabschieden, sagte, er vertraue darauf, dass sie ihre Pflicht erfüllen würden, und stellte die Wahrscheinlichkeit eines Preisgeldes in Aussicht. Er hat eine schöne, große, gebieterische Figur und seine Rede kam bei den Männern sehr gut an.

Es ist nichts Wichtiges passiert. Wir brachten die Motoren nie auf Höchstgeschwindigkeit und sanken nach kurzer Zeit auf fünfzehn Knoten, die wir den ganzen Nachmittag über aufrechterhielten, wobei wir vom üblichen Kurs der Schiffe abwichen, die den Kanal hinauf- oder hinunterfuhren, bis wir das Rendezvous erreichten und die Motoren abstellten.

Am nächsten Morgen gesellten sich „Nr. 2" und „Nr. 3" zu uns. Am späten Nachmittag schlossen sich die *Strong Arm* und die *Sylvia* , ein bewaffnetes Lagerschiff, der Gesellschaft an, und zehn Stunden später waren wir alle außerordentlich erfreut, die *Laird zu sehen* . Kapitän Helston, seine Sekretärin und Dr. Fox gingen so schnell wie möglich an Bord, und das nun zum ersten Mal vereinte Geschwader dampfte nach Gibraltar.

Ich glaube eher, dass wir alle etwas enttäuscht waren, sozusagen im Dunkeln davonzuschleichen, und eher einen herzlichen Abschied erwartet und uns darauf gefreut hatten. Es blieb jedoch nicht viel Zeit zum Bedauern, denn wir hatten unsere ganze Zeit damit verbracht, mit den nächsten Schiffen voraus und achtern Schritt zu halten, und es gab jede Menge Anlass zum Nachdenken.

Unsere kleine Staffel hat eine mutige Leistung gezeigt. Zuerst kam der *Laird* . Es handelte sich um einen 6500 Tonnen schweren Kreuzer mit einem schmalen 4-Zoll-Gürtel rund um die Wasserlinie. Auf ihrem Vorschiff trug sie ein 8-Zoll-QF, ein weiteres auf dem Achterdeck, und auf jeder Breitseite befanden sich sechs 6-Zoll-QF – drei auf jeder Seite des Hauptdecks in Kasematten und drei darüber auf dem Oberdeck dahinter Schilde.

Darüber hinaus hatte sie acht 12-Pfünder und sechs 3-Pfünder, drei in der Vorspitze und drei in der Hauptspitze ihrer Militärmasten. Auf den beiden Brücken waren vier Maxims montiert, außerdem trug sie zwei 12-Pfünder-Feldgeschütze. Sie hatte Belleville-Kessel und hatte bei ihrer Probefahrt 22,5 Knoten geschafft. Sie hatte jedoch nicht viel Kohle an Bord, da alles der Panzerung, den Kanonen und der Geschwindigkeit geopfert wurde, so dass ihr gesamter Kohlenstau nur 900 Tonnen betrug.

Nach ihr kam der *Strong Arm* : 3600 Tonnen, acht 6-Zoll-QF, zehn 6-Pfünder-QF, drei 1-Pfünder; Geschwindigkeit, 20 Knoten.

Sie hatte an jedem Mast eine Suchscheinwerferplattform mit einem Kampfdach darunter, was ihr ein etwas plumpes Aussehen verlieh; Aber es war ein schöner, schwer bewaffneter kleiner Kreuzer und hervorragend für die Seefahrt geeignet.

Der dritte in der Reihe war die *Sylvia* , ein gepflegter, kräftig aussehender Handelsdampfer mit einem geneigten Schornstein und zwei Masten.

An den Seiten waren vier 12-Pfünder-Geschütze montiert, außerdem trug sie zwei weitere Feldgeschütze und ein paar Maxim-Geschütze auf Feldlafetten, wobei diese beiden Geschütze eine sehr wichtige Rolle spielen sollten.

Neben 2000 Tonnen Kohle führte sie große Vorräte an Proviant, Munition und Vorräten aller Art mit sich. An Bord befanden sich auch die Torpedos und Torpedorohre der Zerstörer, denn diese waren während der langen Reise nach Hongkong herausgenommen worden, um sie leichter zu machen. „Nr. 1", „Nr. 2" und „Nr. 3" bildeten in dieser Reihenfolge das Ende der Reihe. Jeder von uns trug auf seinen Brücken einen 12-Pfünder und zusätzlich fünf 6-Pfünder. Zufälligerweise hatte mein Boot, „Nr. 1", ansonsten kaum zu unterscheiden, vier Schornsteine; „Nr. 2", zwei große, weit auseinander; während „Nr. 3" drei hatte. Die Identität jedes Einzelnen war daher auf einen Blick erkennbar. „Nr. 2" hatte bei ihrem Versuch tatsächlich die höchste Geschwindigkeit erreicht, 29,6 Knoten, „Nr. 3" hatte gerade 29,5 Knoten erreicht und mein Boot 28,9; aber wahrscheinlich würde es in einem langen Rennen keine große Auswahl zwischen ihnen geben. Wir konnten praktisch unbegrenzt zwischen 25 und 27 Knoten durchhalten und schafften es gelegentlich, für einen kurzen Stoß noch einmal zwei Knoten zu erreichen.

Zu den Männern, die die Besatzungen bildeten, gehörten an Bord:

*Laird* ................... 463

*Starker Arm* ........ 312

*Sylvia* ................. 40

Drei Zerstörer .......... 177

———

Insgesamt ................ 992

Die *Laird* beförderte 80 leichte Marineinfanteristen und 100 Unteroffiziere und Mannschaften der Marine; Der gesamte Rest der Besatzung wurde aus der Marinereserve ausgewählt.

Der *Strong Arm* bestand aus 40 Royal Marine Artillery- und 60 Royal Navy-Männern.

Alle Besatzungen der Zerstörer waren Männer der Royal Navy, die zuvor in diesen empfindlichen, zerbrechlichen kleinen Schiffen ausgebildet worden waren.

So war die Zusammensetzung des kleinen Geschwaders, das mit fast tausend Männern, allesamt Freiwillige, am späten Nachmittag des 18. Oktober langsam vom Treffpunkt wegdampfte und, vom Lastwagen bis zur Wasserlinie in einem matten Olivgrün gestrichen, nahm Kurs auf Gibraltar und verschwand bald in der schnell schließenden Dämmerung.

# KAPITEL VI

## Die Reise nach Osten

Ein „Sing-Song" aus der Waffenkammer – Der Dumpling wird nass – Hopkins verschwindet – Auf der Jagd – Flucht eines Patagoniers – Auf nach Colombo

*Die Erzählung von Herrn Harold Swinton Glover, Midshipman, RN, der an Bord des kaiserlich-chinesischen Schiffes „Laird" dient*

Sie haben von all den Rum-Sachen gehört, die uns passiert sind, bevor wir England verließen, und wie wir alle plötzlich zur See fuhren, niemand wusste warum. Wir dachten damals, wir wären in Sicherheit; aber nicht ein bisschen davon, und kurz bevor wir in Gibraltar ankamen, fanden sie unten im Heizraum eine Dynamitpatrone, vermischt mit einer Menge Kohle. Es war großes Glück, dass sie es gefunden haben, denn Ogston – das ist unser Hilfsingenieur – sagt, es hätte eine „schreckliche Katastrophe" gegeben, wenn es in einen Ofen geraten wäre. Glauben Sie nicht, dass wir in Panik waren, denn das waren wir nicht – jedenfalls nicht alle von uns –, aber es ist so ein schreckliches Gefühl zu wissen, dass man jeden Moment in die Luft fliegen könnte.

Der Skipper war schon vor unserer Ankunft in Gibraltar schrecklich besorgt, aber Sie hätten sein Gesicht sehen sollen, als ich ihm einige Telegramme mitnahm, die sie zum Schiff gebracht hatten. Ich war Midshipman der Wache. Er schnappte nach Luft wie ein sterbender Fisch und sang dem alten Doktor, der dort war, zu: „Sie haben den Zahlmeister getötet und alle seine Papiere genommen – meine und die von Hopkins; das haben sie in Lyon im Schnellboot gemacht."

Sie sahen beide so verängstigt aus, dass ich mich an Deck schlich.

Danach hörte ich, dass der Zahlmeister zurückgelassen worden war, um einige wertvolle Papiere quer durch Europa zu transportieren und sich uns in Port Said anzuschließen.

Nun, wir kamen in Malta an und weitere Telegramme gingen an Bord; aber ich hatte keine Wache und habe sie nicht abgeschossen. Sie müssen es allerdings ziemlich ernst gemeint haben, denn während wir uns alle in der Waffenkammer-Wohnung in Zivilkleidung zogen, um an Land zu gehen, kam der Bote des Kommandanten die Leiter heruntergerannt und rief: „Kein Urlaub für irgendjemanden!" Wir brauchten also nur unsere Sachen wieder in die Brust zu stopfen und unsere dreckigste Uniform anzuziehen, denn die Kohlenanzünder standen bereits daneben und wir wurden mit Kohlenstaub erstickt. Ich kann Ihnen sagen, dass auch wir das Leben satt hatten, denn wir hatten vereinbart, dass wir bei Red Saliba's unten im Burggraben Ponys holen konnten, und machten uns auf den Weg zu einem Picknick nach St. Paul's Bay.

„Einige von uns wären wahrscheinlich getötet oder zerbrochen worden, also ist es vielleicht alles zum Besten", sagte Mellins (sein richtiger Name war Christie, wie ich Ihnen bereits sagte, ein unglaublich dicker Kadett, der immer die fröhliche Seite sah von Dingen), „und jetzt, wo wir das Essen haben, können wir uns danach richtig austoben."

Dann mussten wir uns alle an Deck begeben, wo sich achtern auf dem Achterdeck jede Menge Krach abspielte. Der Kapitän und der Kommandant waren dort, mit sehr ernstem Gesichtsausdruck, mit zwei Marinesoldaten in ihrer Nähe, die einen mit Kohlenstaub bedeckten Chinesen hielten und in schrecklicher Angst waren. Du hättest sehen sollen, wie er mit den Augen rollt.

Ich fragte den Nebenjungen, was der Krach sei, und er erzählte mir, dass ein Heizer ihn als Chinesen entdeckt hatte, obwohl sein Zopf ganz um den Kopf geschlungen war und er eine große Mütze darüber trug, und dass er ihn durchsucht hatte, nur um Glück zu haben , und fand drei Dynamitpatronen in seinen Taschen.

Das war zum Teil der Grund dafür, dass unser Urlaub gestoppt wurde, und einer von uns Midshipmen musste zusammen mit ein paar Unteroffizieren und einem Marinesoldaten mit aufgepflanztem Bajonett an jedem Kohlenhafen stehen, jeden Korb Kohle untersuchen und verhindern, dass jemand an Bord kam. während andere selbst in den Feuerzeugen untergehen mussten. „Jetzt kein Blowout", sagte Mellins traurig, als er an mir vorbei in den Feuerzeug kletterte; „Aber wird es sich hinterher nicht als nützlich erweisen?"

Wir haben diese Kohle ziemlich gründlich untersucht, darauf können Sie wetten! Sobald es an Bord kam, musste es auf dem Deck versenkt werden, und wir mussten es sorgfältig durchsehen. Aber hat es nicht eine Weile gedauert, das ist alles! Und hatten wir es nicht schrecklich satt, vor allem, wenn wir nicht zum Seven-Bell-Tee wegkommen konnten?

Sobald es dunkel wurde, machten wir Schluss, und dann musste ich mit meinem Kutter wegfahren und auf der Steuerbordseite patrouillieren, mit nichts zu essen außer einer Dose Sardinen, die Mellins aus dem Schiffchen der Waffenkammer reichte und die ich mit mir teilte der Steuermann. Er hatte das Beste daraus, denn er trank das Öl.

Innerhalb einer Stunde wurden wir von einer anderen Mannschaft abgelöst, und Mellins hatte mir etwas Essen gespart, das ich zu mir nahm, während die anderen einen guten alten Singsang aus der Waffenkammer anstimmten.

Jeffreys, unser Unterleutnant, der im Waffenraum das Sagen hat, hat es vorgeschlagen. „Zeigen Sie einfach den Bettlern, dass es uns nichts ausmacht, und muntern Sie die Männer auf. Sie haben Dynamit im Gehirn."

Als sie unseren Streit hörten, kamen einige der Stationsbeamten herunter und stimmten ein, und Hopkins, der Sekretär des Skippers, ein fröhlicher Yankee, stimmte ein rasselndes, gutes Lied an. Mein Auge! Haben wir nicht Lärm gemacht? und bald darauf begannen die Männer ihr eigenes Konzert, vorne am Vorderschiff. Plötzlich kam der Oberbefehlshaber herunter, um „Licht aus" zu befehlen, und Jeffreys bat um eine weitere halbe Stunde (Jeffreys ist ein guter Kerl, obwohl er uns Fähnrichen die Schuld gibt, wenn etwas schiefgeht), und der Schreiber schlug los wieder am Klavier.

Wer sollte dann herunterkommen außer dem Skipper? und wir machten ihm Platz, damit er neben dem Klavier Platz nehmen konnte, und er stimmte in den Refrain ein. Als es vorbei war, stand er auf und sagte: „Danke, meine Herren, Ihr Singsang war eine gute Idee. Gute Nacht!" Und als er wegging, jubelten wir ihm dreimal zu und sagten: „Denn er ist ein wirklich guter Kerl", und schliefen auf unserer Brust und in seltsamen Ecken, denn das Schiff und wir waren viel zu schmutzig, um unsere Hängematten aufzuhängen.

Kurz nach Sonnenaufgang waren wir wieder dabei und schauten uns jeden Klumpen an, der an Bord kam, und einige Zeit nach dem Frühstück, während wir uns ausruhten, kamen langsam drei Zerstörer herein und hissten eine seltsame Flagge, die keiner von uns zuvor gesehen hatte , aber der Bahnwärter sagte mir, es sei der Patagonian.

Wir konnten uns das Lachen nicht verkneifen, denn der erste schleppte die beiden anderen, und einer von ihnen hatte eine große Schlagseite nach Backbord. Es war ein sehr komischer Anblick. Hopkins hat sich mein Glas ausgeliehen. „Ich denke, das ist keine große Werbung für den Mann, der diese Schiffe gebaut hat", sagte er in seinem lustigen Yankee-Akzent; Das war auch nicht der Fall, denn sie waren offensichtlich zusammengebrochen.

Nun ja, gegen Mittag hatten wir alle Kohlen drin, hatten eine Stunde Zeit zum Abendessen und waren dann fleißig am Aufräumen. Es macht wirklich keinen schlechten Spaß, wenn man furchtbar kohlenstaubig ist und es herrlich heiß ist, barfuß herumzupaddeln, die Hose über die Knie hochgezogen, während die Feuerwehrschläuche auf das Deck spritzen und den Kohlenstaub wegspülen Weg — man wird sehr nass und es ist herrlich erfrischend. Ich kommandierte das Achterdeck, und der alte Quartiermeister und ich beobachteten die neu eingetroffenen Zerstörer, die jetzt eifrig Kohlen anlegten.

„Was sind das für Farben, Sir?" sagte der drahtige alte Mann. „Ich habe sie noch nie zuvor gesehen, und ich bin seit fast vierundzwanzig Jahren auf See, Mann und Junge."

„Patagonisch", antwortete ich, und er lieh sich ein Teleskop und betrachtete sie.

„Sicher, an Bord dieses Fahrzeugs sind ein paar dreckige Chinesen, Sir. Schauen Sie sich ihre Köpfe an, die aus der Luke des Maschinenraums ragen."

Tatsächlich gab es fünf oder sechs unverkennbare chinesische Gesichter, und ich konnte sehen, wie eines seinen Zopf um den Kopf wickelte.

Natürlich hatten wir ziemlich schlecht Chinesisch im Kopf, und Dunning (wir nannten ihn Suet Dumpling, weil er Cyril hieß – ein hinterlistiger, hinterhältiger kleiner Midshipman, der sich kein einziges Mal am Reck hochziehen konnte), der neben uns stand, rannte los und erzählte dem wachhabenden Leutnant, was wir gesehen hatten, als hätte er die Entdeckung selbst gemacht, und er wurde hinuntergeschickt, um es dem Kapitän zu erzählen.

Der Kapitän kam herauf, denn er konnte die Zerstörer von seinen Heckpforten aus nicht sehen, und stand da und schaute sie an, während dieser Esel, Talgknödel, direkt hinter ihm wichtig grinste. „Sagen Sie dem Kommandanten, dass ich ihn in meiner Kabine sehen möchte", sagte der Kapitän und ging mit sehr grimmigem Gesicht wieder nach unten.

Der Knödel rannte vorwärts, um den Kommandanten zu finden. Nun spülte der Mann, der den Schlauch benutzte, den Batterieschirm in der Nähe der Batterietür ab, und als der Knödel gerade darin verschwand, rief ich dem Mann etwas zu, und er drehte sich mit dem Schlauch in der Hand um , genau wie ich es wollte, Dumpling bekam alles in den Rücken – er hatte gerade auch eine saubere weiße Tunika angezogen. Er war ziemlich wild, denn er wusste, dass ich es mit Absicht getan hatte, sagte aber nichts, obwohl ich dachte, ich sollte diese Nacht besser nicht in meiner Hängematte schlafen, damit er mich nicht niedermetzelte.

Um vier Uhr verließen wir unsere Bojen und fuhren ins Meer, wobei wir ziemlich nah an den Patagoniern vorbeikamen, aber es waren keine Chinesen zu sehen, und die Männer waren auf den beiden behinderten Bojen und den Pumpen auf der mit den Bojen sehr beschäftigt Die Liste an Backbord wollte alles, was sie wert waren.

Natürlich waren wir alle aufgeregt, vor allem die Männer, denn wir waren den Chinesen gegenüber so misstrauisch geworden, dass wir, als jeder wusste, dass sich welche an Bord dieser Zerstörer befanden, sicher waren, dass mit ihnen etwas nicht stimmte.

„Warum, Patagonien besitzt kein einziges Schiff!" sagte Hammond, ein weiterer unserer Hilfsingenieure, ein lustiger kleiner Kerl, der ein wandelnder *Brassey's Naval Annual ist* und jedes Kriegsschiff auf der Welt mit Namen kennt und weiß, welche Waffen es hat und so weiter. „Eher seltsam, dass diese drei da sind und Chinesen an Bord haben."

Dann verbreitete sich das Gerücht, man habe gehört, wie der Kapitän dem Doktor sagte; „Wenn ja , werden sie uns keine großen Probleme bereiten, denn zwei von ihnen scheinen schwer kaputt zu sein."

Es war der abscheuliche Dumpling, der die Nachricht überbrachte. „Was hat der Doktor dann gesagt?" wir fragten.

„„Was auch immer sie sind, sie haben mich daran gehindert, an Land zu gehen, hängen Sie sie auf! Jeder scheint Chinesen, Piraten, Dynamit und Patagonien im Kopf zu haben"", sagte Dumpling und ahmte die gereizte Art des Doktors nach.

Wir haben alle gelacht. „Genau wie der alte Doc", sagte Mellins. „Ich musste heute Morgen mit Bauchschmerzen nach vorne ins Krankenrevier, und er ließ mich sofort ein scheußliches Rizinusöl nehmen. Ich hasse das Zeug", und er grinste und sagte: „Das ist zum Aufmuntern." Dieser elende Krach letzte Nacht unten im Waffenraum hat mich bis Mitternacht wach gehalten.

„Der egoistische alte Rohling", waren wir uns alle einig; „Es ist ihm egal, was passiert, solange er es sich bequem macht."

Wir waren so begeistert von diesen Zerstörern, dass ich glaube, die meisten von uns dachten, sie würden plötzlich hinter uns herjagen.

Was auch immer der Kapitän dachte, er würde auf jeden Fall nicht beim Nickerchen erwischt werden, und als es dunkel wurde, änderten wir den Kurs, bis wir zwanzig Meilen nördlich der üblichen Strecke waren und kein einziges Licht mehr zu sehen war. Ich musste alle Steuerbordkabinen umrunden und sicherstellen, dass die Notlichter ausgeschaltet waren, und während der Mittelwache, die ich achtern auf dem Achterdeck hielt, war ich dafür verantwortlich, dass sie geschlossen blieben. Komischerweise schien Mr. Hopkins nicht zu verstehen, dass er kein Licht zeigen durfte, und zweimal sah ich, wie sein Schiffchen in der Nacht angezündet wurde. Ich hatte Angst, der Kapitän könnte an Deck kommen, es sehen und sich auf ihn stürzen, also ging ich in seine Kabine hinunter. Er schien sehr schlecht gelaunt zu sein, konnte wegen der Hitze nicht einschlafen und musste seinen

Eimer offen haben, um an die frische Luft zu kommen, und sein Licht brennen lassen, um zu versuchen, sich einzuschlafen. Schließlich sagte ich ihm direkt, ich solle ihn dem Wachleutnant melden, und er schien dann zu verstehen, dass es wirklich notwendig war.

In der Nacht passierte nichts, schon gar nichts, bis wir Port Said erreichten, wo direkt vor uns die drei Patagonier wieder zusammenkohlten!

Der Kapitän erhielt hier weitere Telegramme, und bald wurde bekannt, dass die Zerstörer alle Malta nur zwei Stunden nach uns verlassen hatten und alle drei sehr schnell in unsere Richtung dampften. Der Hafenmeister erzählte uns, dass sie seit zwei Tagen in Port Said waren, in der Abenddämmerung ausliefen und erst am Morgen zurückkehrten; Daher waren wir uns sicher, dass die Panne in Malta völliger Schrott war und dass sie einfach vor Port Said auf uns gewartet hatten. Glücklicherweise hatte sich der Kapitän geweigert, im Dunkeln in die Nähe von Port Said zu fahren, sondern hatte etwa die ganze Nacht weit im Norden und Osten gewartet – der für uns höchst unwahrscheinliche Ort.

Sobald wir an einer Boje festgemacht hatten, wurde ich mit dem zweiten Kutter weggeschickt und angewiesen, an Bord der P. & O. *Isis zu gehen* , die vor den Büros des Suezkanals lag (sie war am frühen Morgen mit dem Boot aus Brindisi eingetroffen). Briefe) und bringen Sie einen Leutnant zurück, der sich uns anschließen sollte – einen Mr. Staunton, der mit dem Zahlmeister in London zurückgelassen worden war und in Lyon getötet wurde.

Als ich mir einen Weg durch die Menge der Boote neben mir bahnte, schlüpfte ich die Leiter hinauf und fragte nach ihm. Der Quartiermeister sagte jedoch, er sei einige Stunden zuvor mit einem Kriegsschiff gefahren, also zog ich mich zurück und meldete mich. Dann wurde ich zur HMS *Hebe* geschickt , einem unserer eigenen Kanonenboote, um dort Wache zu halten, aber sie wussten nichts von ihm – sie hatten ein Boot für Post zur *Isis geschickt* , aber sie hatte sicherlich keine Passagiere zurückgebracht. Das war sehr seltsam, also ließ ich die Besatzung meines Bootes sich wieder auf die Ruder legen und meldete mich so schnell wie möglich beim Kommandanten.

Er brachte mich zum Skipper, der sehr verärgert wirkte, als er die Nachricht hörte. Danach mussten ich und zwei andere Midshipmen an Land gehen und bei den Konsuln und allen Hotels Nachforschungen anstellen – es war auch ein furchtbar heißer Tag mit einem schrecklichen grellen Licht, das uns alle erstickte –, aber wir konnten nichts von ihm hören. Als wir zum Schiff zurückkamen, waren die drei Patagonier verschwunden, und nicht nur das, auch Hopkins war verschwunden, und ich kann Ihnen sagen, dass an Bord eine enorme Aufregung herrschte.

Jeder war sich natürlich sicher, dass Mr. Staunton an Bord eines der patagonischen Zerstörer war und sich nun meilenweit den Kanal hinunter befand, und viele dachten, dass wahrscheinlich auch Mr. Hopkins irgendwie abgeschreckt worden war. Sie sehen, er war genau der Mann, den sie sich wünschen würden, denn er war der Sekretär des Skippers und würde alles wissen. Während wir drei versuchten, etwas zu essen zu bekommen, sang der Bote des Kommandanten für mich und Toddles (Toddles war der nächste Oberfähnrich), also mussten wir wieder hoch.

„Besorgen Sie sich ein paar warme Sachen und seien Sie bereit, das Schiff in fünf Minuten zu verlassen", sagte er. „Sie, Mr. Foote, sind an ‚Nr. 1‘ ausgeliehen, und Sie, Mr. Glover, an ‚Nr. 3‘." Als wir die Hütte verließen, um nach unten zu eilen, rief er: „Flanellhemden und Seestiefel nicht vergessen."

„In Ordnung, Sir, vielen Dank", antworteten wir freudig.

Ich habe mir eine von Dumplings Taschen ausgeliehen, die ich herumliegend gefunden habe (ich habe ihn nicht gefragt), und wir waren fertig, bevor das Boot längsseits kam, und Mellins gab uns einen Korb voll Essen, als wir losfuhren. Toddles wurde an Bord der „Nr. 1" gebracht, und dann brachten sie mich an Bord der „Nr. 3", wo ich mich bei Mr. Parker, dem kommandierenden Leutnant, meldete.

Zu meinem Glück hatte Toddles in seiner Eile seinen Anteil an der Mahlzeit vergessen.

Ich wurde nach achtern geschickt, um auf die Heckseile zu achten und dafür zu sorgen, dass achtern alles „klar" war, denn wir waren kurz davor abzustoßen.

„Was ist los? Wohin gehen wir?" Ich fragte zwei Männer, die achtern standen.

„Ich gehe davon aus, dass wir die Piraten verfolgen, Sir. Ich hörte, wie Mr. Parker dem Unterplünderer sagte, dass wir ihnen so schnell wie möglich folgen sollten."

Ich hatte keine Zeit mehr zu fragen, denn Mr. Parker sang von der Brücke aus: „Lass uns nach achtern los!" und wir holten den Slip auf der Boje achtern ein. Als das Seil von ihren Schrauben und dem Ruder befreit war, rief ich „Alles klar achtern, Sir", und wir fuhren los und folgten dicht hinter „Nr. 2".

Als wir an den anderen drei Schiffen vorbeikamen, drängten sich die Männer an die Seite und jubelten uns zu, denn sie hatten Wind davon, was wir tun würden. Es ist wirklich herzzerreißend, zu hören und zu sehen, wie die Leute einen anfeuern.

Vom *Laird aus* gab Mellins mit seinen Armen ein Semaphorsignal: „Ist Maden sicher?" Also winkte ich mit „Ja" zurück und weiter gingen wir in den Kanal. Es wurde bald dunkel, und unser französischer Pilot ließ uns unser Suchlicht einschalten, obwohl das nicht viel nützte, da die Brücke im Weg war. Es erhellte jedoch beide Seiten der steilen Sandbänke und wir folgten „Nr. 2" irgendwie. Natürlich wollten wir so schnell wie möglich fliegen, und der Pilot bekam fast einen Schlaganfall, schrie und gestikulierte vor Angst oder Wut, wenn „Nr. 2" zu weit nach vorne drängte und wir noch ein paar Umdrehungen machen mussten, um näher heranzukommen . „Die Wäsche, sie wird den Banken schaden!" er schrie. „Sie werden dich dafür bezahlen lassen. Ich gebe meine Autorität auf – ich wische mir die Hände ab." Dann würden wir wieder langsamer fahren und er wäre ruhig.

Gegen elf Uhr erreichten wir den Great Bitter Lake und dort wechselten wir den Piloten. Die Patagonier waren nur zwei Stunden voraus und wir haben diesen Teil des Kanals einfach durchbrochen. Ich war ziemlich nervös, das kann ich Ihnen sagen, denn durch den Suchscheinwerfer sah alles noch dunkler aus und wir hielten uns einfach am Heck der „Nr. 2" fest. Wenn sie oder „Nr. 1" plötzlich angehalten hätten, wären wir alle auf einem Haufen gewesen. Ich gehe davon aus, dass „Nr. 1" einen englischen Piloten an Bord hatte, vielleicht auch einen Norweger. Unser Franzose war vor Funk gelähmt.

Wir wurden ruhiger, als wir wieder in den engen Kanal kamen.

Wir mussten einmal festmachen, um einen großen britischen Postdampfer an uns passieren zu lassen, und kamen erst am nächsten Morgen um zehn Uhr aus dem Kanal heraus.

Die Patagonier, so wurde uns gesagt, seien drei Stunden zuvor abgereist; Also liefen wir ihnen geschäftig hinterher und hielten nur an, um unsere Piloten abheben zu lassen.

„Dampf für volle Fahrt" wurde von „Nr. 1" signalisiert, und Mr. Chapman, unser Ingenieur, tauchte nach unten, um die Dinge im Heizraum zu überwachen.

„Sie haben drei Stunden Startzeit", sagte Mr. Parker zum U-Boot, „und es wird eine sehr lange, strenge Verfolgungsjagd."

„Was müssen wir tun, wenn wir sie fangen?" er hat gefragt.

„Durchsuchen Sie sie", antwortete Mr. Parker.

„Aber was ist, wenn sie uns nicht lassen?"

„Durchsuchen Sie sie", antwortete Mr. Parker mit einem seltsamen Funkeln in den Augen, und dann wusste ich, dass es zu einem Kampf kommen könnte. Es gab mir ein komisches Gefühl im Magen, aber ich wusste, dass ich großes Glück hatte, die Chance zu bekommen, und dass ich froh sein sollte, und ich glaube wirklich, dass ich es getan habe.

Wir gingen es jetzt alle mit aller Macht an. Der Rauch von „Nr. 1" und „Nr. 2" blendete uns fast, und wir zitterten und pochten, als das Summen der Motoren allmählich zunahm, unser Bug aus dem Wasser auftauchte und unser Heck in einer Masse in die Tiefe hockte Schaum, als wir den anderen vor uns folgten.

Ich war noch nie in meinem Leben so schnell gewesen und hielt mich an den Brückenschienen fest, um nicht weggeblasen zu werden.

So machten wir stundenlang weiter, und ich war zu aufgeregt, um nach unten zu gehen und etwas zu essen zu holen. Das zeigt, was für ein Nervenkitzel es ist, in einem Zerstörer mit einem Feind voraus zu rasen.

Jetzt bildeten wir eine Linie nebeneinander, „Nr. 2" auf der Steuerbordseite und wir auf der Backbordseite von „Nr. 1", etwa drei Meilen voneinander entfernt, um mehr Fläche abzudecken.

Als es dunkel wurde, sahen wir, wie „Nr. 1" langsamer wurde, um einen kleinen Handelsdampfer zu sprechen, der nach Norden fuhr, und direkt danach wurden wir zurück nach Suez befohlen, um Kapitän Helston zu informieren, dass alle drei Patagonier sehr schnell nach Süden dampfend gesichtet worden waren.

Unser Ruder drehte sich, wir krängten weit, unser Heck drehte sich und wir machten uns auf den Rückweg, bevor man „Messer" sagen konnte; Aber Sie hätten hören sollen, was Mr. Parker und der U-Boot sagten, und übrigens auch der Quartiermeister, nur tat er es nicht so laut.

machten wir uns auf den Weg zum *Laird* in Suez, nachdem wir in den letzten zwanzig Stunden fast siebenundzwanzig Knoten durchgehalten hatten – eine wirklich gute Leistung. Wir mussten nicht lange warten, denn wir liefen mit Kohle vollgetankt an der *Sylvia entlang, nahmen zehn Tonnen in Säcken an Deck mit und machten uns mit zwanzig Knoten auf den Weg nach Aden – eine recht leichte, angenehme Geschwindigkeit.*

Ich musste die Kohle an Bord sehen, machte mich scheußlich schmutzig und vermisste das Bad im Waffenraum an Bord der *Laird sehr*.

Wir kamen am dritten Nachmittag in Aden an, ohne irgendwelche Abenteuer zu erleben. „Nr. 2" und „Nr. 1" waren da, ebenso zwei der drei Patagonier.

Mr. Pattison und Mr. Lang, die Kapitäne von „No. 1" und „No. 2", kamen direkt von uns an Bord. Sie erzählten uns, dass sie Aden erst vier Stunden nach den Patagoniern erreicht hatten.

Sie trafen sofort Vorkehrungen für die Kohlebeschaffung und waren inzwischen in Gehröcken und Schwertern an Bord der beiden Patagonier gegangen, wurden sehr freundlich empfangen und überall gezeigt, und von Staunton, Hopkins oder Chinesen war keine Spur zu sehen Könnten sie die Sache sehen? „Sie können sich vorstellen, dass wir uns ziemlich überzeugt fühlten", sagte Mr. Pattison, „dass wir eine lange Jagd nach nichts hatten – ein sehr zahmes Ende."

Der dritte Zerstörer, so erzählten uns Leute am Ufer, sei eine Stunde vor unserer Ankunft abgefahren und wurde von der Spitze des Felsens aus in Richtung Osten gesichtet, bis er mit großer Geschwindigkeit dampfend hinter dem Horizont verschwand.

„Ich konnte ihr nicht folgen", fuhr Mr. Pattison fort, „denn natürlich hatten wir keine Kohle, und einige unserer Kondensatorrohre waren stark undicht, und wir brauchten beide ein paar Tage im Hafen, um die Sachen richtig einzuladen." Und nicht nur das, ich wage es auch nicht, diese beiden Patagonier aus den Augen zu lassen, denn Kapitän Helston glaubt, dass sie ihm wahrscheinlich in der Meerenge im Westen auflauern werden.

„Wir können sofort weitermachen, sobald wir uns zusammengefunden haben", warf Mr. Parker eifrig ein, „denn bei uns ist nichts los. Stimmt das, Chapman?"

„Nein, eher nicht", antwortete unser Ingenieur und fügte hinzu: „Wir sind von Lairds gebaut, wissen Sie."

„Sehr gut", sagte Herr Pattison, der der Älteste der drei Leutnants war und daher das Kommando übernahm, „Sobald Sie Kohlen, Wasser und Proviant gesammelt haben, geht es los nach Colombo. Der dritte Patagonier hat höchstwahrscheinlich Staunton verschifft, Hopkins und alle Chinesen, um unseren Verdacht gegenüber diesen beiden anderen zu zerstreuen, und welchen Kurs sie auch immer einschlägt, wenn sie in den Osten geht, muss sie in Colombo ankommen. Wenn sie Ihnen nicht erlaubt, sie dort zu durchsuchen, folgen Sie ihr sie aufs Meer hinaus und zwingt sie zum Anheben.

„Sehr gut, Sir", antwortete Mr. Parker salutierend.

„Nun, auf Wiedersehen, alter Junge, ich wünsche dir viel Glück. Lang und ich machen uns auf den Weg, denn hier kommen deine Kohlenanzünder. Wenn du bereit bist abzuhauen, werde ich dir ein irreführendes Signal geben, worauf du reagieren musst." auf dem Boden außer Sichtweite des Landes, denn diese Kerle können wahrscheinlich unser Semaphor lesen und werden bereitstehen, um alle möglichen Informationen zu erhalten.

# Kapitel VII

## Das Streben nach dem Patagonier

Wir sehen sie – eine strenge Verfolgungsjagd – wir überholen sie – wir müssen uns entschuldigen – wir spinnen den Faden

*Mr. Midshipman Glovers Erzählung ging weiter*

In den nächsten zwei Stunden arbeiteten wir hart, und als wir signalisierten, dass wir zur See bereit waren, und die „Erlaubnis zum Wiegen und Fortfahren gemäß früherer Befehle" erhielten, signalisierte „Nr. 1": „Informieren Sie *Laird*, dass ich …" kann das Geschwader nicht erreichen, da die Kondensatoren repariert werden müssen."

„Das ist das irreführende Signal", sagte Mr. Parker, als er und der U-Boot es darlegten; „Ich hoffe nur, dass diese Kerle es lesen und schlucken, denn wenn sie es tun, werden sie sich vorstellen, dass wir wieder das Rote Meer hinauffahren."

Um „eine Ablenkung zu schaffen", wie das U-Boot es ausdrückte, steuerten wir, nachdem wir den Hafen verlassen hatten, nach Westen, bis wir außer Sichtweite des Landes waren, als ob wir auf das Geschwader treffen würden, dann steuerten wir ein paar Stunden lang nach Südosten und schließlich änderten unseren Kurs nach Colombo.

Es war eine sehr heiße, sehr mühsame und sehr eintönige Arbeit, über den Indischen Ozean zu dampfen. Wir mussten langsam fahren, um unsere Kohle zu sparen, und alle frischen Lebensmittel gingen zwei Tage nach unserer Abreise aus Aden zur Neige, und ich hasse alles Konserven. Ich musste tagsüber meinen Teil der Wache übernehmen und lernte bald, mit „Nr. 3" so leicht umzugehen wie mit dem Dampfschiff eines Schiffes. Sie können sich vorstellen, dass wir aufgeregt waren, als wir uns Colombo näherten. Ob wir sie erwischten oder nicht, hing fast ausschließlich davon ab, ob sie dem irreführenden Signal in Aden geglaubt hatten, denn wenn sie geglaubt hätten, wir wären auf dem Weg nach Colombo, hätten sie sie natürlich per Telegraph davongebracht.

„Wenn wir sie jetzt nicht fangen, werden wir es nie fangen, denn zwischen Colombo und Singapur oder Saigon gibt es jede Menge Orte, an denen sie sich verstecken kann", sagte Herr Parker.

„Na, sollen wir sie ein wenig anschieben?" schlug Herr Chapman vor. „Bei diesem Tempo werden wir morgen Abend mit achtzehn Tonnen Kohle an

Bord ankommen. Ich könnte Ihnen noch eineinhalb Knoten geben, wenn Sie möchten."

Es gab eine lange Diskussion darüber – ich war natürlich zu jung und hatte nichts zu sagen –, aber schließlich entschieden sie, dass es sicherer wäre, ein paar Tonnen in der Hand zu haben.

„Sehen Sie", argumentierte Mr. Parker, während sich alle drei an die Brückengeländer lehnten, „wenn sie uns sehen, bevor sie per Telegramm erfahren, dass wir unterwegs sind, denken sie vielleicht, dass wir keine Kohle mehr haben, und räumen vielleicht ab." „raus" und mir vorzustellen, dass wir sie nicht verfolgen können, nicht wahr? Das wäre doch das, was ich tun sollte, wenn ich in ihrer Lage wäre. Chapman, sobald wir den Leuchtturm sehen, haben sie nicht mehr viel Zeit zu fliehen.

Ich hatte von vier bis acht Uhr Morgenwache und war gerade nach unten gegangen, um etwas Frühstück zu holen – Sardinen, Marmelade und Schiffskeks –, als ich plötzlich den Gong im Maschinenraum hörte und spürte, wie die Motoren herumsausten. Die Teller begannen auf dem Tisch zu tanzen und mein Kaffee war fast vollständig verschüttet, bevor ich ihn trinken konnte. Ich stopfte die letzten beiden Sardinen mit einem Bissen hinunter und eilte an Deck. Alle Männer drängten sich unter der Brücke vorwärts, gestikulierten und zeigten nach vorne. Als ich zur Brücke hinaufstieg, konnte ich den Leuchtturm und den langen Wellenbrecher von Colombo erkennen.

„Kommt sie heraus, Sir?" Ich fragte, denn ich konnte durch mein Teleskop nichts sehen – wir zitterten so sehr und das Schiff war so instabil. „Der Bahnwärter sagt, dass sie es ist", sagte Mr. Parker, während sein Auge an seinem Teleskop klebte. „Ja, da ist sie! Schauen Sie sich den dunklen Fleck auf dem Wellenbrecher an. Das ist Rauch, und sie ist darunter. Mein Auge! Sie kommt ziemlich schnell auf Fahrt."

Nach einer weiteren halben Minute konnten wir sie mit bloßem Auge sehen. Sie zeichnete sich dunkel vor dem weißen Wellenbrecher ab und raste durch das Wasser, wobei sie fast im rechten Winkel zu uns lief, bis sie den Wellenbrecher und die Felsen passierte. Wir kamen schnell zusammen, als sie ihr Steuer legte. Wir sahen, wie sie sich umdrehte, sich umdrehte, sich wieder aufrichtete, als sie ihren richtigen Kurs einnahm, und dann flog sie davon, während sich die patagonische Flagge nach hinten versteifte.

„Folgen Sie ihr, Davis", rief Mr. Parker dem Unteroffizier am Steuer zu, während er versuchte, seine Pfeife hinter dem Kartentisch anzuzünden. „Gehen Sie ins Quartier, Collins (das U-Boot), und geben Sie Munition ab." Der Schütze und Mr. Collins flogen an Deck, um zu sehen, wie alles vorbereitet wurde, und ließen nur Mr. Parker und mich auf der Brücke zurück.

Er schrie durch die Sprachröhre im Maschinenraum: „Wie viel Kohle haben Sie noch, Chapman?"

„Fast vierzehn Tonnen."

„Wie lange hält das bei voller Geschwindigkeit?"

„Eher mehr als anderthalb Stunden", kam die gedämpfte Antwort.

„Dann gib mir jede Unze Dampf, die du aufbringen kannst."

Zu dem Zeitpunkt, als die Patagonian ihren Kurs geändert hatte, lagen etwa anderthalb Meilen zwischen uns, aber sie kam schnell auf, denn wir hatten noch nicht unsere Höchstgeschwindigkeit erreicht, und sie tat offensichtlich alles, was sie wusste. Es war fast unter einer großen Rauchwolke verborgen, und gelegentlich wurde es sogar vollständig von der Gischt verdeckt, denn eine leicht kabbelige See, die wir bei langsamer Fahrt vorher nicht bemerkt hatten, bedeckte uns jetzt vorn und hinten mit Gischt.

Ich musste nach unten gehen, um zu sehen, wie die Boote alle zum Absenken bereit waren, und als das erledigt war, überbrachte ich mehrere Nachrichten an das U-Boot, das zu diesem Zeitpunkt alle Kanonen mit Männern und jede Menge Munition an Deck hatte. Es bestand kein großer Zweifel daran, dass Mr. Chapman und seine Männer ihr Möglichstes taten, denn jetzt konnten wir fühlen, wie die Motoren wie Nähmaschinen summten, das Schiff begann zu pochen und zu vibrieren und machte ein seltsames Wackeln, das man fast erkennen konnte, wenn man hinsah achtern entlang des Decks von der Brücke aus. Es genügte mir, mich mit einer Hand am Brückengeländer festzuhalten und mit der anderen meine Mütze aufzusetzen, während die Gischt uns von Kopf bis Fuß durchnässte. Die Geschützmannschaft des 12-Pfünders war zur Brücke gekommen und hatte sie liebevoll weggeräumt und beladen. Dann spürte ich wieder dieses komische Gefühl in meinem Magen, die Sardinen und das Wackeln, das ich vermutete, und klammerte mich an der Brücke fest und schnappte zwischen den Gischtschauern nach Luft.

Sie hätten unsere Trichter sehen sollen! Die darauf verbliebene Farbe löste sich, genau wie die Haut von Scharlachpatienten, wenn man sie abschält, große lodernde Flammen leckten aus ihnen, und Rauchwolken strömten nach achtern, während sich achtern eine riesige Masse aufgewirbelten Schaums befand, der so aussah wenn es an Bord fallen würde.

Wir mussten sie fast eine halbe Stunde lang verfolgt haben und schienen nicht aufzuholen. Mr. Parker blickte weiterhin ängstlich auf seine Uhr, während wir dahinstürmten – nun ließen wir Colombo hinter uns und rannten vor dem dunklen Baumgürtel davon, der das Ufer markierte.

Plötzlich kam Mr. Chapman am ganzen Körper schwitzend an Deck. „Sie macht genauso viele Revolutionen wie bei ihren Prüfungen", rief er; „Ihre Motoren nehmen keinen Dampf mehr auf, ich blase ihn nur ab", und er zeigte auf Dampfwolken, die aus jedem Schornstein zischten.

„Geben Sie ein Signal: ‚Ich möchte kommunizieren und ein Boot schicken' und lassen Sie es fliegen", brüllte Mr. Parker dem Signalwärter zu, der offensichtlich vorbereitet war, denn er hatte bereits schnell die richtigen Flaggen und Anhänger an den Fallen angebracht Er hob sie hoch, und die Wimpel versteiften sich im Wind wie lackierter Stahl. Ich habe vergessen zu erwähnen, dass die chinesische Flagge, der Gelbe Drache, an unserem Heck flog. Wie sehr wünschten wir, es wäre unsere eigene weiße Flagge.

Wir warteten alle auf eine Antwort, aber es kam keine. Es bestand kein Zweifel daran, dass wir nun aufholten – wir konnten deutlich erkennen, dass von Zeit zu Zeit ein paar Männer auf der Brücke zu uns schauten – und den großen Rauchmassen nach zu urteilen, die aus ihren Schornsteinen strömten, mussten die Heizer verzweifelt gearbeitet haben schwer, uns zu entkommen.

„Wir sind weit außerhalb der Drei-Meilen-Grenze, glaube ich, Collins?" schrie Herr Parker.

„Ja, Sir – zehn Meilen entfernt."

„Dann versuchen Sie es mit einem Schuss auf zwölfhundert Yards, Jones (die ‚Nr. 1' der 12-Pfünder). Gehen Sie so nah an sie heran, wie Sie können, ohne sie zu treffen."

"Sehr gut, Herr." Und Jones, ein riesiger, muskulöser Mann, drückte seine Schulter gegen die Halterung und beugte sich über das Visier. Wie wir pochten und schwankten – die Mündung der Waffe schien nie stillzustehen, und es schien eine Ewigkeit zu dauern, bis Jones feuerte. Es gab einen scheußlich scharfen Knall, der Korditrauch stieg uns wieder in die Augen und wir alle spannten uns an, um das Ergebnis zu sehen. Die Granate explodierte eine halbe Meile vor der Patagonian, als sie auf dem Wasser aufschlug.

„Niemand kann von einer solchen Plattform aus schießen", sagte Collins wütend; „Wir tanzen herum wie viele Marionetten."

Jones feuerte einen weiteren Schuss ab, der rückwärts explodierte, aber auch er hatte nicht die geringste Wirkung – immer noch keine Antwort auf unser Signal und kein Versuch, die Geschwindigkeit zu verringern.

In diesem Moment berichtete Herr Chapman, dass er nur noch zwei Tonnen übrig hatte und jeden Bunker gefegt hatte. Mr. Parker stöhnte: „Sie wird entkommen, und ich kann nicht einmal nach Colombo zurückkehren.

Feuern Sie weiter, so schnell Sie können, Collins, mit Ihren beiden vorderen Sechspfündern."

Dann hörten wir unter uns die freudige Stimme des Richtschützen, der rief: „Ziel, geradeaus, bei eintausend – unabhängiges Feuern – Beginn."

Gab es keinen Knall. Aber ich war zu aufgeregt, um den Lärm zu bemerken, und wir alle jubelten, als ab und zu eine unserer kleinen Granaten in der Nähe des Patagoniers explodierte. Wir näherten uns schnell und konnten sehen, wie sich alle bis auf zwei ihrer Männer rasch von unten entfernten. Dann traf eine unserer Granaten ein Boot, das sie in der Nähe des Hecks an Bord gestaut hatten, und große Teile davon flogen in die Luft. Jubelten wir nicht, denn da hatten sie offensichtlich genug davon, und Dampfwolken strömten aus ihren Schornsteinen, als sie ihre Maschinen abstellten. Wir fuhren so schnell, dass wir sie fast erreicht hatten, als Collins zum Telegrafen sprang, die Maschinen auf Hochtouren nach hinten brachte und das Ruder hart nach hinten legte. Mit großem Zittern und Zittern wurde unser Weg gestoppt, wir machten uns frei und lagen immer noch, keine fünfzig Meter von unserer Beute entfernt. Es war kaum nötig, den Telegraphen im Maschinenraum zu benutzen, um die Maschinen anzuhalten, da sie allmählich langsamer wurden. Unsere Feuer brannten schwach und es gab keine Kohle, um sie aufzufüllen.

„Üben Sie alle Waffen aus, die auf sie zielen", sang Mr. Parker, „und halten Sie sich bereit, um zu schießen. Holen Sie die Boote raus."

In zwei Minuten war das Beiboot im Wasser und Mr. Parker schaukelte über die fünfzig Meter, die uns trennten. Ich musste ihm mit sechs Männern im zusammenklappbaren Berthon-Boot folgen, jeder von ihnen mit Entermesser und Gewehr bewaffnet.

Ich war unglaublich stolz, das können Sie sich vorstellen. Wir waren im Handumdrehen daneben. „Sie zuerst, Sir", sagte der Steuermann und schob mich an der glatten Seite hoch, und ich kletterte an Bord, gefolgt von zwei der Männer.

Mr. Parker hörte einem schrecklichen kleinen Beamten zu, der sehr wütend gestikulierte und redete.

„Bringen Sie sechs Ihrer Männer zur Vorderbrücke und verlassen Sie sie nicht, bis ich Ihnen den Befehl gebe, und werfen Sie alle anderen raus", befahl er, also kletterten wir hinauf und traten die beiden Männer, die noch dort waren, die Leiter hinunter. Sie wollten nicht viel treten.

Ein paar Minuten später ging Mr. Parker nach unten, gefolgt von dem kleinen Offizier, der immer noch stampfte und fluchte. Er schien eine Ewigkeit dort zu bleiben, und ich fragte mich, ob es nicht besser wäre, einige meiner

Männer auf ihn herabzuschicken, aber ich konnte seinen Befehlen nicht ungehorsam sein, und natürlich war da „Nr. 3", deren Waffen auf uns gerichtet waren, nicht fünfzig Meter entfernt, und das war beruhigend.

Bald darauf kam er an Deck, gefolgt von Hopkins und einem Mann, von dem ich wusste, dass es Mr. Staunton sein musste. Die Männer in „Nr. 3" sahen sie und jubelten laut; Tatsächlich war es großartig, sie gerettet zu haben, und auch großes Glück, denn wir hätten sie nicht einholen können, wenn sie noch fünf Minuten weitergelaufen wäre.

Aber der beste Teil der „Show" sollte noch kommen, denn plötzlich strömten eine Reihe Chinesen herbei, ich schätze, es waren etwa fünfzig, und sie wurden in kleinen Gruppen zu „Nr. 3" gebracht, bis keiner mehr übrig war. Mir taten Mellins und die anderen vom *Laird unendlich leid*, dass sie nicht da waren, um zu sehen, wie dieser kleine Mann stampfte, rauchte und fluchte, während Mr. Parker vollkommen unbekümmert zusah und meine sechs Männer vorerst ihre Gewehre behielten. Ich habe sie dazu gebracht, das zu tun – ich dachte, es würde besser aussehen. Als alle Chinesen weg waren, kamen Mr. Chapman und seine Heizer vorbei und die letzte Bootsladung wurde über eine Grastrosse gezogen. Damit holten sie eines der Kabel der „Nr vollkommen hilflos.

Es schien ziemlich voreilig, all den Chinesen an Bord der „Nr. 3" zu vertrauen, da nur noch sehr wenige Hände übrig waren, aber der leitende Seemann, den ich bei mir hatte, sagte: „Gott sei Dank, Sir, diese Teufel sind alles." Jetzt gibt es Tauben und Säuglinge", und da er auf der chinesischen Station gewesen war und sie kannte, war die Sache geklärt.

Nun, wir kamen gut nach Colombo zurück und machten an Bojen im Wellenbrecher fest, und dann gab es eine richtige Schlägerei. Der Kapitän der Patagonian ging an Land und telegrafierte an seine Regierung, und sie telegraphierten an Peking, und Peking telegraphierte an uns, und das Ergebnis war, dass Herr Parker seinen Gehrock Nr. 1 anziehen und sich sehr demütig für seine „ ungerechtfertigtes und eigenmächtiges Vorgehen". Tatsache war, dass der kleine Mann, der früher Offizier der mexikanischen Marine gewesen war, wirklich alle seine Papiere in Ordnung hatte und zweifellos einen Auftrag von der patagonischen Regierung hatte. Er schwor, er wisse nichts über Mr. Staunton und Hopkins, außer dass sie von den beiden anderen Zerstörern in Aden an Bord gebracht worden seien, „und sie nehmen mir dort alle meine guten Männer weg und geben mir chinesische Schweine". Das erklärte, warum wir an Bord der anderen beiden in Aden keine Chinesen gesehen hatten.

Herr Staunton erzählte uns von seinen Abenteuern und wie er in Port Said gefangen genommen worden war.

Als die *Isis* , die Mr. Staunton aus Brindisi brachte, in Port Said vor Anker gegangen war, war ein Walfänger eines Kriegsschiffes, bemannt mit Männern in englischen Blaujacken und unter der Flagge des Gelben Drachen, neben ihm hergekommen. Ohne den geringsten Verdacht war er zu einem Zerstörer gezogen worden, der ebenfalls unter chinesischer Flagge fuhr, und natürlich dachte er, es sei einer unserer eigenen.

Kaum war er an Bord gestiegen, wurde er erfasst und stürzte in die Tiefe. Sie hatten ihn nicht missbraucht, aber Sie können sich vorstellen, welche Gefühle er gehabt haben muss; und er sagte, das Essen sei schrecklich, obwohl sie ihm gaben, was sie konnten. „Wie hat dieser Zerstörer auf dem Weg von Aden her gestunken, mit all der Menge Chinesen an Bord!" sagte er und verzog das Gesicht vor Abscheu bei dem bloßen Gedanken daran.

Auch Mr. Hopkins erzählte von seinen Abenteuern. „Ich bin gerade an Land geeilt, um einen Blick auf diese schlauen Wiesel am Kohlenkai zu werfen, vermutete, dass sie uns damals auf Malta einen sehr klugen Streich gespielt hatten, und war sehr neugierig, ,den Schnitt ihrer Ausleger' zu sehen. Das war noch nicht der Fall Als ich sie ansah, hatte ich gerade genug Zeit, um eine Katze aufspringen zu sehen, als plötzlich zwei Hände vor mein Gesicht kamen, die Finger auch auf ihnen, wie Stahlklauen, und sie so liebevoll wie eine Schwiegermutter meine Luftröhre umklammerten.

„Dann versetzte mir jemand einen Schlag hinter die Knie, der mich zu Boden brachte, und bevor ich ,Johnny Jones' sagen konnte, wurde ich hochgehoben, an Bord gebündelt und wie eine Tüte Kartoffeln auf das Deck geworfen." Sie freuten sich riesig darüber, dass sie beide gerettet wurden, und Mr. Hopkins schlug sich weiterhin auf den Oberschenkel und brüllte vor Lachen. „Meine Schlangen, wie diese schwarzlebigen, von Heringen ausgeweideten, gebratenen Teersträucher der Patagonier euch auf Malta über den Haufen geworfen haben! Aber diese Runde habt ihr gerade so gut wie gewonnen, Parker?"

„Ich glaube einfach, dass wir das getan haben", antwortete Mr. Parker lächelnd.

Nun, mitten in all dem kam ein Telegraphenjunge aus Cingalee mit etwas, das sich als Telegramm von Captain Helston herausstellte. Mr. Parker kam mit sehr ernstem Gesicht an Deck, nachdem er es entziffert hatte, und sagte: „Mr. Hopkins, Kapitän Helston hat mir befohlen, Ihnen mitzuteilen, dass Sie sich als verhaftet betrachten müssen, weil Sie ohne Erlaubnis in Port Said an Land gegangen sind." . Ich muss Sie bitten, nach unten zu gehen.

Das war eine Herausforderung für alle; Aber Mr. Hopkins gehorchte sofort mit einem Ausdruck des Erstaunens und ließ uns an Deck zurück, wo wir uns fragten, warum Kapitän Helston so streng gewesen war. „Seine Sorgen müssen ihn verdammt streng gemacht haben", sagte Herr Parker.

Die nächsten Tage lagen wir an dieser Boje, behielten die Patagonian im Auge und hielten mit Dampf „auf", für den Fall, dass sie versuchen würde zu gehen.

Wir hatten eine tolle Zeit an Land und die Abendessen im Grand Oriental Hotel in der Kühle des Abends, bei denen die Punkahs hin und her schwangen, waren einfach der Hammer.

Dann kam der Rest des Geschwaders zu unserer großen Freude gesund und munter an, und Mr. Staunton und Mr. Hopkins wurden zum *Laird geschickt*. Letzterer würde von Kapitän Helston mit Sicherheit eine schreckliche Perücke bekommen, und er tat uns allen sehr leid.

Mellins und viele andere Midshipmen kamen vom *Laird* und Tommy Toddles von „No. 1" und brachten einen großen Kuchen mit, den sein Mater per Post verschickt hatte. Wir wedelten gewaltig mit dem Kinn, und es war lustig, sie alle wiederzusehen und ihnen den Faden für unsere Jagd und Gefangennahme des Patagoniers zu erzählen. Wie sie mich beneideten!

Wenn ich jetzt einen großen Kuchen sehe, denke ich immer an diesen Nachmittag, als wir mit der Markise über unseren Köpfen um die hintere 6-Pfünder-Kanonenplattform saßen und die großen Aasfresservögel (wir nennen sie Bromley-Drachen) um uns herumschwirrten haben uns durch Tommys Kuchen gefressen.

Auch ein großes Passagierschiff der P. & O. auf dem Heimweg – es hatte eine Stunde auf die Entgegennahme unserer Post gewartet – fuhr dicht an uns vorbei, und die Passagiere traten alle zur Seite und jubelten uns zu, sodass wir Midshipmen alle gemeinsam laut jubelten , was Mr. Parker an Deck brachte, um uns zu befehlen, „es wegzuschmeißen".

Sie kehrten bald zu ihrem Schiff zurück und wir mussten nach Sonnenuntergang an der Hafenmündung patrouillieren, für den Fall, dass die beiden anderen Patagonier eintrafen.

# KAPITEL VIII

## Herr Ping Sang wird überlistet

Helstons Brief – Ein Tsi hat Informationen – Ping Sang handelt schnell –
Ping Sang schaut zu – Ping Sang in Schwierigkeiten – Ein Tsi entkommt –
Ein Tsi hat das Geschwader gesichtet – Ein Tsi gibt eine Warnung


Herr Ping Sang lebte normalerweise in Shanghai, aber als er von der Abreise
von Helstons Geschwader aus Colombo hörte, war er nach Hongkong geeilt,
um sich mit einem seiner Freunde, einem wohlhabenden Kaufmann namens
Ho Ming, zu beraten und den Schnelltransport zu arrangieren Bereitstellung
und Umrüstung der Schiffe.

Es war für das Geschwader sehr wichtig, seine Aufgabe ohne Verzögerung
zu erfüllen, da die Kosten für seine Wartung eine enorme Belastung für die
Ressourcen der Handelsvereinigung darstellten und außerdem die
Plünderungen durch die Piraten so häufig und ihre Überfälle so erfolgreich
geworden waren. dass der Küstenhandel mit chinesischen Schiffen zum
Erliegen kam. Eines war ganz klar: Es wurden nur Schiffe chinesischer
Untertanen angegriffen, und der verlockendste Köder, wenn er Europäern
gehörte, wurde streng in Ruhe gelassen. Vor keinem Monat war ein schöner
neuer Dampfer von 5000 Tonnen auf der Fahrt von Amoy nach Swatow
spurlos verschwunden – auch bei schönem Wetter – und es schien, als hätten
die Piraten begonnen, ihre Operationen auf den nördlichen Teil der Küste
auszudehnen. denn mehrere Schiffe waren in letzter Zeit auf unerklärliche
Weise in der Nähe der Mündung des Jangtse verschwunden.

Ein englisches Kanonenboot, das zwischen den Chusan-Inseln kreuzte, hatte
berichtet, es sei auf drei Schiffe unter chinesischer Flagge gestoßen, von
denen sie fast sicher waren, dass sie nicht der chinesischen Regierung
gehörten; aber als eine weitere Suche nach ihnen durchgeführt wurde, waren
sie verschwunden.

Ping Sang legte auch großen Wert darauf, dass der Aufenthalt des
Geschwaders in Hongkong so kurz wie möglich sein sollte, denn er war
überzeugt, dass die Piraten, wenn sie weitere Versuche zur Zerstörung der
Schiffe unternehmen wollten, diesen Hafen dafür wählen würden . Ein
Grund dafür war, dass sich unter den Mannschaften der unzähligen
Dschunken, die immer dort versammelt waren, Hunderte von
Halsabschneidern aus dem Unterlauf des West River befanden, die nur allzu
bereit waren, für Geld jedes Verbrechen zu begehen; und es lag ihm
besonders daran, sich mit Ho Ming zu beraten, da dieser Kaufmann eine
große Flotte von Dschunken besaß, die flussaufwärts jenseits von Canton

Handel trieben, und deren Kapitäne und Mannschaften wahrscheinlich besser in der Lage wären, Informationen über die Anwesenheit oder verdächtige Bewegungen dieser Desperados zu erhalten als selbst die Polizeibehörden selbst.

Diese beiden – Ping Sang und Ho Ming – saßen am Abend des 21. Dezember in dessen Raucherzimmer und rauchten ihre After-Dinner-Zigarren, während A Tsi, Ho Mings vertraulicher Angestellter und Komprador, die Ergebnisse seiner Nachforschungen untereinander detailliert darlegte einheimische schwimmende Population.

Sie wurden von einem unterwürfigen, weiß gekleideten Butler unterbrochen, der durch die mit Matten abgeschirmte Tür trat und Ping Sang einen Brief überreichte – einen Brief, den Kapitän Helston aus Singapur geschrieben hatte.

„Der kaiserlich-chinesische *Schiffsherr*,

Singapur, *14. Dezember*.

LIEBER HERR. PING SANG,

Mein letzter Brief, in dem ich über die Vorgehensweise meines Geschwaders berichtete, wurde bei meiner Ankunft in Colombo geschrieben. Ich verließ diesen Hafen am Morgen des 2. Dezember und machte mich mit leichter Geschwindigkeit auf den Weg zur See, wobei ich den Zerstörer „Nr. 1‘, um auf die Ankunft der beiden in Aden zurückgelassenen patagonischen Zerstörer zu warten, und Zerstörer ‚Nr. 2‘, um mit dem dritten Zerstörer Kontakt zu halten, falls dieser innerhalb von 24 Stunden nach meiner Abreise versuchen sollte, den Hafen zu verlassen.

Beide trafen am 5. Dezember in voller Fahrt zu mir zurück und meldeten die Ankunft der beiden Zerstörer sechs Stunden nach meiner Abreise und dass sie keine unmittelbaren Vorbereitungen für die Seefahrt trafen. Nachdem ich „Nein“ gesagt hatte. 1‘ und ‚Nr. 2 Fuß vom Lagerschiff *Sylvia entfernt*, ein Vorgang, der aufgrund einer starken Brise und einer leichten See sieben bis acht Stunden in Anspruch nahm, fuhr ich mit dreizehn Knoten weiter und erreichte Singapur ohne weitere Zwischenfälle, wobei ich im Außenhafen ankerte.

Hier wurde ich von einem Bergarbeiter empfangen, der mit versiegeltem Befehl in Cardiff gechartert wurde und derzeit die Bekohlung meines Geschwaders abschließt.

Nach den Zwischenfällen mit den Dynamitpatronen auf dem Weg nach Gibraltar und erneut in Malta habe ich beschlossen, keine Kohle mehr vom Ufer zu holen, und habe einen Abholtermin für einen Bergmann in

Hongkong vereinbart. Unsere Männer werden allein mit der Kohle umgehen, daher besteht keine Gefahr mehr für ein schlechtes Spiel.

Der Mann Hopkins befindet sich immer noch unter strenger Verhaftung, und ich bin der Meinung, dass diese Vorgehensweise der Sicherheit der Expedition förderlicher sein wird, als ihn den Zivilbehörden auszuliefern, da meine Beweise für seine Mittäterschaft noch nicht erwiesen sind. Auch die Tatsache, dass er amerikanischer Staatsbürger ist, würde viele rechtliche Schwierigkeiten mit sich bringen, und nach den langwierigen diplomatischen Vertretungen infolge von Parkers Feuereröffnung auf die Patagonian ist es ratsam, sich in Zukunft von diesen Untiefen fernzuhalten.

Heute Morgen erhielt ich ein Telegramm aus Colombo, in dem mir mitgeteilt wurde, dass die Patagonier noch nicht abgereist seien und noch Reparaturen durchgeführt würden.

Ich werde morgen aufbrechen, und da der Monsun ziemlich stark ist, habe ich die Kanonen und Suchscheinwerfer aller drei Zerstörer abmontiert, um sie so weit wie möglich zu erleichtern.

Die Post geht gerade ab, und wenn Sie diesen Brief erhalten, werde ich mich langsam gegen den Monsun durchkämpfen. Ich hoffe, spätestens am 22. in Hongkong zu sein.

Sowohl Dr. Fox als auch ich würden uns sehr freuen, unsere Bekanntschaft mit Ihnen dort zu erneuern und über alte Zeiten und Abenteuer zu sprechen, als wir alle drei viel jünger waren.

CH HELSTON.

Ping Sang war kleinwüchsig und bis zu einem gewissen Grad rundlich. Er lehnte sich träge in seinem luxuriösen, purpurrot gepolsterten Sessel zurück und legte seine pummeligen Füße auf einen reich bestickten Fußschemel.

Sein fröhliches, öliges Gesicht war von einem Lächeln umhüllt, und er blies große Rauchwolken zwischen seinen dicken Lippen hervor, während er diesen Brief langsam las, seine kleinen Augen funkelten vor Humor und vor Wertschätzung für sein eigenes Wohlergehen und seinen Wohlstand.

Seine dicken kleinen Hände hatten kurze Stummelfinger, wunderschön manikürt und mit Ringen bedeckt, die glitzerten und funkelten, als er ein zierliches venezianisches Glas an seine Lippen hob. Er trug ein dunkelbordeauxfarbenes Seidengewand mit hellgrünen Hosen, die mit goldenen Knopfknöpfen und goldenen Bortenschlaufen zusammengehalten wurden, und war zweifellos ein wohlhabender Gentleman und obendrein ein Dandy.

Auf der gegenüberliegenden Seite des Feuers saß kerzengerade in einer Haltung nervöser Wachsamkeit Ho Ming selbst, ein großer, hagerer Mandschu, dessen lange, dünne Finger mit ihren hervorstehenden Sehnen die geschnitzten Armlehnen seines Stuhls eher umklammerten, als sie zu ergreifen . Sein hellblaues Seidenübergewand verbarg kaum seine schmale Figur, und sein Gesicht war ebenso hager wie sein Körper, mit dünnen, eng zusammengezogenen Lippen, tiefliegenden Augen und einer markanten Hakennase.

Zwischen ihnen und hinter einem geschnitzten schwarzen Holztisch, der von schwarzen Holzdrachen getragen wurde, saß A Tsi, Ho Mings Komprador, fast verborgen von den Tabakrauchwolken, die ihn im trüben Licht einer alten Bronzelaterne umkreisten, die von der Decke schwang. und enthielt ein geschickt verstecktes elektrisches Licht. Er war feierlich in schwarze Seide gekleidet und nur durch vergoldete Knöpfe verziert. Es war dieser Mann, der in den letzten zehn Tagen nach irgendwelchen Spuren der Absichten des Piratensyndikats gesucht hatte und sich mit mehreren kantonesischen Seeleuten, die von den Schiffen seines Herrn ausgewählt worden waren, getroffen hatte, sowohl an Bord ihrer Schiffe als auch in den Opiumhöhlen und Herbergen an Land , mit der gesamten umherziehenden Bevölkerung Hongkongs.

„Helston und seine Schiffe sollten in ein paar Tagen hier sein", sagte Ping Sang, sprach auf Chinesisch und überreichte dem besorgten Ho Ming den Brief. „Bis jetzt ist alles in Ordnung."

„Jetzt, Tsi, erzähl uns noch einmal, was du entdecken konntest."

„Nichts, Sir, außer dem, was ich bereits berichtet habe. Am Aberdeen Dock liegen zwei große Dschunken von Amoy, deren Besatzung in Hongkong fremd ist. Zwei Tage vor ihrer Ankunft traf ein Engländer mit einem Küstendampfer ein, der ihn abgeholt hatte in Amoy, und er wohnt jetzt im Victoria Hotel, und einer meiner Männer hat gesehen, wie er an Bord dieser Dschunken ging. Soweit ich weiß, haben sie eine viel größere Besatzung als üblich.

„Es ist sehr ungewöhnlich, dass Dschunken von Amoy hierher kommen", unterbrach Ho Ming, blickte scharf von einem zum anderen und konnte seine Ungeduld über Sangs offensichtliche Gleichgültigkeit oder die Gleichgültigkeit seines Kompradors kaum zurückhalten. „Diese Dschunken sind wahrscheinlich voller Sprengstoff, und es wäre ein Leichtes, sie gegen eines von Helstons Schiffen im Hafen zu schweben und sie in die Luft zu jagen. Wir müssen etwas tun – wir müssen! Die Schiffe könnten jederzeit hier sein." !"

„Mein lieber Ming", lächelte Ping Sang, wedelte mit einem dicken, abfälligen Finger und machte es sich bequemer in seinem Stuhl, „wir dürfen uns nicht aufregen – das ist das Einzige, was wir im Moment tun können. Wir haben nicht den geringsten Grund, es zu vermuten." Entweder der Engländer oder seine Dschunken; vielleicht können wir noch eine Kleinigkeit tun.

„Ich denke, es wäre vielleicht klug, diesen Müll einfach aus Neugier zu verbrennen."

„Aber denken Sie an das Gesetz – englisches Recht; wir sind jetzt nicht in China. („Gott sei Dank" oder das chinesische Äquivalent murmelte der Komprador fromm). Wir können die Richter hier nicht bestechen; und denken Sie an das Risiko und die Bestrafung."

„Na ja", fuhr Ping Sang beruhigend fort, „wir werden es heute Abend nicht tun. Morgen werde ich versuchen, einen Blick auf diesen Engländer zu werfen – vielleicht kenne ich ihn, und er kennt mich vielleicht. Hast du gesehen? ihn selbst, Tsi?" er hat gefragt. „Ist irgendetwas Merkwürdiges an ihm?"

„Nein, Sir; aber der Mann, der ihn in Aberdeen an Bord gehen sah, sagte, er habe stark hinkte", antwortete A Tsi.

„Er hat gehinkt? Nun ja, ich glaube eher, dass ich ihn kennen werde, und ich glaube eher, dass er mich kennen würde", sagte Ping Sang gedehnt, „obwohl ich gut aufpassen werde, dass er mich nicht erkennt!"

* * * * *

Auf jeder Seite des Eingangs zum Victoria Hotel hockt im Allgemeinen eine bunte Reihe von Kulis am Rand des Bürgersteigs mit ihren Mattentabletts mit Süßigkeiten, Streichhölzern oder Zuckerrohr, die sie unter den Riksha-Männern, die kommen und gehen, zum Verkauf anbieten. Unter ihnen befand sich am nächsten Morgen ein dicker alter Mann in einer schmutzigen blauen Hose und einer schmutzigen blauen Tunika, die um seine nackten Schultern gebunden war, und schrie nach Käufern, während er mit seinem breiten Mattenhut einen Schwarm Fliegen von seinen Zuckerrohren fächerte . Das war Ping Sang, und sein Blick blieb die ganze Zeit über auf den Hoteleingang gerichtet. Er hatte einen Kuli bestochen, um ihm seinen Platz für den Tag zu geben, und da hockte er in dieser äußerst unbequemen Position. Obwohl er ein Sportler war und Luxus liebte, machte er nie halbe Sachen, und da blieb er bei der Gelegenheit, den lahmen Engländer zu sehen, während ihm der Schweiß über den Rücken lief und selbst die Morgensonne ihm Blasen machte.

Plötzlich kam ein Kuli – und Ping Sang erkannte A Tsi – aus dem Hotel und ging vorbei, ohne ihn offenbar zu bemerken, aber er hatte den Zeigefinger seiner linken Hand ausgestreckt, während die anderen Finger gespreizt waren. Das bedeutete, dass der Engländer nicht im Hotel war. Ein Tsi schlenderte wieder zurück. Diesmal waren zwei Finger der anderen Hand ausgestreckt. Das reichte dem alten Herrn. Der Engländer war nach Aberdeen gefahren, wo die beiden Amoy-Dschunken ankerten. Fröhlich erhob sich Ping Sang, streckte seine verkrampften Beine aus, warf sich mit einer Bambusstange seine beiden Körbe über die Schultern und trottete die Hauptstraße entlang, wobei er versuchte, den üblichen schlendernden Gang eines Straßenhändlers nachzuahmen. Bis Aberdeen waren es mehrere Meilen, und er verlangsamte sein Tempo sehr schnell, ließ ab und zu ein Zuckerrohr fallen, um seine Last zu erleichtern, und erreichte schließlich den Rand der Stadt und die breite Straße, die am Meeresufer entlangführt . Schließlich hockte er sich an einer scharfen Kurve dieser Straße im Schatten eines großen Baumes hin und wartete mit seinen Körben vor sich.

Er hatte dafür gesorgt, dass A Tsi ihm folgte, und plötzlich kam dieser unschätzbare Komprador in einer heruntergekommenen Doppelrikscha, immer noch in seinem Kuli-Kleid und mit einem großen Bündel unter dem Arm, schnell vorbei.

Nach langem Feilschen mit dem Rikschamann, der das zusätzliche Gewicht von Ping Sangs dicker kleiner Person nicht zu schätzen wusste, stellte sich der alte Sportler neben A Tsi, und der Kuli zog sie schwitzend und grunzend hinter sich her.

Eine halbe Meile vor ihrer Ankunft in Aberdeen kam die geschäftige kleine Bucht in Sicht, in der es von einheimischen Schiffen wimmelte, und A Tsi zeigte seinem Begleiter zwei sehr große Dschunken, die mitten im Hafen zusammengebunden waren.

„Das sind die beiden aus Amoy. Sie sind vor zwei Tagen angekommen und haben noch keine Ladung gelöscht. Tatsächlich scheinen sie keine zu haben“, sagte A Tsi. „Wenn Sie am Landeplatz warten, werde ich unter dem Vorwand, dieses Bündel fertiger Kleidung zu verkaufen, zu den Dschunken gehen und versuchen, mehr über sie herauszufinden.“

Sie hielten die Rikscha einige hundert Meter vom Zentrum des Dorfes entfernt an, bezahlten ihren murrenden Kuli, und dann trottete Ping Sang mit seinen Körben voller Zuckerrohr zum Anlegeplatz hinunter und hockte sich trotz der Witterung am Straßenrand nieder feindselige Blicke der bereits anwesenden Verkäufer.

Ein Tsi folgte ihm in einiger Entfernung, stieg in einen *Sampan* und wurde zu den Dschunken hinausgeschleppt.

Ping Sang sah zu, wie er über die Schiffswände kletterte; Aber fast unmittelbar danach bemerkte er, dass ein Handgemenge im Gange war, und sah, wie A Tsi über Bord geworfen wurde, sein Boot darunter verfehlte und mitsamt seinem Bündel klatschend ins Meer fiel. Er schwamm mühelos an Land und kletterte mit sehr reumütiger Miene den Strand hinauf, unter dem kreischenden Gelächter der Kulis am Meeresufer, die sich versammelt hatten, um dem Spaß beizuwohnen.

Als er an Ping Sang vorbeikam, machte er ein vorher vereinbartes Zeichen, das bedeutete, dass der Engländer an Bord war, und betrat dann ein Restaurant auf der anderen Straßenseite.

Kaum war A Tsi verschwunden, kam eine Rikscha herangefahren, ein Chinese sprang heraus, warf ein Silberstück auf den Boden, rannte zum Ufer, stieg in einen *Sampan* und forderte den Bootsmann auf, zu den beiden Dschunken zu eilen . Ping Sang erhaschte gerade einen flüchtigen Blick auf sein Gesicht und es kam ihm bekannt vor, aber wo er es schon einmal gesehen hatte, konnte er nicht denken. Er sah zu, wie er an Bord der Dschunken ging, und fragte sich, ob auch er die gleiche grobe Behandlung erleiden würde; aber er erschien nicht wieder – er gehörte offensichtlich zu ihnen.

Der alte Herr zerbrach sich den Kopf, konnte sich aber, so sehr er sich auch bemühte, nicht an dieses Gesicht erinnern.

Eine Stunde verging, die Glocke an der kleinen Werft läutete, und die Arbeiter strömten zu ihrem Abendessen, und Ping Sang verspürte nach seiner ungewohnten Bewegung großen Hunger und sehnte sich nach seinem üblichen luxuriösen Mittagessen und einer Manilla-Zigarre. Es ärgerte ihn sogar, dass er, einer der klügsten Geschäftsleute im chinesischen Reich, als Straßenhändler so ein Versager sein sollte, denn niemand wollte bei ihm kaufen. In seiner Verzweiflung überwand der Hunger seinen Ekel, und er aß eins seiner eigenen Zuckerrohre und lächelte grimmig vor sich hin über die unappetitliche Mahlzeit. Plötzlich wurde die Menge von einer Doppel-Kuli-Rikscha auseinandergetrieben. Die Männer in bunter Uniform hielten dicht neben ihm an, und kurz darauf, da er die Dschunken ständig im Auge hatte, sah er, wie ein Europäer mit weißem Helm in ein neben ihm liegendes Boot stieg und sich dem Ufer näherte.

Der *Sampan* schepperte gegen das Ufer, und der weiße Mann stieg aus und humpelte langsam den abfallenden Landungsplatz hinauf, wobei er die Gesichter der Männer auf beiden Seiten musterte.

Ping Sangs Vermutung war richtig. Er war einer der drei Männer – der Engländer der „Mysterious Three" –, die er in seinem ersten Brief an Helston erwähnt hatte – der rücksichtsloseste Abenteurer von allen.

Ping Sang glaubte, dass die Chance, dass er erkannt würde, gering war, zog aber vorsichtshalber seinen breiten Hut über die Augen und beugte sich über seine Körbe. Es fiel ihm auch auf, dass seine Schultern und sein Rücken nicht von der Sonne verschmutzt und geschwärzt waren, und er zog hastig seine schmutzige Tunika darüber, als er heftig in den Bauch gestoßen wurde, sein Hut abfiel und über ihm stand der Engländer, platzend vor Lachen.

„Fragen Sie diesen Mann nach seinem Führerschein!" schrie der Engländer, und ein großer Sikh-Polizist tat es. Ping Sang hatte keines – das Einzige, was er in seinem „Make-up" vergessen hatte – und er kramte in seinem Gürtel herum, um sich Zeit zum Nachdenken zu geben. Er rollte zwei seiner Lieblingszigarren heraus, eingewickelt in Silberpapier (er hatte sie zum Rauchen auf dem Rückweg nach Einbruch der Dunkelheit aufbewahrt), und sie waren mehr wert, als ein Straßenhändler in einem Monat verdienen konnte.

Er packte sie hastig, aber der Polizist war zu scharf für ihn und zerrte ihn mit einer unbarmherzigen Drehung seines Zopfes auf die Beine.

„Räuber! Dieb!" grunzte die höchst amüsierte Menge, die sich nun um sie herum versammelt hatte.

Der arme alte Ping Sang war sprachlos, und obwohl er in seiner üblichen Kleidung für die meisten Notfälle gewappnet war, hatte er jetzt kein Wort zu sagen. Tatsächlich kommen Gedanken und Worte nicht schnell, wenn Ihre Kopfhaut bei jeder Bewegung fast abgerissen wird.

Die Menge machte Platz, als sich der riesige Sikh durchdrängte, und Ping Sang musste zwangsläufig folgen und versuchte vergeblich, seinen Zopf zu entlasten.

Der Engländer begleitete sie zur Polizeistation und beschuldigte ihn, die Zigarren gestohlen zu haben, und bevor Ping Sang wusste, was passiert war, wurden ihm Handschellen an den Handgelenken angelegt und er wurde in einem Raum eingesperrt. Als sich die Tür hinter ihm schloss, hörte er den Engländer zum verantwortlichen Sergeant sagen:

„Das ist ein doppelt gefärbter Bösewicht, Sergeant; er war einmal einer meiner Diener; ich musste ihn loswerden, weil er meine Sachen manipuliert hat. Irgendwo in der Nähe ist noch einer von denen, und wenn Sie mir ein paar Ihrer Männer leihen, werde ich es tun." Habe ihn in kürzester Zeit hier.

Das Herz des armen alten Ping Sang schlug in die Luft, denn wenn auch A Tsi gefangen würden, wüsste niemand, was aus ihnen geworden war. Sie könnten eine Woche oder länger im Gefängnis sitzen, bevor sie identifiziert würden, und in der Zwischenzeit würden Helstons Schiffe eintreffen, und keine Warnung konnte sie erreichen außer von Ho Ming, der, wie er genau wusste, in jedem Notfall nutzlos war.

Ein Tsi jedoch hatte den ganzen Vorfall von einem oberen Fenster des Speisehauses aus beobachtet, wo er seine Kleidung trocknen ließ.

Die Angelegenheit war offensichtlich vorsätzlich. Irgendjemand musste Informationen über die Anwesenheit von Ping Sang dort gegeben haben, und es blieb kein Zweifel bestehen, dass es sich bei diesem hinkenden Europäer um den Engländer handelte, den Ping Sang am Abend zuvor wahrscheinlich gekannt hatte.

Jetzt war der alte Mann verhaftet, und bis er identifiziert und freigelassen werden konnte, würde sich jeder Aktionsplan verzögern, und so würde das Piratensyndikat viel Zeit gewinnen.

Es war sinnlos, zur Polizeistation zu gehen und zu behaupten, der schmutzige alte Straßenhändler sei kein anderer als der reichste Kaufmann Chinas und der Präsident der Handelsvereinigung, denn er selbst sei ein schmutziges, anrüchiges Objekt und würde wahrscheinlich beklatscht werden als Komplize im Gefängnis.

NEIN; er muss so schnell wie möglich nach Ho Ming zurückkehren.

Er schlich die wackelige Treppe hinunter und wollte gerade auf die Straße hinausgehen, als er sah, wie der Europäer mit ein paar Sikh-Polizisten direkt auf das Haus zukam, angeführt von einigen gestikulierenden Männern, die ihn dort hineingehen sahen.

Ihm ging es durch den Kopf, dass derjenige, der Ping Sang gesehen hatte, sie zusammen gesehen hatte, dass er nun wegen irgendeines Betrugs angeklagt werden würde, und er wusste ganz genau, dass ihre missliche Lage möglicherweise wochenlang nicht bekannt sein würde, wenn er nicht fliehen konnte.

Er ging zur Rückseite des Hauses, aber der Gastwirt, der ihm gegenüber bereits misstrauisch war, versperrte ihm den Weg, und er floh wieder die unbewachte Treppe hinauf und suchte eifrig nach einem Ort, an dem er sich verstecken konnte, aber die Zimmer waren genauso kahl wie eine Scheune. Dann rannte er zu den hinteren Fenstern, um zu sehen, ob er auf den Boden springen konnte. Aber selbst wenn er es tat, gab es aus dem dahinter liegenden Hof kein Entrinnen, denn zwei Mauern, die zu hoch waren, um sie zu erklimmen, verliefen zurück zur Hügelwand, die hier in eine senkrechte Klippe eingeschnitten war.

Er hörte bereits das Stampfen schwerer Stiefel die Treppe hinauf und wollte in seiner Verzweiflung gerade springen und die Wände erklimmen, als ihm plötzlich auffiel, dass sich neben diesem Haus ein kleiner Tempel oder ein Joss-Haus befand und dass eine groteske Schnitzerei angebracht war an der Ecke eines der vorspringenden Dachvorsprünge ragte in Sprungweite heraus.

Sobald er auf dem Dach des Tempels war, kletterte er vielleicht zu einigen niedrigeren Gebäuden dahinter und fand möglicherweise einen Ort, an dem er sich verstecken konnte.

Es war seine einzige Chance; Also zog er, ohne darüber nachzudenken, seine Schuhe aus, kletterte wie ein Affe auf das Dach über ihm, kroch zum Rand, balancierte unsicher und sprang auf den vergoldeten Drachen zu, der sieben bis acht Fuß von ihm entfernt war.

Als er sprang, kam er auf die Straße und hörte einen Schrei aus der Menge; Aber es ließ ihn nur noch fester zupacken, als er auf den grinsenden Drachen fiel. Das morsche Holz knarrte und knackte, als er sich auf die Spitze des Joss-Hauses zog.

Er ging vorsichtig weiter, sprang zu den niedrigeren Gebäuden dahinter und stellte zu seiner großen Freude fest, dass sie direkt an die Klippen gebaut waren, die hier viel weniger steil waren und möglicherweise einen Halt bieten könnten. Wenn er nur auf den Gipfel klettern könnte, könnte er Ho Ming über den Berg erreichen; So klammerte er sich an Büsche und Grasbüschel, zog sich von Felsen zu Felsen hinauf und bahnte sich unter Schmerzen den Weg nach oben. Als er über die Schulter blickte, sah er, wie einer der Sikh-Polizisten ihm folgte. Der Mann sprang vom Dach des Speisehauses zum Joss-Haus; Aber der Drache, bereits zerbrochen, brach unter seinem Gewicht zusammen und fiel in den darunter liegenden Hof.

Das erschreckte A Tsi kurz, denn sie konnten jetzt nur noch auf das Dach gelangen, indem sie auf die Säulen vor dem Joss-Haus kletterten, und das war eine schwierige Aufgabe.

Die Menschenmenge auf der Straße begann, mit Steinen auf ihn zu werfen, und mehrere schlugen ihn, aber in seiner Verzweiflung kletterte er immer weiter hinauf und drückte seine verletzten Zehen in jede Spalte, die ihm Halt geben konnte. Mal rutschte er aus und schickte einen Steinregen herab, mal gewann er einen Meter oder zwei. Seine Hände bluteten und waren taub vor Schmerz, während er sich seinen Weg erkämpfte, bis er sich mit einem erleichterten Seufzen zappelnd und nach oben schlängelte, sich mit einer letzten Anstrengung über den Rand schwang und atemlos in ein paar Büsche rollte.

Als er vorsichtig über den Rand spähte, sah er mehrere Kulis hinter ihm herklettern, während der Engländer und die Sikhs ihre Bemühungen von unten unterstützten.

Sobald sie oben angekommen waren, wusste er, dass er in kürzester Zeit gefangen genommen werden würde, denn mit seinen nackten Füßen und dem Mangel an Training konnte er nicht hoffen, diese robusten Kulis bei einer Verfolgungsjagd über den Berghang zu verdrängen.

Als er sich an der Kante festklammerte und überlegte, was er am besten tun sollte, löste er versehentlich einen Stein. Es rollte herunter und ließ die Kletterer zögern. Als er seine Chance sofort erkannte, riss er wild an allem herum, was er lösen konnte, und schleuderte es auf seine Verfolger. Der vorderste wurde an der Hand getroffen und rutschte einige Meter ab, bevor er sich stabilisieren konnte. Einem anderen waren die Augen mit Erde und Sand gefüllt, und dann sah A Tsi mit großer Erleichterung, wie sie sich alle zurückzogen, auf das Dach des Joss-Hauses ausrutschten und rutschten, trotz der Drohungen und Überredungen der Polizei.

Dann sah er die Menschenmenge die Straße entlang strömen und wusste, dass seine Verfolger einen anderen Weg hinaufsteigen würden. Er stand auf und begann sich mühsam den dicht bewaldeten Berghang hinaufzuarbeiten. Er war nun frei von unmittelbarer Gefahr, musste aber Ho Ming ohne Verzögerung erreichen. Er wagte es nicht, zur Hauptstraße hinabzusteigen, weil die Polizei sicher nach ihm Ausschau halten würde, außerdem wagte er es nicht, in die Stadt zu gehen, bis es dunkel war, denn er blutete aus vielen Schnitten und seine Kleidung war in Fetzen .

Es war ein furchtbar langer Weg und furchtbar harte Arbeit, den Berg bis zum Gipfel zu erklimmen, aber er musste es schaffen und bis zur Dunkelheit warten, bevor er auf eine der Straßen stieß, die zum Haus seines Herrn führten.

Stunde um Stunde kletterte er mühsam und langsam hinauf, wobei er sich von der Sonne leiten ließ und gelegentlich einen Blick auf den Hafen unter sich erhaschte.

Plötzlich erreichte er eine große Lichtung, überquerte den Hang vor ihm und sah das gesamte Panorama des Hafens unter sich in der Sonne glitzern und die dunklen Bergketten des Festlandes dahinter aufragen. Die winzigen Boote, die sich hin und her bewegten, waren die Fähren nach Kowloon, und wie Spielzeugschiffe lagen mehrere englische Kreuzer.

Während er vor Anstrengung keuchend dastand, ertönte von unten der Knall einer Waffe, dann in regelmäßigen Abständen noch einer und noch einer. Ein Kriegsmann salutiert! Er suchte den Hafen unter sich ab, sah aber keine Spur von Pulverrauch. Er warf einen schnellen Blick auf das schmale Wasser des Lyemoon-Passes, da er wusste, dass durch diesen Eingang normalerweise Kriegsschiffe ankamen, und dann sah er aus einem kleinen schwarzen, sich bewegenden Objekt auf dem Wasser einen winzigen weißen Rauchball herausschießen, und plötzlich Der Bericht kam sanft auf ihn zu. Neunzehn zählte er, dann zwanzig und einundzwanzig und verstand genug, um zu wissen, dass es sich um ein ausländisches Kriegsschiff handelte, das die britische Flagge salutierte.

Er warf sich auf das grobe Gras und beobachtete, wie der schwarze Fleck immer näher kam, und als er aus den dunklen Schatten des Lyemoon-Passes auftauchte, sah er, dass ihm fünf weitere folgten, die letzten drei bloßen Punkte auf dem Meer.

Allmählich wurde das kleine Geschwader deutlicher erkennbar, und er konnte zwei Kreuzer mit Masten und Militärspitzen an der Spitze, ein Handelsschiff mit kurzem, stumpfem Schornstein und dann drei Zerstörer unterscheiden. Endlich war Helstons Geschwader einen Tag früher als erwartet eingetroffen, und wenn er nicht warnen konnte, würden die Schiffe noch vor Einbruch der Nacht in größte Gefahr geraten.

Es durfte kein Moment verloren gehen, so mühsam drängte er weiter, kroch um Felsen herum und bahnte sich seinen Weg durch das Unterholz, bis er am Rande der Villen auf dem Gipfel des Gipfels ankam. Er kroch hinter Gartenmauern und dichten Hecken hindurch und gelangte, ohne gesehen zu werden, zu dem Gürtel aus Bäumen und Büschen, der am Straßenrand verlief und in dem er sich zu verbergen hoffte, bis die Dämmerung ihm den Abstieg ermöglichte das Haus seines Herrn.

Das Glück war ihm jedoch wohlgesonnen, denn wen hätte er so schnell hinabtaumeln sehen, wie seine dicken kleinen Beine ihn tragen konnten, außer den fröhlichen kleinen Schneider Hong Sing mit einem großen Bündel Kleider unter dem Arm. Er kannte ihn gut und rief ihn beim Namen, als er näher kam. Der kleine Mann sah sich erschrocken um und wäre davongekommen, wenn A Tsi ihn nicht am Arm gepackt und ins Gebüsch gezogen hätte.

Als Hong Sing sich beruhigt hatte, erklärte er hastig die Angelegenheit.

Zum Glück kam der kleine Mann zurück, nachdem er ein paar Kleidungsstücke für einen Kunden anprobiert hatte, und hatte genug Kleidung in seinem Bündel, um A Tsi als respektabel aussehenden Butler darzustellen. Er hatte keine Schuhe, aber Hong Sing wusste, wo er sich in einem Haus in der Nähe ein Paar leihen konnte, und innerhalb einer halben Stunde ging A Tsi mit seiner Eskorte mutig die Straße entlang.

Als sie sich Ho Mings Wohnsitz näherten, blieb A Tsi zurück, während Hong Sing mit der Erkundung fortfuhr; aber alles war sicher, und endlich hatte der treue Komprador den ersten Teil seiner Aufgabe erledigt.

Ho Ming war bereits aus seinem Büro zurückgekehrt, aber es war sehr schwierig, ihn zu energischem Handeln zu bewegen. Wie die meisten Chinesen hatte er größte Angst vor dem Gesetz und denen, die es verwalteten. Er war einem Polizeisergeant gegenüber höflicher und unterwürfiger als gegenüber dem reichsten Kaufmann der Kolonie, und es dauerte lange, bis A Tsi ihn überreden konnte, sofort Schritte für die

Freilassung von Ping Sang zu unternehmen. Er hatte noch nicht einmal von der Ankunft des Geschwaders gehört und ging schnell im Raum auf und ab und beklagte die Abwesenheit von Ping Sang und seine eigene Hilflosigkeit. „Was kann ich tun? Was kann ich tun?" war alles, was er sagen konnte.

„Gehen Sie sofort zum Polizeichef und retten Sie Herrn Ping Sang. Sie werden das für Sie tun. Lassen Sie sie nach Aberdeen telegraphieren, um ihn mit einer Eskorte zum Hauptquartier zu schicken. Schreiben Sie vorher einen Brief an Kapitän Helston Du gehst und ich nehme es mit an Bord und warne ihn vor seiner Gefahr.

„Ja, ja; das sollten wir tun", stockte Ho Ming, der bereits bei der Vorstellung, den Polizeichef zu befragen, zitterte, und setzte sich hin, um einen Brief zu schreiben, während A Tsi wegging, um die Kleidung seines Butlers gegen einige von ihm auszutauschen Master.

Mit dem Brief in der Tasche mietete A Tsi einen Stuhl mit vier robusten Kulis und wurde bald zum Murray Pier gebracht, wo das kleine Geschwader jetzt vor Anker lag, und mit einem *Sampan* neben dem *Laird herzog* .

# KAPITEL IX

## Kapitän Helston verwundet

Ping Sang entführt – Cummins gibt Ratschläge – Eine knappe Flucht – Helstons Ängste – Eine vergebliche Suche – Ein Gefangenenaustausch

*Die Erzählung wird von Dr. Fox fortgesetzt*

Nach einer ereignislosen Reise von Singapur aus kamen wir am Nachmittag des 22. Dezember in Hongkong an und erhielten die Erlaubnis, an den Bojen der Admiralität anzulegen.

Helston erwartete, dass Ping Sang sofort an Bord kommen würde, und war ziemlich verärgert, dass er nicht erschien. Er ist immer noch sehr nervös und gereizt, und der kühle Abend ließ ihn erneut über sein Rheuma klagen, obwohl sein Gesundheitszustand und seine Stimmung sich deutlich verbessert zu haben scheinen, seit er die patagonischen Zerstörer abgeschüttelt und seine Schiffe bisher in Sicherheit gebracht hat.

Er und ich rauchten in seiner Achterkabine und überlegten, ob wir noch länger auf Ping Sang warten oder an Land gehen, im Club speisen und anschließend versuchen sollten, den alten Herrn zu finden, während Pritchard der Offizier war der Wache, brachte einen Brief herunter.

Helston riss es hastig auf. Ich sah sofort, dass es schlechte Nachrichten enthielt, aber er reichte es mir wortlos und läutete nach dem Quartiermeister, um den Boten herunterzubringen.

Der Brief stammte von einem Herrn Ho Ming, von dem wir noch nie gehört hatten.

„LIEBER KAPITÄN HELSTON,

„Ich weiß nicht, was ich sagen soll. Mein Komprador bringt Ihnen das, und Sie können ihm vertrauen. Sein Name ist A Tsi. Er weiß alles. Sie sind in größter Gefahr. Herr Ping Sang wurde heute Nachmittag ins Gefängnis geworfen, und es gibt eine schreckliche Verschwörung, um eure Schiffe in großer Eile und Not zu versenken.

"Hochachtungsvoll,

„HO MING.“

Kaum hatte ich es gelesen, wurde der Überbringer des Briefes hereingeführt – ein ehrlich aussehender Chinese, der nicht von Pocken gezeichnet war. Er wirkte erschöpft, hatte viele Kratzer im Gesicht und an den Händen, und ich sah, dass ein Blutfleck durch den rechten Ärmel seines Seidenmantels getränkt war.

Er erzählte seine Geschichte sehr direkt und geradlinig und ließ sich beim Erzählen nicht aus der Ruhe bringen, obwohl Helston ihm ständig unnötige Fragen stellte und wissen wollte, wie der Faden zu Ende sei, bevor er überhaupt angefangen hatte. Ich bewunderte ihn für seine Hartnäckigkeit – obwohl ich Chinesen im Allgemeinen verabscheue – und für seinen Mut, denn offensichtlich war er kurz vor dem Zusammenbruch. Tatsächlich gaben seine Beine mehrmals fast nach, und schließlich schob ich einen Stuhl nach vorne und zwang ihn, sich zu setzen.

Helston schien etwas erleichtert zu sein, als die Geschichte erzählt worden war, denn tatsächlich gab es kaum Anzeichen einer unmittelbaren Gefahr, und der Gedanke an Ping Sang, den Sybariten, der als gewöhnlicher Dieb im Gefängnis eingesperrt war, war einigermaßen amüsant.

Kaum war er jedoch fertig, kam Pritchard vom Achterdeck herunter, gefolgt von einem Eingeborenen, der zu den Größten gehörte, die ich je gesehen habe, und so dünn wie eine Latte. Er war äußerst aufgeregt, ließ sich auf einen Stuhl fallen, sagte, sein Name sei Ho Ming und begann, seine Hände zu ringen.

„Herr Ping Sang ist verschwunden", brach er aus; „Weg, niemand weiß wohin. Ich gehe zum Polizeichef und sage ihm, wer Ping Sang ist. Er ist völlig zufrieden, wenn ich gegen Kaution freikäme. Ich rufe die Polizeiwache von Aberdeen an, um ihn hochschicken zu lassen. Sie antworten: ‚Der Meister der …' „Der Mann, der heute Nachmittag verhaftet wurde, hat die Anklage zurückgezogen und ihn abgeführt." Was sollen wir tun?

Er befand sich in einem Zustand äußerster Besorgnis, was selbst für einen Chinesen erbärmlich anzusehen war.

"Puh!" rief Helston aus, „das macht es noch ernster. Wussten sie, wohin er gegangen war?"

„Ich warte nicht", jammerte Ho Ming. „Ich komme schnell zu dir."

Es herrschte einige Sekunden Stille, während Helston und ich uns ansahen, denn wenn Ping Sang tatsächlich von diesem Schurken von Engländern entführt worden wäre, wäre das ein äußerst katastrophales Ereignis für unsere Expedition gewesen, denn er war der Kopf und das Gehirn des Tradings Association, und durch ihn und seinen enormen Kredit in ganz China mussten die hohen Kosten des Geschwaders gedeckt werden.

Ohne ihn war es fast unmöglich, umzuziehen, da ich genau wusste, dass die Gelder, mit denen Helston zunächst versorgt worden war, nahezu erschöpft waren.

„Sehen Sie, was Cummins dazu zu sagen hat!" schlugen wir beide vor und brachen das Schweigen.

Cummins war der Kommandant der *Laird* und selbst in den wenigen Monaten, in denen das Schiff in Dienst gestellt worden war, war er der einzige Mann geworden, auf den man sich in jedem Notfall verlassen konnte, sei es um Rat oder Tat. Er war kleinwüchsig, hatte einen etwas dünnen Körper und sehr schräge Schultern, sein Kopf schien zu groß für seinen Körper und seine lange, dünne Nase zu groß für seinen Kopf. Erst wenn er redete, was er selten tat, begannen seine verträumten grauen Augen zu leuchten, und dann hatten sie das humorvollste Funkeln der Welt. Er war ein großer Mathematiker, war ein Torpedo-Leutnant und wurde für einen verträumten Philosophen gehalten, bis man sah, wie sich seine funkelnden Augen in Augen aus Stahl verwandelten und seine etwas weibischen, unentschlossenen Lippen sich verhärteten. Dies geschah nur, wenn er eine große Aufgabe zu erledigen oder eine gewichtige Entscheidung zu treffen hatte.

Er schlenderte herein, gekleidet wie immer, ohne Rücksicht auf sein Aussehen, in einer alten, schlecht sitzenden Affenjacke, deren Taschen an den Seiten grob zugenäht waren, denn er hatte immer seine Hände darin und nutzte sie schnell ab. Er kaute auf seinem gewohnten hölzernen Zahnstocher herum und biss kleine Stücke ab, die er vorsichtig in die linke Tasche steckte, während er in der rechten einen Vorrat an neuen bei sich trug.

Wenn er etwas sagte, begann er immer mit einem albernen kleinen Lachen, was – zumindest für mich – deutlich irritierend war.

Er schien ein wenig amüsiert über die Anwesenheit der beiden Chinesen und über die Einzelheiten der Krise, die Helston ihm erzählte.

„Was raten Sie?" fragte Helston und biss sich in die Worte, wie er es immer tut, wenn er aufgeregt ist. „Was auch immer wir tun, wir müssen es schnell tun."

„Heugh! Hugh! Huhu!" kicherte Cummins und holte einen frischen Zahnstocher aus seiner Tasche. „Ich sollte dieser Bucht zuerst etwas Brandy geben", zeigte auf A Tsi, der ziemlich krank aussah, und er lächelte uns ausdruckslos an und ging in eine Ecke der Hütte wo Helston seine Zigarren aufbewahrte und sich eine anzündete, während ein Diener das Getränk brachte und das elektrische Licht anschaltete, denn zu diesem Zeitpunkt war es bereits dunkel geworden.

Ab und zu gab er ein irritierendes Lachen von sich, als wäre er über die ganze Geschichte ungemein amüsiert, während Helston ihn mit kaum verhohlener Ungeduld beobachtete, wohl wissend, dass es sinnlos war, ihn zu beeilen.

Dann drehte er sich plötzlich um und gab seinen Rat:

„Verständigen Sie sich mit der Polizei, Sir, und lassen Sie Ping Sang aufspüren. Lassen Sie sich Durchsuchungsbefehle ausstellen und durchsuchen Sie jeden Dschunken, der heute Abend Hongkong verlässt. Dieser Engländer hat einen langen Start hinter sich, aber es gibt keine nennenswerte Brise, und wenn ja Er versucht, ihn zum Festland zu bringen. Wir könnten ihn fangen, wenn Sie die Zerstörer sofort losschicken würden. Dieser Mann – der mit dem Brandy – würde ihn möglicherweise mit Parker („Nr. 3") erkennen. Er ist der Klügste der drei und wird wahrscheinlich als Erster entkommen. Ich werde die notwendigen Signale geben und ihre Suchscheinwerfer von der *Sylvia herüberschicken lassen* ."

Ohne auf Helstons „Alles klar, Cummins, machen Sie weiter" zu warten, schlenderte er an Deck, und wir hörten, wie er für den Signalwärter sang; und dann, als er seinen Kopf durch das Dachfenster senkte, kicherte er; „Heugh! heugh! heugh! Sie brauchen keine Angst um Ihren chinesischen Freund zu haben, Sir; sie werden ihm kein Haar krümmen. Sie werden ihn gegen diesen Schurken Hopkins eintauschen wollen."

„Gott sei Dank, daran habe ich nie gedacht!" rief Helston sehr erleichtert; "Daran habe ich nie gedacht!"

Als die Kombüse des Kapitäns abgerufen wurde, gingen er und ich an Land und nahmen Ho Ming mit.

Wir landeten am Murray Pier und mussten uns durch eine Menge neugieriger Chinesen drängen.

Helston umklammerte meinen Arm und flüsterte aufgeregt: „Es gibt einige dieser Kerle, die mich in London beschattet haben. Komm schnell hier raus, alter Junge!" Ich dachte, dass er sich wahrscheinlich geirrt hatte, und führte das auf seine Nervosität zurück, aber als wir in Rikschas stiegen und schnell die Straße hinauf fuhren, hätte ich schwören können, dass sich mehrere aus der Menge lösten und uns im dunklen Schatten der Bäume folgten jeder Seite.

Als wir die Hauptstraße erreichten, fehlte jedoch jede Spur von ihnen.

Glücklicherweise trafen wir den Polizeichef im Hauptquartier, und er rief in Aberdeen an, um weitere Informationen zu erhalten.

Ping Sang war vor zwei Stunden entlassen und an Bord der Amoy-Dschunken gebracht worden, von denen eine gerade unterwegs war.

Er hörte ungeduldig zu, während der Polizeichef am Telefon sprach.

„Hat sie den Hafen verlassen?" ... „Na, kannst du ihr nicht folgen?" ... „Wie wäre es mit dem Dampfschiff?" ...

„Sie hat den Hafen bereits verlassen", sagte er, drehte sich zu uns um und schloss den Telefonhörer an, „und ihr Dampfschiff wird gerade repariert und sie können es nicht aufhalten. Ich werde eines unserer Patrouillenboote von hier aus schicken." um sie abzuschneiden.

„Meine Zerstörer müssen zu diesem Zeitpunkt bereit sein", warf Helston ein, „und wenn Sie Durchsuchungsbefehle ausstellen, werde ich sie fangen, bevor sie zum Festland gelangen kann."

„Die Haftbefehle würden einige Zeit in Anspruch nehmen", antwortete der Beamte, „und ich müsste den Gouverneur sehen. Das Patrouillenboot soll sofort entkommen."

Doch dieses eine Mal entschied sich Helston. „Haftbefehle hin oder her, ich werde heute Abend jeden unterwegs befindlichen Müll durchsuchen", sagte er und schritt ungeduldig aus dem Raum.

„Es ist mir egal, was Sie außerhalb der Hafengrenzen tun", sagte der Polizeichef zu mir, als ich Helston folgte; „Und es ist eine sehr dunkle Nacht, und niemand wird davon erfahren."

Als Ho Ming mit uns kam, gingen wir zum Victoria Hotel hinunter, und nach einigen Schwierigkeiten – denn wir wussten von dem Engländer, dass er hinkte – stellten wir fest, dass er nicht rechtzeitig zum Abendessen zurückgekehrt war, wie es seine Gewohnheit war.

Als ich aus dem Hotel zurückkam, glaubte ich mehrmals, hinter mir das Klappern leiser Füße zu hören, obwohl ich niemanden sehen konnte. Um zum Murray Pier zu gelangen, mussten wir jedoch um den Cricketplatz herumgehen, und als wir an dessen Vorderseite entlanggingen, sah ich zwei schattenhafte Gestalten zu den Bäumen hinüberhuschen, die die Straße am Straßenrand säumten, und es fiel mir sofort auf, dass Wenn sie Böses im Sinn hätten, würden sie uns vielleicht dorthin vertreiben.

Mit einer plötzlichen Eingebung sang ich zu Helston, der vor mir war: „Renn dich zum Pier, um einen Dollar zu holen, alter Junge!" und rief meinem Kuli zu: „Fi te, fi te!

Das war genug für die sportlichen Kulis, und sie rasten wie verrückt um die Ecke und die dunkle Straße hinunter.

Es war ein Glück, dass wir so schnell fuhren, denn als wir auf die einzige elektrische Ampel auf der Straße trafen, ertönten aus den Schatten unter den Bäumen zwei Pistolenschüsse und dann ein dritter. Einer zersplitterte durch das Holzwerk von Helstons Rikscha, und unsere beiden Rikscha-Kulis ließen mit einem Schreckensschrei ihre Griffe fallen und flohen um ihr Leben. Helston stürzte bei dem plötzlichen Anhalten kopfüber auf die Straße, ich konnte mich jedoch gerade noch retten, und als ich mich umdrehte, sah ich

einen Chinesen, der nur zwei Meter von mir entfernt eine Pistole direkt auf
Helston richtete. Ich schlug mit meinem schweren Malakkastock auf ihn ein
und erwischte ihn am Handgelenk, gerade als er erneut schoss und die Pistole
in den Schlamm rollte.

*Ich schlug mit meinem schweren Malakkastock auf ihn ein*

Ich packte es und der Chinese floh in die Dunkelheit.

Helston rappelte sich auf, und wir sprangen beide hinter Bäume, während
der diensthabende Polizist am Pier mit seinem Revolver in der Hand auf uns
zustürmte und kräftig pfiff.

Ho Ming, dessen Rikscha-Mann ihn zwanzig Meter hinter sich gelassen hatte,
kroch hinter einem anderen Baum hervor, und bald stürmte eine ganze

Armee von Polizisten aus verschiedenen Richtungen auf uns zu, einer von ihnen zog meinen eigenen elenden Kuli hinter sich her ins elektrische Licht.

Dann kamen einige unserer Bootsbesatzungen mit Bootstragen in ihren Händen, und gerade als sie uns erreichten, fiel Helston plötzlich zusammen auf die Straße.

Sie trugen Helston zum Pier, wo er das Bewusstsein wiedererlangte und sich mühsam aufrappelte. Ich sah, dass sein linker Arm gebrochen war. Ich trug ihn zum Boot hinunter, brachte ihn sicher an Bord und riss ihm die Kleidung vom Leib, um ihn zu untersuchen. „Ich schäme mich schrecklich, alter Junge", sagte er immer wieder, „aber sie haben mich auch in der Brust."

Der Knochen war fünf Zoll über dem Ellenbogen zertrümmert. Die abgeflachte Kugel hatte dann eine tiefe Furche in seine Brustmuskulatur gerissen und er hatte eine große Menge Blut verloren. Sein Handgelenk und sein Unterarm waren ebenfalls gelähmt, es war also eine ziemlich schlechte Arbeit und es dauerte eineinhalb Stunden, bis ich und mein Chirurg, der junge Richardson, ihn wieder fit machten.

Wir hätten ihm Chloroform geben und versuchen sollen, den beschädigten Nerv zu vernähen, aber er wollte nichts davon hören, weil er darauf bedacht war, die Zerstörer wegzubringen und sich um hundert Einheiten zu kümmern, als Cummins einmal ihre Abreise gemeldet hatte; und während wir mit ihm beschäftigt waren, Schienen anlegten und die Wunde in seiner Brust nähten, kamen und gingen ununterbrochen Boten und Bahnwärter. Er befürchtete, dass die eine oder andere Dschunke nebenher abdriften und explodieren würde, und geriet in große Aufregung, als der *Starke Arm* verspätete Meldung „Alle wasserdichten Türen geschlossen" meldete. Dann hielt er es für ratsam, dass die Dampfboote der beiden Schiffe bis zum Tagesanbruch im Kreis patrouillierten, und es dauerte lange, bis Dampf in ihnen aufstieg, was ihn alles noch mehr aufregte.

Natürlich wusste ich, dass Cummins auch ohne ihn „weitermachen" würde, und ich bin mir sicher, dass er das auch wusste, und dieses Wissen machte ihn nur noch entschlossener, alles persönlich zu überwachen.

*Strong Arm* gehen, um sich selbst davon zu überzeugen, dass sie auf jeden Notfall vorbereitet war; aber das war zu viel für mich, und er begnügte sich schließlich damit, ihren Kapitän Hunter zu sich zu schicken, damit dieser sich persönlich meldete.

Ich ließ ihn etwas zu Abend essen – er hatte seit dem Mittagessen nichts mehr gegessen – und drängte ihn, ein Schlafmittel zu nehmen. Nicht ein bisschen davon. Er wollte bis zum Sonnenaufgang an Deck bleiben. „Ich bin kein Baby, alter Junge; es ist alles in Ordnung, jetzt hast du es in Ordnung gebracht." und er ließ einen Stuhl auf das Achterdeck stellen und setzte sich dort hin. Ich tat jedoch ein halbes Korn Opium in seine Tasse Kaffee, und damit und unter der Anstrengung der letzten paar Stunden schlief er bald tief und fest, und wir brachten ihn mit Stuhl und allem in die Kabine des Navigators zur Erleichterung aller und insbesondere von Cummins.

Persönlich glaubte ich nicht an die Explosionstheorie und verspürte auch kein großes Interesse am Schicksal des alten Ping Sang oder an den Auswirkungen, die sein Verschwinden auf die Expedition haben würde. Tatsächlich war ich von der ganzen Angelegenheit ziemlich gelangweilt und hätte sie gerne „hingeschmissen", wenn nicht mein Kumpel Helston gewesen wäre. Ich legte mich hin und schlief tief und fest, Gott sei Dank! Das tue ich im Allgemeinen.

Wie ich vermutete, passierte in der Nacht nichts, und bei Tagesanbruch waren die Zerstörer nicht zurückgekehrt.

Helston hatte ziemlich gut geschlafen, aber angesichts der Schmerzen in Arm und Brust, starken Kopfschmerzen durch die Wirkung des Opiums und der Enttäuschung darüber, dass Ping Sang sich nicht erholte, war er fast unerträglich.

Er hatte an Land viele offizielle Besuche zu erledigen und war auch sehr darauf bedacht, an Bord seiner Schiffe „weiterzumachen", aber ich musste mich endlich endgültig mit ihm einigen und es ihm ganz klar sagen – und das wusste er Ich habe es so gemeint – dass ich nicht länger auf dem Schiff bleiben würde, wenn er sich nicht auf die Krankenliste setzen und genau das tun würde, was man ihm gesagt hat. Wenn er weiterhin den Narren spielte, schwor ich, dass ich mich nach Hause zurückziehen würde, und – vielleicht das stärkste Argument von allen, obwohl ich glaube, dass er mich um keinen Preis im Stich gelassen hätte – versicherte ich ihm, wenn er sich weiterhin weigerte Würde er meinen Rat beherzigen, würde sein Gesundheitszustand mit Sicherheit zusammenbrechen, er wäre gezwungen, das Kommando aufzugeben, und welche Hoffnung hätte er dann jemals, diese launische kleine Jade Milly zu gewinnen.

Schließlich brachten wir ihn ins Bett – ich war entsetzt, als ich sah, wie abgemagert er geworden war – und ich gab ihm noch ein Schlafmittel, verdunkelte seine Kabine, seilte das Achterdeck ab, um zu verhindern, dass jemand mit den Füßen über seinen Kopf trampelte, und bald war er schlief wieder ein und schlief tief und fest bis zum Nachmittag.

Als er aufwachte, sah er viel weniger abgemagert aus, aber ich ließ ihn im Bett.

„Wie lange wirst du mich hier behalten, alter Junge?" fragte er mitleiderregend.

„Mindestens noch zwei Tage", sagte ich ihm.

Die Zerstörer waren am Nachmittag zurückgekehrt, ohne dass ihre Suche erfolgreich gewesen wäre.

In den nächsten Tagen durchsuchte die Polizei ergebnislos jede Dschunke im Hafen und jeden Ort, an dem sich der Engländer oder Ping Sang hätten verstecken können. Es stellte sich heraus, dass die zweite Amoy-Dschunke keine verdächtige Ladung enthielt, aber sie wurde trotzdem sorgfältig beobachtet, um frühzeitig vor einem Verrat zu warnen, denn Cummins zweifelte immer noch an ihr und lockerte während dieser Zeit keine Vorsichtsmaßnahmen lange Nächte.

und alle anderen um die bunt geschmückten Messedecks herumgehen Mittags waren sie wie üblich vollgestopft und schliefen anschließend wie Boa Constrictor in ihren Hütten.

Ich glaube, ich bin zu alt für das Leben im Meer, denn die sogenannten Weihnachtsfeierlichkeiten an Bord eines Schiffes langweilen mich zur Ablenkung. Nachts veranstalteten die Midshipmen in der Waffenkammer einen sogenannten Singsang, zu dem die Waffenkammer der *Strong Arm eingeladen worden war*. Sie machten den abscheulichsten Lärm – es macht mich schon jetzt wütend, wenn ich daran denke – und hatten die verdammte Unverschämtheit, mich um einen Tisch zu bitten, da sie alle auf meine Gesundheit trinken wollten.

Das hätte es geschafft, wenn Helston für mich nicht umgekommen wäre.

Perfekte Fäulnis! aber da war es; und der Unteroffizier und Oberfähnrich kamen zu meiner Kabine, nachdem ich eingekehrt war, und drängten mich, nach unten zu gehen, und sei es auch nur für fünf Minuten.

Ich las ein Lieblingskapitel von Carlyles *Sartor Resartus* – was für ein bissiger Zyniker dieser Mann war! – und hasste es, gestört zu werden, also sagte ich ihnen, sie sollten nach Jericho gehen, und wünschte, ich hätte die Macht, sie mit der ganzen Trickkiste dorthin zu schicken.

Es war keine Nachricht von Ping Sang eingetroffen, und obwohl Helston sich natürlich Sorgen machte, war Cummins immer noch davon überzeugt, dass wir bald von ihm hören würden, da er nur entführt worden war, um ihn gegen Hopkins auszutauschen.

Und so kam es, denn eines Morgens kam ein Brief, offenbar von dem lahmen Engländer geschrieben und aus Macao, der portugiesischen Stadt an der Mündung des West River, aufgegeben.

Er unterschrieb bei Chas. R. Hamilton und schlug einen Gefangenenaustausch vor. Ich zitiere einen Auszug aus seinem Brief, der seine grenzenlose Unverschämtheit und sein offensichtliches Wissen darüber zeigt, dass wir an Händen und Füßen gefesselt waren, solange Ping Sang in seiner Gewalt war.

„... Als wir in Peking Krieg gegen die chinesische Regierung führten (er nannte es Krieg, nicht Piraterie!), hätten wir uns kaum vorstellen können, dass wir die Ehre haben würden, Schiffe zu treffen, die mit meinen eigenen Landsleuten bemannt waren ... Ping Sang, vielleicht sind Sie es Ich freue mich zu hören, er ist bei bester Gesundheit, möchte aber gerne zu Ihnen zurückkehren, da Ihr weiteres Vorgehen, soweit ich weiß, praktisch von seiner finanziellen Unterstützung abhängt.

„Da er von so großer Bedeutung ist, möchte ich mich natürlich nur ungern von ihm trennen; aber leider habe ich gehört, dass Sie an Bord Ihres Schiffes einen alten Freund von mir haben, Reginald Hopkins, und wenn Sie sich seiner Gesellschaft entziehen könnten, könnten wir das tun Kurz gesagt, tauschen Sie unsere beiden unwilligen Gäste aus ...

„Um die Einzelheiten eines solchen Austauschs zu regeln, muss ich Sie zunächst bitten, mir Ihr Ehrenwort zu geben, dass Sie während der Übertragung keinen Verrat versuchen und nach erfolgtem Austausch auch nicht versuchen werden, Hopkins zu folgen oder ihn zu stören.

„Ich schlage vor, dass Sie einen Zerstörer mit Ihrer Antwort nach Macao schicken. Bei ihrer Ankunft wird ein Mann, der meinen Namen nennt, an Bord gehen und den Brief entgegennehmen. Wenn es günstig ist, werde ich Ihnen dann noch einmal schreiben und nur bedauern, dass meine Entfernung von Macao dazu führen wird." viel Verzögerung.

„Wenn keine Antwort erfolgt, behalte ich natürlich den Besitz von Ping Sang ..."

An diesem Abend hatten wir nach dem Abendessen einen Kriegsrat, nämlich Cummins und Helston, denn ich selbst saß nur am Feuer und rauchte und weigerte mich, irgendwelche Ratschläge zu geben, selbst wenn sie mich fragten.

Ich werde dafür bezahlt, dass ich diesen Narrenausflug als Arzt mitnehme, und ich werde dafür sorgen, dass sie zuerst gehängt werden, bevor ich mich in ihre Arbeit einmische. Ich würde auf keinen Fall zulassen, dass sie sich in meine einmischen. Wenn sie einem Rat, den ich gab, tatsächlich folgten und dieser erfolglos blieb, würde ich nie das letzte Mal davon hören, oder, wenn es zufällig erfolgreich wäre, würden sie sich gegenseitig auf die Schulter klopfen und so tun und glauben, dass es ihnen gehörte die ganze Zeit planen; Daher war es viel besser, meine Pfeife zu rauchen und meine eigenen Ideen für mich zu behalten.

Schließlich beschlossen sie, den Austausch zu arrangieren, obwohl Cummins einem solchen Vorgehen persönlich abgeneigt zu sein schien und es für sehr unter unserer Würde hielt, mit einem solchen Mann zu verhandeln.

# KAPITEL X

## Der Zerstörer „Nr. 1" trifft sein Schicksal

Um Ping Sang freizulassen – Gefangen – „Nr. 1" außer Gefecht gesetzt –
Eine tapfere Tat – Untergang – Die arme „Nr. 1" verschwindet


*Mr. Glovers Erzählung wird nun fortgesetzt*

Die drei Tage nach der Erschießung von Kapitän Helston (sein Steuermann
sagte mir, dass er ohne Dr. Fox wahrscheinlich getötet worden wäre) waren
äußerst aufregend. Dann wurde es ruhiger und eher eintönig. Allerdings
durften wir nach Sonnenuntergang nicht an Land gehen. Kapitän Helston
wollte nicht, dass uns Midshipmen etwas passierte, und das war ein Ärgernis,
denn wir vermissten jeglichen Spaß – Tänze und andere Dinge.

Unsere Waffenkammerleute spielten die Waffenkammer *des Strong Arms in
Socker im Happy Valley und rissen ihnen „Haut und Haar" ab;* und das war ein
gewisser Trost, denn sie waren ziemlich hochmütig gewesen. Wir machten
auch ein Picknick in der Segelpinasse zur Deep Bay, was wirklich viel Spaß
machte, obwohl wir bei der Rückkehr alle nass wurden und dieser Esel
Dumpling das Brot ins Wasser fallen ließ, während er damit an Land watete.

*Laird und von „Nr. 1" zu Tommy Foote (Toddles)* zurückgeschickt worden , und
am Silvesterabend hatten wir ein bisschen Geplapper im Waffenraum – wir
hatten gefragt für eine halbe Stunde zusätzliches Licht – als Jeffreys, unser
Unterleutnant, vom Kommandanten gerufen wurde.

Wir dachten, es läge an dem Krach, den wir machten, aber er kam zurück
und sagte Tommy, er solle seine Sachen vorbereiten und sich bereithalten,
bei Tagesanbruch an Bord der „Nr. 1" zu gehen.

„No. 1" ging am Morgen los, war aber pünktlich zum Sieben-Glocken-Tee
wieder zurück. Tommy hatte nicht viel zu erzählen. Sie waren nach Macao
gelaufen, und Mr. Pattison, der Kapitän, hatte einem Chinesen, der an Bord
gekommen war, einen Brief übergeben, sobald sie vor Anker gingen.

Das war alles, und sieben oder acht Tage lang passierte nichts mehr, während
wir uns in der Schule, in Mathematik und torpedotheoretischer Fäulnis und
anderen Dingen herumplagen mussten.

Aber dann gab es noch mehr Gerüchte, und eines Tages hörten wir, dass
Hopkins' gesamte Ausrüstung gepackt wurde – Sie erinnern sich an ihn, den
Yankee-Sekretär, der seit seiner Abreise aus Colombo unter Arrest stand –,
und wir fragten uns oft, warum.

Tommy Foote wurde erneut zur „Nr. 1" geschickt, und als am nächsten Morgen Mr. Pattison an Bord kam, um letzte Befehle zu erteilen, sollte er offenbar Hopkins mitnehmen.

Du kannst mein Leben darauf wetten, dass ich unbedingt mit Tommy hingehen und den Spaß sehen wollte, denn da war offensichtlich etwas im Wind; Also bat ich Mr. Pattison, mich auch mitzunehmen. Sie sehen, ich hatte eine ziemliche Anziehungskraft auf ihn, denn er war sehr nett zu meiner Cousine Milly; Also fragte er den Kommandanten und ich ging los.

Wir fuhren durch den Westkanal hinaus, und Tommy und ich dachten, wir wären wieder auf dem Weg nach Macao, aber wir irrten uns, und es stellte sich heraus, dass unser Ziel eine kleine Insel etwa sechzig Meilen entfernt war, zumindest sollte ich annehmen, dass es diese Entfernung war, denn wir fuhren etwa fünfzehn Knoten, und es dauerte vier Stunden, bis wir in einen engen kleinen Hafen zwischen hohen Klippen liefen und etwa zehn Kabel vom Ufer aus ankerten.

Von einem Lebewesen war nichts zu sehen, und wir warteten und warteten, während Mr. Pattison weiterhin auf seine Uhr schaute. Er sagte uns dann, dass wir Hopkins gegen den alten chinesischen Herrn eintauschen würden, der entführt worden war.

„Warum! Ist Hopkins einer der Piraten?" fragten wir beide etwas enttäuscht, denn er entsprach nicht unbedingt unserer Vorstellung von einem Piraten, und wir mochten ihn eher, er war so amüsant.

„Ich wusste es selbst erst heute Morgen", erzählte uns Herr Pattison.

Nun, plötzlich kam ein *Sampan* hinter einer kleinen Landzunge hervorgekrochen, und als er daneben ankam, saß darin ein dicker kleiner Mann, prächtig gekleidet.

Ich habe Ihnen nicht gesagt, dass wir einen Mann namens A Tsi mitgebracht hatten; aber dieser Mann erkannte ihn sofort als Ping Sang. Der dicke alte Kerl kletterte flink über die Bordwand und schüttelte allen die Hände, so froh war er, wieder in Sicherheit zu sein.

Hopkins wurde an Deck gebracht, und offenbar kannten er und Ping Sang einander, obwohl sie sie nur böse anstarrten wie zwei Katzen, und er kletterte in den *Sampan hinunter*, ohne dass Mr. Pattison ihn überhaupt beachtete.

Tommy und ich traten jedoch vor und schüttelten ihm die Hand. Ich weiß nicht genau warum, aber ich gehe davon aus, dass es daran lag, dass wir sagen wollten, dass wir einem echten Piraten die Hand geschüttelt haben. Er schien ziemlich zufrieden zu sein.

Seine Taschen und Kisten waren so zahlreich, dass der *Sampan* zwei Fahrten machen musste, was uns fast eine Stunde aufhielt, da Mr. Pattison vor Ungeduld rauchte und Dampf aus den Entlüftungsrohren aufstieg.

Sobald der *Sampan* mit seiner letzten Ladung abgelegt hatte, wogen und sicherten wir den Anker und machten uns auf den Weg zurück nach Hongkong.

Wir dachten, unsere Arbeit sei für heute beendet, irrten uns aber gewaltig, denn als wir an der Hafenmündung ankamen, dampften zu unserem Entsetzen sanft die drei patagonischen Zerstörer auf uns zu und hinter ihnen ein dunkel gestrichener Kreuzer Grün vom Masttop bis zur Wasserlinie, sehr ähnlich dem *Strong Arm* , nur nicht so groß. Und sie alle standen zwischen uns und Hongkong.

Ich hatte noch nie in meinem Leben solche Angst. Tommy wurde kreidebleich und sogar Mr. Pattison wurde ein wenig gelb.

Er fluchte fürchterlich und verfluchte sie als heimtückische Hunde – es war so ziemlich die hübscheste Falle, die man je in seinem Leben gesehen hat – und befahl, das Ruder hart nach Backbord zu legen.

Wir machten einen Rundgang, verließen die Hafeneinfahrt und fuhren nach Süden, als wollten wir weglaufen; Aber wenn die Menschen in Patagonien glaubten, dass wir das tun würden, irrten sie sich gewaltig; Es ging nur darum, auf Hochtouren zu kommen und zum Quartier zu gelangen, was wir unter ständigem Zittern taten, die Männer waren eifrig wie Senf.

Tommy musste an Deck gehen und die beiden vorderen 6-Pfünder übernehmen, aber Mr. Pattison befahl mir, bei ihm auf der Brücke zu bleiben. Das Ruder wurde fest angezogen, wir drehten uns wie ein Kreisel und steuerten direkt auf sie zu.

Die Zerstörer schienen zunächst auch direkt auf uns zuzusteuern, bogen aber fast sofort nach Steuerbord ab und rannten in den kleinen Hafen, den wir gerade verlassen hatten. Als sie uns ihre Seite zeigten, rief der Signalwärter, dass sie keine Waffen an Bord hätten, was ihre Flucht erklärte.

Wir rasten jetzt mit einer Geschwindigkeit von etwa zwanzig Knoten auf den Kreuzer zu und fragten uns, ob er das Feuer eröffnen würde. Wir blieben nicht lange im Zweifel, denn wir waren noch nicht mehr als achthundert Yards von ihr entfernt, als wir zwei kleine Flammenstrahlen unter ihrem Bug und dann noch mehr von ihrem Bug sahen, und die kleinen Granaten pfiffen vorbei und platzten herein das Meer hinter uns.

Ich weiß, dass ich den Kopf gesenkt habe und eher dachte, dass Mr. Pattison das auch getan hätte.

Dann begannen wir, so schnell wir konnten, mit dem 12-Pfünder auf der Brücke und mit Tommys 6-Pfünder zu schießen, und angesichts des Lärms der Kanonen, die so nah an mir losgingen, und des Pfeifens der feindlichen Granaten fühlte ich mich ziemlich benommen , und es hatte keinen Sinn, sich zu bewegen oder zu ducken, denn die Luft schien voll davon zu sein.

Mr. Pattison erweckte mich erneut zum Leben, indem er mich mit einer Nachricht an das U-Boot nach hinten schickte. Als ich die Leiter hinunterlief, tauchten plötzlich zwei Löcher im hinteren Schornstein auf, und eine Rauchwolke brach mit lautem Getöse in der Nähe des hinteren Steuerschilds hervor. Ich muss gestehen, dass ich völlig aus Verzweiflung mit dem Laufen aufgehört habe und meine Beine mich kaum halten konnten. Allerdings nur für eine Sekunde, und ich rannte so schnell ich konnte nach hinten. Der Schutzschirm war völlig verbogen und verdreht, und davor lagen zwei Besatzungsmitglieder des hinteren 6-Pfünder-Geschützes auf ihren Gesichtern, und Blut sickerte unter ihnen hervor und lief über das Deck. Ich schaffte es gerade noch, dem Sub, der sich über sie beugte, die Nachricht zu überbringen, und dann wurde mir furchtbar schlecht.

Ich kann mich nicht erinnern, wie ich zur Brücke zurückkam, aber gerade als ich das erreichte – und wir waren jetzt keine hundert Meter vom Kreuzer entfernt – explodierte eine Granate auf dem Vorschiff in der Nähe des Backbordankers und zersplitterte raste mit einem fürchterlichen kreischenden Geräusch durch die Leinwandwand rund um die Brücke. Als ich nach unten schaute, sah ich, dass eine der Sicherungsketten zerbrochen war und dass der Anker jetzt halb über der Seite hing und nur noch an einer kleinen Kette hing.

Mr. Pattison sah es auch, stürzte zum Vorschiff und rief mir zu: „Lassen Sie es so, wie es ist, und laufen Sie so nah wie möglich an der Steuerbordseite entlang."

Ich wusste, was er tun würde. Wenn die letzte Sicherungskette weggerissen würde, würde der Anker über Bord gehen, und selbst wenn das Kabel am Stopper festgehalten und nicht ausgelaufen wäre, könnten wir direkt vor dem Bug des Kreuzers ausweichen und in zwei Hälften geschnitten werden.

Wir waren jetzt direkt bei ihr, und durch die Bugluken konnte ich die Männer um die kleinen Schnellfeuergewehre sehen, aber die bloße Tatsache, dass ich eine Aufgabe zu erledigen hatte, bewahrte mich davor, Angst zu haben. Noch eine Sekunde, und wir befanden uns neben ihrem Vorschiff, keine zwanzig Fuß entfernt, und ihre kleinen Kanonen feuerten aus nächster Nähe auf uns, als wir an ihrer Seite vorbeirasten. Ich erinnere mich undeutlich, wie ich Mr. Pattison bemerkte, der bäuchlings auf dem Vorschiff lag und mit aller Kraft den Anker festmachte. Meine Ohren klingelten und schmerzten, mein Kopf schien zu platzen, aber ich hatte noch genug gesunden Menschenverstand, um zu erkennen, dass das Heck des Kreuzers in uns einzudringen schien.

Sie musste ihr Steuerrad umgelegt haben und wollte uns zerquetschen, als ihr Heck herumschwang.

Ich rief dem Quartiermeister am Steuer zu, er solle „hart an Steuerbord" sein, denn sie würde in uns eindringen, bevor wir sie freimachen könnten. Ich konnte sein Gesicht gerade noch sehen, als er unten auf der Steuerplattform stand, und er hörte mich, schüttelte aber grimmig den Kopf und legte das Ruder nach Backbord. Unser Bug flog bereits an ihrem Achterdeck vorbei, und ich sah sofort, dass er Recht und ich Unrecht hatte, denn unser Heck begann sofort nach außen auszuweichen.

Es war ein schrecklicher Moment, denn sie schwang sich schneller in uns hinein, als wir uns von ihr wegschwangen.

Sie musste uns schlagen, und ich dachte, alles sei vorbei, hielt mich am Brückengeländer fest und wartete auf den Stoß.

Noch eine Sekunde – es krachte! Wir krängten direkt nach Backbord, bis ich sah, wie das Leedeck unter Wasser stand, und, oh Schrecken! Die beiden Männer, die achtern auf dem Deck lagen, rutschten unter qualvollen und ängstlichen Schreien über Bord. Ich sah, wie unser Heck wie Seidenpapier zerknitterte. Wir liefen weiter, trennten uns, richteten uns wieder auf und flogen davon.

Mr. Pattison sprang auf die Brücke und rief: „Mittschiffs das Ruder", aber es bewegte sich nicht und war fest eingeklemmt.

Alle Männer achtern waren von den Füßen gerissen worden, und ich sah sie wieder aufstehen, als Mr. Pattison nach achtern stürmte, und alle drängten sich um das zerknitterte Heck.

Wir dampften jetzt im Kreis und unsere Breitseite war dem Kreuzer ausgesetzt, der wieder sehr schnell zu schießen begann.

Dann sah ich, wie die Männer achtern aus der Ruderkette sprangen, das Ruder mittschiffs schwang, und Gott sei Dank! wir schossen davon; aber irgendetwas musste mit den Motoren passiert sein, denn wir fuhren nicht annähernd so schnell.

Es hat lange gedauert, dies zu schreiben, aber es hat wahrscheinlich keine fünfzig Sekunden gedauert. Es kam mir wie eine Ewigkeit vor.

Sobald wir klar waren, trat Mr. Pattison vor und übernahm das Kommando.

Sie hätten die Steuerkette gelöst, erzählte er mir, und das Ruder habe mittschiffs geschwungen. Der Steuerbordpropeller war bei der Kollision zerschlagen worden, und da nur die Backbordschraube funktionierte und das Ruder fast nutzlos war, kämpften wir uns sehr unberechenbar vorwärts, wobei unser Bug mal nach Steuerbord drehte und mal nach Backbord abfiel.

Überall um uns herum kreischten Muscheln, aber sie rasten wild aus, wahrscheinlich weil wir so stark von einer Seite zur anderen schwankten.

Um die Männer nicht bloßzustellen, befahl Mr. Pattison allen an Deck, unter dem Vorschiff Schutz zu suchen, und ließ nur sich selbst auf der Brücke und den Quartiermeister am Steuer zurück.

Ich wurde mit den notwendigen Befehlen geschickt und bemerkte zum ersten Mal, dass Ping Sang und A Tsi ganz unbekümmert an Deck in der Nähe des vorderen Torpedorohrs standen; aber ich drängte sie nach vorne, und alle, sogar das U-Boot, Tommy und ich, mussten sich unten zusammendrängen und sahen nicht, was in den nächsten fünf Minuten geschah, obwohl sie offensichtlich besser schossen, denn wir hörten mehrere Kleine Explosionen, bei denen Granaten eingeschlagen haben müssen.

Plötzlich erklang ein gedämpftes Brüllen und das zischende Geräusch ausströmenden Dampfes.

Wir drei sprangen an Deck und sahen ein großes Loch im Deck nahe der Basis des vordersten Schornsteins, aus dem Dampf- und Rauchwolken strömten.

Wir öffneten den Schachtdeckel zum vorderen Kesselraum, noch mehr Dampf und Rauch strömten heraus, und in der Mitte kroch ein Heizer heraus, dessen Gesicht und Arme schrecklich verbrüht waren. Es gelang ihm gerade noch, sich herauszuziehen, und er hätte sich unter Schmerzensschreien über Bord geworfen, wenn das U-Boot ihn nicht gefangen und auf das Deck geschleudert hätte, wo er sich windend und schreiend lag.

Tommy und ich spähten durch das Mannloch, um zu sehen, ob noch jemand am Leben war, aber der U-Boot schob uns beiseite und kroch mit einer um ihn geschlungenen Wurfleine und einem alten Ölzeug vor dem Gesicht nach unten. Sein Name war Harrington – das muss ich Ihnen sagen, denn das war das Mutigste, was Tommy und ich je gesehen haben.

Wir übernahmen die Hebeleine, und er stolperte halb oder wurde halb in den Dampf gesenkt.

Als er die Leiter herunterstieg und seine Füße ins Wasser steckte, konnten wir ein Rauschen hören, er stieß einen lauten Schmerzensschrei aus – es musste fast kochend gewesen sein –, aber er zögerte nicht, und wir konnten ihn undeutlich sehen, wie er auf dem Wasser herumtastete Bodenplatten und konnte auch sehen, dass das Wasser schnell anstieg und ihm schnell über die Knie ging.

Mit kreischender Stimme rief er nach einem weiteren Seil und befestigte es an etwas, das wir beide und einige Männer, die ihm zu Hilfe kamen, hochzogen.

Es war einer der Heizer, aber ein Anblick, den ich nie vergessen werde. Er war völlig tot und die Hälfte des Fleisches war von einer Schulter und einer Seite seines Gesichts gerissen.

Als wir ihn an Deck zogen, schien sich seine Haut mitsamt seiner Kleidung zu lösen, wo auch immer wir ihn berührten.

Oh, es war ein schrecklicher Anblick!

Tommy und ich wurden von einem alten Unteroffizier grob weggestoßen und die Leiche mit einer Plane abgedeckt.

Wir konnten den Blick nicht von diesem Haufen abwenden und wären in einer Sekunde in Ohnmacht gefallen, wenn nicht Harrington selbst mit einem Gesicht wie Rindfleisch und blutendem Fleisch und seinen Händen wie Truthahnklauen aus dem Mannloch aufgetaucht wäre.

Er fiel auf das Deck, und als ich mich hinkniete, sagte er mit heiserem Flüstern; „Meine Füße, meine Füße! Um Himmels willen, zieh mir die Stiefel auf!"

Wir haben sie aufgeschnürt, und was für ein schrecklicher Schmerz war es für ihn, sie auszuziehen! Und obwohl wir seine Socken mit einem Messer aufgeschnitten haben, löste sich auch die ganze Haut. Zu diesem Zeitpunkt war er bereits ohnmächtig geworden.

Dann hörte ich Mr. Pattisons Stimme, und Tommy eilte nach achtern und brachte etwas Brandy und ein Kissen, und wir stützten seinen Kopf auf und schütteten ihm ein wenig Brandy in den Hals, obwohl es schwierig war, weil seine Zunge so geschwollen war.

Sie deckten ihn mit einer Decke zu, aber er war ein riesiger Mann, und seine beiden wunden Füße ragten am Ende hervor. Ich werde sie nie vergessen.

Während dieser ganzen schrecklichen Zeit hatte ich nichts anderes bemerkt, aber jetzt, als ich über die Seite schaute, sah ich, dass der Zerstörer nur sehr langsam fuhr und dass es ein großes Loch an der Wasserlinie gab, wo die letzte Granate an Bord gekommen war. und Wasser strömte hinein.

Jetzt schienen keine Granaten mehr auf uns zuzukommen, und als ich zur Insel blickte, sah ich, wie der Kreuzer ohne Feuer von uns wegdampfte, und Hurra! Hurra! Zwei große Wasserspritzer sprangen nacheinander in die

Höhe, dicht an ihrem Heck, und bumm! Boom! Aus dem Norden kamen Meldungen über schwere Geschütze.

„Hurra! Hurra!" rief Tommy, „da ist der *Starke Arm*."

Sie können sich vorstellen, was für eine Erleichterung es war und was wir fühlten.

Wir schrien und schrien wie verrückte Wesen, und selbst Harrington hatte die Kraft, den Kopf zu heben und mit dem Arm zu wedeln, obwohl er nicht so viel Lärm machen konnte wie eine Maus.

Es war tatsächlich die *Strong Arm, die* ihre vordersten Geschütze abfeuerte und eine große Bugwelle ausführte, als sie auf uns zustürmte.

„Keine Kollisionsmatte!" schrie Mr. Pattison, und der Befehl wurde durch das Vorschiff gerufen, und alle stürmten heraus, legten eine Leine um den Boden des Zerstörers, befestigten ihn an der Kollisionsmatte und zogen ihn über den großen Riss in der Seite.

Es dauerte drei oder vier Minuten, dies zu tun, und zu diesem Zeitpunkt schien das Deck ziemlich nahe am Wasser zu sein, und das Heck schien sogar noch tiefer zu liegen. Der *Starke Arm* rückte nun schnell vor.

Dann wurde ich mit ein paar Männern geschickt, um die Lukendeckel zu verschrauben, die zu Mr. Pattisons Kabine und dem Krankenzimmer führten, und als wir damit fertig waren, war das Deck überschwemmt.

Der Steuerbordmotor war inzwischen zum Stillstand gekommen, und wir lagen mit schrecklichen, ruckartigen Bewegungen wie ein Baumstamm da, während die Männer versuchten, eine Plane über das Loch im Heck zu bekommen, aber es schien nichts zu nützen.

Als nächstes wurden die Boote ins Wasser gebracht. Sie waren voller Löcher, aber indem sie ihre Springer in die Schusslöcher des Walfängers steckten und kräftig ausstiegen, schafften sie es gerade noch, das Schiff über Wasser zu halten. Die zusammenklappbaren Berthon-Boote waren völlig nutzlos, da sie an einem halben Dutzend Stellen durchbohrt waren und das Beiboot in Stücke zerschmettert war.

Es gab nur den Walfänger für fünfzig Mann. Das bedeutete, dass die meisten von uns die Chance nutzen mussten, sich an einem Ruder oder einem Holzgitter festzuhalten, bis der *Starke Arm* uns aufheben konnte.

Als wir Mr. Harrington (das U-Boot) und die verbrühten Heizer in das Walfangschiff hinabgelassen hatten, befand sich unser Heck vollständig unter Wasser, und wir krängten nach Steuerbord, bis Beschläge, die nicht am Deck befestigt waren, nach unten zu rutschen begannen, und Das Meer kam über den Fuß unserer Deckstützen. Wir konnten tatsächlich spüren, wie die arme alte „Nr. 1" unter uns versank – ein schreckliches Gefühl.

„Rauf an Deck, Jungs! Alles von unten hoch!" wurde durch den Maschinenraum und die Luken des Heizraums gerufen, und alle begannen, ihre Stiefel und Pullover auszuziehen.

Das löste bei mir ein sehr gruseliges Gefühl aus.

Dampf brüllte aus dem Fluchtrohr, und wir alle blickten ängstlich zuerst zu Mr. Pattison, in der Erwartung, dass er den Befehl zum Sprung geben würde, und dann zum *Strong Arm* und wünschten, sie würde schneller kommen.

Mr. Pattison hielt sich am Brückengeländer fest – die Brücke hatte eine enorme Neigung –, um sich aufrecht zu halten, und der Bahnwärter hisste ein Signal, dass wir sinken würden.

Die *Strong Arm* stürmte heran und feuerte schnell aus ihren Buggeschützen, und eine schreckliche Sekunde lang dachte ich, sie würde unser Signal in der Aufregung, den Kreuzer zu verfolgen, nicht sehen.

Tommy und ich hielten uns mit den Füßen im Wasser am Heck des Torpedorohrs fest, und ich hörte ihn mit sehr bleichem Gesicht nach Luft schnappen: „Sie geht weiter." Doch einen Moment später sahen wir, wie die Besatzungen ihrer Boote über die Netze in ihre Boote kletterten, und jubelten gewaltig vor Erleichterung, als sie neben uns langsamer wurde. Ihre Boote wurden mit einem Lauf und Platschen abgesenkt und kamen mit aller Kraft auf uns zu, und als sie neben uns ankamen, wurde unseren Männern befohlen, an Bord zu klettern.

Wir stritten uns darüber, wer zuerst springen sollte, denn Tommy sagte, er *gehöre* zum Zerstörer und ich sei nur Passagier, so dass er als letzter abreisen sollte; Aber ich sagte, dass es meine Pflicht sei, dafür zu sorgen, dass er zuerst ins Boot steige, da ich älter als er sei – ich war zwei Plätze über ihm, als er die *Britannia* verließ .

Wir mussten uns am Torpedorohr festklammern, um den Streit auszufechten, denn das Deck war jetzt so steil, dass wir nicht mehr darauf stehen konnten.

„Steigt in die Boote, ihr jungen Idioten!" schrie Herr Pattison. „Warum lässt ihr die Boote warten, ihr Hängeohren-Söhne von Ham?"

Also klärten wir die Angelegenheit, indem wir beide gleichzeitig sprangen. Ich war sehr froh, dass ich ihm nicht seinen Willen überlassen habe.

Gerade als wir alle abgestiegen waren, Mr. Pattison war der Test zum Aufbrechen, hörten wir ein knackendes Geräusch – ein Schott musste nachgegeben haben – „Nr. 1" richtete sich fast wieder auf – ihr Bug tauchte aus dem Wasser auf und zeigte höher und höher, bis sie fast aufrecht standen. Dort blieb sie, während man fünfzehn oder sechzehn hätte zählen können, und glitt dann langsam außer Sichtweite.

Es gab nur ein leichtes Rauschen, als das Meer hereinströmte, um sie zu bedecken, zwei ihrer Spillstangen schossen aus dem Wasser und die arme alte „Nr. 1" war verschwunden. Ich fühlte mich ziemlich benommen und ich wusste, dass Tommy das auch tat. Bald waren wir an Bord der *Strong Arm*, und unten im Waffenraum drängten sich alle um uns herum und stellten Fragen. Erst dann entdeckte ich, dass meine Mütze fehlte und dass mein Haar völlig blutverklebt war.

Tommy suchte und fand einen etwa einen Zentimeter langen Schnitt und war, glaube ich, ziemlich verärgert darüber, dass er selbst nichts vorzuweisen hatte.

Sie können sich vorstellen, dass ich sehr stolz darauf war, verwundet worden zu sein, auch wenn es dem Lebkuchen ein wenig schade war, es damals nicht gewusst zu haben. Es handelte sich vermutlich um ein Stück Granate, das die Ankersicherungskette zertrümmerte.

*Strong Arm um fast eine Stunde* verzögert haben , ihre Motoren neben „Nr. 1" abzustellen und uns alle an Bord zu bringen, und zu diesem Zeitpunkt war der Piratenkreuzer mit den dreien nur noch eine schwarze Rauchwolke am Horizont kleine Zerstörer, die wieder aus der Bucht gekommen waren und mit voller Geschwindigkeit hinter ihr her dampften.

# KAPITEL XI

## Die Action aus Sin Ling

Die Aktion beginnt – Verluste

*Der Bericht wurde von Commander Richard Hunter, RN,
Kapitän der „Strong Arm", vorgelegt.*

Der Bericht über das Verfahren, den Commander Richard Hunter, RN, der Kapitän der *Strong Arm*, anschließend Captain Helston vorlegte, ist so knapp und doch so anschaulich, dass er hier eingefügt wird.

* * * * *

„HIMS *starker Arm*,

„Hongkong, 9. Januar.

"HERR,

„Ich habe die Ehre, Ihnen mitzuteilen, dass ich gemäß Ihrem Signal, das ich am 8. Januar um 8.30 Uhr erhalten habe, sofort Dampf in fünfzehn Kesseln erzeugt habe. Eine Stunde später konnte ich mich von der Boje lösen und fuhr nach Süden zum angegebenen Treffpunkt in Ihren Bestellungen.

„Um 10 Uhr morgens machte ich vierzehn Knoten und um 11 Uhr fast neunzehn, wobei diese Geschwindigkeit allmählich auf zwanzig erhöht wurde, während die restlichen Kessel Dampf erzeugten.

„Als die Insel um 12.35 Uhr in Sichtweite war, sichtete der Masttop-Ausguck einen Kreuzer und drei Zerstörer, die von Westen auf die Insel zudampften, und fast unmittelbar darauf sichtete er den Zerstörer „Nr. 1", der die Insel verließ.

„Der Kreuzer war offenbar auf dem Weg, ‚Nr. 1' abzuschneiden, während die drei Zerstörer unter dem Land verschwanden.

„Dann sahen wir, wie ‚No eine sehr unberechenbare Art.

„Sie stand jetzt unter einem sehr schweren Feuer, und um 12.45 Uhr ereignete sich fast mittschiffs eine beträchtliche Explosion.

„Als ich mich nun 10.000 Yards vom Kreuzer entfernt befand, eröffnete ich mit meinen vordersten Geschützen das Feuer auf ihn und veranlasste ihn nach ein paar Minuten dazu, das Feuer auf den zerstörten Zerstörer einzustellen und nach Süden zu dampfen. Auf diese Entfernung traf ich ihn nicht."

„Ich folgte ihr mit größtmöglicher Geschwindigkeit und näherte mich schnell, aber als ,Nr.

„Ich bedauere auch, dass fünf Männer ihrer Besatzung vermisst werden, darunter zwei verwundete Männer, die über Bord gefallen sind, und dass zehn verletzt sind – Unterleutnant Harrington, der an schweren Verbrennungen und Verbrühungen leidet, Midshipman Glover, leicht verwundet, und ein Mann schwer verbrannt." (seitdem tot).

„Nachdem ich meine Boote wieder gehisst hatte, nahm ich die Verfolgung wieder auf und überholte sie um 2 Uhr schnell. Inzwischen hatten sich die drei Zerstörer zerstreut und ich ignorierte sie.

„Um 3,25 erreichten wir mit dem Entfernungsmesser eine Entfernung von 6000 Yards, und ich eröffnete erneut das Feuer von meinem 6-Zoll-Vorschiff und den beiden vordersten 6-Zoll-Oberdecks aus.

„Der Feind antwortete heftig mit zwei oder drei Geschützen und setzte seinen Flug fort.

„Obwohl wir auf diese Entfernung ein oder zwei Treffer erzielten, konnten wir erst dann gut schießen, als wir uns auf 4.000 Yards genähert hatten, und um 4,32 Uhr – die Insel Sin Ling lag fünf Meilen in Lee – fing sie achtern Feuer. lenkte wild und legte ihre Breitseite frei.

„Wir haben sie jetzt immer wieder getroffen und ihr Feuer wurde langsam und sehr ungenau.

„Um 4.56 Uhr holte sie ihre Flagge (die chinesischen Kaiserfarben, mit einem schwarzen statt einem roten Drachen und Ball) ein und hörte auf zu schießen.

„Auch ich hörte auf zu schießen und lag etwa 2.000 Meter entfernt, da ich nicht bereit war, mich in Torpedoreichweite zu begeben. Dann befahl ich meinem Oberleutnant (CW Smith), an Bord zu gehen, und gab ihm sechzig Männer, um eine Prisenmannschaft zu bilden und sie nach Hongkong zu steuern. Kong.

„Als meine Boote die Hälfte der Strecke zurückgelegt hatten, eröffnete sie plötzlich das Feuer auf sie, sammelte sich und dampfte auf mich zu, mit der offensichtlichen Absicht zu rammen, eine Entwicklung, die ich vermeiden konnte, indem ich mit Volldampf nach hinten fuhr.

„Sie feuerte während des Vorbeiflugs auch einen Torpedo ab, der mich am Backbordbug traf und, obwohl er nicht explodierte, eine Platte einschlug. Etwas Wasser drang durch Nietenlöcher ein."

„Gleichzeitig eröffnete sie ein sehr schnelles und anhaltendes Feuer, das auf dem offenen Deck, wo sich die Männer versammelt hatten, um sie zu sehen, viele Opfer forderte."

„Daraufhin erneuerte ich den Angriff, räumte schnell ihre oberen Strukturen und unterdrückte ihr Feuer, wobei meine 6-Zoll-Granaten ganz offensichtlich Zerstörung anrichteten."

„Sie wurde wiederholt eingeengt, an mehreren Stellen brachen Flammen aus, und um 5:15 Uhr steuerte sie mit voller Geschwindigkeit auf Sin Ling zu, wobei sie um 5:42 Uhr sinkend strandete.

„Das Tageslicht ließ jetzt nach.

„Ich brachte die *Strong Arm* so weit landeinwärts, wie ich es wagte, nachdem ich die Besatzungen meiner Boote abgeholt hatte (sie waren auf die mutwilligste Art und Weise beschossen worden) und sie aus nächster Nähe beschossen hatte. In zehn Minuten hatte ich die Befriedigung von Als sie achtern eine große Explosion sah, krängte sie nach Backbord, bis das Wasser die Basis ihrer Schornsteine erreichte, und ihr Deck war offensichtlich zu stark beschädigt, um schwimmen zu können.

„Nachdem dies erledigt war, kehrte ich nach Hongkong zurück und machte um 21:25 Uhr an meiner Boje fest

„Dieses Schiff hat nur sehr geringe Schäden erlitten und kann ohne Hilfe vom Ufer repariert werden."

„Es tut mir jedoch leid, die folgenden Opfer melden zu müssen:

„Getötet: Ein Unteroffizier und fünf Männer.

„Verwundet: Drei Offiziere, zwei Unteroffiziere und fünfunddreißig Männer.

„Ich habe die Ehre, usw. zu sein,

„RICHARD HUNTER, Commander RN,

„Kapitän von HIMS *Strong Arm* ."

# KAPITEL XII

## Ein Kriegsrat

Der „Starke Arm" kehrt zurück – An Bord der „ *Hai Yen* " – Jenkins – Der Kriegsrat – Ping Sangs Karte – Cummins hat einen Plan – Ping Sang erinnert sich

Kapitän Helston war mit an der Seite bandagiertem linken Arm und einem leeren Ärmel seiner Affenjacke im Wind flatternd an Deck, um zu sehen, wie „No. 1" von ihrer Boje glitt und zu ihrer tödlichen Reise aufbrach. Kaum war ihr dunkler Rumpf im Morgennebel verschwunden, begann er schon zu bereuen, dass er sie geschickt hatte. Ein Anfall seiner alten Unentschlossenheit kehrte zurück, und er hätte sich an sie erinnert, wenn sie in Signalreichweite gewesen wäre.

Er ließ Cummins kommen – ein grotesk aussehendes Objekt am frühen Morgen, unrasiert und mit riesigen Seestiefeln bekleidet.

„Weißt du, Cummins", begann er, „ich habe das Gefühl, dass ihr etwas zustoßen wird. Es ist nicht abzusehen, dass sie ihre Nase in irgendeinen Ärger stecken wird. Was mich dazu bewogen hat, ihrem Ehrenwort zu vertrauen, weiß ich nicht." „Ich weiß es nicht, und es könnte einfach eine Falle sein, Hopkins zurückzuerobern."

"Hahaha!" kicherte Cummins und kaute auf seinem Zahnstocher. „Jetzt ist es zu spät, Sir; wir können nicht mit ihr kommunizieren."

„Nun, denken Sie nicht, dass es ratsam wäre, Dampf zu machen und ihr zu folgen?"

„Das schaffe ich nicht, Sir. Sie bauen den Steuerbord-Niederdruck-Kolbenring wieder ein, und er wird erst in den nächsten vierundzwanzig Stunden fertig sein. Sie könnten aber vielleicht den *Strong Arm schicken* . Ich war immer abgeneigt, zu vertrauen." das Wort dieses Engländers.

Ehrlich gesagt war Helston etwas verärgert über den Einfluss von Cummins an Bord und sein etwas willkürliches Verhalten, und das angedeutete „Ich habe es Ihnen gesagt" irritierte ihn einigermaßen. Also ging er mit den scharfen Worten „Na gut, wir lassen sie in Ruhe" hinunter zu seinem Frühstück.

Doch zehn Minuten später änderte er erneut seine Meinung und gab ein Signal, das den schnellen Abflug *des Strong Arms zur Folge hatte.*

Er erwartete, dass beide Schiffe spätestens um vier Uhr zurück sein würden, und als die Stunden vergingen und von keinem von beiden etwas zu sehen war, wurde er äußerst nervös und unruhig und lief den ganzen Nachmittag in seiner Achterkabine auf und ab. Beim Abendessen rührte er kaum etwas an und war gerade im Begriff, selbst an Bord der „Nr. 2" oder „Nr. 3" hinauszugehen , als der Signalkadett meldete, dass die „ *Strong Arm* " in den Hafen einlief und ihre Nummer machte.

Er rannte an Deck, um sich selbst davon zu überzeugen, und schnell blinkte gegenüber der Mastlampe der *Strong Arm ein Signal, dass sie einen seltsamen Kreuzer an Land getrieben und die Besatzung der gesunkenen „No. 1 " gerettet hatte.*

Die Nachricht hallte wie ein Lauffeuer um das Schiff herum, und Offiziere und Männer drängten sich an Deck, um zu sehen, wie sie langsam zu ihrer Boje kroch und medizinische Hilfe ankündigte.

Helston ging sofort an Bord, und Dr. Fox und die anderen Ärzte des Geschwaders arbeiteten die ganze Nacht mit den Verwundeten, von denen viele am nächsten Morgen in das Marinekrankenhaus gebracht werden mussten, darunter auch Harrington, dessen Zustand sehr ernst war.

Helston erhielt von Hunter einen schnellen Bericht über die Ereignisse des Tages und gratulierte Ping Sang zu seiner Flucht.

Die Identität des seltsamen Kreuzers war unbekannt, und selbst Ping Sang, der mehr Informationen als jeder andere über die Ressourcen der Piraten hatte, war nicht in der Lage, sie zu erkennen. Es war jedoch eine große Leistung, ein so mächtiges Schiff auf Kosten eines Zerstörers zerstört zu haben, auch wenn der Verlust an Menschenleben sehr bedauerlich war.

„Ich glaube, man kann kein Omelett zubereiten, ohne Eier zu zerbrechen", war Ping Sangs Kommentar, während er auf dem heiligen Achterdeck ruhig an seiner Zigarre paffte.

Der Verlust an Menschenleben bereitete ihm offenbar nicht die geringste Sorge.

Am strengsten ging Helston mit Pattison um, denn obwohl er seine Unerschrockenheit und sein persönliches Verhalten lobte, tadelte er ihn heftig für sein Manövrieren von „Nr. 1".

„Was Sie dazu bewogen hat, direkt auf sie zuzulaufen, anstatt sofort davonzulaufen und zu fliehen, kann ich mir nicht vorstellen, und im kritischsten Moment die Brücke unter der Obhut eines Fähnrichs zu verlassen, scheint mir ein großer Mangel an Urteilsvermögen zu sein. Das hatten Sie Es waren keine Torpedos an Bord und es war Ihnen unmöglich, sie zu beschädigen.

Hätte sein Eingreifen den Kreuzer nicht verzögert und letztendlich zu seiner Zerstörung geführt, hätte Helston ihn sofort nach Hause geschickt.

Dies war nicht sein voreiliges Urteil, denn er machte damals keine Bemerkungen, sondern wurde zwei Tage später gefällt, nachdem alle Umstände genauer untersucht worden waren. Tatsächlich war Harrington, der U-Boot, der bei seinem Versuch, Menschen aus dem Heizraum zu retten, so schwer verletzt worden war, der einzige von „Nr Es.

Diese Meinung war im gesamten Geschwader allgemein verbreitet, und der arme Pattison, der mehr oder weniger in Ungnade zum Dienst auf die *Sylvia geschickt wurde* , empfand sie sehr deutlich.

„Ich habe das Erste getan, was mir in den Sinn kam", sagte er, „und erst als wir direkt über ihr waren, fiel mir ein, dass wir keine Torpedos an Bord hatten."

Am Morgen nach der Rückkehr der *Strong Arm* dampfte dieses Schiff mit Helston an Bord und den beiden verbleibenden Zerstörern in Begleitung zur Insel Sin Ling.

Der seltsame Kreuzer wurde noch immer auf den Felsen liegend gefunden – ein melancholisch aussehendes Objekt. Offensichtlich war ihr Achtermagazin explodiert, und hinter ihrem Großmast war sie ein totales Wrack – eine Masse verzogener und verdrehter Platten und Decksbalken.

Auf ihrem verdrehten Heck stand ihr Name *Hai Yen* in chinesischen Schriftzeichen, die Goldschrift war vom Feuer verbrannt; aber dieser Name identifizierte sie nicht, und ihre Herkunft und Geschichte waren immer noch ein Rätsel.

Geschützkapitäne *der Strong Arm* konnte man sich nicht beschweren , denn ihre Schüsse waren wunderbar effektiv und ihre Oberschiffe waren mit Granatlöchern übersät. Zwei Geschütze waren abmontiert worden, und ihre Schornsteine waren an hundert Stellen durchbohrt.

Helston und Hunter waren zu dem Schluss gekommen, dass sie die drei Zerstörer aus dem Süden eskortiert hatte, hauptsächlich aufgrund der sicheren Tatsache, dass sie weder Kanonen noch Torpedorohre an Bord hatten, als sie „Nr. 1" zum ersten Mal sah. Diese Ersatzrohre und Geschütze könnten sich noch an Bord der *Hai Yen befinden* . Also wurde das ganze Schiff gründlich durchsucht, und obwohl nichts davon gefunden wurde, stellte sich heraus, dass das Schiff ziemlich gründlich von allem Beweglichen befreit worden war und dass das Oberdeck mit Kohlenstaub bedeckt war. Die Kohle musste erst nach der Aktion heraufgebracht worden sein, da sie an manchen Stellen große Blutflecken bedeckte, und die einzige Schlussfolgerung war, dass die drei Zerstörer in der Nacht Kohle aus ihren

Bunkern geholt und alle verbliebenen tragbaren Vorräte entfernt hatten –
sogar ihre kleine Schnellladung -Feuerzeuge waren verschwunden – und
nahmen auch ihre Besatzung an Bord.

Um sicherzustellen, dass die Besatzung nicht noch auf der Insel war, landete
Helston zweihundert Mann und erkundete sie gründlich. Es war nur ein
kleiner Felsvorsprung vor der chinesischen Küste, keine Meile lang, aber als
dies geschehen war, begann das Tageslicht zu schwinden. Es wurden keine
Spuren der Besatzung entdeckt.

Während dieser Zeit durften die Midshipmen das Schiff inspizieren und
kehrten natürlich mit viel Beute zurück. Einer von ihnen hatte einen
unbeschädigten Chronometer, ein anderer hatte tatsächlich das Steuerrad
vom Kommandoturm abmontiert, zwei von ihnen ließen die Schiffsglocke
in ihren Kutter sinken, während ein mutiges junges Schiff zum Fockmast
hochschwärmte und sich ihre vergoldete Wetterfahne sicherte .

Sie waren alle sehr zufrieden mit sich und ihren Trophäen.

Nachdem alle wieder an Bord waren, steuerte die *Strong Arm* nach Norden,
und als sie die Insel passierte, wo „No. 1“ Hopkins gegen Ping Sang
ausgetauscht hatte, schickte sie die beiden Zerstörer zur Aufklärung an Land;
Doch obwohl sie in die kleine Bucht eindrangen, in der „Nr.

Die drei Schiffe kehrten dann nach Hongkong zurück, wobei Helston Ping
Sang mit zurück zum *Laird nahm* .

Ping Sang und Dr. Fox aßen an diesem Abend bei Helston, und dieser
fröhliche alte chinesische Herr, der sich riesig darüber freute, wieder einmal
vor einem guten Abendessen zu sitzen, war äußerst amüsant.

Er brachte sogar den mürrischen Doktor zum Schmunzeln über seine
Abenteuer, und sehr komisch waren die Beschreibungen von ihm, wie er
schwitzend mit Zuckerrohr beladen die Hauptstraße nach Aberdeen
entlanglief („Bösartiges Zeug! Ich kann mir nicht vorstellen, warum sie es
essen. Ich wusste nie was.“ es ging darum, seinen Lebensunterhalt mit zehn
Cent pro Tag zu verdienen“); dass er an seinem Zopf durch eine
übelriechende Menge seiner Landsleute zur Polizeistation geschleift wurde
(„Ich wusste vorher nie, dass ich sie hasste, bis sie anfingen, mir in den
Rücken zu treten“); von seinen Kämpfen und Protesten, als der Engländer
die Anklage zurückzog und ihn zur Dschunke zurückbrachte; von seiner
Reise zur Insel, die unten im stinkenden Laderaum eingeschlossen war („Sie
gingen in dieser Nacht nicht hinüber, sondern versteckten sich bis zur
nächsten um eine Ecke“) und von seiner Gefangenschaft auf der Insel, wo
er zu Gast war derselbe Engländer („Dieser Mann ist ein kostbarer Schurke,
das sage ich Ihnen, und sein Essen war noch schlimmer; aber er hat mir ein
paar anständige Klamotten gegeben, das muss ich für ihn sagen“).

Der Einzige ohne Lächeln im Gesicht war Jenkins, Helstons Marinediener, der darauf bestanden hatte, seinen Herrn zu begleiten; aber das lag, wie Dr. Fox sehr wohl wusste, daran, dass er an diesem Nachmittag an Land gewesen war und jetzt eine Haltung extremer Nüchternheit annahm, die nur durch einen zu großzügigen Bierkonsum erklärt werden konnte.

Er war ein außergewöhnlicher Mann, dieser alte Soldat. Er ging nie an Land, ohne halb betrunken davonzukommen, und wie Helston oft sagte: „Er ist immer dann am betrunkensten, wenn er am nüchternsten ist", und das lag nur an seiner übernatürlichen Feierlichkeit oder daran, dass er gelegentlich das Geschirr um den Tisch herumtrug Im Gegenteil, dieser wusste, dass er sich an Land zum Unmenschen gemacht hatte.

Immer wieder hatte Helston ihn entlassen und nach vorne geschickt, um sich wieder der Marineabteilung anzuschließen, aber am nächsten Morgen schlich er immer heimlich in Helstons Kabine umher, faltete seine Kleidung zusammen, bürstete sie und weckte ihn genau zur gleichen Zeit mit „ Sechs Glocken sind gerade erloschen, Sir", und „Hier ist Ihre Tasse Tee".

Einmal hatte er es geschafft, ihn loszuwerden, indem er ihm „Fünf-Tage-Zellen" gegeben hatte, aber bevor er diese Strafe beendet hatte, mussten Helstons Haare geschnitten werden. Niemand konnte das so gut, also wurde er nach achtern gebracht, um es zu tun, und als die Arbeit zufriedenstellend erledigt war, gab Helston ihm eine seiner Zigarren und zwanzig Minuten zum Rauchen, bevor er wieder eingesperrt wurde.

Am sechsten Morgen hieß es „Sechs Glocken, Sir, gerade weg, Sir, und hier ist Ihre Tasse Tee", und er war nun ebenso eine feste Institution wie die Schiffsglocke oder die Schiffskatze.

Ping Sang hatte von dem Engländer viele interessante, aber keine wertvollen Informationen erhalten.

„Hamilton ist sein Name. Ich kannte ihn vor einigen Jahren gut, bevor er verschwand, und er hatte immer irgendeinen Teufel im Sinn. Wenn es ihm nicht gelang, für seinen Lebensunterhalt zu arbeiten, konnte er sicherlich von seinem Verstand leben."

„Er gab mir einen sehr interessanten Bericht über seinen gesamten Plan. Er, Hopkins und der Deutsche Schmidt – die ‚Mysteriösen Drei' von Tientsin – hatten jeweils fünfzigtausend Dollar investiert, und viele wohlhabende Chinesen hatten sehr große Summen gezeichnet Er nannte es „unser Unterfangen". „Wir haben eine ziemlich respektable kleine Flotte und Schiffe und Ladungen im Wert von dreißig Millionen Dollar erbeutet, ganz zu schweigen von den Lösegeldern, die einige unserer Gefangenen dafür bezahlt haben." „Wir haben Freunde im ganzen Land, und unsere

Gefangenen wissen, dass ihnen eines Nachts die Kehle durchgeschnitten wird, wenn sie zu viel reden – nur als Warnung."

„Ich fragte ihn, ob er keine Angst vor einer Gefangennahme hätte.

"'Erfassen!' Er lachte höchst amüsiert. „Sie werden keinen von uns wiedersehen, es sei denn, Sie kommen zufällig, weil Hopkins sich lächerlich gemacht hat, aber er wird nicht wieder beim Nickerchen erwischt werden, und zehnmal könnte Ihre kleine Flotte nicht dabei sein." Komm auf unsere Insel.'

„Ich fragte ihn, was aus all den Besatzungen der vielen Schiffe geworden sei, die er erbeutet hatte. Hatte er sie gehängt?

„,Aufhängen? Lieber nicht!' Er sagte mir: „Vielleicht ein oder zwei der ersten, aber seitdem sie sehen, was für ein schönes Leben wir dort führen, melden sie sich freiwillig zu uns und machen hervorragende Rekruten."

„Hast du herausgefunden, wie er zu seiner kostbaren Insel zurückkehren würde?" fragte Helston.

„Nein, das habe ich nicht. Ich fragte ihn mehrmals und hielt meine Augen und Ohren offen, aber ich konnte nichts entdecken. Er hatte dort nichts außer dem Müll, soweit ich sehen konnte, und sie ließen mir völlige Freiheit." die Insel so oft zu erkunden, wie ich wollte.

„Wie hast du deine Zeit verbracht?" fragte Dr. Fox.

„Mit ihm Karten spielen, wie ein Idiot", sagte Ping Sang lächelnd; „Und ich habe fast zehntausend Dollar verloren und habe versprochen, sie an Land zu schicken, sobald wir seine Insel erreichen. Er wird ihnen eine Dschunke schicken, sobald wir dort ankommen, und er hatte auch die Frechheit, mich darum zu bitten." bringe all die Dinge zur Sprache, die er im Victoria Hotel zurückgelassen hatte.

„Oh ja, ich habe es versprochen", lachte Ping Sang; „Er hat mich so amüsiert, dass ich nicht umhin konnte, es ihm zu versprechen."

Als das Abendessen vorbei war, trafen Hunter und der Kapitän der *Sylvia* , Commander Bannerman, in ihren Galeeren aufeinander, und sie und Cummins vom *Laird* schlossen sich einem Kriegsrat an, um den zukünftigen Operationsplan festzulegen.

Es war eine merkwürdig beeindruckende kleine Szene in dieser Nacht in Kapitän Helstons Vorkajüte – der polierte Tisch war mit Dokumenten übersät und wurde von den hängenden elektrischen Lampen mit purpurrotem Schirm erleuchtet; die grauen Tabakrauchwolken, die zwischen den Stahldeckbalken über ihnen wirbelten und sich durch die hinteren 12-Pfünder-Kanonenpforten kräuselten; das Glitzern der polierten

Messingbeschläge der Geschützhalterungen, eine auf jeder Seite der Kabine – eine düstere Erinnerung an den Krieg; und die ernsten, eifrigen Gesichter von Helston und seinen drei Kommandanten, als sie sich über die verschiedenen Papiere beugten und ihre Pläne und Vorschläge diskutierten.

Als sie sich das letzte Mal an diesem Tisch versammelt hatten, hatten sie dem Geschwader Erfolg getrunken und hofften fröhlich, dass die Piraten ihnen die Chance geben würden, „etwas zu tun".

Jetzt hatten sie etwas getan – einer ihrer drei Zerstörer war am Boden, und fünf ihrer Männer waren mit ihm untergegangen; Neun der Männer der *Strong Arm* waren tot (drei waren an ihren Wunden gestorben) und dreißig oder mehr wurden verwundet – und obwohl sie einen Kreuzer zerstört hatten, war dieser zuvor noch nicht in ihre Berechnungen eingeflossen, und sein Erscheinen am Tatort störte unsanft mit ihren Plänen und Erwartungen, nur alte, halb reparierte chinesische Kriegsschiffe zu treffen. Vielleicht gab es noch mehr wie sie, die heimlich erworben wurden, und mit der Erinnerung an die neun Leichen, die am nächsten Morgen auf dem ruhigen Friedhof im Happy Valley darauf warteten, begraben zu werden, und der unbekannten Stärke des Feindes, dem sie nun gegenüberstehen würden, beschloss der Rat, sich zu treffen Sie nahmen mit einer gewissen Feierlichkeit ihre Plätze an Helstons Tisch ein.

Kapitän Helston selbst, hager und dünn, saß am Kopfende, sein langes, dünnes Gesicht war im elektrischen Licht eingefallen, seine rechte Hand spielte nervös mit einigen Papieren vor ihm herum, und sein linker Arm war immer noch an die Seite gebunden, sein Ärmel war leer quer über seine Brust genäht.

Am anderen Ende des Tisches saß Hunter of the *Strong Arm* , ein Mann mit einem großen roten Gesicht und großen roten Händen, ein tollpatschig aussehender Riese, der mehr über den Verlust seiner Männer trauerte als über die Zerstörung des Piratenkreuzers erfreut. Er war ein typischer schroffer, gutherziger Seemann, dem es nicht an Köpfchen mangelte, der sich aber selten die Mühe machte, ihn zu benutzen. Ihn in einem Fußballgedränge zu sehen und seine kräftigen, aufmunternden Gebrüll an seiner Seite zu hören, tat einem gut, und man wusste sofort, was für ein Mann er war.

Benutze seinen Verstand! Warum? Gott hatte ihm einen großartigen Körper gegeben, der niemals Ermüdung kannte, einen Geist, der niemals Angst kannte, und er war einer der „Nebenan-an-den-Blase-den-Bettler-aus-dem-Wasser-blasen-und-wenn- Er wird ihn nicht versenken und ihn rammen"-Schule für Marineoffiziere.

In seinen Vorstellungen mag er antiquiert gewesen sein, aber wie die meisten Männer wie er besaß er eine enorme persönliche Anziehungskraft, und jeder Jack aus seiner Mannschaft folgte ihm bis in den Tod.

Rechts von Helston saß Ping Sang, der von humorvollen Details seiner Eskapade nur so sprudelte, sein Gesicht rot war und seine Augen vor Anerkennung für sein gutes Abendessen funkelten. Da er wunderschön in seiner Lieblingsfarbe dunkelroter Seide gekleidet war und eine gleichfarbige Mütze mit Goldknöpfen auf dem Kopf trug, bildete seine fröhliche Kleidung einen seltsamen Kontrast zu den schlichteren Jacken der anderen.

Wie immer rauchte er eine Zigarre und hatte einen großen Briefkasten vor sich, aus dem er Papierrollen hervorholte und sie mit dem nötigen Gespür für ihre Bedeutung vor sich ausbreitete.

Niemand, der ihn am Tag zuvor an Bord der „Nr. Aber seine erste Bemerkung, als er mit dem Boot der *Strong Arm* abgesetzt wurde und sah, wie der Zerstörer unter das Meer rutschte, war: „Da sind vierhunderttausend Dollar", und als sich herausstellte, dass sie außerdem drei Männer mit sich hinuntergeschleppt hatte Zu den beiden, die über Bord geworfen worden waren, sagte er nur: „Männer sehr billig; es gibt noch viele andere, die ihre Plätze einnehmen."

Es war ganz offensichtlich, dass ihm alles kostbar war, außer dem Leben der Menschen, die er dafür bezahlte, ihr Leben für den Schutz seines riesigen Handels zu riskieren. Helston und die anderen hatten bereits etwas von ihrer anfänglichen Bewunderung für den gutmütigen, mutigen kleinen Mann verloren und konnten kein Mitgefühl für eine Natur empfinden, die Tod und Leid so völlig gleichgültig gegenüberstand. Dennoch war er kein Europäer, und man musste mit dem Stoizismus und der Gefühllosigkeit des Himmlischen rechnen.

Neben ihm saß Cummins, eine seltsame kleine Gestalt, die Krawatte um die Ohren gebunden, eine abgestandene alte Pfeife rauchend und vor sich hin kichernd, während ihm eine humorvolle Fantasie durch den Kopf ging. Nichts, egal wie feierlich oder tragisch es war, hatte für ihn eine amüsante Seite.

Ihm gegenüber und zu Helstons Linken stand Bannerman von der *Sylvia* , ein großer, ruheloser Mann mit hellbraunem Haar und sauber gestutztem Bart. Er hatte all seinen gesellschaftlichen und dienstlichen Einfluss genutzt, um in Helstons Geschwader berufen zu werden, und empfand stets einen Groll darüber, dass die *Sylvia* nur ein Vorratsschiff war. Die anderen Kommandeure ärgerten ihn unbarmherzig über seine vier kleinen 12-Pfünder – die einzigen Geschütze, die sie bei sich trug – und ihn zu fragen, wie viel Kohle er für sie hatte, reichte immer aus, um ihn zu „verärgern".

Er war nicht beliebt, und wenn er schlecht gelaunt war, nörgelte er seine Offiziere und Männer, bis diese ihrerseits vor stiller Wut bis zur Weißglut glühten. Es war immer bei ihm: „Mein Schiff hat heute Morgen sehr gut festgemacht, Cummins", oder „Bevor du gestern losgelegt hast, Hunter" oder eine andere der zwei oder drei Entwicklungen, an denen das Lagerschiff teilnehmen konnte.

Er machte keinen Hehl aus seinem Wissen, dass er die freie Stelle bekommen würde, wenn Cummins oder Hunter etwas zustieße, und obwohl er das natürlich nie mit so vielen Worten sagte, war es ganz offensichtlich, dass er sich auf ein solches Ereignis freute.

Seine einzige Idee war die Beförderung, und er schreckte vor nichts zurück, um sie zu erreichen, und kümmerte sich überhaupt nicht darum, wer dabei zu leiden hatte.

Dr. Fox war auch da, las in einem Sessel am Kamin die *Hong-Kong Evening Mail und machte von Zeit zu Zeit eine ätzende Bemerkung.*

Es handelte sich um eine seltsame kleine Gruppe kämpfender Männer: Helston, der gesundheitlich angeschlagen war und nur deshalb auf eine Beförderung aus war, weil eine Beförderung seine Heirat mit der kleinen Miss Milly bedeutete; Bannerman sehnt sich danach, nach der Kraft in seinem Gefolge; Der großherzige Hunter kümmert sich überhaupt nicht darum, solange er genug zu kämpfen hat. und der kleine Cummins, der sich um nichts kümmerte, solange er seine wissenschaftlichen Theorien der modernen Kriegsführung praktisch umsetzen konnte.

Die von den Piraten besetzte Insel hieß Hong Lu – nur ein kleiner Punkt auf der Karte der Admiralität, sie lag mitten in der Straße von Formosa, auf halbem Weg zwischen den Pescadores und Amoy. Ping Sang hatte Kopien der groben Karte anfertigen lassen, die der englische Handelskapitän vor einem Jahr gezeichnet hatte, und sie herumgereicht.

Daraus ging hervor, dass Hong Lu etwa fünf Meilen lang war und etwa die Form eines Hufeisens hatte und dass der Hafen innerhalb der Schleife durch einen schmalen Durchgang zwischen hohen Klippen, die durch die nach innen gebogenen Enden gebildet wurden, mit dem Meer verbunden war von der Insel.

Am Ende der Schleife gab es auch einen weiteren Zugang zum Meer, der noch enger war als der erste.

Der englische Kapitän hatte auf beiden Seiten des Eingangs grob die Stellen markiert, an denen er gesehen hatte, wie sie ihre Geschütze montierten, und Ping Sang wusste, dass sich unter den Ladungen der drei Dampfer, die vor achtzehn Monaten vor Nagasaki erbeutet worden waren, sechs 6-Zoll-

Dampfer befanden moderne Waffen und viele kleinere Schnellfeuerwaffen. Da diese für ein neues chinesisches Fort am Min-Fluss gedacht waren und alle Beschläge und Munition ebenfalls an Bord waren, wäre es einfach, sie effizient zu montieren.

„Sie werden uns einige Schwierigkeiten bereiten", lächelte Hunter und rieb genüsslich seine großen roten Hände aneinander; „Wenn die Bettler nur richtig gegen sie kämpfen, muss man jede Menge Hämmer einstecken."

„Ich hoffe nur, dass sie es nicht tun", murmelte Dr. Fox von seinem Sessel aus. „Wir haben schon genug arme Kerle getötet, und ich möchte keine weitere Arbeit beim Flicken der Verwundeten haben."

„Und hier ist die Liste der Schiffe", fuhr Ping Sang fort.

Dies war die Liste chinesischer Kriegsschiffe, die nach der Schlacht am Yalu an Land getrieben und offenbar von einigen Europäern gerettet worden waren – den „Mysteriösen Drei".

Dazu gehörten die *Yao Yuen* und die *Mao Yuen* , Schwesterschiffe, zehn Jahre alt und etwa dreitausend Tonnen schwer. Jeder trug zwei Krupp-8-Zoll- und sechs 4,7-Zoll-Geschütze. Dann war da noch die *Tu Ping* , etwas größer und noch älter, mit einer 10-Zoll-Krupp im Bug und neun 6-Zoll-Kanonen daneben – allesamt altmodische Geschütze.

Dies waren wahrscheinlich die drei, die das englische Kanonenboot einige Monate zuvor während einer Kreuzfahrt im Chusan-Archipel gesichtet hatte.

Außerdem waren zwei oder drei Korvetten der ehemaligen Jangtse-Staffel verschwunden. Diese konnten jedoch nie gegen moderne Schiffe eingesetzt werden.

„Diese kleine Menge sollte uns nicht viel Ärger bereiten", sagte Hunter ziemlich traurig; „Sie wagen es nicht, herauszukommen und offen gegen uns zu kämpfen."

„Sie haben zehn oder zwölf Torpedoboote", warf Cummins ein, der fest an die Möglichkeiten des Torpedos glaubte, „und wenn diese drei Zerstörer, die von der patagonischen Regierung übergeben worden sein müssen, seit wir sie in Colombo zurückgelassen haben, Wenn wir ihre kostbare Insel erreichen, werden sie uns unendlich viel Ärger bereiten.

„Ja, vielleicht werden sie das", sagte Hunter fröhlich. „Das wird die Aufregung noch steigern, nicht wahr? Machen Sie ein ausgeglicheneres Spiel, nicht wahr? ,Nr. 2' und ,Nr. 3' sollten mit dieser kleinen Gruppe ziemlich beschäftigt sein. Ich wünschte fast, ich hätte das Kommando über eines ich selbst."

„Ich denke, es würde zu einem ausgeglicheneren Spiel führen“, kam hinter Dr. Fox' Zeitung satirisch hervor – „viel ausgeglichener.“

„Nun, was sollen wir tun?“ fragte Helston. „Diese drei Zerstörer haben noch mindestens zwölf Stunden Vorsprung vor uns, und ich gehe nicht davon aus, dass es möglich sein wird, sie zu fangen, denn natürlich können wir erst nach der Beerdigung Ihrer Männer aufbrechen, Hunter. Direkt zu den Beerdigungsgesellschaften Wenn wir zurückgekehrt sind, werden wir abwägen und weiter nach Norden gehen.

„Sicher, Sir, wir werden bereit sein“, antworteten Bannerman und Hunter, letzterer fügte hinzu: „Natürlich, Sir, ich konnte nicht gehen, bis ich meine Männer begraben hatte.“

„Entschuldigen Sie, Sir“, warf Cummins ein und kicherte auf seine nervöse Art; „Diese Zerstörer konnten nicht die gesamte Besatzung der *Hai Yen* und ihre Vorräte aufnehmen, ohne seetüchtig zu werden. Sie müssen dort ein anderes Schiff gehabt haben, und wenn es ein Kriegsschiff gewesen wäre, hätten wir etwas von ihr gesehen. Don' Glauben Sie nicht, dass das so gewesen sein muss, Sir?“

„Sicherlich; ich habe es halb selbst vermutet.“

„Na dann, Sir, sie müssen einen Handelsdampfer gehabt haben, und zwar einen ziemlich kleinen noch dazu, sonst hätten sie ihn nicht nah genug heranbringen können, um all diese Vorräte in einer Nacht zu transportieren, das Wasser ist so flach.“

„Sicher, sicherlich“, nickten die anderen.

„Wenn das Schiff also klein wäre, gäbe es nur wenige solcher Dampfer, die mehr als zehn Knoten dampfen könnten, und das, oder noch wahrscheinlicher, weniger, wird seine Geschwindigkeit nach Hong Lu sein, und die Zerstörer würden es ziemlich sicher begleiten, und damit wir sie vielleicht auch fangen.

„Sie wollen, dass wir sofort anfangen?“ fragte Helston.

„Auf jeden Fall, Sir, und wenn möglich, schicken Sie mit Ihrer Höchstgeschwindigkeit ‚Nr. 2‘ und ‚Nr.

„Aber“, warf Bannerman ein, „Ihr ganzer Plan basiert auf bloßen Vermutungen, Cummins, und Sie müssen bedenken, dass mein Schiff selbst nicht schneller als zehn Knoten dampfen kann.“

„Sie können später vorbeikommen“, antwortete Cummins und fügte boshaft hinzu, denn er liebte es, Bannerman anzustacheln: „Sie werden wohl keine Eskorte wollen. Haugh! haugh! haugh!“

„Na ja", mischte sich Helston ein, der sah, dass Bannerman schnell die Beherrschung verlor, „die Vermutung mag sich als falsch erweisen, aber es ist besser, danach zu handeln, als gar nichts."

„Wann können Sie Ihre Beerdigungsfeiern wieder an Bord bringen, Hunter?"

„Nicht vor Mittag, Sir; ihre Tischkameraden würden es mir nie verzeihen, wenn sie das nicht könnten."

„Wenn ich meine Zehen hochdrehe", sagte Bannerman bissig, „ist es mir egal, was mit mir passiert; sie können mich über Bord werfen, wenn sie wollen."

„Nun, alter Kerl", antwortete Hunter, „wenn ich an die Reihe komme, möchte ich wissen, dass meine eigenen Männer auf mich aufpassen."

„Sehr gut, meine Herren", schloss Helston. „Der *Strong Arm* wird dem Geschwader folgen, der Rest wird bei Tagesanbruch abreisen."

*Strong Arm* zurückkehrte, nahm er Kapitän Helston beiseite und legte ein gutes Wort für Pattison von der unglückseligen „Nr. 1" ein, doch dieser schüttelte den Kopf: „Natürlich war er mutig, aber a Der Befehlshaber eines Zerstörers braucht mehr als nur Mut – Verstand und gesunden Menschenverstand."

„Diese beiden Midshipmen, Sir Glover und Foote, verhielten sich zum ersten Mal mit großer Kühle gegenüber Jugendlichen, die unter Beschuss standen, und Harrington, dem es im Krankenhaus, wie ich höre, gut geht, hat hervorragende Arbeit geleistet."

„Könnten Sie es schaffen, Foote auf ‚Nr. 3' zu schicken, Sir? Die beiden Jungs sind tolle Freunde und er verdient eine weitere Chance."

„In Ordnung, Hunter, ich werde ihn nicht vergessen; gute Nacht."

Als er Helston die Hand schüttelte, löste sich der kleine Kriegsrat auf, die Kommandanten kehrten zu ihren Schiffen zurück und ließen ihn und Dr. Fox allein. Ping Sang war zu diesem Zeitpunkt schon tief und fest eingeschlafen und konnte dem Einfluss seines guten Abendessens nicht widerstehen, also ließen sie ihn dort, wo er saß, und die beiden alten Freunde rauchten eine letzte Pfeife zusammen, bevor sie zu Bett gingen. Bevor sie sagten, gingen sie noch einmal durch die Vorkabine „Gute Nacht" weckten sie Ping Sang, der noch mit dem Kopf auf dem Tisch schlief.

Er setzte sich erschrocken auf und schlug mit einem Triumphschrei auf den Tisch, bis die Gläser klapperten.

„Ho Mings Butler, der Butler selbst, ich werde ihm die Leber herausreißen lassen, wenn ich ihn jemals aufs Festland bringen kann!"

„Was ist los?" fragten sie beide und dachten, sein Abendessen hätte zu viel Einfluss auf ihn gehabt.

„Er ist dieser Unmensch, der mich an den lahmen Engländer Hamilton verraten hat. Ich war mir sicher, dass ich den Mann, der so eilig an Bord dieser Dschunken ging, schon einmal irgendwo gesehen hatte, und das ist der Mann – Ho Mings Butler, der weißlebige Schurke!"

Er war außer sich vor Wut und wollte sofort an Land gehen und es Ho Ming erzählen; aber Kapitän Helston und Dr. Fox schafften es schließlich, ihn zu beruhigen und ihn zu veranlassen, zu Bett zu gehen.

# KAPITEL XIII

## Die Rache des Zerstörers „Nr. 1"

Auf der Jagd nach – Fürchterlich Seekrank – Ein Kopf-an-Kopf-Rennen – Feuerbeginn! – In Gefahr geraten – „Nr. 1" gerächt – Das Beiboot kentert – Der mutige kleine Ogston

*Die Erzählung wird von Mr. Glover fortgesetzt*

Wir hatten einen sehr schönen Tag auf Sin Ling Island gehabt, und Mr. Parker ließ mich mit den anderen Midshipmen an Bord der *Hai Yen gehen* , und wir hatten viel Spaß beim Herumtollen um sie. Ich habe einen dürren Kater mitgebracht – ich glaube, er war schwachsinnig, denn er ging auf die lustigste Art und Weise mit schiefgelegtem Kopf umher und „miaute" von morgens bis abends. Sein Fell war an einer Seite verbrannt, aber wir holten ein paar Salben aus der Medizintruhe achtern und machten ihn mit ein paar Verbänden wieder schiffsförmig – ein komischer Anblick, das kann ich Ihnen sagen.

Viel Schlaf bekamen wir in dieser Nacht nicht, denn nach der Rückkehr mussten wir noch einmal Kohle tanken, frischen Proviant besorgen und dann unsere Torpedos von der *Sylvia herüberholen* . Erst um drei Uhr kroch ich in die Koje des Schützen (er hatte Wache) und schlief ein paar Stunden.

Dann legten wir alle ab, und während ich damit beschäftigt war, achtern alles zu sichern, sollte wer außer Tommy Toddles in einem der Kutter *des Laird an Bord kommen* . Er war außer sich vor Aufregung, wie ich sehen konnte, und nachdem er sich bei Mr. Parker gemeldet hatte, tanzte er über das Deck und erzählte mir, dass Kapitän Helston ihn zu „Nr. 3" geschickt hatte. Wir haben seine Truhe aus dem Boot geholt, aber es war nirgendwo Platz dafür, und Mr. Parker, der sehr laut fluchte, als er sie sah, ließ ihn die Dinge herausnehmen, die er am meisten wollte, und schickte sie dann zum *Laird zurück* .

„Ihr zwei Jugendlichen müsst euch die gleiche Brust teilen", sagte er. Aber es machte uns überhaupt nichts aus, es war so lustig, Tommy bei uns zu haben.

Nun ja, „Nr. 2" und wir stießen ab und ließen die *Strong Arm* zurück, die im Halbtageslicht mit ihrer Flagge auf Halbmast sehr verlassen aussah. Auch ohne „Nr. 1" schien es ziemlich seltsam, und als wir an der *Sylvia* vorbeiliefen , sahen wir Mr. Pattison auf der Brücke, der, wie wir dachten, sehr unglücklich aussah.

Sobald wir Hong-Kong hinter uns gelassen hatten und auf dem richtigen Kurs waren, wurden wir mit voller Geschwindigkeit vorangeschickt und hatten dann nicht viel Zeit, an etwas anderes zu denken, denn auf unserem Steuerbordbug herrschte eine große, unruhige See und eine starke Brise .

Wir machten eine Geschwindigkeit von 25 Knoten und begannen, sehr lebhaft zu werden.

Ich dachte, nichts würde mich jemals Seekrank machen, aber das tat es, und da ich an Deck nichts zu tun hatte und weder Tommy noch ich Garn machen wollten, kroch ich wieder in die Koje des Schützen; aber der U-Boot kam ein paar Minuten später herunter, um seine Ölzeuge zu holen, und fand mich dort. Er warf mich hinaus, befahl mir, an Deck zu gehen, und ließ mich vom Quartiermeister das Steuer übernehmen und steuern.

Wir schlugen gewaltig, unsere Bögen gruben sich bis zum Kommandoturm. Sie gingen tiefer, tiefer, bis ich mit einem furchtbaren leeren Gefühl in mir dachte, dass sie niemals aufhören würden. Sie würden wieder auftauchen, Tonnen von Wasser strömten von ihnen ab, und die Welle, die sie mittschiffs erfasste, würde sie nach Lee rollen.

Rollen! Mehrmals dachte ich, sie würde sofort übergehen, und ein- oder zweimal, als wir beiseite gingen, hielt ich mich am Rand der Brücke fest, um mich zu stabilisieren; Aber Collins hatte die ganze Zeit ein Auge auf mich geworfen und verfluchte mich ziemlich hart.

„Lass sie dabei bleiben, du junger Arsch! Lass nicht zu, dass sie sich so auszahlt“, sagte er. Und ein anderes Mal: „Wenn du sie wieder mehr als zwei Punkte von ihrem Kurs abbringen lässt, gebe ich dir ein halbes Dutzend über den Krankentisch.“

Ich würde mein Bestes geben und das Ruder umlegen, um sie zu stützen. Ich fühlte mich furchtbar krank und furchtbar elend, denn ich war durchnässt und sehr kalt.

Mr. Parker kam sofort in seinen Ölmänteln herbei, um Collins abzulösen, eine Pfeife rauchend, deren bloßer Anblick mich grün werden ließ, und nachdem er fröhlich auf „Nr eine Zeit wie wir, sagte er, während sein Körper fest zwischen dem Kartentisch und dem 12-Pfünder eingeklemmt war; „Wir werden dem alten Mädchen das Rückgrat brechen, wenn wir noch lange so weitermachen, Collins. Gib mir einen leichten, alten Kerl; alle meine Streichhölzer sind durchnässt.“

Ich wünschte inständig, sie würde sich das Rückgrat brechen, und blickte tatsächlich nach hinten, um zu sehen, ob es Anzeichen für ein solches Glück gäbe.

Kurz darauf wurden wir langsamer und fielen auf den *Laird zurück* ; aber sie musste fast zwanzig Knoten geschafft haben, und obwohl sie uns etwas Lee gewährte, hatten wir eine schreckliche Zeit.

Mr. Parker schickte mich nach unten, und ich musste mich ziemlich festhalten, um sicher nach achtern zu gelangen, und ich fand den armen Tommy auf den hinteren Gittern des 6-Pfünders liegen, in einem noch schlimmeren Zustand als mir.

Das hat mich ein wenig aufgeheitert.

Die Nacht war fast genauso schlimm, und obwohl ich todmüde und durchnässt bis auf die Haut war und mich nach dem Tod sehnte, war es unmöglich, in einer Koje zu liegen. Ich wurde zweimal aus der Koje des U-Boots geworfen – Sie sehen, es gab nicht genug Kojen für alle, also musste ich die des Wachmanns benutzen – und verbrachte den größten Teil der Nacht festgeklammert auf dem Deck des Krankenzimmers an den Beinen des Krankentisches , bis selbst diese bei einem besonders heftigen Ruck nachgaben. Wir fuhren ratternd nach Lee und weckten den Ingenieur, der mich rauswarf und wissen wollte: „Was ich damit gemeint habe, dass ich diese Nachtzeit gewählt habe, um Musikstühle zu spielen?"

Dann kroch ich an Deck und hielt mich am hinteren Steuerschirm fest, wirklich zu verängstigt, um wieder nach unten zu gehen, wir rollten so schrecklich. Ich erzähle Ihnen das alles nur, damit Sie wissen, wie es ist, zum ersten Mal bei schwerem Wetter in einem Zerstörer zu sein. Die Leute sehen Zerstörer, die in den Hafen ein- und auslaufen, und denken, was für ein lustiges Leben es an Bord sein muss; Und so ist es auch, wenn man sich erst einmal daran gewöhnt hat und gelernt hat, dass sie in einem Moment auf dem Kopf stehen und im nächsten Moment rollen können, bis das Meer bis zur Hälfte ihrer Trichter reicht, und es ihnen nichts Schlimmes passiert .

Aber braucht es nicht viel Durchhaltevermögen?

Tommy gesellte sich plötzlich zu mir hinter die Leinwand, und wir waren ein elendes Paar, das kann ich Ihnen sagen, und wünschten uns zurück in den *Laird* , wo wir in unseren Hängematten schwangen.

Während der mittleren Wache kam Jones, einer unserer Unteroffiziere und Kapitän des 12-Pfünders, nach achtern, um das Protokoll zu holen, und fand uns dort.

„,Hallo, Sir! Was machen Sie zwei junge Herren da?' er sagte.

Wir schluckten, dass wir zu viel Angst hatten, um nach unten zu gehen, und fühlten uns an der frischen Luft besser.

Er hielt seine flackernde Laterne hoch. „Eh! Ihr seid Seekrank, nicht wahr?“ er sagte. „Nun, du siehst kräftig grün aus und bist so nass wie Wasser. Komm einfach mit, ich werde dich aus dem Arm verstauen.“

Er ließ uns in das Dinghi klettern, das sich mittschiffs auf Krücken befand, forderte uns auf, uns auf ein paar Seilrollen und alte Decktücher aus Segeltuch zu legen, und deckte uns mit einer Plane zu.

Wir drängten uns zusammen und wurden bald wieder warm, und sobald es uns warm und dampfend war, gingen wir bald schlafen.

Es schien keine zehn Minuten später zu sein, als wir grob an den Schultern geschüttelt wurden und Jones wieder da war.

„Kommt raus, ihr jungen Herren, zeigt doch einfach mal ein Bein. Es ist schon sieben Uhr läuten (halb sieben), und es ist Zeit, dass ihr euch aufrafft.“

„Ihr seht umso besser aus“, sagte er, als wir unter der Plane hervorkrochen. Wir fühlten uns am ganzen Körper steif, aber die Seekrankheit war verschwunden. „Und hier ist ein Tropfen heißer Kakao für dich und ein bisschen Schiffskeks – mach dich wieder zu Männern.“

Das Meer war stark gesunken und es war heller Tag, die Sonne schien hell, und Jones lächelte uns väterlich an, in der einen Hand ein paar Schiffskekse und in der anderen eine Schüssel dampfenden Kakao.

Nun ja, ich hätte es nie für möglich gehalten. Ein paar Stunden zuvor dachte ich, ich würde nie wieder etwas essen wollen, und jetzt fühlten wir uns beide ausgehungert und hätten alles zusammen verschlungen, aber Jones ließ uns zuerst ein Stück harten Keks und dann ein Sandwich essen in etwas Kakao und so weiter, bis von beidem nichts mehr übrig war.

„Nein, mehr gibt es nicht“, sagte Jones, „und der Kapitän möchte Sie beide sehen, sobald Sie sich anständig gemacht haben.“

Er war auf der Brücke; und nachdem wir uns gegenseitig abgetan hatten, machten wir weiter und fühlten uns furchtbar billig und verrufen.

„Jetzt müssen Sie zwei Jugendliche verstehen“, begann er. „Dieses Mal lasse ich dich frei, aber lass dich nie wieder dabei erwischen, wie du dich vor deiner Arbeit scheust, egal, ob du Seekrank bist oder nicht. Jetzt geh nach unten (ich glaube, ich habe ein Funkeln in seinen Augen gesehen) und hol dich Etwas Frühstück. Der *Laird* hat diese Piratenzerstörer gesichtet und wir jagen sie, aber ich werde euch eine halbe Stunde lang nicht brauchen, also macht das Beste aus eurer Zeit.“

„Wo sind sie, Herr?“ fragten wir eifrig.

„Direkt vor uns, aber wir können sie noch nicht sehen. Sie haben sie gerade erst vom *Laird aus gesichtet* .“

Die Sichtweite eines Zerstörers ist sehr begrenzt, und es war der Ausguck an der Mastspitze *des Laird , der sie entdeckt hatte.*

„Könnten wir nicht bleiben, Sir?“ „„ fragten wir und vergaßen vor Aufregung unseren Hunger.

„Nein. Gehen Sie nach unten, und eine halbe Stunde lang dürfen Sie nicht wieder heraufkommen.“

Trotz unserer Aufregung kamen wir ziemlich gut zurecht, als der Offizierskoch uns endlich etwas zu essen – ein paar Eier und Speck – aus der Kombüse schickte und wir einen Laib Brot und einen Topf Marmelade winzig klein aussehen ließen bevor wir fertig waren.

Wir warteten ungeduldig, bis die dreißig Minuten vergingen, und rannten dann zur Brücke, und zu diesem Zeitpunkt konnten wir eine Rauchwolke am Horizont vor uns sehen.

Wir rasten mit aller Macht voran, „Nr. 2“ kam achtern heran und die „*Laird*“ mehrere Meilen hinter uns.

Es war ein wunderschöner Morgen, denn der Sturm von gestern hatte nachgelassen, und das Meer war jetzt wunderschön glitzernd grün, mit einer langen, ruhigen Dünung, die hier und da von „weißen Pferden“ gekrönt war, die hin und wieder dagegen rannten Unsere Bögen sprangen in die Luft und fielen in Tausenden funkelnder Tropfen über das Vorderschiff.

„Nr. 2“ kam nach und nach näher, und schließlich kam sie, wenn wir konnten, auf gleicher Höhe, und wir lieferten uns ein Kopf-an-Kopf-Rennen, keine fünfzig Meter voneinander entfernt.

Tommy und ich konnten vor Aufregung kaum stillhalten und es fühlte sich an, als würde es mich am ganzen Körper kribbeln. Weder Mr. Parker noch Mr. Lang von „Nr. 2“ waren bisher unter Beschuss geraten, und jetzt hatten sie die Chance, die arme „Nr. 1“ zu rächen; und sie würden es auch schaffen, wenn nur die Motoren ihr Bestes geben würden.

Und sie sausten prächtig umher, und wir waren sogar noch schneller unterwegs als damals, als wir den Zerstörer vor Colombo jagten.

Jetzt konnten wir sehen, dass ein kleiner Handelsdampfer mit den Piraten fast im Rauch verborgen war, aber er schien hinterherzuhinken, und plötzlich sahen wir, dass die Zerstörer von ihm wegdampften.

„Sie überlassen sie ihrem Schicksal“, sagte Mr. Parker, und eine halbe Stunde später holten wir sie ein und flogen nahe genug an ihr vorbei, um einen träge wirkenden Mann auf ihrer Brücke zu sehen, der uns ernst anstarrte. Es war nur eine alte Wanne von einem Handelsschiff, sehr tief im Wasser, suhlte sich wie ein Schweinswal und zeigte beim Rollen, dass ihr Hintern mit Seepocken und grünem Wachstum bedeckt war.

„Sie hat wahrscheinlich die Besatzung der *Hai Yen* an Bord", sagte uns Mr. Parker, „und der *Laird* wird sie in einer Stunde einholen."

Wir verließen sie, als wäre sie vor Anker gelegen, „Nr. 2" drängte ein wenig voran, während Mr. Lang durch das Megaphon beleidigende Bemerkungen zu Mr. Parker brüllte und das U-Boot das Ende seiner Grastrosse über dem Heck baumeln ließ fragten, ob wir einen Abschleppdienst wollten – die tödlichste Beleidigung, die sie geben konnten.

Wir näherten uns nun den drei Piraten, von denen einer anscheinend nicht mit den anderen mithalten konnte und schnell zurückfiel, während die anderen beiden wie riesige Schweinswale weiterstürmten.

Zu diesem Zeitpunkt hatten wir unser Quartier erreicht und standen bei unseren Waffen. Tommy musste mit Mr. Parker Hündchen machen und Nachrichten übermitteln; Ich musste mich um die vorderen Sechspfünder kümmern, einen auf jeder Seite unter der Brücke.

Die Männer zogen ihre Stiefel aus, damit sie das Deck mit ihren bloßen Füßen besser festhalten konnten, zogen ihre Pullover aus und stellten sich sehnsüchtig wartend an ihre Waffen, mit Reihen von Patronen in den Regalen hinter ihnen.

Unten, wo ich war, mit „Nr. 2" direkt vor mir, konnte ich die Piraten nicht sehen, aber fast sofort rief der Signalwärter über mir: „Sie haben geschossen, Sir!" und im Handumdrehen fiel eine Granate, der „Nr. 2" fehlte, dicht unter unserem Bug ins Wasser und bedeckte platzend die Besatzung eines Geschützes mit Gischt.

„Ich habe mir gesagt, dass ich nie nass werden soll", sagte der lustige Mann der Crew und schüttelte sich reumütig.

„Dann stell deine großen Füße hoch und lass sie weg, Bill", rief einer, und „Zieh deine Füße aus, das wird deine Luft wachsen lassen", rief ein anderer.

„Sollen wir laden, Sir?" fragte der Kapitän der Waffe, ein kleiner grauäugiger Mann namens Clarke.

Ich sagte ihm, er solle auf Befehle warten, und so hielten wir durch, und als viele weitere Granaten vorbeipfiffen, wurden die Männer ziemlich unruhig, die Munitionsnummern nahmen die Patronen auf und warteten auf das Signal zum Laden.

Der Befehl schien ungeheuer lange auf sich warten zu lassen, aber „Nr. 2", die über unseren Bug nach Backbord segelte, ermöglichte uns eine gute Sicht auf den Piraten und begann selbst zu schießen.

Schließlich schrie Tommy, den Kopf über den Brückenschirm streckend, hinunter; "Stehen zu!" "Nahaufnahme!" Ich schrie den beiden Geschützmannschaften zu, und die Kapitäne der Geschütze sprangen, die Kinnstützen zwischen die Zähne geklemmt, auf ihre Schulterstücke, drückten sich gut an, klebten den Blick auf das Visier und stellten die Füße weit auseinander Sie standen bereit und hatten den Zerstörer im Visier.

Mit einem Knacken gingen die Verschlüsse nach unten, die Patronen rasselten hinein, die Blöcke gingen wieder nach oben und „Fertig!" schrie die Verschlussnummern.

„Reichweite 1500 Yards!" schrie Tommy mit lustiger, kreischender, aufgeregter Stimme von der Brücke über mir, und direkt danach hörte ich, wie Mr. Parker den Befehl „Anfang!" gab. an Jones von der 12-Pfünder-Kanone.

Tommy gab den Befehl an uns weiter und mit einem Freudenschrei griffen die Männer zu ihren Waffen.

Meine Tante, was war das für ein Krach!

Zerstörer „Nr. der 6-Pfünder auf dem Balken mittschiffs und der 6-Pfünder auf der Plattform achtern.

Wir konnten die heftigen kleinen Flammenstrahlen sehen, die herausschossen, und dachten, sie hätte den Piraten mehrmals getroffen.

Auch wir feuerten sehr schnell und versuchten, ihr Heck zu harken, in der Hoffnung, einen Teil ihrer Ruderausrüstung wegschlagen zu können.

Die Piratin teilte ihre Aufmerksamkeit auf uns, schoss aber sehr wild und konnte uns nicht berühren; Kein Wunder, denn mittlerweile war „Nr. 2" ihr sogar vorausgeeilt, und hin und wieder konnten wir sehen, wie Granaten an ihren Schornsteinen und Motorhauben und unter ihrer Brücke einschlugen. Wir schrien alle vor Freude.

Ihre Schüsse wurden sehr schwach, und wir konnten sehen, wie die Geschützmannschaften unten versuchten, sich davonzuschleichen; Aber ein großer Mann mit einem großen schwarzen Bart und als Offizier gekleidet trieb sie immer wieder zurück und stellte sich mit großer Tapferkeit zur Schau.

Es war wunderbar, dass er nicht getroffen wurde, und wenn wir abergläubisch gewesen wären, hätten wir wirklich gedacht, dass er ein bezauberndes Leben führte. Aber jetzt war „Nr. 2" direkt vorangekommen und ließ sich hinter den beiden anderen Zerstörern nieder, wobei dieser ganz uns überlassen blieb.

War das nicht eine Gentleman-Sache von Herrn Lang?

Nachdem sie nun nicht mehr im Kreuzfeuer standen, fassten die Piraten wieder Mut und ihre Granaten begannen dutzendweise an uns vorbeizupfiffen. Das kann ich Ihnen sagen: Wir haben hart an unseren Waffen gearbeitet und sie viele Male getroffen, aber es schien nie, dass wir eine wichtige Stelle erreichen konnten, denn wir stürzten und zitterten in die lange Dünung, und es war furchtbar schwierig, unser Visier stabil zu halten .

In diesem Moment ertönte ein leiser Jubelruf des Piraten, und wir konnten sehen, wie die noch an Deck verbliebenen Menschen mit den Armen wedelten und nach vorne zeigten.

Tommy sprang in ungeheurer Aufregung die Leiter hinunter.

„Die Insel Hong Lu ist in Sicht", sagte er, „und ein Kreuzer kommt zu ihrer Rettung. Herr Parker sagt, wir können unmöglich länger als zehn Minuten weitermachen, und er wird noch länger steuern." Sie müssen auf ihre Wasserleitung zwischen ihren Schornsteinen schießen und versuchen, ihre Kessel außer Gefecht zu setzen.

Alle unsere Geschütze waren auf diese Seite gerichtet, und wir rückten allmählich vor, bis wir keine fünfzig Yards mehr entfernt waren; aber durch die Aussicht auf eine Rettung zu erneuten Anstrengungen ermutigt, feuerten sie noch heftiger und konnten aus dieser Entfernung nicht umhin, uns zu treffen. Eine Granate explodierte fast mittschiffs und verwundete zwei dort stehende Männer, eine andere durchschlug unseren vordersten Schornstein und riss einen großen Riss darin, und eine dritte explodierte gegen den Kommandoturm, nur zehn Fuß von der Stelle entfernt, an der ich stand, und obwohl sie uns dafür betäubte Moment, erstickte uns Rauch, und kleine Stücke davon flogen herum, niemand wurde getroffen.

Das war ungefähr ihr letzter Schuss, denn sie konnten keine Strafe mehr ertragen. Zehn oder zwölf waren bereits umgeworfen worden, und wir konnten sie zusammengeballt auf dem Deck liegen sehen. Der Rest suchte unten Schutz und drängte sich durch die kleinen Luken, bis wir außer dem großen Offizier niemanden mehr sehen konnten.

„Dieser Kreuzer kommt sehr nah heran", sagte Tommy, der nach unten geschickt worden war, um zu sehen, welchen Schaden die letzte Granate angerichtet hatte, „und ‚Nr. 2' kommt so schnell zurück, wie sie kann."

Ich konnte gerade noch sehen, wie der große Kreuzer unter einer dichten Rauchwolke vorbeikam, nicht mehr als 6000 Meter entfernt, und auf „Nr. 2" feuerte, als sie auf uns zuflog.

Ich dachte, dass Mr. Lang genug davon hatte und weglief, und fragte mich, wie Mr. Parker es wagen konnte, weiterzumachen, aber nicht ein bisschen davon. „Nr. 2" drehte sich um, kreiste um unser Heck und positionierte sich direkt hinter dem Piratenzerstörer auf der anderen Seite, wobei sie ihn mit allen Kräften attackierte, und dann sah ich, dass wir beide bis zum nächsten Mal in Sicherheit waren ein paar Minuten. Sie sehen, wir waren alle drei in einem Haufen, und der Kreuzer konnte nicht feuern, ohne Gefahr zu laufen, seinen eigenen Zerstörer zu treffen.

So rannten wir und feuerten so hart wir konnten auf sie – wir auf der einen Seite, „Nr. 2" auf der anderen – und nun begann unser Schuss Wirkung zu zeigen. Der Pirat begann seine Geschwindigkeit zu verlangsamen; wir konnten breite Risse in ihrer Seite und Wasser sehen, das hereinströmte.

„Machen Sie noch eine Minute weiter, Männer", rief Mr. Parker, und wir feuerten einen regelmäßigen Schuss Granaten ab.

Ein oder zwei davon haben einfach ihren Zweck erfüllt (wir haben nie herausgefunden, wer es abgefeuert hat, aber Jones hat es für seinen 12-Pfünder beansprucht, und „Nr. 2" war sich ebenso sicher, dass es ihr Schuss war), denn plötzlich entstand eine große Rauchmenge Und Dampf strömte von ihrem Deck auf, ihr Mast und ihr vorderster Schornstein gingen über die Seite, und ihr Deck öffnete sich in einer großen Lücke, als hätte sie sich den Rücken gebrochen.

Wir jubelten lautstark und hörten auch „Nr. 2" wild jubeln.

Es war gerade an der Zeit, denn der Kreuzer war jetzt keine zweitausend Meter entfernt und begann auf uns zu feuern, offenbar war es ihm egal, ob er seinen eigenen Zerstörer traf oder nicht, da er unmöglich entkommen konnte.

Eine Granate fiel direkt zwischen uns ins Wasser und prallte mit lautem Zischen davon.

Wir mussten sie verlassen, und zwar schnell; Also drehten wir uns um und steuerten, um die *Laird wieder* aufzunehmen , die jetzt außer Sichtweite war, und feuerten eine Breitseite ab, die Mr. Parker dazu brachte, zu singen: „Hört auf zu schießen, Männer, hört auf zu schießen; sie hat genug, sie sinkt!"

Hat der Kreuzer es uns damals nicht gegeben? Große Schrotflinte kamen mit dem Lärm eines Schnellzuges um uns herumgepoltert, und die Kleinen rasten mit einem „Flip"-Geräusch vorbei. Wie es dazu kommen konnte, dass wir nie getroffen wurden, kann ich mir bis heute nicht vorstellen, denn sie hat in den ersten fünf Minuten wirklich hervorragend geübt, und ich glaube, ich habe mich seitdem noch nie so sehr gefreut, denn, sehen Sie, Wenn nur eine dieser großen Granaten an Bord gekommen wäre, wäre es für alle der Tod gewesen, und wir wären gesunken, bevor wir „Jack Robinson" hätten sagen können.

Aber unsere hohe Geschwindigkeit brachte uns bald außer Reichweite, und dann waren wir praktisch sicher, abgesehen von einem zufälligen Schuss.

*Laird* vor uns gesehen haben , denn sie gab die Verfolgung bald auf und ließ uns in Ruhe; Und ich bin sehr froh, dass wir es auch waren, das kann ich Ihnen sagen, und zum „sauberen Geschütz" gegangen sind und das Deck aufgeräumt haben. Es war übersät mit leeren Patronenhülsen, obwohl viele davon gerollt oder über Bord geworfen worden waren. Die beiden Verwundeten waren schon lange vorher versorgt worden, aber es war nichts Ernsthaftes an ihnen, nur Fleischwunden von kleinen Granatsplittern.

Als wir zurückblickten, sahen wir, dass die beiden anderen Zerstörer zurückgekehrt waren und neben dem standen, den wir lahmgelegt hatten; aber sie konnten sie nicht retten, denn plötzlich verwandelte sie sich in eine Schildkröte und verschwand, unsere Männer brachen erneut in Jubel aus.

„Ich hoffe, es ist ihnen gelungen, diesen großen Kerl zu retten", sagte Tommy, und Mr. Parker, der ihn hörte, fügte hinzu: „Das hoffe ich auch; ich würde diesem Mann sehr gerne die Hand schütteln."

Wir liefen sicher zur *Laird zurück* und fanden sie neben dem kleinen Handelsdampfer stehen, der schwer in der langen Dünung rollte, eine große Schlagseite nach Backbord hatte und offenbar sank.

Wir hatten keine Schüsse gehört und konnten daher nicht genau erkennen, was passiert war; aber der *Laird* war offensichtlich an Bord des Dampfers gegangen, denn als wir ihn sahen, hisste er gerade seine beiden Rettungsboote (Kutter), und es stellte sich heraus, dass er sofort den Knall schwerer Kanonen in unserer Richtung gehört hatte hatte sich an die Boote erinnert, die sie herübergeschickt hatte, und kam uns zu Hilfe, da sie vermutete, dass wir von etwas Größerem als einem Zerstörer angegriffen worden waren.

Wir gingen so nah an den *Laird heran* , wie es sicher war, und schickten die beiden Verwundeten hinüber, sehr gegen ihren Willen, muss ich sagen, denn sie dachten, wenn sie einmal zum *Laird geschickt worden wären* , würden sie nie wieder eine Chance bekommen, sich „Nr. 3" anzuschließen ", und jeder erwartete, dass die Zerstörer den größten Teil der Kämpfe sehen würden.

Tommy übernahm sie im Walfänger, und als er neben der Leiter *der Lairds ankam, drängte sich ihre Mannschaft zur Seite und jubelte dreimal, denn zu diesem Zeitpunkt hatten sie gehört, dass wir einen der Piraten versenkt hatten.*

Während Tommy weg war, machte der kleine Dampfer ein oder zwei heftige Ruckler nach Backbord, hob seinen Bug aus dem Wasser, als ob er am Leben gewesen wäre, und kämpfte darum, den Kopf oben zu halten, und sank dann.

Armes, kleines Ding! Wahrscheinlich war sie jahrelang an der chinesischen Küste auf und ab gefahren, bis sie in die Hände der Piraten gefallen war, und man konnte nicht umhin, Mitleid mit ihr zu haben.

Zu diesem Zeitpunkt hatte die *Laird* ihre Boote wieder zu Wasser gelassen, und sie hielten an, wo wir viele Köpfe im Wasser schaukeln sahen und offensichtlich versuchten, einige der kämpfenden Unglücklichen zu retten.

Ein Signalsignal wurde zu uns herübergeschickt, und wir mussten unser Beiboot herausholen und ihnen ebenfalls zu Hilfe kommen. Ich übernahm das Kommando mit einer freiwilligen Besatzung, bestehend aus Jones, unserem Unteroffizier, und einem weiteren Mann, und es war harte Arbeit, in diesem schwerfälligen Boot, das fast so breit wie lang war, dorthin zu gelangen, wo der Dampfer gesunken war.

Wir konnten auch nichts Gutes tun, denn die Chinesen ließen nicht zu, dass wir sie retteten, und es war eine gefährliche Arbeit, sie in diesem launischen Boot mit einem Bootshaken zu packen und zu versuchen, sie gegen ihren Willen über das Dollbord zu ziehen. Sie dachten wahrscheinlich, dass wir sie foltern sollten, und zogen einen schnellen Tod durch Ertrinken der Verstümmelung vor, vor der ein Chinese schreckliche Angst hat.

Einen hatten wir beinahe an Bord gezerrt, und wir alle drei zerrten ihn, als eine Welle über das Dollbord hereinbrach. Wir füllten uns mit Wasser, und bevor wir wussten, was passiert war, kämpften wir alle im Wasser und hielten den elenden Chinesen immer noch fest.

„Lass das Tier gehen!" Ich schrie, sobald ich meinen Kopf über Wasser hatte, und wir schwammen zum Beiboot und klammerten uns an dessen Kiel. Es war eine äußerst unbequeme Position, denn das Wasser war sehr kalt und die Wellen überschwemmten uns ständig, und es war eine gewaltige harte Arbeit, sich an diesem drei Zoll langen Holzkiel festzuhalten.

Mit all meinen Klamotten und auch meinen Stiefeln schien ich eine Tonne zu wiegen, und wenn Jones mich nicht ab und zu festgehalten hätte, wenn eine Welle kam, hätte ich weggespült werden müssen.

Wir blieben jedoch nicht lange dort, denn einer der Kutter *des Laird* war ganz in der Nähe und kam längsseits, ließ sich vom Wind herab fallen, Mellins – der gute alte Mellins – stand mit einem erfreuten Grinsen im Heck und kümmerte sich darum Wir wurden von den Rudern nicht getroffen.

Sie haben uns an Bord gehievt, und dann haben wir den Schlepper des Beibootes geholt und es zurück zu „Nr. 3" geschleppt. Mellins, ein Kumpel von mir und ein schrecklich guter Kerl, jagte zuerst herum und fischte alle ihre Unterbretter, ihre Skulls und ihren Bootshaken aus dem Wasser, denn ich wage es nicht, ohne sie zurückzukehren, weil Mr. Parker es getan hätte war so wütend.

Uns allen war furchtbar kalt, als wir die Seite von „Nr. 3" hinaufkletterten, und da ich nie an etwas anderes gedacht hatte, als mich in trockene Sachen umzuziehen, wollte ich gerade nach unten tauchen, als Mr. Parker laut grüßte Mich; „Hebe sofort dein Boot, du junger Idiot! Ich werde dir beibringen, wie man mein Beiboot zum Kentern bringt!"

Wir schafften es sofort an Bord und arbeiteten an der kleinen Derrick-Winde, bis wir fast wieder warm waren. Dann rannte ich zu Mr. Parkers Kabine hinunter, um zu melden, dass „alles in Ordnung" sei. „Er sollte wirklich ziemlich zufrieden sein", dachte ich, denn wir hatten nichts von der Bootsausrüstung verloren; Aber ich hatte vergessen, dass ich immer noch vom Wasser triefte, und wo immer ich stand, bildete sich sofort eine Wasserpfütze.

Als Mr. Parker die Unordnung sah, die ich auf seinem Kabinendeck anrichtete, geriet er in große Wut und befahl mir, an Deck zu gehen, alle meine Sachen auszuziehen und mich dann bei ihm zu melden. „Was zum Teufel meinst du damit, meine Hütte in einen solchen Zustand zu versetzen?"

Es dauerte keine Minute, bis ich alle meine schlampigen Klamotten ausgezogen hatte, und ich ging wieder unter, nur mit meiner Mütze auf dem Kopf, die irgendwie die ganze Zeit, als ich im Wasser war, auf meinem Kopf hängengeblieben war.

„Du hast wohl alles aus ihr verloren, nehme ich an?" sagte er wütend, obwohl er über mein Erscheinen ziemlich amüsiert zu sein schien. „Hier schicke ich dich weg, um Leute abzuholen, und du hast die Frechheit, mein Boot zum Kentern zu bringen und dich und ‚Nr. 3' zum Gespött zu machen!"

„Es tut mir sehr leid, Sir", sagte ich zu ihm, „aber sie haben sich so schwergetan, und wir haben nichts von ihr verloren, Sir, nicht einmal ihr strenges Gitter; wir haben sie alle aufgehoben."

„In Ordnung, Glover, tu es nicht noch einmal."

Sie können sich vorstellen, dass ich, als ich zitternd dastand, die Mütze in der Hand und kein einziges Stück Kleidung an, keine große Lust darauf hatte, das Experiment zu wiederholen.

„Ich hatte nicht vor, dass du mir so Bericht erstattest", fügte er hinzu und lächelte erneut. „Jetzt trockne dich ab", und er warf mir eines seiner großen

Badetücher zu, „und wenn du trocken bist, klettere in meine Koje und wärme dich."

Er ging an Deck, und es war herrlich, mich trocken zu reiben, bis meine Haut glühte, und Tommy kam mit meinem Pyjama und einem Eimer glühender Erbsensuppe, die er aus der Männerkombüse geholt hatte, herunter.

Es dauerte nicht lange, bis ich es mir unter Mr. Parkers Decken herrlich gemütlich machte, und dann erzählte mir Tommy, dass etwas sehr Mutiges passiert war. Sie hatten ihm davon erzählt, als er mit unseren Verwundeten an Bord der *Laird ging.*

*Laird den Dampfer überholt hatte, sprangen* anscheinend viele Besatzungsmitglieder über Bord und ertranken, und das Schiff stoppte auch nicht seine Maschinen, bis der *Laird* einen Schuss über den Bug und dann noch einen in die Brücke geschickt hatte.

Dies brachte sie zu sich, und ein paar Boote mit bewaffneter Besatzung wurden hinübergeschickt, um sie zu übernehmen.

Wie erwartet stellten sie fest, dass die Besatzung der *Hai Yen* an Bord war, aber sie leisteten keinen Widerstand, und unsere Leute gaben einigen Heizern und Maschinenarbeitern das Zeichen, die Motoren zu bedienen.

Der kleine Ogston, der stellvertretende Ingenieur – ich habe Ihnen bereits gesagt, was für ein lustiger kleiner Kerl er ist und wie klug er ist –, übernahm die Leitung, und als sie an Bord kamen, war offensichtlich etwas mit dem Dampfer schiefgegangen, denn das schien der Fall zu sein sinken.

Sie stellten fest, dass der chinesische Kapitän alle seine Überschwemmungsventile und Unterwasseröffnungen geöffnet hatte und dass der Maschinenraum und der Heizraum zur Hälfte mit Wasser gefüllt waren.

Sie konnten sie nicht schließen, denn die Beschläge befanden sich jetzt unter Wasser, aber der kleine Ogston ließ sich von einem der chinesischen Heizer mehr oder weniger zeigen, wo sich die Öffnungs- und Schließvorrichtungen befanden, und was tat er, als seine Sachen auszuziehen und unterzutauchen das Wasser, das inzwischen fast bis zu den Zylindern gestiegen war und seinen Weg in die anderen Räume des Schiffes vorn und hinten fand.

Der Maschinenraum war ziemlich dunkel, erzählte mir Tommy, und als das Schiff von einer Seite zur anderen schwankte, schwamm fünf Meter hohes Wasser zwischen den Maschinen, und darin schwamm das ganze Fett und der Dreck aus den Bilgen.

Stellen Sie sich vor, Sie hätten den Mut, sich im Dunkeln darauf zu stürzen, wohl wissend, dass das Schiff nur in wenigen Minuten sinken würde!

Natürlich war es nutzlos und Ogston war völlig erschöpft, nachdem er drei Versuche unternommen hatte. Sie mussten ihn an Deck tragen und die künstliche Beatmung durchführen, bevor er wieder zu sich kam.

Dann wollte er, dass das Tauchgerät vom *Laird herübergeschickt wurde* , und er wäre in der Taucherkleidung wieder untergegangen, wenn sie nicht alle zum *Laird zurückgerufen worden wären* . Da hörte sie die schweren Kanonen des Piratenkreuzers und vermutete, dass wir auf etwas Großes stoßen würden, das uns verfolgte.

„Siehst du also", beendete Tommy traurig, „sie mussten den Dampfer verlassen, der voll war mit Vorräten, Munition und den kleinen Kanonen *der Hai Yen* , und jetzt ist alles auf den Grund gegangen. Aber war es nicht so? Wie mutig von Ogston? Sie sind schrecklich stolz auf ihn unten im Waffenraum und werden ihm heute Abend ein Abendessen und ein Singlied geben. Wünschst du dir nicht, dass wir gehen könnten?"

"Eher!" Ich sagte; Aber es stellte sich heraus, dass es an diesem Abend etwas gab, das viel aufregender war als ein Singsang.

# KAPITEL XIV

## Nachteinsätze

Cooky hat ein Grummeln – Eine Piraten-Dschunke – „Hup, Hoff, and Hout it" – Kriechen an Land – Vier Piraten-Torpedoboote – Ein gefährlicher Job – Eine listige Falle – Das vierte Torpedoboot

*Erzählt von Pat Jones, Unteroffizier erster Klasse, Kapitän des 12-Pfünder-Zerstörers „Nr. 3"*

Ich bin kein aufstrebender Gelehrter, und das Schreiben liegt nicht besonders in meinem Fachgebiet.

In gewisser Weise schreibe ich einmal meiner alten Frau und den Kindern, wenn sie Geburtstag haben. Ich habe eine Liste mit ihnen allen direkt im Deckel meiner „Liedchenschachtel"[#] aufgeschrieben, weil ich Ich kann mich nie an sie erinnern, aber das ist alles, was ich jemals schreibe, außer dass ich das grobe Protokoll schreibe, wenn ich Wache habe. Und manchmal, wenn ich ein wenig über die Dollars verfüge, schicke ich ihnen eine Kuriosität, denn die alte Frau ankert einfach die Sachen aus den anderen Teilen und zeigt sie allen anderen Freunden im Dorf – was für ein schlechtes Gewissen Auf Dorchester-Art tut sie das. Ich habe gekannt, dass sie sich wie eine Henne aufgeblasen hat, was die tollsten Küken auf dem Hof sind, nur weil ich ihr einen echten chinesischen Dollar gebe, wenn ich von dieser Station vor drei Jahren nach Hause gehe Nächstes Michaelifest, und sie alle starren darüber und beäugen es und sagen: „Ich bin gesegnet! Ich selbst (und was die Pfeife aus meinem Mund angeht, finde ich so erbärmlich), denn ich wusste die ganze Zeit, dass sie in der dortigen Münzstätte nach Birmingham gebracht wurde. Aber das ist ein Scherz wie Wimmin-Folk, in manchen Dingen sind sie so einfach, in anderen kommt man dagegen nicht vorbei.

[#] „ *Ditty-Box* ", kleine Holzkiste, in der Männer ihre Briefe und kleine persönliche Gegenstände aufbewahren.

Aber das hat nichts mit dieser Geschichte zu tun, also fange ich scherzhaft gleich an.

Wir hatten eine ziemlich lange Zeit damit, uns von Ong-Kong hochzuschlagen und dann den größten Teil des Vormittags mit den Piraten zu kämpfen, was nur ein bisschen wie ein Picknick war und uns allen Spaß macht desto erdiger für unsere Mahlzeiten und unsere Pfeife.

Mr. Parker sagt: „Das war Ihr Schuss, der es geschafft hat", sagt er, als der Pirat, um den wir uns den ganzen Morgen Sorgen gemacht hatten, so wie mein kleiner Kumpel zu Hause, die Ratten drüben auf Farmer Gilroys Mais beunruhigt. Mülleimer, kaputt; Aber das gebührt mir nicht alle Ehre, denn „Nr. 2" hat die ganze Zeit wie wild geschossen, und vielleicht hat sie es auch getan, aber wohlgemerkt, dieser 12-Pfünder von mir schießt nicht schlecht, wenn wir Ich springe nicht ins Meer.

Dann rennen wir zurück zum Flaggschiff, und ich muss mit dem Beiboot wegfahren und versuchen, ein paar dieser chinesischen Wilden zu retten. Wir sind verärgert, und dieser Midshipman, Mr. Glover, ist nicht besonders gut darin, weiterzumachen, und ich muss nachsehen, ob ich ziemlich nah dran bin.

Er ist ein seltener, gerupfter Mensch, und er ist so fröhlich und fröhlich wie ein Nigger, der sich am Korallenstrand sonnt, während die Sonne im dunstigen Himmel über ihm scheint und überall um ihn herum wachsende Bernarnas wachsen. Ich bin in Hülle und Fülle.

Es tut gut, sein fröhliches Gesicht zu sehen, und wir alle auf dem Unterdeck haben uns gerade vorgenommen, nach ihm zu schauen, komme, was wolle.

Wenn Sie Ihre letzte Pfeife über Bord geworfen haben und es keine Spuds mehr gibt, die entfernt werden könnten, oder kein Terbacco und keine Streichhölzer vorhanden sind, falls Sie sie benötigen, und es nirgendwo eine trockene Stelle gibt, Und alles ist einfach traurig, er kommt so fröhlich wie eine blühende Grille, und es tut deinem Herzen gut, ihn nur zu sehen.

Wir alle sagen, wenn sie Mr. Foote („Toddles", nennen ihn die Orficer) zu „Nr Seid gute Freunde, und bevor Mr. Glover kam, hatte er niemanden, mit dem er kämpfen konnte.

Nun, ich muss mich mit diesem Garn beeilen. Wir erreichen die Pirateninsel gegen sechs Glocken (drei Uhr) nachmittags, nachdem wir nach dem Abendessen einen entspannten Stand hatten und das Land verlassen konnten, oder vierzig Augenzwinkern, wie man es an Land nennt.

Wir fuhren locker achtern der *Laird entlang*, „Nr. 2" war nur knapp vorn, und die *Sylvia* kam von Süden her, zu diesem Zeitpunkt fünfzig Meilen achtern, und ich stand draußen In der Kombüse verbrachte ich den Tag mit Cooky, der meine nassen Sachen und die von Mr. Glover trocknete, die Sachen, die wir anhatten, als das Dingi kaputt ging, und wie der alte Arry murrte, dass eine Granate explodiert sei in seiner Kombüse, machte in seinem besten Kochtopf ein „Ole" und zerschmetterte eine Menge Geschirr der Orficer. „Wie kann ich mir selbst Gerechtigkeit widerfahren lassen", sagt er, „wo doch alles kaputt ist. Ich tue mein Bestes, hilf mir, für die Orfizierer, aber da murren sie immer – die Kneipen." ist nicht gekocht, oder die Einlage ist kalt, oder die blühenden Aigs sind gar nicht gekocht oder sind nicht genug gekocht. Und das Unterdeck von Nr. 3 ist genauso schlimm und strömt mit einem Fleisch herbei - Kuchen so groß wie ein Haus, bedeckt mit verdrehten Teigstücken, und obwohl oben auf der Bordküche kein Platz für einen Aig-Becher ist, stelle ich ihn auf etwas anderes; und Nobby Hewitt von Nr. 5 – die Heizer sind immer die größten – kommt und will, dass die Fleischstücke geröstet werden; „ein anderer singt so fröhlich, als wäre das „alte Schiff" eine Galeere, „Boiled for us, Cooky", „Old Fatty" oder „Carrots" oder einige ihrer „Luftauftriebs-Unverschämtheiten, warum, das kommt mir rosig vor." Es gibt kaum Platz, um einen blühenden Sparrah zu kochen, und alle schreiben mir zum Beispiel vor, dass ich mit dem einen einen Joint begießen und mit dem anderen einen Joint drehen, mit dem anderen einen Joint umrühren und das Feuer anzünden soll Kohlen anwerfen und Wasser holen, alles in einem Atemzug; Und da kommst du und füllst mein Puppenhaus mit deinen triefenden Klamotten.

„Ist es ein Wunder", fuhr Cooky fort und wischte sich die Schürze ab, „dass mein Gesicht nicht immer so lächelt wie ein grüner Lorbeerbaum oder hüpft wie ein junger Widder? Ich frage dich?

Er war ein sehr religiöser Mann, Cooky, Sekretär der Naval Temperance Society an Bord, und er spielte am Sonntag in der Kirche das Armonium.

„Solange wir uns nicht streiten, wenn die Kombüse vollgestopft ist mit dem Essen der Männer, das gerade gekocht wird, werde ich als Sieger hervorgehen", sagt er geduldig; „Und wenn ich das Armonium spiele, werden sie in die erdigeren Hymnen einstimmen und vielleicht das Versprechen unterschreiben."

„Ich habe einen großartigen Plan", fuhr er fort, „um sie dazu zu bringen, das Versprechen zu unterschreiben. Ich weiß genau, wie viele Männer in jeder Messe Mäßigkeitsmänner sind, und je mehr sie in einer Messe unterschrieben haben, desto mehr." Ich achte darauf, dass das Essen richtig zubereitet wird, und sie werden sich also alle anmelden, bevor dieser Auftrag ausgeht, nur damit ihr Essen ihren Wünschen entspricht. Ich habe diesen Plan im alten *Thunderer ausprobiert* .

„Aber du hast dich in Schwierigkeiten gebracht", sagte ich scherzhaft.

„Nun ja, einmal wurde mir mein Urlaub für sechs Wochen verweigert, und ein anderes Mal verlor ich einen Dienstausweis, aber das war alles nur fröhlich. Wir alle haben unsere Lasten zu tragen, Jones."

Und er sagt: „Ich habe zugesehen, wie du heute Morgen deinen 12-Pfünder erschossen hast, Pat Jones, und sagte zu mir selbst: „Das ist kein schlechter Kerl, Jones, und." ' Wenn er Ersparnisse [#] für Rum aufnimmt, ist er vielleicht das, worauf er abzielt – manchmal.

[#] Männer, die ihren Rum nicht wollen, dürfen etwas mehr als den tatsächlichen Wert haben. Dies nennt man „Ersparnisaufnahme".

„Kümmern Sie sich nicht um meinen 12-Pfünder, Mister Cooky. Ich komme nicht hierher und sage Ihnen, wie Sie kochen sollen", sagte ich zu ihm und wollte es viel deutlicher ausdrücken, denn er verärgert mich , tut Cooky, als der häusliche Singsang der Orficers ertönt: „Haben Sie das Wasser für den Nachmittagstee der Orficers?" und Cooky, der grummelt: „Er kann keine blühenden Wunder bewirken, das kann er nicht", geht weg, um etwas Wasser zu holen, was er vielleicht die ganze Zeit über getan hat, während er mich angeklagt hat, also schlendere ich davon mit ihnen Kleidung, die zu diesem Zeitpunkt fast trocken ist.

Nun ja, wir kommen auf diesem Weg nicht weit, aber wir sind auf der Insel angelangt, für die wir den ganzen Weg gekommen sind, ein mittelgroßes Stück Land, und näher dran, heißt es Als wir ein Signal vom Flaggschiff erhalten, sehen wir in der Mitte zwischen hohen Klippen auf beiden Seiten eine Art Kanal verlaufen. Wie immer sah ich eine hässlich aussehende Küste aus, ohne Strand, an dem man bequem landen konnte, sondern mit hässlichen großen schwarzen Felsen, die rundherum hervorragten und auf denen die großen Meere in Stücke schlugen. „Wenn an dieser Stelle Bootsarbeiten stattfinden, achten Sie auf Ärger, Pat Jones", sage ich mir.

Wir dampften nah heran, wie Ingwer, und erspähten eine schwerfällige Dschunke, die unbeholfen auf uns zusegelte, und als sie näher kam, sahen wir, wie sie die weiße Flagge an der Spitze ihres großen Segels aus Matten hisste; und dann, schlag mich rosa! wenn sie nicht die „Wunsch-zu-Kommunikation"-Flaggen an ihrem Impressum hissen würde. Wenn ein Eisbär auf der Straße von Portsmouth auf Sie zukäme und sagen würde: „Bitte entschuldigen Sie, aber können Sie mir sagen, wo ich ein Eis bekommen kann", wären Sie nicht mehr verblüfft gewesen, als wir das gesehen hätten Dreckiger Müll, der überall herumliegt, alles ganz normal.

„Gott sei Dank", hörte ich Mr. Parker sagen, „aber das ist fast schon eine Frechheit mit Johannisbeerkeksen." und nachdem wir ein wenig im Signalbuch gestöbert hatten, riefen wir „Schick ein Boot", und sie antworteten von der Dschunke aus und schickten ein Boot zu uns hinüber, ein Walfangschiff, das sie am Heck festgemacht hatten. mit einer Gruppe von Chinesen, die als Blaujacken verkleidet waren – auch sie waren stur aussehende Grobiane, die aus ihren bösen kleinen Augen zu uns heraufstarrten. Sie brachten einen Brief für Herrn Ping Sang, den dicken alten Herrn, der, wie man mir erzählt, die Dollars ausgibt, um diese Show am Laufen zu halten, und der von Kapitän Helston hergekommen ist, um den Spaß zu sehen.

Zurück gehen wir zum *Laird*, und Mr. Parker fährt mit dem Beiboot hinüber und kommt zurück, albernd und fluchend, mit ein paar großen Portemonnaies und zehn Säcken voller Dollars versiegelt, und ganz so fleißig wie Sie könnte sie machen.

Wir schieben uns zurück zu diesem Müll und werfen sie ihr zu; Aber es blieb mir alles ein Rätsel, bis Mr. Glover mir hinterher erzählte, dass der dicke chinesische Herr mit dem Piratenhäuptling Karten gespielt hatte, als er gefangen gehalten wurde und so viel Geld verloren hatte Er hatte genug Geld übrig, um zu versprechen, dass er ihn bezahlen und das Gepäck mitbringen würde, was der Engländer, der ihn geschnappt hatte, in Ong-Kong zurückgelassen hatte.

Blasen mir die Fersen! wenn es mir nicht den Knock-out beschert hätte! Und dieser Dschunke hat sein Boot einfach an Bord gebracht und ist mit all diesen Dollars wieder nach Hause gesegelt, während die Crew uns vielleicht über das Heck mit Schnüffeln angefahren hat.

Und, gerade als ihr großes Segel unter den Klippen verschwindet, wäre es ein Segen, wenn die Piraten nicht von oben eine große Kanone auf uns abfeuerten, obwohl wir fünf Meilen entfernt waren, wenn wir nur einen Meter entfernt wären. Es kam nicht um ein paar hundert Meter hoch, sondern spritzte ins Meer und raste über uns hinweg, wobei es eine Meile auf der anderen Seite Enten und Erpel spielte.

Als sie sehen, dass einer zu kurz kommt, feuern sie einen anderen ab, und der Bahnwärter singt, dass er direkt auf uns zukommt, und legt sich auf den Bauch; Seitdem hat er das nie mehr getan – wir haben uns darüber lustig gemacht, dass er so einfühlsam ist – und viele der Jugendlichen hätten das Gleiche getan, wenn sie den moralischen Mut gehabt hätten, was sie nicht getan hatten.

Es kam sehr nah heran, traf keine fünfzig Meter entfernt auf das Wasser und summte wieder davon wie ein Bienenstock, der Luft zum Lüften sucht.

Naja, darauf können Sie wetten, dass wir nicht auf noch mehr „nette Anfragen und „Wie geht es dir"" gewartet haben, sondern ganz schön aufgeregt waren, außer Reichweite.

„Nr. 2" kam sanfter hinter uns her, denn nichts weniger als ein toller Kumpel würde Mr. Lang dazu bringen, sich eilig zu bewegen, es sei denn, er wollte etwas sagen, und, Gott sei Dank! Sie wollten nicht aus der Reichweite der Piraten fliehen, obwohl der *Laird* „nahe am Flaggschiff" stand und eine kleine Waffe abfeuerte, um mich auf sich aufmerksam zu machen.

Und die ganze Zeit sahen wir zu, wie sie seine Reichweite gewannen und Granaten abwarfen, zuerst auf der einen und dann auf der anderen Seite, zuerst vorn und dann achtern, mit angehaltenem Atem, manchmal kamen sie so nah heran, obwohl sie nie trafen. Ich bin.

Als er außer Reichweite war und sie aufhörten zu schießen, waren wir eher beunruhigt darüber, dass wir so schnell weggelaufen wären.

„Ich gehe kein Risiko ein", hörte ich Mr. Parker zum Sub-Plünderer sagen, während er „Nr Er hatte recht.

*Laird* zurückkehrten , und sowohl Mr. Parker als auch Mr. Lang mussten an Bord gehen, um weitere Bestellungen einzuholen, während wir zum Abendessen gingen.

Cooky war in einem großartigen Geisteszustand. „Dieser zweite Schuss", sagt er und streckt den Kopf heraus, „kam direkt auf meine Galeere zu. Wenn der Pirat, der ihn abgefeuert hat, sein Visier gesenkt hat, dann ist er ein Abstinenzler gewesen." , es wäre alles AB mit Ihrem blühenden Teewasser gewesen, und es hätte an Bord dieses früheren Schiffes kein Kochen mehr gegeben, und kein Cooky mehr, der Vittles kochen und das Armonium spielen konnte.

Der Skipper kommt vom *Laird zurück* , und sie und die *Sylvia* dampfen langsam in die Dunkelheit, ohne ein einziges Licht zu zeigen, obwohl wir sie etwa eine Meile lang verfolgen konnten, als sie einfach zu verschwinden schienen und uns für die Nacht in Ruhe ließen Die Nacht fühlt sich einsam an.

Mr. Glover kam vorbei und sah, dass alle Luken an den Seiten geschlossen und die Notlichter festgeschraubt waren, so dass kein Licht zu sehen war, und sogar das Feuer in Cookys Kombüse musste gelöscht werden, denn es strahlte mittschiffs ordentlich.

Es stellte sich heraus, dass Kapitän Helston damit rechnete, dass die Piraten-Torpedoboote in der Nacht herauskommen würden, und wir und „Nr. 2" sollten auf beiden Seiten des Eingangs nah herangehen und versuchen, einige von ihnen abzuschneiden hoff.

Zu diesem Zeitpunkt hatten wir „Nr. 2" aus den Augen verloren, als sie im Dunkeln davonfuhr, um ihre Position einzunehmen, und als an Bord ein Licht nach dem anderen gelöscht wurde, waren sogar die Luken des Maschinenraums verdeckt , es schien die Nacht immer dunkler zu machen , bis sie nur noch wie Pech war, und wir streckten unsere Finger nach vorne aus, um zu spüren, wohin wir gingen, und flüsterten.

Es wurde auch kalt, und Mr. Parker geht mit seinem um den Hals zugeknöpften Mantel auf dem Weg zur Brücke an mir vorbei. „Heute Abend gibt es noch mehr Arbeit, Jones. Sorgen Sie dafür, dass Ihre Nachtsichtgeräte in gutem Zustand sind, und besorgen Sie genügend Munition", sagt er, und ich antworte: „Sehr gut, Sir" und macht sich auf den Weg, die Waffe zu überholen Gang, und hört den Gong aus dem Maschinenraum unten ertönen, und die Motoren fahren mit einem leisen, knirschenden Geräusch wie ein schnarchender Riese ganz langsam voran, und das, obwohl wir keine fünf Fuß weit sehen können Anhand des Plätscherns des Wassers an unserem Bug weiß ich, dass wir uns unter den großen Kanonen an Land langsam nähern.

„Wenn sie Suchscheinwerfer an Land haben, werden sie uns entdecken und uns verraten", sagte einer der Jugendlichen aus der Besatzung meiner Waffe und flüsterte wie ein Idiot.

„Wenn du nach deiner Meinung gefragt wirst, sag sie einfach", sage ich und spreche mit meiner natürlichen Stimme, die viel lauter ist, und trete ihn nicht allzu sanft, denn all dieses Flüstern gibt dir die richtigen Sprünge.

Wir waren eine ziemlich kühle Menschenmenge oben auf der Brücke, die nervös um den 12-Pfünder herumstand und in die Dunkelheit starrte. Joe Smith (der Bahnwärter) und Mr. Parker hatten ihre Nachtgläser an die Augen geklemmt, und wir alle hatten beispielsweise das Gefühl, jede Minute das Knirschen und Knirschen der Steine unter unserem Bug zu spüren. Kein Geräusch, außer der knarrenden Reihe unten im Maschinenraum, die alles andere zu verschlucken schien, und wir dachten kaum, dass die Piraten-Dagos anders können, als es zu hören, wenn sie ihre Ohren so richtig geschickt hätten.

Dann flüstert jemand: „Oh, Bill", und kurz darauf konnten wir das Dröhnen der Wellen hören, die sich an den Felsen brachen; und Mr. Parker, er wendet sich an den Telegraphen im Maschinenraum, und wir stellen unsere Motoren ab, und das knirschende Geräusch verstummte plötzlich und ließ uns alle einsamer denn je zurück, bis das Stöhnen und Brüllen auf den Felsen vor uns zu hören war Wir wurden immer lauter und es schien uns ein lustiger Anblick, der zu nah war, um sich wohl zu fühlen. Zu diesem Zeitpunkt hatte der Wind nachgelassen, und die lange Dünung glitt einfach unter uns hindurch und rollte in die Nacht, während wir lauschten, wie sie sich mit einem Krachen und Brüllen brach. Es schien keine zweieinhalb Meter von uns entfernt zu sein.

Es gab nichts zu tun, das war das Schlimmste. Mr. Parker befiehlt uns allen unten, außer ihm selbst und dem Unterplünderer und dem Quartiermeister, dessen Wache es war, also habe ich sie alle einfach dazu gebracht, etwas von dem zu essen, was wir von unserem Abendessen übrig hatten, und wir holte ein paar Gurken und Sardinen aus der Kantine und fühlte sich besser; aber, Gott segne dich! Wir konnten nicht schlafen, wegen der Aufregung und dem Lärm der Brecher, den wir unten noch lauter hören konnten, denn es schien direkt durch ihren Hintern zu kommen. Unten hatten wir auch eine ganze

Menge Meerwasser – wir haben es aufgenommen, als wir in die Vordersee außerhalb von Ong-kong vordrangen – und das Vorschiff-Messedeck war nicht da bequemster Ort an diesem Abend; und da niemand ein gesegnetes Auge zum Schlafen erhaschen konnte, sagte ich den Männern einfach, sie sollten ihre Pfeifen anzünden, was sehr tröstlich war, obwohl es übrigens streng genommen keine Befehle waren, und ich bekam eine Perücke von Mr. Parker danach dafür.

Dann habe ich gehört, dass Cooky einige der Jugendlichen anklatschte und sagte: „Ich habe geglaubt, sie wären alle bereit, plötzlich zu sterben – wenn ja, wäre es nötig, und sie haben den Anruf bekommen."

Also sagte ich ihm, er solle sie schlafen gehen lassen und zuerst sein eigenes Ding machen und ihnen etwas Schiffskakao besorgen.

„Wie kann ich Ziegel ohne Stroh herstellen', sagte er traurig, und er hatte die Anziehungskraft auf mich, denn natürlich war das Feuer in der Kombüse gelöscht worden.

Ich hatte in dieser Nacht die mittlere Wache, von Mitternacht bis vier Uhr morgens, wie man es an Land nennen würde, und in den ersten zwei Stunden passierte nichts, außer dass Mr. Parker und ich uns abwechselten, um durchzuschauen Wir fuhren mit dem Nachtglas dorthin, wo wir wussten, dass die Insel war, und stapften auf und ab, um uns warm zu halten, denn die Nacht war noch kälter, und ein- oder zweimal mussten wir die Motoren bewegen, um zu verhindern, dass sie ihnen zu nahe kam Felsen.

Dann begann der Spaß. Es war immer noch so schwarz wie Tinte, Sie müssen sich erinnern, und wir sollten direkt an dem schmalen Kanal liegen, der im Zickzack zwischen den Felsen in den großen Ankerplatz im Inneren der Insel führte, wir auf der einen Seite und „Nr. 2" auf der anderen andere, obwohl wir sie nicht sehen konnten und nur vermuten konnten, dass sie da war.

„Wenn ihre Torpedoboote oder Zerstörer tatsächlich herauskommen", sagte Mr. Parker, „könnten sie den *Laird* in einer Nacht wie dieser genauso wenig finden wie eine Nadel im Stapel, also können wir genau das tun, was wir wollen – folgen." Versuchen Sie, sie im Dunkeln zu versenken, oder warten Sie, bis sie am nächsten Morgen zurückkommen, und schneiden Sie sie dann ab.

Nun ja, wir sahen zu und blinzelten wie Eulen durch die Brille, als plötzlich unten am Wasserrand zwei kleine weiße Lichter aufblinzelten, in einiger Entfernung voneinander und absolut stabil.

„Sie schalten den Kanal ein", sagte Mr. Parker „eilig; „Es wird sofort etwas herauskommen. Holen Sie die Männer an Deck."

Sie kletterten im Handumdrehen hoch, und als ich wieder auf der Brücke ankam, drehten uns die Maschinen um, wobei unser Bug auf das Meer zeigte.

Mr. Parker lachte nur vor sich hin. „Ich habe einen Plan, Jones, einen Plan. Wenn sie rauskommen, werden sie heute Abend nicht zurückkommen“, sagte er.

Dann hörten wir auf zu reden, denn während wir zusahen, glitt etwas Dunkles vor das ferne Licht und verdunkelte es für eine halbe Minute. Dann leuchtete es wieder, und ein anderes dunkles Ding schloss es aus, und so weiter, bis es viermal verschwand und dann wieder hell brannte.

„Vier davon“, murmelte Mr. Parker, und „seine Stimme klang wie ein blühendes Erdbeben, wir waren alle so still und still und aufgeregt.“

Es hat keinen Sinn, mir zu sagen, dass man Entfernungen nachts einschätzen kann, denn das ist nicht möglich, und obwohl wir dachten, wir wären nur ein paar Hundert Meter vom Strand entfernt gewesen, muss es doch eher eine Meile gewesen sein , denn wir sahen vielleicht drei oder vier Minuten lang nichts mehr, als jemand unten an Deck „Ah“ zischte und als wir zum Ufer blickten, sahen wir einige Funken aufsteigen. Sie können sich nicht vorstellen, wie die Aufregung war; Umso schlimmer, weil wir keinen Ton von uns geben dürfen und unsere Ohren in uns hämmern hören.

Noch eine Minute, und wir konnten das Geräusch ihrer Motoren nur sanft und langsam hören. „Hier sind wir, hier sind wir“, sagten sie, wurden aber immer aufgeregter und plötzlich spritzte es weiß Unter ihrem Bug lief ein langes, schwarzes Torpedoboot einfach an uns vorbei, und noch eins und noch eins und noch ein viertes, und wurden seewärts verschluckt, wobei nichts als etwas öliger Rauch zurückblieb, der uns wieder ins Gesicht stieg.

Sie hatten uns nicht gesehen, das schien ziemlich sicher, aber „Nr. 2“ hatte sie entdeckt, denn auf der anderen Seite des Kanals sahen wir einen Funkenregen in die Dunkelheit aufsteigen und wussten, dass sie ihnen nachjagte.

„Mr. Lang ist hinter ihnen her, Sir; sollen wir sie jagen?“ fragte der Unterplünderer.

Aber kein bisschen davon.

„Hart A-Steuerbord, langsam vorwärts Steuerbord, halbe Geschwindigkeit rückwärts Backbord“, waren die Befehle von Herrn Parker, und wir bogen wieder in Richtung des kleinen Lichts am Eingang ab.

Ich habe gehört, wie Mr. Parker zu dem Untermieter sagte: „Wenn Sie diese Lichter gesehen hätten, als ich sie sah, und beide gleichzeitig aufleuchteten, wären Sie ziemlich sicher, dass sie elektrisch sein müssen und ebenfalls am selben Stromkreis angeschlossen sind.". Sie haben wahrscheinlich ein Kabel, das zu diesen äußeren Felsen führt, und ich möchte, dass Sie den Walfänger mit einer „Zerstörungs"-Gruppe an Land bringen und versuchen, das Kabel zu durchtrennen oder die Lampen zu zerschlagen."

Dann verstand ich, was wir tun würden, und wenn wir ihren Glimmer für sie löschen würden, könnten diese Torpedoboote erst bei Tagesanbruch zurückkommen, und wir könnten Hackfleisch aus ihnen machen.

Am Ufer schien sich nichts zu bewegen, kein weiteres Licht war zu sehen, nur die beiden kleinen Lichter unten am Wasserrand.

Auch der Wellengang ging schnell zurück, also ließen wir den Walfänger zu Wasser, und das U-Boot wählte die fünf stärksten Männer an Bord, um es zu ziehen, und das ließ mich nicht an Bord, Sie können Ihren niedrigsten Dollar darauf wetten, und wir haben genommen Ein Torpedolehrer, Enterhaken und Äxte und wir schoben uns im Dunkeln davon, während der Wellengang uns zu den Lichtern trug.

Unter ständigem Zittern verloren wir „Nr. 3" aus den Augen. Das letzte, was ich sah, war Mr. Glover, der ausnahmsweise einmal traurig und traurig aussah, weil Mr. Parker ihn nicht mit uns gehen ließ.

Waren wir einsam? Ich habe mich in meinem ganzen Leben noch nie so einsam gefühlt; Kein Laut, außer dem Knarren der Ruder und dem Rauschen des Meeres vor uns.

„Ruder! Halten Sie Wasser, Männer", flüsterte das U-Boot, und wir ließen uns Zeit, uns umzusehen, und da waren wir, genau zwischen den beiden kleinen funkelnden Lichtern. Sie waren auch elektrisch, wie Mr. Parker vermutet hatte, und sie waren gerade hell genug, um die Felsen, an denen sie befestigt waren, dunkler aussehen zu lassen als die Nacht selbst, und nur ein Schimmer im Meer war zu sehen, das vor ihnen aufstieg .

Es gab kein Annähern an sie in Windrichtung, das war deutlich zu sehen, und nachdem wir uns beide angeschaut hatten, schob unsere Nase so nahe, wie wir es wagten, und versuchte das U-Boot, was wir tun konnten, um sie hinter sich zu lassen , nach Lee, wo uns der Wellengang nicht so sehr stören würde.

Bei Tageslicht wäre es vielleicht in Ordnung gewesen, aber das war einfach der schrecklichste Job, den ich je gemacht habe.

Wir kamen tatsächlich einmal nah dran, und der Bogenschütze, der tapferste kleine Kerl, den es je gab, hielt ihn mit seinem Boots-Aug fest, aber der Wellengang wirbelte rauschen, hob uns hoch und zerbrach ein Ruder, und Als wir uns wieder absetzten und versuchten, das Boot fernzuhalten, verlor er das Boot.

„Hart zurück, Männer, hart zurück!" kam vom U-Boot, und wir wichen alle zurück, als ob der Teufel hinter uns her wäre, und schrammten mit dem Kiel an einem weiteren hässlichen Stück Fels entlang, nur um darüber gehoben zu werden und nicht von der nächsten Dünung, die kam, unterzugehen.

Mein! Aber das war ein knappes Quietschen, das kann ich Ihnen sagen, und wir atmeten erst wieder frei, als wir wieder rückwärts zwischen den beiden Lichtern herausgefahren waren.

Wir waren noch keine Minute dort, als wir weit draußen auf dem Meer Schüsse hörten. „Das ist ‚Nr. 2'", sagte das U-Boot, „und wir müssen diese Aufgabe einfach schnell erledigen, bevor sie diese Torpedoboote wieder nach Hause fährt."

Dann versuchten wir, so nah wie möglich heranzukommen und einen Enterhaken über den Felsen zu werfen, aber das ging nicht, und wir kamen damit auch nicht in die Nähe des Lichts, und ein oder zwei Mal waren wir fast mit dem Ofen drin und fast überschwemmt das Ende davon.

„Das nützt nichts, Männer", sagte der Unterplünderer, als wir uns zum letzten Mal zurückzogen; „Ich werde kein Risiko mehr eingehen. Wir müssen versuchen, das Kabel zwischen diesen beiden Felsen zu ergattern."

Das bedeutete, dass wir kriechen mussten, indem wir den Enterhaken über den Boden zwischen den beiden Felsen zogen, was im besten Fall eine sehr langsame Arbeit war und nachts sehr gefährlich war. Es gab keine Hilfe, also ließen wir den Enterhaken mit einem guten, starken Seil daran auf den Grund fallen und setzten den Walfänger langsam rückwärts zwischen die beiden Lichter.

Hin und wieder fing es etwas, und wir gerieten in einen Zustand voller Freude und Schrecken, aber schlimmer noch, es war nur ein Stück Seetang, oder es hatte gerade einen Stein gefangen – Sie konnte das an der plötzlichen Art erkennen, wie es nachgab. Wir machten uns an die Arbeit, schleuderten den Enterhaken dorthin, wo das Kabel sein könnte, stach dann in See und fuhr wieder zurück, vielleicht eine halbe Stunde lang.

Rogers, der Torpedolehrer, war gerade dabei, die Enterhakenleine für das U-Boot zu bedienen, und sagt zu ihm: „Du hast mehr Erfahrung mit der Suche nach verlorenen Torpedos, also nimm es, Rogers", was uns zum Lachen brachte Die Stille, wie sie der kleine Mann eher empfindet, macht ihm große Sorgen, dass mit den Torpedos irgendetwas schiefgeht.

Vom Ufer war kein Geräusch zu hören, und wir konnten kein weiteres Licht sehen. Es war ziemlich unheimlich, ab und zu war der Lärm von Kanonenschüssen auf dem Meer zu hören, und wir gingen hin und her, bis wir es fast satt hatten und jeden Moment dachten, eines oder alle dieser

Torpedoboote würden es tun Sie stürmen durch und machen uns wahrscheinlich nieder.

Gerade als wir das Geschäft aufgeben wollten, singt Rogers leise, dass ihm etwas überdrüssig geworden sei, und tatsächlich, als ein anderer Mann am Enterseil klatschte, zog es mit gleichmäßigem Zug hinein, und Rogers beugte sich vor Als er an die Oberfläche kommt, sagt er mit gedämpfter Stimme: „Ich habe es verstanden, Sir; genau richtig, Sir."

Wir passierten den Enterhaken achtern. Das U-Boot band ein Seil um das Kabel und schleuderte es über das Heck. Rogers trat vorsichtig zwischen uns, um es durchzuschneiden, und wir konnten gerade noch sehen, wie er seine Axt hob, sie herabkam und beide herausgingen Beleuchtung.

Wir konnten nichts anderes tun, als innerlich zu lachen; Wir dürfen kein Geräusch machen und es tut etwas weh.

Der Sub-Plünderer bekam ein Ende in die Hand, und er hielt daran fest wie ein grimmiger Tod, und schleppte es fort, bis er ein paar Klafter an Bord hatte, und Rogers schnitt dieses Schiff ab, und wir ließen den Rest fallen es im Wasser.

„Back to ,No. 3"", singt der Sub, und wir ziehen uns fröhlich wie Schlammlerchen zurück, und dann kam das „unt" für sie.

Wir hatten eine Signallaterne im Boot und wollten sie gerade anzünden, als der Unterplünderer sie erblickte und ihr sanft zuwinkte.

Wir waren im Handumdrehen an Bord und brachten den Walfänger wieder herein, während uns alle auf die Schulter klopften.

Sie hatten auch unten im Heizraum etwas Kakao gemacht und verteilten uns rundherum davon, was wir ziemlich dringend brauchten.

Ungefähr um diese Zeit wurde erneut geschossen, und als wir nach unserem Kakao wieder an Deck waren, tummelten wir uns in diese Richtung. Aber wir waren nicht auf dem Weg, „Nr. 2" zu helfen, und zwar bei weitem nicht, denn Mr. Parker oder der Unterplünderer oder beide haben eine andere Idee (auch wirklich künstlerisch, wie ich es nannte). Er hält an, und wir holen die beiden zusammenklappbaren Boote und den Walfänger heraus, und bald sehen wir, was das kleine Wild ist, denn er befestigt in jedem der kleinen Boote eine Laterne und schickt das U-Boot wieder an Land. Wir waren immer noch ziemlich nahe an den Felsen, aber noch eine Meile weiter.

„Nehmen Sie ein paar Feuerstangen, um sie festzumachen, und lassen Sie sie so nah wie möglich drin", sagte er dem U-Boot. „Zünde die Laternen an und komm so schnell du kannst zurück."

Mein! War das nicht ein hübsches kleines Spiel? Und sollten diese Torpedoboote nicht eine Überraschung erleben?

Es dauerte ziemlich viel Zeit, dies zu tun, und hin und wieder konnten wir Ohrschüsse machen – manchmal näher und manchmal scheinbar weiter weg; aber schließlich leuchteten die Lampen, und obwohl sie in der Dünung ein wenig wackelig aussahen, waren sie dennoch gut genug, um die Chinesen zu täuschen.

Als das U-Boot zurückkam, gingen wir dorthin, wo wir die Schüsse gehört hatten.

Es wurde jetzt weniger dunkel, und ein paar Sterne kamen zum Vorschein, und ein paar Minuten später flog ein langes, dunkles Ding mit Flammen, die aus den Schornsteinen schossen, an uns vorbei – einer der Chinesen kam nach Hause – und ein anderes folgte Sie, und wir legten uns einfach hin und ließen sie laufen, lachten vor uns hin und dachten an die Falle, die wir ihnen gestellt hatten.

„Nr. 2" hatte jetzt mit aller Macht etwas erwischt, denn sie feuerte ziemlich schnell, und als wir zu ihr hinübereilten, konnten wir die Flammen ihrer Geschütze und manchmal das Aufblitzen einer explodierenden Granate sehen; Sie kam auch auf uns zu.

Wir haben unseren Suchscheinwerfer gelöscht, und als wir ganz nahe dran waren, fanden wir „Nr. 2", das sich an einem unglücklichen Torpedoboot festhielt und darauf einschlug; Also drehten wir einfach um ihr Heck herum und richteten unser Licht auf das elende Ding – ein altes Torpedoboot, das gerade mit etwa zwölf Knoten vorankam –, um es zu einem respektablen Ziel zu machen.

Das war genau das Richtige, denn sie wurde von einem der Zwölfpfünder der „Nr.

*Der Untergang des Piraten-Torpedobootes.*

Arme Kerle! und wir haben nicht den Mut, zu jubeln; Es war eine so einseitige Show.

Wir hielten an und versuchten, einige ihrer Männer aufzusammeln, und retteten tatsächlich ein paar Chinesen, die vor Angst mehr tot als lebendig waren. Sie erwiesen sich als äußerst nützlich, wie Sie später erfahren werden.

„Nr. 2" hatte das vierte Boot nicht gesehen, also drängten wir zurück zum Eingang, um nach ihr zu suchen, für den Fall, dass sie versuchte hineinzukommen. Die beiden Lichter, die wir zurückgelassen hatten, brannten noch, aber wir konnten nicht sehen, was war aus den beiden Torpedobooten geworden, die an uns vorbeigefahren waren.

Die Leute am Ufer mussten gehört haben, dass das Torpedoboot explodierte, denn jetzt schossen von irgendwo hoch oben auf der Klippe in der Nähe des Eingangs ein paar Suchscheinwerfer hervor und machten sich auf die Suche nach dem Grund für die ganze Aufregung.

Zufälligerweise lag der Ort, an dem wir die Boote vertäut hatten, etwas um die Ecke und außerhalb der Sichtweite ihrer Suchscheinwerfer, also blieben wir auf der Höhe der beiden und beobachteten die beiden Balken, die sich von einer Seite zur anderen bewegten, und sahen bald den fehlenden Torpedo -Boot schleicht sich an. Sie muss die ganze Insel umrundet haben.

Herr Lang stürmte hinter unserer sicheren Ecke hervor und versuchte, sie zu beflügeln, bevor sie sich in Sicherheit bringen konnte. Wir folgten ihm und versuchten ein paar Fernschüsse mit dem 12-Pfünder. Aber selbst ich konnte unter diesen Bedingungen nichts erkennen, vor allem, als sie uns mit ihren Suchscheinwerfern ins Gesicht blickten und vom Ufer aus ziemlich lebhaft mit kleinen Kanonen auf uns feuerten.

Also bogen wir schneller um die Ecke zurück, als wir herauskamen, und während wir umdrehten, überfielen sie uns ein- oder zweimal, zerschmetterten unser Walfangschiff und ein Splitter einer Muschel oder eines Holzes warf den armen Rogers um, der daneben stand. Wir dachten, er wäre nur fassungslos, aber er war tot wie ein Türnagel, und der Gedanke, wir hätten ihn so unbarmherzig geärgert, schmerzte uns, und wir deckten ihn zu und legten ihn nach unten.

Wir warteten, bis es hell genug war, um zu sehen, was mit unserer kleinen Falle passierte, und gingen dann wieder dicht an die Küste.

Nun, es war ein schrecklicher Anblick, oder ein freudiger Anblick, wie auch immer man es auffassen mag, denn zwei Torpedoboote waren an den Felsen aufgetürmt, alle in Stücke gerissen, eines in voller Länge, das andere von unten nach oben und zerschellte wieder am Fuß der Klippe. Es war keine Menschenseele zu sehen; und es war nahezu hoffnungslos, denn die Klippen ragten direkt aus dem Meer empor, und kein Affe hätte sie erklimmen können, geschweige denn ein Chinese, also wussten wir, dass sie alle ertrunken sein mussten. Der arme alte Rogers würde viele Heiden haben, um ihm Gesellschaft zu leisten.

Die beiden Laternen, die wir in den Booten gelassen hatten, brannten immer noch so stark, wie man es sich wünschen konnte, und sahen im dunstigen Morgenlicht gelb aus.

# Kapitel XV

## Mr. Midshipman Glover erzählt, wie er verwundet wurde

Lang zur Rettung – In Ungnade – Wir hassen Dr. Fox

Pat Jones, der Quartiermeister, hat Ihnen von all den aufregenden Dingen erzählt, die in der Nacht passierten, als wir die Insel erreichten, und wie wir drei der vier ausgelaufenen Torpedoboote erbeutet hatten, wobei wir nur den armen Rogers verloren hatten.

Sowohl Tommy Toddles als auch ich hatten großes Glück, dass wir nicht mit dem Walfänger davonfahren durften, und wie die dummen Idioten, die wir waren, nutzten wir nicht die Gelegenheit, ein wenig zu schlafen. Das Ergebnis war, dass wir beide bei Tageslicht so schläfrig waren, dass wir kaum aufrecht stehen oder die Augen offen halten konnten.

Herr Lang hatte „Nr. 2" in die Nähe des Wracks der chinesischen Torpedoboote gebracht und befahl Herrn Parker, seine beiden Berthon-Boote zu bergen.

Wie Sie wissen, war unser Walfangschiff von der gleichen Granate zerschmettert worden, die die arme Rogers getötet hatte, also war es nutzlos, und plötzlich hörte ich Mr. Parker, der mir zurief, ich solle das Beiboot wegräumen und ins Wasser bringen.

„Nehmen Sie vier Leute mit; setzen Sie einen in jedes der Berthon-Boote und schleppen Sie sie dann zurück", lautete sein Befehl, „und passen Sie auf, dass Sie dieses Mal nicht kentern, sonst gehen Sie zurück zum *Laird*."

Wir steuerten auf das nächste Boot zu – es befand sich dicht an der Küste – und direkt dahinter, direkt unter den hoch aufragenden Klippen, lagen die beiden beschädigten Torpedoboote, und zwischen den Trümmern wuschen sich einige tote Chinesen herum – ein schrecklicher Anblick, das kann ich Ihnen sagen .

Wir machten die Verankerungen des ersten Bootes fest, einer meiner vier Männer sprang in sie hinein, und wir hatten gerade damit begonnen, sie dorthin zu schleppen, wo das zweite Boot im Wasser auf und ab schaukelte, als Ping! Klingeln! kam etwas an meinem Kopf vorbei. Eine Kugel riss einen Splitter aus einem Ruder, und hoch oben auf den Klippen über uns hörten wir den Lärm eines Gewehrs.

Dann kam ein regelmäßiger Hagelsturm – Peitsche! Riss! Peitsche! Riss! Sie gingen singend vorbei und warfen kleine Wasserspritzer um uns herum.

Sie können darauf wetten, dass wir hart daran gearbeitet und versucht haben, uns klein zu machen.

Plötzlich sah ich, wie Tomlinson, ein AB, der ein Schlagruder zog, weiß im Gesicht wurde und sein Ruder fallen ließ.

Pat Jones, der mit mir gekommen war, packte es, bevor es über Bord fallen konnte, und Tomlinson stürzte mit durchschossenen Armen hilflos auf den Boden des Bootes.

Dann gab es einen lauten Knall von „Nr. 2" oder „Nr. 3", und eine unserer 12-Pfünder-Granaten explodierte gegen die Klippe direkt unterhalb der Stelle, an der sie auf uns feuerten. ein weiterer und ein weiterer folgte, der Lärm rollte von Klippe zu Klippe und erzeugte ein schreckliches Brüllen, während Steine und Felsen herabrollten und ins Meer spritzten.

Die Piraten – es handelte sich wahrscheinlich um Chinesen, denn sie schossen miserabel – hörten auf zu schießen, aber bevor wir die Liegeplätze des zweiten Bootes abwägen konnten, begannen sie erneut und feuerten von der Spitze der Klippen aus, etwas weiter entfernt.

Pat Jones stabilisierte das Beiboot mit den Rudern, während Stevens, ein Seemann aus Plymouth, und ich das Seil einholten, und zwar mit aller Kraft, als Stevens plötzlich nach Luft schnappte, nach vorne fiel und mich umwarf. und wäre selbst über Bord gefallen, wenn Jones nicht nach achtern gesprungen wäre und ihn an Bord gezogen hätte. Er war tot. Ich konnte das daran erkennen, wie sein Kopf zur Seite hing, als er ins Boot gezogen wurde, und Jones legte ihn neben Tomlinson, der fürchterlich stöhnte.

Auch das Seil war mir durch die Hände gerutscht und die Verankerungen mussten wieder hochgeholt werden. Jones und ich packten sie, und da spürte ich, wie mich etwas am Bein traf. Es fühlte sich an, als hätte mich jemand hart mit einem Lineal oder der flachen Seite eines unserer Dolche geschlagen.

Ich kann mich nicht mehr genau daran erinnern, was danach passierte, bis ich das Ruder zog und die beiden Berthon-Boote von diesen schrecklichen Klippen wegschleppte. Ich fühlte mich furchtbar krank, und ich konnte nur verhindern, dass mein Fuß Tomlinson verletzte, und den anderen von dem Toten fernhalten.

Ich schien ganz plötzlich aufzuwachen, meine Handgelenke fühlten sich an wie heiße Eisen und ich hatte kaum die Kraft, das schwerfällige Ruder aus dem Wasser zu heben. Die ganze Zeit, als wäre es in einem Traum, sagte Jones hinter mir immer wieder: „Stetig, Sir, ruhig!"

Kleine Wasserspritzer sprangen immer noch in unsere Nähe, aber ich war zu müde, um mir darüber Sorgen zu machen. Mein getroffenes Bein begann sich wie Blei anzufühlen, und ich weiß, dass ich ein- oder zweimal über den

Riemen meines Ruders gestolpert bin und es kaum durch das Wasser ziehen konnte.

„Sie werden besser steuern können, Sir", sagte Jones, und er ergriff mein Ruder, bewegte die Krücke und zog selbst beide Ruder, wobei er wie eine Maschine arbeitete. Es gelang mir, nach achtern zu klettern und die Pinne zu ergreifen, und ich erinnere mich nur daran, wie der Walfänger „Nr. 2" mit Mr. Lang an Bord auf uns zukam.

* * * * *

Ich öffnete meine Augen und fand mich in Mr. Parkers Koje wieder, während die Propeller herumschwirrten und das ganze Heck des Zerstörers erschütterten.

Als ich über den Rand der Koje schaute, sah ich Tommy Toddles tief schlafend auf einem Stuhl sitzen und seinen Kopf auf höchst komische Weise zur Seite hängen lassen.

Ich vermutete, was passiert war. Ich war einfach im Boot eingeschlafen und wurde in Mr. Parkers Koje gelegt, während Tommy auf mich aufpasste, und auch er war eingeschlafen. Ich schämte mich furchtbar dafür, so ein Baby zu sein, und kroch hinaus, fand meine Hose, die mir jemand ausgezogen hatte, um mein Bein zu verbinden, und zog mich ziemlich vorsichtig an, denn das Bein war sehr steif und schmerzte ziemlich als ich es bewegt habe. Im Hosenbein befanden sich zwei hübsche kleine Löcher, durch die eine Kugel hindurchgegangen war, und ein Blutfleck, der den Stoff ringsum steif machte. Ich war wirklich stolz!

Was für ein Witz wäre es, dachte ich, Tommy dort schlafen zu lassen und die leere Koje zu bewachen; Aber dann wurde mir klar, dass Mr. Parker nur noch wütender werden würde, also schüttelte ich ihn und musste mit großer Mühe ihn wecken.

Er sah tatsächlich albern aus, als er schließlich die Augen öffnete und etwas murmelte, dass es nicht seine Uhr sei, und wir kletterten beide an Deck und machten uns auf den Weg nach vorne.

Es war ein herrlich warmer, heller Morgen, und direkt achtern lag die Insel, die uns die ganze Nacht so schrecklich nahe gewesen war. Oh, wir waren so schläfrig, und überall auf dem Deck lagen Männer tief und schlafend, zusammengerollt in den Ecken, um dem Wind geschützt zu sein. Direkt hinter dem Achterschacht befand sich ein Haufen, der mit unserem besten Fähnrich bedeckt war, und wir hatten kaum Lust, daran vorbeizukommen, denn wir wussten, dass die armen Rogers und Stevens darunter waren.

Wir kletterten die Brückenleiter hinauf und kamen am Steuer an Pat Jones vorbei, der grimmig lächelte und Mr. Parker einen warnenden Blick zuwarf.

Mit dem Rücken zu uns, in Ölzeug und Südwestjacke gekleidet, stand er da und hielt sich steif wie eine Statue an den Brückengeländern fest.

Sie hätten ihn zusammenzucken sehen sollen, als ich sagte: „Bitte, Sir, mir geht es jetzt gut, Sir", und Tommy salutierte und schläfrig hinzufügte: „Bitte, Sir, Glover ist aufgewacht."

Er sah zehn Jahre älter aus: Seine tief in den Höhlen liegenden Augen starrten uns stumpf an, seine Wangen waren eingefallen und sein ganzes Gesicht war von tiefen Falten zerfurcht. Er hatte die Brücke seit achtundvierzig Stunden praktisch nicht verlassen und es war wunderbar, wie er die Belastung aushielt.

Er beschimpfte uns wütend – auf mich, weil ich ohne Erlaubnis an Deck gekommen war, und auf Tommy, weil er mich aufstehen ließ.

„Aber bitte, Sir", begann ich, „Tommy hat nicht –"

Ich blieb gerade noch rechtzeitig stehen, denn ich wollte ihm sagen, dass Tommy geschlafen hatte.

Tommy jedoch, der sehr beschämt wirkte, platzte heraus: „Ich bin schlafen gegangen, Sir, und Glover ist aufgestanden, ohne mich zu wecken."

Das machte Mr. Parker nur noch wütender und er schickte uns beide nach unten.

*Laird* zurückkehren . Haltet eure Truhe in einer halben Stunde bereit!" sagte er und brach uns die Köpfe ab.

Wir sahen, wie der *Laird* auf uns zukam, gingen wieder nach unten und fühlten uns absolut elend, und begannen langsam, unsere Sachen in der Truhe zu verstauen, die Tommy mit mir teilte.

Das nächste, was wir wussten, war, dass wir von Pat Jones grob geschüttelt wurden, und als wir aufwachten, stellten wir fest, dass wir beide geschlafen hatten. Tommy lag mit dem Gesicht nach unten auf der Brust und hatte ein Paar Stiefel in der Hand.

Wir hätten weinen können, wir waren so wütend auf uns selbst.

Ein Kutter des *Laird* war neben uns, und wir beide und Tomlinson, der Verwundete, wurden zu ihr hinübergezogen, und auch Mr. Parker kam, um seinen Bericht zu erstatten.

Als wir die Gangway hinaufgingen, konnten wir kaum all den Midshipmen gegenüberstehen, die sich um uns drängten – Mellins, Dumpling und all die anderen – wir fühlten uns so sehr beschämt, und ich brachte es nicht einmal übers Herz, ihnen zu sagen, dass ich es gewesen war verwundet.

Ich musste zur Krankenstation humpeln und der Verband wurde mir vom
Bein abgenommen.

„Nur eine Hautwunde, Glover", sagte Dr. Fox und nähte ein paar Nähte,
was mir nicht halb so weh tat, wie ich erwartet hatte.

„Ich muss mich doch nicht auf die Krankenliste setzen, Sir, oder?"

Der Flottenchirurg lächelte auf seine böse Art und befestigte dann eine lange
Schiene am Bein, und das stellte natürlich sicher, dass ich nicht zu „Nr. 3"
zurückkehren konnte.

Ich wünschte, ich wäre nicht im Boot eingeschlafen, dann hätte niemand
gewusst, dass mein Bein getroffen worden war, und ich wäre möglicherweise
immer noch an Bord gewesen. Was für ein Idiot war ich gewesen! Alle meine
Chancen waren dahin, und da ich mich völlig elend fühlte, schaffte ich es
nicht, eine Träne zurückzuhalten, und Dr. Fox sah es, bevor ich es
wegwischen konnte.

„Tut dir das weh, Junge?" fragte er, und dann musste er es verstanden haben,
denn er lachte und nannte mich einen jungen Feuerschlucker und wollte
wissen, ob ich nicht damit zufrieden sei, zweimal verwundet worden zu sein,
was mich rot und unbehaglich machte und in mir Hass auslöste ihn.

Es war unmöglich, mit der schrecklichen Schiene zu gehen, also trugen sie
mich nach hinten und brachten mich in die Ersatzkabine des Kapitäns.

Tommy kam auch vorbei und breitete seine Hängematte an Deck aus, der
Wachposten draußen schloss die Tür, und wir schliefen fast zehn Stunden
tief und fest. War das nicht ein Schlaf? Und waren wir nicht auch hungrig,
als wir aufwachten?

Tommy ging in die Waffenkammer, und der Kassierer schickte uns eine
beliebige Menge Essen. Was für eine Zeit wir hatten! Und alle Midshipmen
drängten sich und unterhielten sich zu dritt und wollten alles über unsere
Abenteuer hören und den Kratzer in meinem Bein sehen. Sie können sich
vorstellen, wie wichtig ich mich fühlte, besonders als Kapitän Helston mit
immer noch verbundenem Arm zu mir kam und einige furchtbar lustige
Dinge sagte. Was ich jedoch wollte und was wir beide wollten, war zu wissen,
ob wir zu „Nr. 3" zurückkehren könnten, und ich schaffte es unbeholfen
und mit ganz rotem Gesicht, ihn zu fragen.

Er lächelte grimmig und sagte: „Ich werde sehen, was ich tun kann, wenn Sie
von der Krankenliste gestrichen werden", und machte uns wieder glücklich.

sich heraus, dass Mr. Parker selbst in Captain Helstons Kabine eingeschlafen
war, nachdem er sich bei ihm gemeldet hatte, und dass, da jeder auf beiden
Zerstörern praktisch achtundvierzig Stunden ohne Ruhe verbracht hatte,

Leute von der *Laird zu ihnen geschickt worden waren* um den Dampf aufrechtzuerhalten und tagsüber Ausschau zu halten.

Diese Nachricht machte Tommy und mich sehr zufrieden, denn wir waren jedenfalls nicht die Einzigen, die nicht wach bleiben konnten.

Mellins und Dumpling waren jedoch beide zu „Nr. 3" geschickt worden, um – wie wir hofften – vorübergehend unseren Platz einzunehmen.

„Sie haben nicht viel verpasst", fügte Ogston, der Hilfsingenieur, der auf dem sinkenden Dampfer so beherzt gewesen war, hinzu, „denn der *Starke Arm* hat sich uns nicht angeschlossen, und wir haben den ganzen Tag nichts getan."

Sie hatten sowohl Rogers als auch Stevens begraben. Arme Kerle! Sie lagen in einer Tiefe von hundert Faden und brachten unsere Liste der Getöteten bereits auf vierzehn.

Dann kam Dr. Fox herein, schickte alle aus der Kabine, gab dem Wachposten den Befehl, niemanden hereinzulassen, schaltete das Licht aus und verließ mich. Genau wie er, nicht wahr? Aber ich hatte einen Bleistift und Papier, drehte das Licht wieder an und schrieb einen gewaltigen Brief nach Hause, nur um ihn zu ärgern.

# Kapitel XVI

## Captain Helstons Unentschlossenheit

Eine müde Blockade – Ungeduldig werden – Die Geschichte des Gefangenen – Ein williger Gefangener – Die List der Piraten – Ping Sang aufgeregt – Nachrichten aus der Heimat – Helstons schlechter Gesundheitszustand – Cummins Unentbehrlich – Ein Schrott in der Waffenkammer – Jetzt zur Sache

Die wenigen Tage, die nach den im letzten Kapitel erzählten Ereignissen folgten, waren Tage des Friedens und ohne Aufregung. Nun, sie wurden auch benötigt, um den Besatzungen der Zerstörer die Möglichkeit zu geben, sich von den Strapazen und dem Mangel an Schlaf zu erholen, und um die kleineren Schäden zu reparieren, die durch die schnelle Überfahrt des Geschwaders aus Hongkong entstanden waren.

Die beiden armen Kerle, die getötet worden waren, wurden mit größtmöglicher Feierlichkeit auf See begraben, alle Schiffe stellten ihre Motoren ab und senkten ihre Flaggen auf Halbmast, die Mannschaften standen barhäuptig da, während der Gottesdienst verlesen wurde, und blieben stehen. stramm", bis die beiden Körper, jeder in seiner Hängematte vernäht, über Bord stürzten und außer Sichtweite versanken.

Die *Strong Arm* kehrte aus Hongkong zurück, nachdem sie ihre Männer auf dem Happy Valley-Friedhof begraben hatte, und auch sie verstärkte Kapitän Helstons Ängste, indem sie erhebliche Mängel im Maschinenraum aufwies und die Hälfte ihrer Kohle auffraß.

Hunter, der darauf bedacht war, am Ort des Geschehens anzukommen und nichts von den Kämpfen zu verpassen, hatte sie mit der größtmöglichen Geschwindigkeit durch die See getrieben, mit dem Ergebnis, dass sie sechs Tage lang praktisch nutzlos war Kunsthandwerker im Geschwader, der an ihren Lagern und Kondensatoren herumbastelte.

Glücklicherweise blieb das Wetter schön, und da sie jeweils nur eine Hauptmaschine reparierte, konnte sie jede Nacht von der Insel wegkriechen und morgens wieder zurückkriechen, wobei sie den größten Teil des Tages lag und überhaupt nicht in der Lage war, bei einem Kampf mitzuhelfen, wenn die Piraten es getan hätten herauskommen.

Jede Nacht krochen die Zerstörer „Nr. 2" und „Nr. 3" an die Küste, um alle austretenden Torpedoboote abzuschneiden, aber nach ihrem ersten tödlichen Versuch unternahm keiner einen Ausfall, und außer bei Gelegenheiten, als Mr. Lang oder Mr. Parker wagte sich bei Tageslicht in

Schussweite und entlockte den Batterien auf beiden Seiten des Eingangs ein mürrisches Warnfeuer. Es gab keine Lebenszeichen und nichts, was sie daran erinnern könnte, dass hinter diesen Felsen und bewaldeten Hängen Hunderte von listigen Schlitzen verborgen waren -ähnliche Augen hielten Wache.

Bei schönem Wetter und ruhiger See konnten die Zerstörer problemlos die kleine *Sylvia auskohlen* , und in vier Tagen mühsamer Arbeit füllten auch die *Laird* und die *Strong Arm ihre Bunker.*

Man kann sich leicht vorstellen, wie schwierig, wie gefährlich und wie langsam diese Operation auf offener See war, mit der Möglichkeit, dass jederzeit Piraten auftauchten, um sie zu unterbrechen, oder dass der Wind und das Meer anstiegen und es unmöglich machten.

Kapitän Helston hatte jedoch Glück, und in sechs Tagen hatte er alle seine Bunker voll, und die *Strong Arm* war so gut repariert, dass sie davon ausgehen konnte, dass sie sechzehn oder siebzehn Knoten schaffte.

Aber er hatte keine konkreten Pläne, nach denen er handeln könnte.

Nach sieben Monaten harter Arbeit, in denen er tausend Schwierigkeiten überwunden hatte, hatte er sein kleines Geschwader zum Einsatzort gebracht, aber als er sein Ziel erreicht hatte, schien er seine Initiative zu verlieren, und statt die Aufgabe zu erfüllen, schien er das Ziel erreicht zu haben Er bewegte sich zunächst selbst und wartete darauf, dass der Feind dies tat.

Tag folgte Tag und nichts wurde getan.

*Laird* , *Strong Arm* und *Sylvia* bei ausgeschaltetem Licht in der Dunkelheit, trafen sich am nächsten Morgen bei Tagesanbruch zu einem bestimmten Treffpunkt wieder und machten sich auf den Weg zur Insel.

Die Zerstörer gesellten sich nach der nächtlichen Wache schläfrig zu ihnen, und das Geschwader blieb dort liegen, bis der Sonnenuntergang kam, und derselbe Ablauf begann von neuem.

Für den Kommandeur des Geschwaders und alle seine Offiziere, ganz zu schweigen von den Männern, wurde deutlich, dass die Ereignisse in eine Sackgasse geraten waren.

Wenn der Feind sich dazu entscheiden würde, ruhig in seiner Inselfestung zu bleiben und zu warten, würde mit Sicherheit eine Zeit kommen, in der das Blockadegeschwader abziehen müsste. Kein Schiff, wie robust es auch gebaut sein mag, kann in dieser stürmischen See längere Zeit dauerhaft arbeiten, ohne einen Zufluchtsort, in dem sie gelegentlich Schutz, Kohle und Proviant finden und ihren Besatzungen einen „Anlandgang" ermöglichen können. Auch Männer und Offiziere werden „abgestanden", entmutigt und unzufrieden mit der Monotonie der Blockadearbeit und der Monotonie einer gleichbleibenden und nicht allzu schmackhaften Ernährung.

Sobald sich diese „Altbackenheit" entwickelt, wächst die Krankenliste schnell und die allgemeine Nachlässigkeit macht sich bemerkbar.

Es bestand überhaupt kein Zweifel daran, dass die klugen Intriganten auf dieser kleinen Insel ihre Pläne entsprechend ausgelegt hatten und sich damit zufrieden gaben, Kapitän Helston und seinen Schiffen zu erlauben, sich in einer ermüdenden Blockade aufzureiben. Die Engländer würden ihre Karten auf den Tisch werfen und einen gemeinsamen Angriff auf die Insel starten, die ihrer Meinung nach – und wie sich herausstellte, zu Recht – für einen Seeangriff uneinnehmbar sei.

Sie hatten mit ihrer Vermutung auch nicht unrecht, denn am Ende der zehntägigen Monotonie, zehn Tage, in denen weder ein Segel noch der Rauch eines Dampfers den leeren Kreis des Horizonts durchbrochen hatte, wurden alle ungeduldig, und niemand mehr als der nervöse, überreizte Helston.

Er wusste genau, dass jeder Tag, der verstrich, einen weiteren Eingriff in die Mittel des Chinesischen Verteidigungsverbandes bedeutete, und falls er diese Tatsache vielleicht vergessen hatte, war Ping Sang an seiner Seite, um sein Gedächtnis aufzufrischen und zu einer aktiveren Politik zu raten.

„Mein lieber Kapitän", sagte er und tätschelte Helstons noch immer leeren Ärmel, „wir können nicht für den Rest unseres Lebens hier bleiben. Ich habe bereits fast anderthalb Millionen ausgegeben, und wir scheinen so weit weg zu sein wie eh und je." Mit all Ihren Waffen und all Ihren guten englischen Matrosen sollten Sie sicherlich in der Lage sein, das Piratensyndikat und seine chinesischen Banditen auf den Kopf zu stellen.

Nichts, was Helston oder irgendjemand sonst ihm sagen konnte, würde ihn begreifen, wie voreilig es ist, Schiffe gegen Festungen zu stellen, insbesondere Schiffe mit nur spärlichen Munitionsreserven (im Laderaum der beleibten kleinen *Sylvia* ) und ohne Zufluchtsort für den Fall eines Schadens .

Hunter, der Löwenherz, war auch dafür, dass er das Gewicht seines Metalls gegen die Küstengeschütze auf die Probe stellte.

„Als Vorbereitung auf was?" Helston würde fragen.

„Nun, sehen Sie, Sir, wir würden ihre Festungen in Stücke reißen, und dann würden wir landen und sie sichern, und möglicherweise wären wir in der Lage, alle darin verbliebenen Waffen auf die Schurken unten zu richten."

Helstons eigene Ideen, wenn er sie in eine bestimmte Form hätte bringen können, bestanden wahrscheinlich darin, die Piraten auszuhungern und sie zu einem verzweifelten Ausfall zu zwingen, und wenn dies geschehen sollte, war er sich des Ergebnisses vollkommen sicher. Dies mag der vernünftigste Plan gewesen sein, aber der Erfolg hing von so vielen Faktoren ab. Erstens bedeutete es Zeit – möglicherweise eine beträchtliche Zeit – und Zeit bedeutete Geld, und Ping Sang war bereits geneigt, den Geldbeutel zu straffen. Zweitens bedeutete es, dass er über ausreichende Streitkräfte zur Blockade verfügte, und diese besaß er, wie Helston reumütig zugab, nicht; und drittens, und das Wichtigste von allem, war die Frage, ob die Insel in, sagen wir, zwei Monaten oder möglicherweise höchstens drei Monaten ausgehungert werden könnte.

Zu diesem letzten Punkt konnten die beiden vom gesunkenen Torpedoboot gefangenen Chinesen Informationen geben, die diese Hoffnung wirksam zerstreuten. In den ersten ein oder zwei Tagen nach ihrer Gefangennahme hatten sie ein mürrisches Schweigen bewahrt und erwarteten den sofortigen Tod. Als Tag für Tag verging und sie Essen und Decken zum Schlafen bekamen, wurde ihnen klar, dass sie nicht einmal der Folter vorbehalten waren, und sie wurden nach und nach kommunikativer.

Ein Tsi, der stille, unergründliche rechte Mann von Ho Ming, interviewte sie jeden Tag, zunächst ohne Erfolg, aber schließlich gelang es ihm, sie in eine freundlichere Stimmung zu bringen, und sie versprachen, ihnen welche Informationen zu geben sie besaßen.

Als man ihnen die Fußschellen abnahm und sie an Deck marschierte und zwischen einer Reihe von Marinesoldaten nach achtern brachte, flogen ihre Gedanken erneut zu Tode, und ihr Schrecken war groß, trotz der Versicherungen von A Tsi, dass sie nur die Wahrheit sagten Sie brauchen nichts zu fürchten.

Jeder wurde einzeln in Kapitän Helstons Kabine vor dem Kapitän, Dr. Fox und Ping Sang untersucht.

Der erste, ein großer Tartar von feiner Statur, wurde nur durch die tatkräftige Unterstützung von A Tsi aufrecht gehalten, der ihn in die Kabine schleppte, wobei seine Knie unter seinem riesigen Körper gebeugt und zusammenstoßend waren. Er schaute von einem zum anderen wie ein gejagtes Tier auf Distanz und grüßte mit beiden Händen an der Stirn abwechselnd jedem einzelnen und ein zweites Mal Kapitän Helston.

Seine Geschichte, die er mühsam aus ihm herausbekam, war diese. Er war Seemann an Bord eines von den Piraten gekaperten Handelsschiffs gewesen und hatte, wie sein Leben es versprochen hatte, bei ihnen Dienst geleistet und war aufgrund seiner Seemannschaftskenntnisse an Bord eines der alten Torpedoboote geschickt worden.

Er hatte keine Beschwerden über das Verhalten seiner Herren ihm gegenüber, und sie zahlten ihm zwei oder drei Dollar im Monat, mit denen er Tabak und Süßigkeiten kaufen konnte.

„Er sieht halb verhungert aus. Fragen Sie ihn, ob sie genug zu essen bekommen", fragte Helston.

„Er sagt, sie bekommen genug", antwortete A Tsi lächelnd, „aber der Nordchinesen wird nie dick."

„Was weiß er über den Proviantvorrat auf der Insel?"

Er schien eine Menge darüber zu wissen. Er hatte vor zwei Wochen eine Arbeitsgruppe gebildet, die ein mit Fleischkonserven und Mehl beladenes gekapertes Schiff entladen sollte, und sie mussten einen großen Teil davon im Freien und mit Planen abgedeckt zurücklassen, weil die Laderäume bereits voll waren .

„Am Ende der Zeit durfte sich jeder nehmen, was er wollte", beendete A Tsi, während der Chinese seine Hände auseinander spreizte und versuchte, eine große Menge auszudrücken.

Bei jeder Frage gab es zwischen A Tsi und dem Gefangenen einen schnellen Fluss von Fragen und Antworten auf Chinesisch, wobei letzterer aufgeregt gestikulierte, um seine Antworten zu erklären, und während ersterer dolmetschte, versuchte er, ihm mit pantomimischen Gesten und Änderungen zu folgen des Ausdrucks, der flehentlich von einem zum anderen blickt.

Er wurde nach der Anzahl der Männer auf der Insel gefragt. Er konnte es nicht sagen.

"Viele?"

„Ja, sehr viele."

"Eintausend?"

„Ja, mehr als tausend."

"Zweitausend?"

Er verzog das Gesicht und gab sich offensichtlich alle Mühe, zu rechnen.

Nein, das konnte er nicht sagen; tausend, ja; aber zweitausend konnte er nicht sagen und schüttelte feierlich den Kopf, lange nachdem A Tsi fertig war.

Als Seemann konnte er genauere Informationen über die Schiffe geben. Es waren vier Kreuzer und acht oder neun Torpedoboote, ohne das eine, zu dem er gehört hatte, und die beiden, die zerstört worden waren.

„Hat er die beiden Zerstörer gesehen und sind sie beschädigt?"

Ja, er hatte gesehen, wie sie in den Hafen kamen, und viele Männer waren an Bord geschickt worden, aber er wusste nicht, ob sie beschädigt waren.

Die Namen von drei der Kreuzer waren *Yao Yuen* , *Mao Yuen* und *Tu Ping* . Dies waren die drei, über die Ping Sang Helston ursprünglich informiert hatte. Ein anderer, den er erwähnte, die *Hong Lu* , war offensichtlich der Kreuzer, der „Nr. 2" und „Nr. 3" geschlagen hatte.

„Frag ihn, ob sie sehr schnell sind."

„ *Yao Yuen, Mao Yuen* ?" und er schüttelte den Kopf. „ *Tu Ping* ?" er schüttelte noch heftiger den Kopf. „ *Hong Lu* ?" und er öffnete schnell seine Hände und nickte, nickte so schnell, dass Cummins, der gerade die Kabine betreten hatte, mit dem unvermeidlichen Zahnstocher im Mund, kicherte: „He! he! he! du wirst deinen Zopf verlieren, alter Junge, wenn du sind nicht vorsichtiger."

„Wie schnell kann sie fahren?"

NEIN; Er wusste nicht.

„So schnell wie ein Torpedoboot?"

Mit einem pfeifenden Geräusch holte er tief Luft und versuchte durch Gesten ihre extreme Geschwindigkeit zu demonstrieren.

„Wie groß ist sie?"

Er wusste weder, noch welche Waffen sie trug. Er wurde an Deck gebracht, um sich die *Strong Arm anzuschauen* , die ruhig eine halbe Meile entfernt lag, und dann wieder heruntergebracht.

NEIN; Sie war nicht so groß, aber wie groß, konnte er nicht sagen.

Was die Festungen betrifft, so konnte man ihm nur sagen, dass es auf jeder Seite des Eingangs eine gab und, soweit er wusste, nirgendwo anders.

Er wusste nicht einmal, wie viele Waffen sie hatten.

„Haben sie viel Übung darin gemacht, von ihnen aus zu schießen?"

Ja; er hatte sie in letzter Zeit oft gehört, aber sein Wissen über all diese Punkte war äußerst vage.

Er konnte die Namen aller dortigen Handelsschiffe herunterrasseln und schien eine leise Rücksicht auf sein altes Schiff zu haben, denn er zupfte A Tsi nervös am Ärmel, redete aufgeregt mit ihm und zeigte auf den Kapitän.

"Was will er?" fragte Helston.

„Er sagt, Sir, wenn Sie die *Tsli Yamen zurückerobern* , das Schiff, zu dem er früher gehörte, möchte er, dass Sie den Besitzern ein gutes Wort für ihn sagen.“

„Sag ihm, dass wir ihn nicht vergessen werden, wenn er alle unsere Fragen wahrheitsgemäß beantwortet.“

Als ihm dies erklärt wurde, salammte er sehr heftig und beugte seinen langen Körper dreimal vor Helston.

„Wie viele weiße Männer gibt es auf der Insel?“ fragte Cummins.

Er konnte es nicht sagen. "Drei?"

Nein, es waren mehr als drei – vielleicht vier, fünf oder sechs, aber er konnte es nicht sagen.

Als er nach den Ereignissen kurz vor der Ankunft des Geschwaders gefragt wurde, wusste er nicht viel. In letzter Zeit waren etwa zwei oder drei Schiffe gekapert worden, keine großen, und die *Hong Lu* war am selben Tag wie die Zerstörer angekommen, erst am frühen Morgen, aus dem Süden, wie er wusste, denn ein Freund von ihm war an Bord hatte es ihm gesagt.

Sie hatte zwei weiße Männer mitgebracht.

„Könnte er sie beschreiben?“

Er tat so, als würde er hinken. Offensichtlich war der eine Hamilton, der lahme Engländer, und der andere hätte seiner Beschreibung nach Hopkins sein können.

„Gibt es auf der Insel weiße Gefangene?“ Es war Cummins, der dies stellte, und tatsächlich hatte er die meisten Fragen gestellt, seit er in der Kabine angekommen war, wobei Kapitän Helston ihm fast unbewusst nachgab.

„Keine Gefangenen, nur Ingenieure und Soldaten. Ein weißer Mann ist für die Forts verantwortlich, zwei andere sind für alle Schiffsmotoren verantwortlich.

„Sie halten keine weißen Männer gefangen. Wenn sie einen an Bord eines gekaperten Dampfers finden, schicken sie ihn in einer Dschunke zum Festland.“

„Gibt es weiße Frauen auf der Insel?“

„Nein. Es waren einmal zwei, aber er glaubt, dass die weißen Männer angefangen haben, sich untereinander zu streiten, also haben sie sie sehr schnell weggeschickt.“

„Keine Chance, hier eine Frau zu gewinnen, Sir“, fügte Cummins lachend hinzu.

„Darüber bin ich mir nicht so sicher“, antwortete Helston und die harten Linien in seinem sorgenvollen Gesicht wurden weicher.

„Ich denke immer noch an das kleine Luder Milly“, knurrte Dr. Fox vor sich hin.

Cummins zeigte dem Gefangenen dann einen groben Plan der Insel, der von Ping Sangs Originalkarte kopiert war, und nachdem A Tsi ihn erklärt hatte, zeigte der Chinese grob die Position der Forts, Go-Downs (Lagerhäuser) und der Häuser der weißen Männer an , der Ankerplatz der Kriegsschiffe und der erbeuteten Handelsschiffe.

„Ich denke, dass wir von diesem Mann alles bekommen haben, was wir wissen wollen“, schloss Helston. „Außer über die Nahrungsmenge auf der Insel scheint er nicht viel zu wissen. Möchte ihm jemand weitere Fragen stellen?“

Cummins wollte wissen, welche Kohlevorräte es auf der Insel gab.

Soweit der Mann wusste, lagen riesige Stapel davon am Ufer und mehrere mit Kohle beladene Schiffe.

„Verlässt jemals ein Schiff den Hafen durch den kleinen Kanal auf der Rückseite der Insel?“

„Nur kleine Dampfschiffe und Dschunken“, sagte der Gefangene.

„Ich habe ihn nichts mehr zu fragen“, sagte Cummins, also wurde der Mann weggeführt und bekam als Belohnung eine Zigarre zum Rauchen.

„Wir werden sie nicht aushungern lassen, Sir“, war Cummins‘ einziger Kommentar.

Helston zuckte mit den Schultern.

Der zweite Mann wurde hereingebracht, ein schlau aussehender Schurke mit unrasiertem Kopf, dessen abstoßendes Gesicht durch mehrere Narben noch abscheulicher wurde. Auf seiner eingefallenen Brust waren weitere Narben zu sehen, und insgesamt war er ein höchst unangenehm aussehendes Exemplar der Menschheit.

Er redete freier als der andere Mann und erzählte seine Geschichte sehr ausführlich.

Er war ein „Chef"-Arbeiter in der Maschinenfabrik des Foochow-Arsenals gewesen und wurde zusammen mit vielen anderen vom deutschen Schmidt angeworben und nach Hong Lu verschifft, ohne die Art der Anstellung zu kennen.

„Beschwert er sich?"

„Oh nein, lieber nicht!" Er wurde gut bezahlt, gab nichts außer ein wenig für Tabak aus und hatte nicht viel zu tun. Nachdem er einige Monate an Bord der Handelsdampfer gearbeitet hatte, wurde ihm die Leitung der Motoren des unglücklichen Torpedoboots übertragen, und deshalb war er in dieser Nacht an Bord.

„Was hat er an Bord der Handelsschiffe gemacht?"

Er schien ein führender Schiffsbauer gewesen zu sein und hatte viele Männer unter seinem Kommando. Er wurde mit dem Thema vertraut und erzählte von all den Arbeiten, die er in den letzten sechs Monaten erledigt hatte.

Er hatte den Schornstein eines Dampfers verlängert, einem anderen ein Vorschiff hinzugefügt, den Bug eines dritten und die Masten eines vierten verändert.

"Meine Tante!" kicherte Cummins, als A Tsi dies interpretierte: „Ich verstehe jetzt, wie diese Leute ihr Vermögen machen. Sie kapern einen Dampfer, bringen ihn hierher, verändern ihn so, dass seine eigenen Erbauer ihn nicht erkennen würden, und bringen ihn dann an einen ruhigen Ort Hafen auf dem Festland und verkaufen Sie ihn, A Tsi, wenn das so ist.

Ja, das war so; und der Chinese blickte überrascht über ihre Unwissenheit.

Aus seinen Aussagen ging hervor, dass das Syndikat eine Schiffsreparaturwerft gebaut hatte und diese die meiste Zeit unter Hochdruck arbeitete. Manchmal behielten sie ein Schiff sechs Monate lang, aber wann immer ein Schiff abfuhr, konnte niemand es als dasjenige erkennen, das hergebracht worden war.

In allen anderen Punkten bestätigte dieser Gefangene den ersten und zeichnete auf einem anderen groben Plan der Insel die Positionen der Festungen, Schiffe usw. auf, ganz genau so, wie er es getan hatte.

Was Nahrung und Kohle angeht, hatten sie genug, um „viele Monde" zu reichen.

„Berge aus Kohle" war seine Beschreibung.

Auf die Frage von Cummins, warum die anderen Torpedoboote nicht herausgekommen seien, antwortete er prompt, dass ihre Motoren für keine

Geschwindigkeit geeignet seien und dass ihre Besatzungen wahrscheinlich Angst hätten.

Als Ping Sang die Aussage des Mannes über den Wiederaufbau erbeuteter Dampfer und die Veränderung ihres Aussehens hörte, ging er in seine Kabine und kehrte mit einigen Papieren zurück.

Bei der ersten Gelegenheit fragte er den Gefangenen auf Chinesisch und mit ungewöhnlicher Aufregung, ob er sich jemals an die Kaperung eines Schiffes namens *Fi Ting erinnern könne* .

Er erinnerte sich recht gut an sie; hatte an Bord gearbeitet. „Sie hatte einen Schornstein und drei Masten (‚Ja‘, nickte Ping Sang), und sie bauten ein verdecktes Vorschiff, nahmen einen Mast heraus und verkürzten die anderen beiden.“

„Ja, ja“, nickte Ping Sang aufgeregt; "irgendetwas anderes?"

„Wir haben die Brücke umgebaut, sie zehn bis zwölf Fuß weiter vorne gebaut und mehrere Hütten zwischen ihr und dem Trichter aufgestellt.“

„Das hast du! Das hast du! Und welchen Namen hast du ihr gegeben?“ schrie Ping Sang.

Der Mann dachte ein wenig nach und schüttelte den Kopf, offensichtlich aus Angst vor dem dicken kleinen Kaufmann.

„Er will es nicht sagen, Sir; er sagt, dass er sich nicht erinnern kann; er hat nur getan, was ihm gesagt wurde; es war nicht seine Schuld“, sagte A Tsi, an den sich der Mann gewandt hatte.

Ein weiterer Sprachfluss kam von Ping Sang, vor dem der unglückliche Chinese zurückschreckte und ihm schließlich den Namen *Ling Lu Ming gab* .

„Ich wusste es! Ich wusste es!“ brüllte Ping Sang, rollte sich von einer Seite zur anderen und wurde vor Empörung rot im Gesicht, das sich plötzlich in ein breites Lächeln verwandelte, und mit einem Augenzwinkern sagte er Kapitän Helston, dass er die *Fi Ting* für 150.000 Pfund gekauft hatte , verlor sie sechs Monate später und kaufte dann die *Ping Lu Ming* günstig für 120.000 Pfund in Amoy.

„Ich habe immer vermutet, dass sie dieselbe ist“, fügte er fröhlich hinzu.

Es war eine der amüsanten Eigenschaften dieses kleinen Mannes, dass sein Zorn immer so schnell verschwand, wie er wuchs, und dass ihm Neid auf die „Niedlichkeit“ folgte, die ihn überwältigt hatte, und dass er nicht die geringste Bosheit hegte, sondern nur hinsah Ich freue mich auf eine zukünftige Gelegenheit, die Rechnung auszugleichen.

Als der Gefangene Ping Sangs gütigen, amüsierten Gesichtsausdruck sah, fasste er Mut und wagte auch ein Lächeln – ein listiges, heimtückisches Lächeln; aber es ließ schnell nach, und die Farbe verschwand aus seiner gelben Haut, denn als Ping Sang es erblickte, sprang er von seinem Stuhl auf, schüttelte ihm einen dicken kleinen Finger und ließ einen Schwall von Worten los, der ihn vor Wut sprachlos machte , nur um einen Moment später seine gewohnte Höflichkeit wiederzuerlangen, als Kapitän Helston ihn fragte, was er gesagt hatte.

„Nichts, nichts, Kapitän. Ich habe ihm nur versichert, dass ich ihm die Leber herausreißen lassen und ihn dazu zwingen würde, sie zu essen, wenn er nicht aufhörte zu grinsen.“

Er meinte es auch so, denn wenn man der Hälfte der Geschichten, die über Ping Sang erzählt wurden, Glauben schenkte, war er unter der britischen Flagge zwar so sanft wie möglich, aber wehe jedem, der ihm über den Weg lief, wenn er nicht unter diesem Schutz stand.

In diesem Moment kam der Signalkadett in großer Aufregung von der Brücke heruntergerannt und meldete Rauch am Horizont, der aus südöstlicher Richtung kam.

Die Gefangenen wurden weggeschickt und alle gingen sofort an Deck.

An Deck herrschte Animation. Es war ungefähr halb fünf – die Abendessensstunde der Männer –, bis auf die Wachen waren alle unten; Aber kaum hatte sich auf dem Messedeck die Nachricht herumgesprochen, dass ein Dampfer gesichtet worden sei, strömten alle Männer zu Jack, um Neuigkeiten über den herannahenden Fremden zu sehen und zu hören.

Es waren bereits Signale an „Nr. 2“ gegeben worden, ihr entgegenzudampfen, und gemächlich machte sie sich auf den Weg, obwohl man an den kleinen schwarzen Rauchwolken, die schnell nacheinander aus ihren Schornsteinen kamen, erkennen konnte, dass ihre Heizer Kohle schaufelten auf ihren Ofengittern, was das Zeug hält.

Allmählich stieg die Rauchsäule über dem Horizont auf, und vom Fockmast aus rief ein scharfäugiger Signalwärter, dass es sich um ein Kriegsschiff mit Kampfspitzen handelte und direkt auf die Insel zusteuerte.

Wenn sie ein Kriegsschiff wäre, könnte sie ein weiteres Piratenschiff sein, und es bestand die willkommene Chance auf einen „Schrott“; aber selbst wenn sich das nicht bewahrheiten sollte, gab es etwas anderes, das fast genauso willkommen war: Sie könnte eine Post bringen, und nur diejenigen, die „in Schiffen zum Meer hinabfahren“, wissen, was das bedeutet.

Dann begann „Nr. 2" zu signalisieren, und der Signalmann salutierte und meldete Kapitän Helston: „Der *Unerschrockene*, Sir!" (Die *Undaunted* war einer der Panzerkreuzer des britischen China-Geschwaders.)

„Kann ich sie nicht fangen, nehme ich an?" schlug Ping Sang lächelnd vor.

„Möglicherweise kommt sie jedoch hierher, um uns zu fangen", antwortete Helston besorgt drein. „Der Admiral hätte sie wohl kaum aus dem Weg geschickt, wenn er nicht wichtige Mitteilungen gemacht hätte. Ich vertraue aufrichtig darauf, dass sie keine schlechten Nachrichten überbringt."

„Kopf hoch, alter Gauner!" sagte Dr. Fox; „Wir werden auf jeden Fall ein paar Mails bekommen."

Zu diesem Zeitpunkt konnte das bloße Auge leicht ihre weiße Seite und die gelben Schornsteine und Hauben erkennen, die in der untergehenden Sonne glitzerten, und die weiße Flagge, die an ihrer Gaffel wehte, ein schöner Anblick, den sich jeder britische Marinemann jemals wünschen würde.

„Nr. 2" folgte ihr in Richtung des Geschwaders und sah aus wie ein verrufener kleiner Terrier, der respektvollen Abstand zu einem stattlichen Bernhardiner hielt. Weitere Signale flogen hin und her, plötzlich begannen die Semaphoren, ihre Arme auf und ab zu bewegen, und die *Undaunted wurde langsamer, als sie neben dem Laird* ankam, und stoppte ihre Motoren.

„Weg mit dem ersten Kutter! Weg mit der Galeere!" schrie der Bootsmannsmaat, und schnell wurden diese Boote zu Wasser gelassen, und in wenigen Minuten wurde Kapitän Helston von sechs starken Armpaaren zur *Undaunted hinübergezogen, während der Kutter mit dem von der Undaunted kommenden Signal* „Sendet" rief Boot für Post", war nicht viel im Rückstand. In einer halben Stunde waren beide Boote wieder zurück und die sperrigen Postsäcke wurden von willigen Händen an Bord geschleppt. Dann wurden Briefe nach Hause geschickt, die bereits geschrieben waren und nur noch auf den Abschluss warteten, und die *Unerschrockenen* begannen sich langsam zu entfernen.

Während sie ihren Kurs stabilisierte, „bemannte und jubelte" ihre Besatzung dem Schiff, drei schallende Jubelrufe erklangen über das Wasser und ein weiterer Jubel für Glück.

Die *Lairds* antworteten nicht lange, und die Mannschaft rannte in die Luft, drängte sich an der Backbordseite entlang und ließ sich Zeit, während der kleine Cummins mit der Mütze in der Hand so gut er konnte und mit einem Zahnstocher im Mund schrie, schickte Zurück, Jubel um Jubel.

der *Starke Arm* schickte ihr Jubelrufe und die *Sylvia*, „Nr. 2" und „Nr. 3" stimmten in ihre schwächeren Rufe ein.

Sie strömten aus der Takelage, begierig darauf, ihre Post zu holen, die der Waffenmeister bereits verteilte, und die *Unerschrockene* machte sich auf den Weg nach Norden (irgendwo war ein Missionshaus niedergebrannt worden, irgendjemand oder …). ein anderer musste für die Tat leiden, und sie war weg, um zu sehen, dass irgendjemand dafür litt), und das kleine Geschwader blieb wieder allein mit seiner Pirateninsel – einer einsam aussehenden Insel und einem ziemlich einsamen kleinen Geschwader nach ihr flüchtiger Blick auf seinen eigenen weißen Fähnrich, der im schwindenden Tageslicht seine Briefe von zu Hause aus las und eine Aufgabe zu erledigen hatte, die zu groß für ihn zu sein schien.

Wie Dr. Fox Helston gegenüber ziemlich vulgär ausdrückte: „Du hast ein größeres Stück abgebissen, als du kauen kannst, alter Junge.“

„Na ja, vielleicht ja, Fox; wir werden sehen.“

Die Briefe von Kapitän Helston – jedenfalls seine offiziellen – bereiteten ihm auf jeden Fall Sorgen. Er hatte sie kaum gelesen, als der Sonnenuntergang gemeldet wurde, und er musste hinauf, um die Zerstreuung des Geschwaders für die Nacht zu überwachen und sich für den frühen Morgen zu treffen.

Er kam zum Abendessen herunter, ließ es aber unangetastet.

„Komm an Deck, Fox, und trainiere etwas auf dem Achterdeck“, sagte er schließlich. „Ich will ein Garn mit dir.“ (Dr. Fox speiste normalerweise mit ihm.)

„Nehmen Sie niemals einen Mann von seinem Essen weg, um ihm schlechte Nachrichten zu überbringen“, knurrte der Doktor, nachdem sie zwanzigmal wortlos auf dem Achterdeck auf und ab gegangen waren. „Lass mich das Schlimmste wissen.“

„Mein Arm tut mir weh, Doc. Können Sie ihn nicht lindern?“ rief Helston mit seinem besorgtsten Ausdruck aus.

„Na, nun, bleib still, und ich ordne es einfach um, alter Junge. Das ist doch bequemer, nicht wahr? Die Hand ist etwas zu tief, zu viel Blut in den Fingern, nicht wahr? Habe es in einer weiteren Woche im Ärmel . Ich fühle mich besser jetzt?" Und Dr. Fox sorgte dafür, dass er sich wohler fühlte, indem er sprach, als wäre sein Patient ein kleines, gereiztes Kind. „Jetzt erzähl mir alles darüber.“

„Es kommt darauf an“, begann Helston, drehte sich um und ging schnell auf und ab. „Der Admiral wird sich in einem Monat ab diesem Datum mit mir in Verbindung setzen und für den Fall, dass ich keine wesentlichen Fortschritte melden kann, hat er von zu Hause aus den Befehl, mir zu helfen.“

„Sie wissen sehr gut, was das bedeutet. Meine Chance auf eine Beförderung ist dahin, wenn es mir nicht gelingt, die Insel in vier Wochen zu erobern."

Dr. Fox war sich bewusst, dass ein Monat eine viel zu kurze Zeit war. Er kannte Helstons Grenzen als Kommandant nur zu gut und seine Unfähigkeit, Pläne zu formulieren oder einzuhalten, die schwerwiegende Probleme mit sich brachten. Er wusste auch, welche negativen Auswirkungen diese geistige Unentschlossenheit und Angst auf seine Gesundheit, seine zunehmende Schlaflosigkeit und seine zunehmende Gereiztheit hatte, doch konnte er allein als leitender Arzt der Expedition und alter Freund ihres Kommandanten nicht Wir übernehmen die Verantwortung dafür, Vorschläge für weitere Verzögerungen oder sofortige Maßnahmen zu unterbreiten.

„Es ist nicht meine Aufgabe und ich werde nichts hervorbringen."

Aber eines wusste er: Wenn jemand die Arbeit machen konnte, dann war es Cummins, und Cummins sollte und musste die Entscheidung überlassen bleiben.

„Schicken Sie nach Cummins, Helston. Sagen Sie ihm, was Sie mir erzählt haben. Geben Sie ihm vierundzwanzig Stunden Zeit, um eine Vorgehensweise zu vereinbaren. Versuchen Sie nicht, ihn in irgendeiner Weise zu beeinflussen, und befolgen Sie seinen Rat. Fragen Sie auch auf keinen Fall Bannerman, der nur ein Redner und Angeber ist, oder Hunter, der ein großartiger, großartiger Mann, aber ein Narr ist.

Nun war Kapitän Helston, wie bereits erwähnt, eifersüchtig auf seinen Kommandanten. Er wäre der Erste gewesen, der sich über die Unterstellung geärgert hätte; Aber da war es, wie man es nennen wollte, die notwendige Abfolge eines schwachen Willens, der sich seiner Schwäche angesichts des starken und überwältigenden Willens eines jüngeren Offiziers kaum noch bewusst war.

„Du hast Recht, Fox, ich weiß, dass du Recht hast. Ich werde nach ihm schicken und sehen, was er vorschlägt."

„Das ist nicht genug, Helston, Sie müssen sich entscheiden, seinen Vorschlägen Folge zu leisten." Und Dr. Fox diskutierte eine halbe Stunde oder länger mit ihm, während sie auf dem Deck auf und ab gingen. Schließlich stimmte Helston zu und Cummins wurde geholt.

Er schlurfte nach achtern, eine seltsame, groteske kleine Gestalt in der Dunkelheit (nachts brannte weder Licht noch war etwas zu sehen), nahm eine glühende Zigarre aus dem Mund und salutierte.

Helston erzählte ihm vom Brief des Admirals.

„Das bedeutet, dass wir alles UP haben, es sei denn, wir schaffen den Trick in einem Monat; nicht wahr, Sir?" er gluckste. „Zu Hause sind sie nicht allzu liberal, oder?"

„Ich habe nach Ihnen geschickt", fuhr Helston fort, und Dr. Fox bemerkte einen eingeschränkten Ton in seiner Stimme, „um Sie um Ihren Rat zu bitten, was zu tun ist."

„Beabsichtigen Sie nur, meine Vorschläge zu berücksichtigen, oder beabsichtigen Sie, sie in die Tat umzusetzen, Sir?" antwortete Cummins, und Dr. Fox sah, wie seine Gestalt sich versteifte, konnte fast hören, wie sich seine Kiefer zusammenpressten, und sah, wie seine Zigarre über Bord flog und im Meer erlosch.

„Ich – ich – habe – die Absicht – ihnen zu folgen", sagte Helston nervös, „und ich gebe Ihnen vierundzwanzig Stunden, um sie zu formulieren."

„Ich benötige keine vierundzwanzig Stunden, Sir. Zwei Tage möchte ich die Küstenlinie der Insel gründlicher untersuchen. Wenn ich keine genauen Informationen über die Position der Geschütze und anderer Verteidigungsanlagen erhalte, möchte ich Sie." am dritten Tag den Eingang zu bombardieren, und am Ende des dritten Tages werde ich Ihnen meine weiteren Pläne mitteilen, die vom Ergebnis der Informationen abhängen, die ich in dieser Zeit erhalten kann, das heißt, Sir, wenn Sie sie benötigen. "

„Aber was dann?" fragte Helston nervös.

„Das kann ich nicht sagen, Sir. Alles hängt davon ab, was wir bis zum Ende dieser Zeit herausfinden."

„Sehr gut, Cummins; Sie können entscheiden, welche Dispositionen Sie wählen."

„Es hängt alles vom Wetter ab, Sir, und ich muss ruhige Tage haben – die ersten beiden ruhigen Tage."

„In Ordnung! Kommen Sie runter und schauen Sie sich die Karte noch einmal an."

„Danke, Sir, und ich nehme auch noch eine Zigarre."

* * * * *

Der Besuch der *Unerschrockenen* und die Post, die sie mitgebracht hatte, waren in den Waffenkammern des *Laird* und *des Strong Arms vielleicht willkommener* als bei irgendjemandem anderen, denn die Monotonie lässt junge Menschen leichter lähmen als Männer, und sicherlich werden sie es mehr schnell Heimweh.

Das Abendessen an diesem Abend in der Waffenstube *des Laird war eine köstliche Mahlzeit, obwohl es hauptsächlich aus Corned Meat und Sardinen bestand.*

Jeder von ihnen hatte etwas von zu Hause gehört, jeder hatte etwas zu besprechen, und der Waffenraum, übersät mit Stapeln frisch aufgeschlagener Zeitungen, illustrierter Wochenzeitungen und Zeitschriften, glich einem Bärengarten.

Bücher, Stiefel, Fernrohre, Schulbücher und Logbücher der Midshipmen, Papiere, Uniformmützen, Sextantenkästen und Ölzeug lagen in wirren Haufen auf dem Deck und auf den Schließfächern der Midshipmen, wo sie während der Fahrt vom Tisch gefegt worden waren es zum Abendessen zu legen.

Mehrere schnelle und kräftige Waffenbewegungen hatten bereits alle begeistert, außer natürlich den Senioren, die sich über den Schaden, der dadurch an Geschirr und Gläsern entstand, die ihnen ohnehin zur Neige gingen, nicht bewusst waren.

Glover selbst, der für einen Moment sein verletztes Bein vergaß (es war jetzt vollkommen geheilt), hatte sich mit ungewohnter Kraft in ein Handgemenge am unteren Ende des Tisches gestürzt – dem Ende, das am weitesten von Jeffreys dem U-Boot (dem amtierenden Monarchen) und dem entfernt war zwei Hilfsingenieure saßen – und waren darunter aus dem Blickfeld verschwunden. Hier wurde er durch sanfte Tritte von einer Seite zur anderen weitergereicht, und seine einzige Chance bestand darin, das erstbeste Paar Füße zu umarmen, die er fassen konnte, und den Besitzer mit sich nach unten zu ziehen.

Das tat er, und da lagen sie und kämpften darum, wer den freien Platz bekommen sollte, während ihre Kumpel ihnen freudig und wahllos auf die Rippen trommelten und darauf setzten, dass der eine oder der andere zuerst auftauchte.

Schließlich erschien Glovers Kopf zuerst, aber ein Kumpel, der den anderen unterstützte, goss ihm ein Glas Wasser über den Kopf, und ein kräftiger Zug von unten durch seinen Gegner ließ ihn wieder verschwinden, und die Tischdecke folgte ihm und schleifte mit Es Messer und Gabeln, Gläser und Teller, in einem mächtigen Katarakt.

Das war zu viel für die Zuschauer, und einmütig verschwanden sie unter dem Tisch und kämpften, während die Diener, die an eine solche Szene vollkommen gewöhnt waren, flink umhersprangen und Teller und Gläser aufhoben, sobald diese inmitten des kämpfenden Wirrwarrs der Waffen zu Gesicht kamen und beine.

Diejenigen am oberen Ende des Tisches, der glücklicherweise über ein eigenes Tischtuch verfügte, setzten ihre Mahlzeit ungestört fort – alle bis auf Dumpling, der, indem er das Beilagenbuch ergriff, heftige Schläge auf jeden unverteidigten Teil der Anatomie austeilte, der sich ihm offenbarte unter dem Tisch.

Das war „überall" Dumpling. Gab es einen Kampf oder ein „Gedränge", war er immer in der Nähe und schlug wahllos zu, wagte aber selbst nie ein „Rauf und Ab".

Zu diesem Zeitpunkt war der Aufruhr so groß, dass Jeffreys, Ogston und der andere Hilfsingenieur sich buchstäblich nicht mehr sprechen hörten, und der Tisch, der sich ein- oder zweimal hob, während die Midshipmen darunter kämpften und kämpften, gab bedrohliche Anzeichen eines Kenterns ab.

„Hört auf, ihr jungen Idioten!" brüllte Jeffreys, schlug mit der offenen Hand auf den Tisch und rief den Oberfähnrich beim Namen.

Eine Minute später waren sie wieder an ihren Plätzen, errötet und glücklich, mit abgenommenen Kragen, zerrissenen Mänteln und hier und da kleinen Schnitten in ihren Gesichtern, die ihre nächsten Freunde liebevoll mit der zerknitterten Tischdecke abwischten.

Sobald die Ordnung wiederhergestellt war, stürzten sie sich mit doppelter Kraft, und die Sardinen verschwanden wie von Zauberhand – Sardinen, Butterdosen und Kekse.

„Nun, ich komme über die Neuigkeiten von zu Hause nicht hinweg", sagte Dumpling zum etwa vierten Mal, seit die Post an Bord gekommen war.

„Was ist denn, Dumpling?" sie alle sangen im Chor. „Deine alte Katze hatte Kätzchen?"

„Nein, Leute, habe ich es euch nicht gesagt? Meine Schwester ist mit dem Sohn eines Herzogs verlobt. Ich komme einfach nicht darüber hinweg."

„Können Sie das wirklich nicht? Dann versuchen Sie, ob Ihnen das hilft", sang Mellins und warf einen Seestiefel auf Dumplings Kopf. Knödel war viel zu flink, und er prallte nur gegen den hilflosen Wirt, der sich alle Mühe gab, sie alle zu bedienen, zerschmetterte einen Krug, den er bei sich trug, und traf ihn direkt auf die Brust.

„Es tut mir schrecklich leid, Watson", sagte Mellins entschuldigend.

„Schreiben Sie Mr. Dunning für sechs Krüge, Messman", sagte Jeffreys – „sechs für den Scherz."

„Aber ich habe es nicht geworfen, es war nicht meine Schuld", stammelte Dumpling.

„Es ist deine Schuld, gehängt zu werden! Du hast es verdient.“

„Aber meine Schwester *ist* mit dem Sohn eines –“ verlobt, begann er erneut.

„Komm her, Dunning!“ schrie Jeffreys. „Jetzt stell dich hier an meine Seite, gib mir deinen Arm. Nein, ich werde ganz sanft zu dir sein“, als er ihn leicht drehte und Dumpling zuckte. „Erzählen Sie uns jetzt ganz nett von Ihrer Schwester. Wen wird sie heiraten?“

„Der Sohn eines Du--“, begann Dumpling.

„Nein, nein, das ist sie nicht, mein Freund. Wiederholen Sie mir einfach nach: Meine Schwester – wird – einen – zusammengebrochenen – betrunkenen – Taxifahrer heiraten. Jetzt tun Sie, was ich Ihnen sage“, so Dumpling wurde trotzig, „oder bevor du weißt, wo du bist, wirst du ein Dutzend der Besten auf deinem Rücken haben.“ Und er drehte seinen Arm, bis er sich vor Schmerz krümmte.

„Meine Schwester wird einen Taxifahrer heiraten“, stotterte er mit rotem Gesicht.

„Ein – zusammengebrochener – betrunkener Taxifahrer“, brüllte Jeffreys; aber Dumpling blieb die Demütigung erspart, das zu wiederholen, denn ein Bote steckte seinen Kopf zur Tür und rief, dass die Midshipmen des Streikpostenbootes und des zweiten Kutters sofort in der Kajüte des Kommandanten gesucht würden, und da Dumpling den zweiten Kutter hatte, er befreite sich und entkam.

Mellins war der stolze „Besitzer“ des Streikpostenbootes, und nachdem ihre jüngsten Feindseligkeiten vergessen waren, rannten beide Jungen wie Kaninchen zur Hütte des Kommandanten.

„Mr. Christie“ (Mellins‘ richtiger Name), begann er, während beide stramm standen, „Sie werden Ihr Boot morgen früh um fünf Uhr mit Dampf zum Auslaufen bereithalten. Sorgen Sie dafür, dass seine Tanks gefüllt sind.“ und die Bunker sind voll. Sie, Herr Dunning, sind der diensthabende Kutter für morgen, und ich glaube, Sie werden bereit sein, um fünf Uhr ins Wasser zu gehen Stellen Sie Ihren Männern Gewehre und Pistolen zur Verfügung und schleudern Sie diese unter die Ruderbänke des Bootes. Sie werden beide dafür sorgen, dass das Essen Ihrer Mannschaft über Nacht vorbereitet wird und dass die Brecher (Wasserfässer) Ihrer Boote bereitstehen ) sind voll mit Trinkwasser. Gehen Sie weg und treffen Sie sofort Ihre Vorbereitungen.

Beide Jungen schlüpften mit eifrigen Gesichtern davon, aber mit dem Unterschied, dass Dumpling zuerst in den Waffenraum ging, während Mellins sich auf den Weg machte, um seinen Steuermann zu holen, und zwei Minuten später in sein Boot kletterte, um sich zu vergewissern, dass alles in Ordnung war Er stellte sich als vom Kommandanten speziell ausgewählter

Held dar, fand mit viel unnötigem Aufwand seinen Dolch und nahm ihn nach vorne, um ihn auf dem Schleifstein zu schärfen.

„Dieser Junge will unbedingt treten", sagte Ogston.

„Er wird es bekommen, wenn er zurückkommt", antwortete Jeffreys lässig.

# Kapitel XVII

## Die Piraten ausspionieren

Wir gehen an Land – Unter den Forts – Hilflos treibend – Wir verstecken uns zwischen Felsen – Ein schrecklicher Moment – Die Piraten ausspähen – Notizen machen – Schon wieder Hopkins – Wie sollen wir entkommen? – Cummins entscheidet

*Mr. Midshipman Glover erzählt, wie er die Insel besucht hat*

Die Wunde in meinem Bein heilte innerhalb von sieben Tagen vollständig, und es ging mir wie im Regen, aber dieser alte Kerl, Dr. Fox, ließ mich nicht von der Krankenliste streichen.

Sie können sich vorstellen, wie wild mich das machte, denn ich hatte schreckliche Angst, mein Quartier in „Nr. 3" zu verlieren.

Das Kommen der *Unerschrockenen* hatte allen neues Leben eingehaucht, und als Mellins und Dumpling an diesem Abend ihre Befehle erhielten, machten die wildesten Gerüchte die Runde.

Ich versuchte mein Bestes, Mellins dazu zu bringen, mich im Bug seines Streikpostenbootes zu verstauen, aber er wollte, so gut er auch war, nichts davon hören, obwohl ich anbot, einen großen selbstgebackenen Kuchen mitzubringen, der angekommen war die Post.

Armer alter Mellins! es *fiel* ihm schwer, sich zu weigern.

Denken Sie nur daran, wie ich mich fühlte, als mich am nächsten Morgen um 4.30 Uhr der Halbdeckposten mit den Worten weckte: „Der Kommandant möchte Sie, Sir, sofort!"

Ich kletterte hinunter – in meine Kleidung –, setzte mir eine Mütze auf den Kopf, ohne mir die Haare zu bürsten, und stürmte an Deck.

„Eh! Mr. Glover", kicherte der Kommandant, als er mich bei einer Tasse heißem Schiffskakao ansah. „Dr. Fox sagt, Sie sind dienstfähig, also seien Sie bereit, das Schiff um 5 Uhr morgens zu verlassen, um sich bei Mr. Parker zu melden."

Da ich kaum wusste, ob ich vor Freude auf dem Kopf oder auf den Fersen stand, tauchte ich hinab und begann, meine Brust zu packen; aber ich hätte es nicht so eilig haben müssen, denn der Kommandant schickte seinen Boten, um mir zu sagen, ich solle nur das mitnehmen, was ich tragen konnte, also musste ich mich wieder mit Dumplings Ledertasche begnügen. Er hatte auf jeden Fall richtig gute Taschen. Es gelang mir, den größten Teil des

Kuchens hineinzuschieben, nachdem ich ein großes Stück abgeschnitten hatte, das ich in Toddles' Spind versteckte, und ein weiteres, das ich dem Steuermann des Streikpostenbootes als Überraschung für Mellins schenkte. Ich sah, wie er es zwischen ein paar öligen Lumpen versteckte, also vermutete ich, dass der alte Mellins es nie finden würde.

Es war einfach nur geil, wieder zu „Nr. 3" zurückzukehren – Mr. Parker, Mr. Chapman, der Ingenieur, und Collins, das U-Boot, freuten sich alle sehr, mich zu sehen, und auch Pat Jones. Das Einzige, was fehlte, war Toddles, und ich brachte es nicht übers Herz, mich von ihm zu verabschieden, sondern ließ ihn schnarchend in seiner Hängematte liegen – er hatte die mittlere Wache gehabt.

Der Kommandant kam mit mir zu „Nr. 3", und als er an Bord war, nahmen wir das Streikpostenboot und den zweiten Kutter ins Schlepptau und dampften langsam landeinwärts auf die Insel zu, nicht direkt auf den Eingang zu, sondern ein Stück an der Stelle vorbei Die beiden Piraten-Torpedoboote waren an Land gelaufen und machten einen großen Kreis, um nicht unter Beschuss der Festungen zu geraten. Wir haben das Streikpostenboot abgeschleppt, um seine Kohle zu retten.

Sobald wir in der Nähe des Landes und hinter der vorspringenden Ecke waren, von der ich Ihnen erzählt habe und die uns vor den Festungen verbarg, legten wir die Boote ab, wobei der Kommandant mit dem Kutter abfuhr und das Streikpostenboot sie aufnahm Abschleppen. Sie gingen so nah wie möglich an die Küste heran, krochen langsam vom Eingang weg und untersuchten die Felsen Stück für Stück, während wir uns auf der Höhe hielten und bereit waren, das Feuer zu eröffnen, falls die Chinesen von den Klippen aus Gewehrschüsse abfeuerten.

Es war keine besonders aufregende Arbeit, und soweit wir von „Nr. 3" sehen konnten, gab es keine einzige Stelle, an der eine Katze klettern konnte. Erst am Nachmittag sahen wir etwas, das sich einem Strand näherte, und selbst dieser hatte senkrechte, mit Reisig bedeckte Klippen dahinter.

Sie müssen in den Booten todmüde gewesen sein, aber der Kommandant machte immer noch weiter, stand an der Heckschote des Kutters, machte sich Notizen, fertigte Skizzen an und las Winkel auf seinem Sextanten ab.

Dann erreichten wir jedoch die Rückseite der Insel.

Das Ufer war hier niedrig, aber zu hoch, als dass wir darüber in den Hafen sehen konnten, und gerade als wir den kleinen Kanal dort draußen erblickten, tauchte eine Schar zerlumpter Raufbolde auf und begann, auf die Boote loszuschießen.

Wir haben sie mit unserem 12-Pfünder auf der Brücke angegriffen, mit unserem zweiten Schuss die Reichweite gefunden und sie wie Kaninchen in Deckung rennen lassen, gefolgt von einem Mann auf einem struppigen Pony, der langsam hinter ihnen her galoppierte.

„Erkennst du deinen Freund?" fragte Mr. Parker und reichte mir sein Teleskop. Tatsächlich war es der schwarzbärtige Mann, der an Bord dieses Zerstörers so großartig gekämpft hatte. Ich habe ihn sofort erkannt.

„Ich bin froh, dass er sicher nach Hause gekommen ist", sagte ich.

„Ich glaube nicht, dass er schon nach Hause gekommen ist", grinste Mr. Parker. „Ich glaube nicht, dass er auf dieser Insel viel häuslichen Komfort vorfinden wird. Beeilen Sie sich, Jones", wandte er sich an die Besatzung des Geschützes, die aufgehört hatte zu schießen.

Jones zielte sorgfältig, feuerte, und die Granate explodierte direkt hinter dem Pony und ließ eine Wolke aus Staub und Steinen aufsteigen. Das verängstigte Tier bäumte sich auf und versuchte wegzurennen, aber der Reiter brachte es ruhig zum Schweigen, schüttelte uns die Faust und ließ es langsam über die Hügelkuppe gleiten.

„Das ist ein toller Kerl", sagte Mr. Parker bewundernd und schickte mich in seine Kabine, um ihm noch etwas Tabak zu holen.

Unsere Arbeit für den Tag war getan, und nachdem wir die Boote zurück zum *Laird geschleppt* hatten, schlossen wir uns „Nr. 2" an und nahmen nach Einbruch der Dunkelheit die übliche Position in der Nähe des Eingangs für die Nacht ein.

Als wir den Kutter zurück zum Schiff schleppten, konnte ich sehen, dass Dumpling völlig aufgeregt war und fragte mich, welche Geschichten er in dieser Nacht im Waffenraum über seine Erfahrungen unter Beschuss erzählen würde.

Der Kommandant kehrte nicht zu seinem Schiff zurück, sondern kehrte zu „Nr. 3" zurück und legte sich früh hundemüde nieder – zu müde, um zu rauchen oder irgendwelche lustigen Bemerkungen zu machen.

Ich durfte nicht an Deck und habe wie ein Murmeltier geschlafen.

Plötzlich – es schien nur zehn Minuten später zu sein – wurde ich grob geschüttelt und halb benommen befohlen, an Deck zu gehen, um das Beiboot ins Wasser zu bringen. Es war sehr kalt, ziemlich dunkel und ein feuchter Nieselregen machte alles rutschig – ein so trostloser Ausblick, wie man ihn sich nur vorstellen kann.

Wir holten das Beiboot heraus, steckten einen Kompass hinein, und Jones nahm seinen Platz im Boot ein, während die Ruder mit Watte umwickelt waren, damit sie in den Ruderschlössern keinen Lärm machten.

Dann kam der Kommandant in seinem Mantel, und er und ich stiegen hinein, jemand warf mir einen Ölmantel zu, und wir schoben uns in die Dunkelheit davon.

Ich hatte nicht die geringste Ahnung, was wir tun würden, und da ich nur halb wach war, fühlte ich mich einigermaßen elend.

„Genau der Morgen dafür", kicherte der Kommandant; „ein feuchter Nebel und ein ruhiges Meer."

„Was werden wir tun, Sir?" Ich begann zu wachen und zitterte.

„Direkt unter den Festungen, Junge. Ich möchte, dass du mir sagst, wenn wir zu den Felsen kommen, auf denen diese Lichter brannten, sollst du dort warten, bis es hell genug ist, um die Kanonen zu sehen, und dann wieder verschwinden. Die Flut fließt jetzt stark, und wird uns zum Eingang tragen.

"Oh!" war alles, was ich antworten konnte, und fühlte mich alles andere als glücklich.

Jones paddelte nur leicht, aber trotzdem stießen wir gegen einen Felsen.

„Gehen Sie an den Bug, Glover, und stoßen Sie sie weg", sagte mir der Kommandant, und ich kletterte nach vorne. Wir gingen wieder weiter, hielten uns in Richtung Eingang und stießen gelegentlich aneinander. Auf einem dieser Felsen befand sich ein großer Seevogel. Es flatterte kreischend in die Dunkelheit und stieß einen schrillen Alarmschrei aus, von dem ich dachte, dass er die ganze Insel aufwecken würde.

Wie mein Herz schlug!

Es war eine gruselige Arbeit, und meine Zähne klapperten, als ich mich über den Bug beugte, sie von irgendwelchen Steinen stieß und versuchte, eines zu finden, auf dem eine Lampe stand. Es bestand auch eine große Gefahr, denn obwohl das Meer ruhig war, war der Wellengang deutlich spürbar, als wir uns den Klippen näherten, und obwohl es sich bei dem Boot um eine stark gebaute alte Wanne handelte, knarrten und ächzten ihre Seiten ein- oder zweimal als sie gegen die Felsen stießen.

„Ruder", flüsterte der Kommandant.

Jones hörte auf zu ziehen, und ich bemerkte, dass wir anscheinend nicht den Weg verloren; Tatsächlich glitten wir ziemlich schnell an einer großen dunklen Felsbrockenmasse vorbei.

„Wir müssen jetzt in der Nähe des Eingangs sein; schauen Sie, wie wir mit der Strömung hineingetrieben werden", sagte der Kommandant leise.

„H'st!" Er zischte, und wir hörten das regelmäßige Geräusch der Ruder im Ruderschlag. Es kam auf uns zu, vom Meer kommend, jeden Moment lauter und klarer – ähm! ähm! rückwärts und vorwärts.

„Es ist ein einheimisches Boot", flüsterte der Kommandant; und dann: „Zurück an Steuerbord, Jones! Zurück für dein Leben, Mann!"

Jones rüttelte heftig mit seinem Ruder im Wasser, und, oh Schrecken! Das morsche Holz knackte, gab nach, und die Klinge fiel ins Meer, als eine dunkle Gestalt an uns vorbeiplätscherte und mittschiffs ein kleines Leuchten wie von einem glühenden Kohlenbecken hatte – genug, um den undeutlichen Fleck eines Mannes zu erkennen, der hin und her schwankte hin und her und grunzte laut bei jedem Ump-Ump eines langen Schwungs über das Heck.

Wir dachten, er müsse uns sehen oder das Geräusch des brechenden Ruders hören, und blieben so still wie der Tod, während der Eingeborene – ein Fischer, der wahrscheinlich von der Aufstellung seiner Reusen zurückkam – in der Dunkelheit verschwand.

Was sollten wir tun?

Wir hatten kein Ersatzruder im Boot und Jones versuchte vergeblich, mit dem restlichen Ruder über dem Heck zu paddeln. Er schaffte es nicht einmal, ihren Bug gegen die Strömung herumzudrehen, die wir jetzt an den Felsen vorbei brodeln und rauschen hören konnten, und als es uns endlich gelang, sie durch Paddeln mit den Bodenbrettern herumzubewegen, brach unser letztes Ruder kurz ab, Jones beinahe als es nachgab, fiel es über Bord.

In seiner Verzweiflung riss er ein weiteres Bodenbrett auf, und wir drei paddelten, als ginge es ums Leben. Wir konnten nichts sehen, nicht einmal die Gesichter des anderen, aber eine kalte Brise, die von der Insel kam, sagte uns, dass wir uns bereits im Eingangskanal befanden und zwischen die beiden Festungen gesaugt wurden, die wir auskundschaften wollten. Arbeiten, wie wir konnten – und wie sehr es meine Handgelenke ermüdete! Mit viel Lärm und Spritzern, von dem wir jeden Augenblick erwarteten, dass es Alarm schlagen würde, kamen wir nicht im geringsten voran.

„Gehen Sie zur Seite", kam es vom Kommandanten.

Aber wir konnten nicht einmal das tun. Das Boot geriet außer Kontrolle und wurde, in den Wirbeln der Strömung immer wieder kreisend, durch den dunklen Kanal in Richtung des Piratenhafens gezogen.

Ich vergaß, dass mir bei dem Gedanken an unsere schreckliche Lage kalt und nass und schläfrig war, aber ich glaube nicht, dass ich wirklich Angst hatte, denn irgendwie hatte man nie Angst, wenn der Kommandant in der Nähe war (das haben mir die Leute oft gesagt). das Gleiche seitdem) und Jones auch; Ich hatte das Gefühl, dass auch er einen Ausweg finden würde.

Plötzlich sahen wir vor uns ein rötliches Leuchten, das die scharfen Kanten der Felsen umriss; Wir bogen um eine Ecke und schossen dann augenblicklich in den Schein eines Lagerfeuers auf einem Felsen, der sechs Meter über uns lag.

Zwei Chinesen, einer von ihnen auf ein Gewehr gestützt, standen daneben und wärmten sich, und wir konnten hören, wie sie schläfrig miteinander redeten.

Wir befanden uns im Schatten der Felsen und wirbelten vorbei, ohne dass einer von uns einen Muskel bewegte oder einen Laut von sich gab, während wir die Wachposten beobachteten und erwarteten, gesehen zu werden.

Es kam uns wie eine Ewigkeit vor, als wir von der Strömung angesaugt wurden.

Endlich waren wir vorbei, und dann wurden die Bewegungen des Bootes sanfter, und wir befanden uns in einer Art Rückenwirbel, in dem sich allerlei Holz, Äste und schwimmende Blätter sanft im Kreis drehten.

„Jetzt paddeln Sie, Jungs, und nicht planschen", flüsterte der Kommandant und steuerte so gut er konnte. Der Lichtschein des Feuers verschwand plötzlich.

„Vorfahrt, Jungs, wir sind um die Ecke – außer Sichtweite der Wachposten."

Wir bekamen das Boot einigermaßen unter Kontrolle und bewegten uns langsam auf den dunkelsten Teil zu, den wir sehen konnten. Wir hatten nicht die geringste Ahnung, was es sein würde, aber wir machten weiter, und mein Herz raste wie ein Dampfhammer.

Plötzlich fuhr etwas über mein Gesicht und versetzte mir einen stechenden Schlag. In meiner Aufregung und Nervosität musste ich mir auf die Lippen beißen, um nicht vor Angst aufzuschreien, und klammerte mich daran fest.

Es war ein Ast eines Baumes.

Ich zerrte daran, Hand in Hand, stellte fest, dass mein Gesicht mit feuchten Blättern benetzt war, und mit den anderen, die halfen, machten wir uns auf den Weg direkt zwischen den Zweigen.

Der Kommandant warf den Bootshaken über Bord. „Zwei Fuß tief", sagte er, dann kniete er sich hin, tastete nach dem unteren Stopfen und zog ihn heraus, und das Wasser strömte schnell gurgelnd hindurch.

In einer Minute reichte es uns bis zu den Knöcheln, und dort mussten wir stehen und das Boot beschweren, während das Wasser anstieg, bis es uns allmählich über die Knie reichte. Pfui! Wie kalt war es! Aber wenn wir wollten, dass das Boot sinkt, blieb uns nichts anderes übrig, und wir mussten es tun.

„An Land kriechen", flüsterte der Kommandant, als Wasser über das Dollbord einzuströmen begann und Jones und ich an den Ästen entlang kletterten, halb im Wasser, halb aus dem Wasser. Jones landete als Erster, streckte seine große Hand aus und zog mich an Land.

Einen Augenblick später gesellte sich der Kommandant zu uns.

„Fahrt landeinwärts, Jungs", flüsterte er so ruhig wie alles andere, „dem Boot ist alles in Ordnung." Und wir kämpften und quetschten uns durch die dichten Büsche und das Unterholz, gingen im Gänsemarsch und dicht beieinander, um einander nicht in der Dunkelheit zu verlieren.

Plötzlich stürmten wir durch eine freie Fläche und unsere Füße traten auf harten Boden.

"Ein Weg!" sagte der Kommandant und schlug sanft darüber.

Dann kamen wir zu weiteren dichten Büschen und Dornen, stießen auf einige stämmige Bäume mit Steinen dazwischen und kletterten nach oben.

In einer Minute mussten wir Hand in Hand klettern, es war sehr steil, und ich dachte, wir sollten niemals anhalten, und der Lärm, den wir machten, schien ungeheuerlich.

Das Licht des Lagerfeuers erschien erneut. Wir blieben stehen und konnten die beiden Männer sehen, die immer noch lustlos darüber standen. Sie hatten uns noch nicht gehört und wir kletterten nach oben, bis das Licht erneut für uns verschlossen war.

Schließlich kletterten wir auf etwas, das wie ein kleiner Felsvorsprung aussah. Ich konnte nicht weitergehen und fiel zusammen.

Wir legten uns auf diesen Felsvorsprung, eng zusammengedrängt, um uns zu wärmen, bis die Dunkelheit allmählich und langsam nachließ.

Zuerst konnten wir die Gesichter des anderen erkennen und das hohe Gras, in dem wir lagen, die dichten Büsche vor uns und Felsen und noch mehr Büsche hinter und auf jeder Seite.

Allmählich konnten wir die kalte Wasseroberfläche unter uns erkennen, und plötzlich läutete direkt über dem Hafen ein Schiff vier Glocken (sechs Uhr), eine weitere und eine andere wiederholten sich, und wir konnten die schrillen

Pfeifen als Zeiger hören wurden entdeckt,[#] wahrscheinlich an Bord der Piratenkreuzer.

[#] Männer wurden an der Pfeife des Bos'n aus ihren Hängematten geworfen.

Von der anderen Seite des Wassers erklang der pochende Klang eines einheimischen Gongs, zunächst ein einziger, dann zwei oder drei weitere, bis es schien, als würden Hunderte geschlagen, wobei der Lärm zunahm und abklang, bis der ganze Hafen davon erfüllt zu sein schien .

Lichter flammten auf, als Feuer angezündet wurden, und wir wussten, dass das Piratendorf in Aufregung geriet.

Als die Morgendämmerung nahte, konnten wir unsere Position erkennen. Wir saßen auf einem Felsvorsprung etwa zwanzig Meter über der steilen Seite einer felsigen, unebenen Klippe, die mit dichten, zwergartigen Bäumen und Ginsterbüschen bedeckt war, die überall dort wuchsen, wo sie Halt fanden.

Unter uns verlief der Pfad am Ufer entlang, den wir eine Stunde zuvor überquert hatten, und an dem überhängenden Baum vorbei, der das vom Wasser vollgestopfte Beiboot verbarg und an dessen Ästen wir an Land geklettert waren.

„Wenn sie das Dinghi oder den Schaden, den wir hier oben angerichtet haben, nicht entdecken", kicherte der Kommandant, „sind wir so sicher wie in einer Kirche und müssen einfach bis zum Einbruch der Dunkelheit gemütlich liegen bleiben."

Dann geschah das, woran ich mich seither mit noch größerem Entsetzen erinnerte als an die übrigen Gefahren dieses Tages, und es schien mein ganzes Inneres zu erstarren.

Es war meine eigene Schuld, wissen Sie, und hätte uns alle beinahe in schrecklichste Gefahr gebracht.

Indem ich ein Büschel dichten Grases beiseite schob und nach unten schaute, konnte ich diesen Pfad gerade noch erkennen, und als er hell genug wurde, um Objekte erkennen zu können, sah ich etwas Dunkles mitten darin liegen, direkt im Freien. Es kam mir seltsam bekannt vor und unwillkürlich legte ich meine Hand an meinen Kopf. Meine Mütze fehlte und lag direkt auf dem Weg, einem ausgetretenen und offensichtlich viel benutzten Weg.

Ich kann nie sagen, wie ich mich damals gefühlt habe oder wie ich es geschafft habe, mich vor dem Kommandanten verständlich zu machen — selbst wenn ich daran denke, schaudert es mir noch heute, und Dutzende Male im Jahr sehe ich diese Mütze in meinen Träumen mit ihr daliegen Das vergoldete Abzeichen glänzte gerade — aber der Kommandant drückte mich mit einem fröhlichen Lächeln zu Boden, als ich versuchte aufzustehen, kletterte über die Kante und begann hinunterzuklettern, während Äste knisterten und schwankten und Steine vor ihm herabrutschten.

Ich ließ den Blick auf die Mütze gerichtet und wartete mit größter Angst darauf, seinen Arm aus dem hohen Gras am Straßenrand hervorstrecken zu sehen. Ich hatte damit gerechnet, dass er sich hindurchzwängen und mit dem Arm hinübergreifen würde, aber obwohl kein Arm zu sehen war, verschwand die Kappe, und eine Minute später hörte ich ihn wieder hochkommen.

"Wie hast du es gemacht?" Ich fragte ihn dankbar, als er neben mir sank.

„Mit einem langen Dornbusch, mein Sohn – einer stacheligen Schlingpflanze, die sehr praktisch war."

Noch während er sprach, schritt eine lange Reihe mit Feuerholz beladener Einheimischer (Koreaner, wie mir der Kommandant sagte) im Gänsemarsch den Weg entlang. Stellen Sie sich vor, was passiert wäre, wenn sie nur fünf Minuten früher da gewesen wären!

Sie waren kaum aus dem Blickfeld verschwunden, als sie dem Weg folgten, als plötzlich aus der Richtung der Hafeneinfahrt ein ungeheurer Kanonendonner zu hören war und wir unsere Hälse um eine Ecke eines Turmes reckten und Pulverrauchwolken schweben sahen hoch.

„,Nr. 3' kommt herein, um nach uns zu suchen", murmelte der Kommandant. „Ich hoffe, Parker kommt da raus, bevor er Schaden nimmt."

Wir lauschten und versuchten herauszufinden, ob Schüsse von der Seeseite kamen, konnten aber keine hören. Das Feuer vom Ufer ließ nach, brach erneut voller Wut aus, verstummte, und alles wurde wieder still.

„Parker ist sicher außer Reichweite", kicherte der Kommandant.

✳ ✳ ✳ ✳ ✳

Danach muss ich eingeschlafen sein, und als ich am helllichten Tag aufwachte, stellte ich fest, dass ich sehr hungrig und sehr kalt war. Jones lag zusammengerollt im Gras und schlief tief und fest, der Kommandant spähte mit seinem Feldstecher durch die Büsche und machte kleine Skizzen in seinem Notizbuch vor sich. Er hörte, wie ich mich bewegte, lächelte fröhlich, als er einen Grashalm abbrach und begann, daran zu kauen, und reichte mir seine Brille.

„Beginnen Sie von rechts und sagen Sie mir, was Sie sehen."

Als ich in eine bessere Position rutschte, hatte ich einen herrlichen Blick über den gesamten Hafen. Ganz rechts konnte ich die Senke sehen, von der aus der schwarzbärtige Mann uns gestern mit der Faust entgegengeschüttelt hatte, und den schmalen Wasserkanal, der den Abfluss markierte. Als ich das Glas nach links richtete, konnte ich einige Torpedoboote erkennen, die dicht beieinander in einer kleinen Bucht vertäut waren.

„Wie viele kannst du zählen?" fragte mich der Kommandant.

Ich habe sieben gezählt. Dann kamen drei altmodische Boote, mit Schifftakeln mit angeschlagenen Galanten und Topmasten, während um sie herum eine Menge Dschunken ankerten, ohne ein Lebenszeichen unter ihnen. Sie wirkten alle verlassen.

„Das sind die Korvetten, die dem Jangtse-Geschwader fehlen", erklärte der Kommandant aufgeregt für ihn, und sein Enthusiasmus löste in einem ein recht heiteres, aber auch furchtbar aufgeregtes Gefühl aus.

Noch weiter links befanden sich zwölf Handelsdampfer aller Größen und in keiner regelmäßigen Reihenfolge – einige waren bloße Schiffskolosse ohne Masten oder Boote, eines ohne Schornstein. Andere, etwa vier oder fünf, hatten Scharen von Menschen an Bord, und dem Klappern und Hämmern nach zu urteilen, das von ihnen ausging, schienen sie in Reparatur zu sein. Ich sagte dem Kommandanten, was ich dachte.

„Ja", sagte er, „sie verändern sie so, dass sie sie verkaufen können, ohne dass ihre alten Besitzer sie erkennen können."

An der Küste konnte ich eine ziemlich geschäftige kleine Stadt sehen, mit großen Schuppen und hölzernen Lagerhäusern und Hunderten von primitiven Hütten mit Bambusmatten – die Piratenstadt, das wusste ich, und Sie können sich vorstellen, dass ich völlig vergessen hatte, hungrig zu sein.

Daraus ragte ein grober Pier hervor, an dessen Ende ein großer Dampfer festgemacht war, und gerade als ich hinschaute, ließen sie mit Hilfe einiger hoher transparenter Beine einen Mast hinein.

Weiter oben hinter der Stadt befanden sich einige Bungalows – einer davon war wahrscheinlich Hopkins' Haus, dachte ich – und die gesamte Seite des Hügels war grün von Anbauflächen, die steilen Hänge waren in Quadraten terrassiert wie ein Schachbrett. Darüber war der Hügel zu steil, als dass selbst Chinesen ihn bebauen konnten, und endete in einem flachen Gipfel, der viel höher war als an jedem anderen Punkt der Insel. Wir alle hatten diesen Hügel vom Meer aus gesehen.

Noch weiter links und unter ziemlich hohem Land lagen vier Kreuzer vorne und hinten vertäut. Einer ähnelte meiner Meinung nach sehr dem Kreuzer, der „Nr. 2" und „Nr. 3" abgefahren hatte, als wir den Zerstörer außerhalb der Insel versenkten.

„Das ist der *Hong Lu* ", sagte mir der Kommandant, als ich ihn fragte.

„Welche Waffen können Sie erkennen?"

Es war schwierig, genau zu sehen, denn sie lag mit dem Bug auf uns zu, aber sie schien eine Waffe von etwa der Größe eines 6-Zolls auf dem Bug zu haben, und auf jeder Seite drei in kleinen Sponsoren.

„Die anderen drei sind die *Yao Yuen* , *die Mao Yuen* und die *Tu Ping* ", sagte der Kommandant, „und sie scheinen alle ihre Waffen an Bord zu haben. Aber was halten Sie von dem komisch aussehenden Schiff, das direkt an der Küste vertäut ist?"

„Sie ist ein Panzerschiff, Sir", flüsterte ich, „mit zwei Geschütztürmen!"

„Ja; aber hat sie irgendwelche Waffen?"

Ich schaute sehr genau hin, konnte aber nichts entdecken. Aus einer Öffnung in einem Turm ragte etwas heraus, aber nur ein kleines Stück, und am Ende sah es zerlumpt aus.

„Nein, das glaube ich nicht, Sir."

„Dieses Schiff ist die alte *Ting Yuen* , Glover. Sie müssen sie vom Grund des Wei-hai-wei-Hafens gehoben haben, aber warum um alles in der Welt sie sie hierher gebracht haben, wenn sie keine Waffen hatte, ist mir völlig schleierhaft."

In ihrer Nähe befanden sich zwei alte Freunde – die beiden verbliebenen der drei Patagonier, die uns auf dem Weg von Malta aus so viel Ärger bereitet hatten, und in ihrer Nähe drei weitere Torpedoboote. Riesige Kohlehaufen säumten das Ufer hinter ihnen, mehrere weitere Lagerhäuser und ein weiterer kleiner Pier.

Wie sehr wünschte ich, dass Mellins und Toddles bei mir gewesen wären, um das alles zu sehen! und ich vergaß völlig, dass wir uns in einer so hilflosen Lage befanden.

Dampfschiffe schossen von einem Schiff zum anderen und zwischen den Schiffen und dem Ufer hin und her.

Über der kleinen Stadt hing eine dünne blaue Rauchwolke, und von etwas, das wohl Schmieden oder Werkstätten gewesen sein musste, stiegen dunklere Rauchsäulen in die stille Luft auf, und hier und da schoss ein weißer Dampfstrahl auf.

Sie schienen enorm beschäftigt zu sein und in der kleinen Stadt herrschte reges Leben.

„Gehen Sie weiter nach links und sagen Sie mir, was Sie sehen?" befahl der Kommandant.

Zunächst fiel das Hochland, unter dem die Kreuzer vertäut lagen, allmählich in Richtung des Kanals ab, durch den wir getrieben waren, und endete dann abrupt in zwei Terrassen, von denen eine die andere überblickte. Ein Zickzackpfad, der in die Klippe gegenüber von uns eingeschnitten war, führte zu diesen Terrassen und begann an einem kleinen Landeplatz am Wasser. Daneben lag ein Dampfschiff, das offenbar eine Schiffsladung voller Vorräte dorthin geschleppt hatte, und eine lange Reihe von Kulis trottete paarweise heran, zwischen denen an Bambusstangen über ihren Schultern etwas hing, das wie Munitionskisten aussah. Andere marschierten mit leeren Händen nieder.

Als ich dem Zickzackpfad folgte, erkannte ich einen mit einer Plane bedeckten Waffenschild. Das war auf der unteren Plattform, und aus den Felsen herausragte ich die Mündung eines Schnellfeuergewehrs auf der oberen Plattform.

„Das ist eine der Festungen, Sir", sagte ich aufgeregt.

Unterhalb der Kanonen erstreckten sich die Felsen dreißig bis vierzig Meter weit und wurden dann hinter einigen höheren Felsen auf unserer Seite des Eingangskanals verborgen. Diese versperren jeglichen Blick auf das Meer.

„Jetzt kommen Sie dorthin, wo ich bin, und schauen Sie um die Ecke nach links", sagte der Kommandant, rollte sich zur Seite und lachte amüsiert über meine Aufregung. Ich tat, was mir gesagt wurde, schob einige Zweige beiseite und spähte nach unten.

Der Weg unter uns – der Weg, auf den meine Mütze gefallen war – verlief am Fuß der Klippen entlang, am Ufer entlang, bis er zu einem kleinen Anlegeplatz aus starken Holzbalken kam. Beim Rechnen auf Cricketplätzen – ein Ausweichmanöver, das mir der Kommandant beigebracht hatte – glaubte ich, dass es fast sechzig Meter von der Stelle entfernt war, an der unser Beiboot gesunken war.

Der Anlegeplatz hatte, wie auch der gegenüberliegende, an einer Ecke einen kleinen Bohrturm mit einer Vorrichtung und Blöcken, mit denen man Gewichte aus einem Boot heben konnte. Breite, unregelmäßig in den Fels gehauene Stufen führten von dort hinauf zu einem gut angelegten Pfad, der steil nach oben verlief, dann um eine Ecke bog und nicht mehr zu sehen war.

An dieser Ecke war eine kleine Plattform mit einer umlaufenden Brüstung eingeebnet worden, und darauf befand sich ein kleiner, mit Matten bedeckter Unterstand.

Vor dem Unterschlupf stand ein altes Ölfass, dessen Seiten mit Löchern durchbohrt waren und aus dem gerade jetzt sanft ein wenig Rauch aufstieg. Dies war das Feuer, das wir gesehen hatten, als wir hineindrifteten.

An der Brüstung lehnten zwei oder drei Gewehre.

Unten, die Beine über dem Landungsplatz baumelnd, fischte ein Chinese in einer Art Uniform und unterhielt sich ständig mit den Matrosen auf dem Dampfschiff am gegenüberliegenden Steg.

An diesem Landeplatz waren mehrere kleine Boote festgemacht.

Ich erzählte dem Kommandanten alles, was ich gesehen hatte, und dann befahl er mir, Skizzen anzufertigen, zeigte mir, wie man sie ziemlich genau anfertigt, und lieh mir seinen Bleistift.

Ich hatte eine eigene Handtasche und arbeitete zwei Stunden oder länger hart daran, und ich glaube, dass ich wirklich zu viel Angst vor dem Kommandanten hatte, um mir über unsere tatsächliche Gefahr Sorgen zu machen, denn er war wütend über meine ersten paar Versuche .

„So etwas habe ich noch nie gemacht, Sir."

„Was zum Teufel hast du in der *Britannia gemacht* ?" er murmelte. „Ich werde dafür sorgen, dass du viel Übung bekommst, wenn wir zum *Laird* zurückkehren ."

„Aber bitte, Sir, wie kommen wir zurück?" Ich wagte es, ihn gleich zu fragen. Er antwortete mir nicht, sondern lachte nur.

Hin und wieder gesellten sich zu dem Mann, der fischte, einige Kameraden, die anscheinend als Wachen Dienst hatten, denn bald darauf kam schnell eine weitere Dampfbarkasse aus der Stadt und lief neben der Anlegestelle entlang. Der Fischer ließ seine Leine fallen und stand stramm; Seine Kumpel rannten die Stufen hinauf, ergriffen ihre Gewehre und präsentierten Waffen, während zwei Europäer an Land gingen.

Einer war der Mann mit dem schwarzen Bart, der zweite war kein anderer als Hopkins, und Sie können sich vorstellen, wie aufgeregt ich war, denn ich hätte sie mit einem Stein schlagen können, sie waren so nah, und ich konnte Hopkins genauso fröhlich lachen hören wie er etwas Garn gesponnen.

Sie stiegen die Stufen hinauf, kamen an den Wachposten vorbei und verschwanden um die Ecke.

Nach etwa einer halben Stunde kamen sie zurück und gingen zum anderen Steg. Hier trafen sie auf einen dritten Europäer, und alle drei gingen zur Festung hinauf, während die Kulis ihnen Platz machten.

Sie blieben dort nicht lange. Hopkins und der schwarzbärtige Mann kamen langsam den Zickzackpfad entlang, sprangen in das Dampfboot, stießen ab und dampften auf den *Hong Lu zu* .

Wir folgten ihnen aufmerksam, und ich bemerkte, dass sie beide immer wieder auf die Spitze des Hügels hinter der Stadt blickten, der, wie ich Ihnen sagte, der höchste Punkt der Insel war. Sie schienen an irgendetwas dort äußerst interessiert zu sein, hielten sogar das Boot an und starrten durch ein Feldstecher aufmerksam nach oben.

Sie waren offenbar zufrieden, gingen weiter, und wir sahen, wie sie an der *Hong Lu entlangliefen* und ihre Unterkunftsleiter hinaufstiegen.

Der Kommandant hatte sie aufmerksam durch seine Brille beobachtet, und jetzt sah ich, wie er ernsthaft die Spitze dieses Hügels absuchte.

„Das erklärt alles", murmelte er vor sich hin und reichte sie mir. „Schau unter diese Bäume."

Zunächst konnte ich nichts erkennen außer einem großen, breiten Weg, der an der Seite hinaufführte, als wären einige schwere Gewichte unsanft hinaufgeschleppt worden, doch als ich unter den Bäumen genauer hinschaute, sah ich Scharen von Chinesen, die wie Ameisen arbeiteten, und dann erkannte ich die Biegung ein Bohrturm, wie der Davit eines einzelnen Bootes, der vor der Skyline auftaucht.

Mit dieser Orientierungshilfe und bei genauerem Hinsehen entwarf ich eine große Plane oder Leinwand, die etwas abdeckte. Es war eine riesige Waffe.

*Ting Yuen* gefischt haben ", sagte der Kommandant, „und warum sie keine Waffen hat. Sie haben es geschafft, eine ihrer 12-Zoll- Kanonen auf dem Hügel zu montieren, und auf der anderen Seite steht noch eine." Der Strand liegt dicht neben ihr und wartet darauf, ebenfalls hinaufzugehen, wenn ich mich nicht irre.

„Meine Tante", kicherte er, „wie stolz wären unsere Pioniere und Kanoniere auf einen solchen Job!"

Er schien vollkommen fröhlich zu sein und lachte fröhlich vor sich hin, obwohl ich für meinen Teil nur dachte, dass das große Geschütz da oben es umso unmöglicher machte, die Insel einzunehmen, und dass sie, wie wir waren, mittendrin lag Der Piratenhafen auf einem kleinen Felsvorsprung, keine hundert Meter von den Wachposten entfernt, und soweit ich sehen konnte, ohne Chance zu entkommen, war nicht besonders lustig.

Ich hatte einfach furchtbaren Hunger und furchtbaren Durst. Ich hatte Gras gesaugt und nasse Blätter abgeleckt, bis mir fast schlecht wurde. Meine Beine und mein Körper waren so steif, dass es schon beim sanften Umdrehen Schmerzen bereitete, und die Sonne war nicht warm genug, um mich richtig zu trocknen. Jones schlief immer noch tief und fest, und der Kommandant begann, weitere Skizzen von der Spitze des Hügels anzufertigen, starrte durch seine Brille, fügte der Zeichnung dann ein wenig hinzu und korrigierte die Maße, indem er den Bleistift vor seine Augen hielt und seinen Daumen bewegte entlang. Er war seltsam begeistert.

In der Stadt ertönte eine Dampfhupe, das Klappern und Hämmern verstummte, die auf den Schiffen arbeitenden Kulis wurden an Land gebracht, die Wachposten kochten ihr Abendessen in der heißen Kohlenpfanne, und alles wurde still und still, bis auf den Schmerz in mir.

Ich fühlte mich hungrig und elend und sehnte mich nach dem Feuer im Waffenraum *des Laird* und wusste, dass sie an Bord gerade erst mit dem Mittagessen begannen und sich wahrscheinlich einen heftigen harten Kampf lieferten.

„Ziehen Sie Ihren Gürtel an, Junge, und schnallen Sie sich an", sagte der Kommandant fröhlich.

„Bitte, Sir, ich habe keinen Gürtel."

„Na, nimm einen großen Stein und leg dich darauf."

Das hat die Schmerzen ein wenig gelindert.

„Wir haben acht oder neun Stunden Zeit, Junge. Bewege ab und zu deine Beine, damit sie keine Krämpfe bekommen."

Plötzlich fragte er mich, welche Pläne ich gemacht hätte, und ich war wirklich ziemlich aufgeregt, verschiedene Pläne auszuarbeiten, und er war so fröhlich dabei und brüskierte mich nie, dass ich für eine lange Zeit vergaß, mich unglücklich zu fühlen.

Hin und wieder hörten wir sogar auf zu flüstern, während einige Koreaner den Weg unter uns entlangschlenderten, auf dem Weg zur Festung oder von ihr zurück.

Zuerst hatten wir schreckliche Panik, weil wir befürchteten, sie könnten die heruntergekommenen Büsche und das zertrampelte Gras oder sogar das gesunkene Beiboot sehen; aber sie waren viel zu sehr mit sich selbst beschäftigt, um etwas zu bemerken, und nach und nach hörten wir auf, aus Angst, sie könnten uns entdecken.

Es schien ziemlich offensichtlich, dass keiner der Chinesen in unserer Nähe lebte, denn den ganzen Tag über kam keiner vorbei.

Dann sprachen wir über England, und irgendwie erwähnte ich Fareham.

„Dort wohnt doch Ihr Cousin, nicht wahr?" er hat gefragt.

„Milly? Warum, kennst du die alte Milly?" Ich sagte.

„Na ja, nur leicht." (Ich hatte den schwachen Verdacht, dass sein Gesicht etwas rot aussah.) „Ich habe sie auf einem Tanz in Southsea getroffen. Gehen

Sie nicht oft zu so etwas – machen Sie eine schreckliche Sauerei beim Tanzen, Glover, also bleiben Sie im Allgemeinen." weg – aber ich musste zu diesem gehen und habe deine Cousine getroffen. Hatte ein oder zwei Tänze mit ihr.

„Ist sie nicht eine perfekte Reißerin?"

„Sie war äußerst nachsichtig mit mir", lächelte er, „und als ich ihr auf die Zehen trat, schien es ihr überhaupt nichts auszumachen."

„Ohne sie wäre ich nicht hier", sagte ich dem Kommandanten.

„Ich glaube eher, dass sie ihren Vater, den Admiral, dazu gebracht hat, auch für mich ein gutes Wort einzulegen", antwortete er.

„Wirklich?" Sagte ich und erinnerte mich, dass Mr. Pattison mir dasselbe gesagt hatte.

„Sie hat mich gebeten, ein Auge auf dich zu haben und dir zu helfen, wann immer ich kann. Deshalb habe ich dich gestern von der Krankenliste gestrichen."

„Was hat Dr. Fox gesagt, als Sie ihn fragten, Sir?"

„Verfluche den Jungen! Nimm ihn weg und ertränke ihn, was mich interessiert."

„Was für ein Rohling er ist!" Sagte ich, wobei ich mich selbst fast vergaß und mir am liebsten die Zunge abbeißen würde, sobald ich es gesagt hatte.

„Er ist der gutherzigste Mann an Bord der *Laird*, Glover, und vergessen Sie das nicht", antwortete der Kommandant streng.

Ich fühlte mich brüskiert und wusste, dass ich es verdient hatte.

* * * * *

Die Dampfhupe ertönte erneut, aber die Kulis wurden nicht zu den Schiffen zurückgebracht; Sie schienen sich alle um einen der Schuppen versammelt zu haben und machten großen Lärm. Etwas Ungewöhnliches schien vor sich zu gehen, aber wir konnten nicht erkennen, was.

Eine halbe Stunde später reichte mir der Kommandant die Brille und zeigte auf die Seite des hohen Hügels. Als ich durch sie blickte, sah ich eine lange Schar Kulis, die langsam einen Zickzackpfad entlangstapften, wie eine große Schlange aussahen, und sich den Hügel hinauf zur Kanone schlängelten. Sie waren in Achtergruppen, und jede Achtergruppe hatte ein sehr schweres Gewicht zwischen sich, ging sehr langsam und blieb häufig stehen.

„Sie nehmen Granaten auf", sagte der Kommandant.

Ich sah dieser langen Prozession lange Zeit zu, wie sie sich den Hügel hinaufmühte, und ihr Anblick machte mich schläfrig, und ich schlief ein. Es war fast dunkel, als ich aufwachte, und ich hörte Jones und den Kommandanten leise reden.

Jones sagte gerade: „Die Flut lässt erst kurz vor drei Glockenschlägen nach, Sir, und sie wird erst um acht oder neun Uhr stark sein."

„Ich habe die morgendliche Ebbe beobachtet, und sie lief sehr stark über das Ende des Landungsstegs hinaus", antwortete der Kommandant, „so dass wir uns, wenn wir im Dunkeln hinunterkriechen, eines dieser Boote schnappen und loslegen sollten." „Aber wir werden in kürzester Zeit rausgeholt werden. Möglicherweise müssen wir ein oder zwei Wachposten auf den Kopf schlagen", kicherte er. „Du musst diesen Teil der Show machen, Jones."

„Da haben Sie recht, Sir. Ich bin jetzt etwas verkrampft, aber bald werde ich wieder klarkommen."

# Kapitel XVIII

## Die Flucht von der Insel

Wir kraxeln hinunter – wir sichern die Wachposten – wir erobern das Dampfschiff – wir laufen mit dem Spießrutenlauf

*Die Erzählung von Midshipman Glover ging weiter*

Um sechs Uhr (wir konnten die Glocken der Kreuzer läuten hören und wussten daher, wie spät es war) und als es gerade dämmerte, kam ein kleines Dampfschiff von der gegenüberliegenden Festung herüber, der Europäer, den wir dort gesehen hatten Morgens landete er am Steg unter uns und ging hinauf zur Festung, wobei er das Boot mit einem Steuermann, einem Bogenschützen und einem Heizer zurückließ.

Nach ein paar Minuten kehrte er zurück und ging auf seine eigene Seite zurück.

Um sieben Uhr oder ein paar Minuten später kam er wieder. Es war ziemlich dunkel, aber wir hörten, wie der Bugmann das Boot festmachte, indem er das Bugseil in einen Ring am Landungssteg einhakte. Dann zündete der Bogenschütze eine Laterne an und zeigte dem Europäer den Weg die Klippen hinauf. Die beiden Wachen, die vor ihrem jetzt heftig lodernden Feuer gehockt hatten, folgten ihm um die Ecke.

Nach etwa zehn Minuten kamen sie zurück.

Eine weitere Stunde verging – meine Güte, wie schleppte es sich! –, gingen in der kleinen Stadt die Lichter aus, und gerade als die Glocke *der Hong Lu* die Stunde schlug, kam das Dampfschiff wieder schnaufend herüber.

Die gleiche Routine wurde ausgeführt, und zehn Minuten lang lag das kleine Dampfboot neben dem Landungssteg, ohne dass sich außer dem Steuermann und dem Heizer jemand an Bord befand. Offensichtlich musste dieser Europäer die Festung jede Stunde besuchen, und als er im Schein des Feuers vorbeiging, bemerkten wir, dass er unsicher zu gehen schien.

„Wir müssen unsere Beine vertreten", flüsterte der Kommandant. „Ich kann meine kaum bewegen;" und er stand auf und begann auf und ab zu hüpfen. Jones und ich taten es einer nach dem anderen hinter ihm her, und obwohl unsere Beine anfangs furchtbar verkrampft waren und schmerzten, begann endlich das Blut durch sie zu fließen und wir konnten uns frei bewegen.

„Mein alter Rheumatismus, Sir – derselbe, den ich oben in der Meerenge hatte – wird dadurch nicht besser werden, Sir, fürchte ich", sagte Jones.

Dann sagte uns der Kommandant, wir sollten uns darauf vorbereiten, zum Pfad hinunterzuklettern, sobald das Wachboot wieder längsseits kam und der Europäer und die Wachposten verschwunden waren.

Es bestand überhaupt kein Zweifel, dass er die Festung jede Stunde besuchte, denn als zwei Glocken (neun Uhr) über dem Hafen läuteten, hörten wir die Besatzung des Dampfschiffs plappern, als sie es an der gegenüberliegenden Anlegestelle entlangführten -Bühne.

Dann kam eine Laterne ruckartig schwingend den Klippenpfad herunter, wir hörten mehrere raue Flüche, einen Befehl auf Chinesisch, und das Dampfschiff schoss im Licht des Lagerfeuers zu unserem Steg.

„Halten Sie sich bereit", flüsterte der Kommandant so kühl wie möglich, obwohl mein Herz enorm schnell schlug; „Ich werde zuerst gehen, und wenn ich unten bin, wirst du, Glover, folgen, und Jones wird das Schlusslicht bilden."

Wir hörten, wie das Hakenseil den Ring erfasste, der Europäer landete, schwankte unsicher und verschwand zusammen mit dem Bogenschützen und den beiden Wachen den Weg hinauf.

Sofort rutschte der Kommandant über den Rand unseres Felsvorsprungs und schlängelte sich hinab. Er machte kaum Lärm und pfiff leise, als er unten angekommen war.

Mit schlagendem Herzen folgte ich ihm, ergriff jeden Ast und jedes Steinstück und ließ mich hinab. Alles, was ich berührte, schien einen schrecklichen Lärm zu machen.

Als ich halb unten war, rutschte mein Fuß aus, ich packte einen Ast, verfehlte ihn und stürzte kopfüber, krachte durch Büsche, löste Steine und stürzte krachend in einen Busch am Boden.

Der Kommandant war im Nu an meiner Seite.

„Nicht verletzt, Glover? Nein. Das ist in Ordnung. Bleiben Sie absolut still; die Männer im Boot haben Sie gehört, aber sie bewegen sich nicht."

Wir warteten eine Minute; Die beiden Männer begannen miteinander zu reden (wir konnten gerade noch ihre Gesichter im Schein des Wachpostenfeuers über ihnen sehen), und dann begann Jones hinunterzuklettern, was für einen so großen Mann wie er wunderbar geräuschlos war. Einige Steine rasselten jedoch herunter, und die Männer wurden wieder unruhig, schauten über ihre Schultern zu uns, verließen aber das Boot nicht und konnten uns natürlich nicht sehen.

Als Jones zu uns kam, erschien die Laterne wieder und der Europäer stolperte die Stufen hinunter.

Der Steuermann begann aufgeregt mit ihm zu reden und zeigte in unsere Richtung („Ergreift jeder von euch einen großen Stein und versteckt euch im hohen Gras", flüsterte der Kommandant), aber der Europäer, offensichtlich ziemlich betrunken, verfluchte ihn nur: stiegen ins Boot, und immer noch fluchend ließen sie sich abstoßen.

Wir atmeten wieder frei und warteten dann.

„Wir müssen diese beiden Wachposten klären – Jones und ich werden das tun. Du, Glover, wirf eines der Boote aus und bring es längsseits."

Das Dampfboot war auf die andere Seite geschossen, der betrunkene Mann war den Weg hinaufgetaumelt, und dann hörten wir, wie die Motoren wieder funktionierten, und hörten, wie das Wachboot den Hafen hinauffuhr und das Dröhnen seiner Motoren immer schwächer wurde die Nacht.

„Jetzt schlängeln Sie sich durch das Gras, bis ich Ihnen sage, Sie sollen anhalten."

Gerade als der Kommandant diesen Befehl gab, zischte er warnend, und wir sanken für die beiden Wachposten ins Gras, mehr besorgt über die Geräusche, die der Steuermann beschrieben hatte, als der Offizier, oder vielleicht darauf bedacht, etwas zu tun, um an der Brücke vorbeizukommen Zeit, zündete eine Laterne an, stieg die Stufen hinunter und ging den Weg auf uns zu.

„Der Herr hat sie in unsere Hände gegeben", murmelte der Kommandant fromm. „Jones, du packst den einen mit der Laterne – wohlgemerkt an der Kehle – ich packe den anderen. Du löschst das Licht, Glover, und stehst bereit, um zu helfen. Kein Wort und kein Lärm."

Vor sich hin plappernd kamen sie vorbei und schwangen unbekümmert die Laterne. Vielleicht hatten sie damit gerechnet, dass eine Ziege umgefallen war und sich das Genick gebrochen hatte, und gehofft, aus dem kräftigen Fleisch ein gutes Abendessen zu machen. Jedenfalls waren sie nicht im Geringsten auf der Hut und völlig unbewaffnet.

Ich war viel zu aufgeregt, um Angst zu haben.

Sie untersuchten die Felswand, hielten die Laterne hoch, um die Ursache für die Geräusche herauszufinden, und als wir auf der anderen Seite des Weges im Gras lagen, sahen sie uns nicht einmal.

Als sie vorbeikamen, sprangen Jones und der Kommandant auf und stürzten sich auf sie. Einer stieß einen komischen Schrei aus wie eine Eule – es war der Mann des Kommandanten, glaube ich. Der Mann, den Jones angegriffen hatte, gab außer einem Gurgeln kein Geräusch von sich, und beide gingen wie Steine zu Boden. Ich ergriff die fallende Laterne und blies sie aus, während sie die beiden Chinesen in das hohe Gras zerrten.

Jones' Mann schien sich am meisten Mühe zu geben, also riss ich eine Handvoll grobes Gras aus und stopfte es ihm zwischen die Kiefer. Dann hielt Jones ihn die ganze Zeit am Hals fest, ich öffnete eine lange Schärpe oder einen Gürtel, den er um seine Taille trug, und fesselte seine Arme. Jones band seine Füße mit seinem Messerband zusammen und lag völlig still wie ein Baumstamm da, ohne einen Laut von sich zu geben.

*Der Kommandant und Jones überwältigen die beiden Wachposten*

Dann kroch ich hinüber, um dem Kommandanten zu helfen, aber sein Mann war schlaff wie ein Lumpen, und es war eine leichte Aufgabe, ihn zu knebeln und seine Arme und Beine zu fesseln.

„Jetzt zum Boot, Jungs", flüsterte der Kommandant, und wir krochen zum Anlegeplatz, wobei wir uns tief unten hielten, um im Licht des Feuers nicht aufzutauchen. Wir schlängelten uns weiter, schnappten uns den Anstrich des Bootes, zogen das Boot längsseits und glitten über die Bordwand hinein.

Es gab ein Paar Ruder im Boot und ein paar grobe Ruderruder, aber gut genug. Ich wollte sie gerade in den Bach stoßen, als der Kommandant kicherte, als hätte er eine plötzliche Eingebung gehabt, und leise sagte: „Bringen Sie sie nah an das Ufer heran. Das war's; jetzt ziehen Sie sie mit."

Wir schleppten uns Hand über Hand, bis wir der Stelle gegenüberstanden, an der die beiden Wachen geknebelt und gefesselt lagen. Der Commander und Jones sprangen an Land, ließen mich allein im Boot zurück, tauchten bald wieder aus der Dunkelheit auf und packten zuerst das eine und dann das andere auf den Boden des Bootes, wobei beide wie Säcke mit Kartoffeln nach unten glitten.

Dann ließen wir das Boot mit der bereits stark einsetzenden Ebbe abdriften, bis der Kommandant es mit ein paar Schlägen wieder unter das Ufer schickte, wo wir in völliger Dunkelheit direkt über dem Landeplatz lagen.

"Was wird er machen?" Ich dachte. Er lachte ständig vor sich hin, also wusste ich, dass alles in Ordnung war; aber warum kam er nicht so schnell davon, wie er konnte? Ich wollte es unbedingt wissen und erwartete jeden Moment, dass einer der Kerle am Boden des Bootes anfangen würde zu schreien.

Wir warteten dort, geduckt unter dem Ufer, bis wir das Wachboot zurückkommen hörten. Es verlief neben der anderen Anlegestelle, und die Besatzung unterhielt sich schläfrig. Plötzlich kam das Licht wieder den Zickzackweg entlang, ruckartiger als je zuvor, und das Dampfschiff schoss hinüber in das Licht des Wachfeuers und stieß gegen unseren Steg. Es wurde angeschlossen, der Bogenschütze half dem Europäer die Stufen hinauf, und dann stellte sich natürlich heraus, dass die Wachposten fehlten.

Der Sprachfluss war ziemlich stark, das kann ich Ihnen sagen, und der Europäer, der in betrunkener Wut um das glühende Feuer herumstolperte, war kein angenehmer Anblick. Er rief dem Steuermann zu, und dieser sprang an Land. Warum er ihn wollte, war sehr leicht zu erkennen, denn er konnte kaum ohne Unterstützung stehen und stützte sich schwer auf ihn. So verschwanden die drei um die Ecke, und das Boot blieb mit niemandem außer dem Heizer zurück.

„Jetzt gehen Sie längsseits und steigen Sie ein“, kicherte der Kommandant. „Du übernimmst das Ruder, Jones, ich kümmere mich um den Heizer, und Glover, du wirfst die Seile los.“

Einen Augenblick später hatten wir das Ufer verlassen und waren neben dem Dampfschiff, bevor der verängstigte Heizer bemerkte, dass wir da waren. Der Kommandant legte ihn mit einer Trage, die er im Boot gefunden hatte, mit einem Spalt über dem Kopf auf den Boden des Bootes. Jones sprang nach achtern, sicherte den Bootsanleger, hakte das Heckseil aus und ergriff das Ruder. Ich sprang über den Bug und hakte das Bugseil aus, der Kommandant öffnete das Dampfventil, der Propeller flog herum (er drehte sich für einen Moment nach hinten, aber der Kommandant fand den Umkehrhebel und warf ihn auf „Voraus“). Ich stieß ihr mit aller Kraft den Bug ab und wäre dabei fast über Bord gefallen, und als ich mich wieder erholt hatte, waren wir mit dem Boot und unseren beiden geknebelten Wachposten im Schlepptau unterwegs.

Jones lenkte ihre Bögen herum, bis wir in der Mitte waren, und dann fragte ich mich, wie wir jemals unseren Weg durch den gewundenen Kanal finden sollten.

Die Flut spülte uns genauso schnell hinaus, wie sie uns an diesem Morgen hineingetragen hatte. Der grelle Glanz des Feuers war ausgeblendet, als wir um die Ecke in den Kanal rasten, in völlige Dunkelheit. Man konnte die intensive Dunkelheit fast spüren, und ich hatte schreckliche Angst, wir könnten gegen einen Felsen prallen, also klammerte ich mich wie ein grimmiger Tod fest, aus Angst, über Bord geworfen zu werden.

Aber dann stoppte der Kommandant die Motoren, und wir trieben einfach zwischen den Mauerflächen dieser beiden Forts hindurch und standen nur bereit, um sie abzustoßen, falls sie gegen irgendetwas gestoßen wäre. Aber wir waren gut in der Mitte, gut im Griff der Strömung, die wie ein Mühlbach floss und uns wie ein Korken hin und her schwang, und alles, was wir tun konnten, war den Atem anzuhalten und darauf zu vertrauen, dass wir sicher aufs Meer hinausgetragen würden .

Das einzige Geräusch war das Blubbern der Strömung, bis plötzlich der Heizer unten im Boot einen durchdringenden Schrei ausstieß, der von einer Seite zur anderen widerhallte. Der Kommandant war in einem Moment über ihm und musste ihn am Hals gepackt haben. Wir konnten einige Lichter sehen, die sich über uns bewegten. Jemand rief, und ich sprang nach hinten, um dem Kommandanten zu helfen.

„Gehen Sie zurück, Glover, und heizen Sie; schieben Sie jeweils ein wenig Kohle nach. Ich komme damit zurecht, und wenn wir draußen sind, werden wir unseren ganzen Dampf brauchen.“

Ich hatte so etwas noch nie in meinem Leben gemacht, aber es war nicht schwer, eine Schaufel zu finden, und ich öffnete die Ofentür und sah im Licht des Ofens, wo die Kohle gelagert war. Ich warf etwas hinein, so weit ich konnte, und schloss die Tür wieder, aber der Alarm war bereits ausgelöst worden. Auf jeder Seite von uns konnte ich Männer schreien hören und Lichter auf und ab eilen sehen, und dieser eine Lichtstrahl aus der offenen Tür musste ihnen gerade gezeigt haben, wo wir waren.

Wachposten begannen, ihre Gewehre abzufeuern, und das Geschrei verdoppelte sich.

Zu diesem Zeitpunkt hatten wir die Hälfte geschafft. Wir begannen, die Bewegung des Meeres unter uns zu spüren, und wenn sie keinen Suchscheinwerfer bereithielten oder wir auf einen Felsen rannten, waren wir fast außer Gefahr.

Sie *hatten* keinen Suchscheinwerfer bereit, und wir stießen *nie* auf einen Felsen, aber schon nach zwei Minuten wussten wir durch das Tanzen des Dampfschiffs und die schwarze Wand, die hinter uns auftauchte, dass wir den Kanal hinter uns hatten und auf dem Meer waren .

Plötzlich wurde die Dunkelheit von grellen Blitzen und mit schrecklichem, ohrenbetäubendem Knall erhellt – die Batterien begannen von beiden Seiten des Eingangs auf uns zu schießen.

Zuerst hatte ich schreckliche Angst, denn ich dachte, dass sie uns sehen könnten, aber ich habe mich völlig geirrt – sie haben einfach blind geschossen. Eine kleine Granate schlug hinter uns ins Wasser ein, explodierte und zeigte uns für eine Sekunde, aber nichts anderes kam in die Nähe, und nach ein oder zwei Minuten hörten sie auf zu schießen. Der Kommandant öffnete den Dampf, und das kleine Dampfschiff sprang flink dahin, tanzte wie eine Ente umher und nahm eine Menge Gischt über seinen Bug auf, als es an einer Flutwelle vorbeifuhr[#].

[#] Gezeitenriss. Dies ist ein unruhiges Meer, das durch den Wind verursacht wird, der gegen eine starke Flut weht.

Wir rannten in kurzer Zeit aus der Flutwelle heraus, und da fing der Heizer wieder an zu stöhnen, also fesselten wir seine Beine und Arme mit Seilen, damit er nicht über Bord springen konnte. Während wir dies taten, begann ein Suchscheinwerfer das Meer abzusuchen, dann ein weiterer aus einer ganz anderen Gegend, und wir wussten, dass Mr. Parker und Mr. Lang nach uns suchten.

Die Lichter strichen ein- oder zweimal an uns vorbei und beleuchteten uns so stark, dass wir die Gesichter des anderen sehen konnten, aber sie waren zu weit entfernt, als dass die Zerstörer uns hätten erkennen können, und kurz darauf schalteten sie sich ab und wir befanden uns wieder in der Dunkelheit.

Als die Gefahr vorüber war, begann ich zu spüren, wie schrecklich hungrig und durstig ich war und wie kalt. Meine Füße und Beine wurden vom Ofenfeuer erwärmt, aber der kalte Gischt hatte mich durchnässt.

Vielleicht ging es dem Kommandanten genauso, denn schließlich sagte er: „Ich werde nicht die ganze Nacht hier draußen bleiben" und forderte Jones auf, dorthin zu steuern, wo wir das nähere Suchlicht gesehen hatten.

Ich warf noch etwas Kohle hinein. Der Schein der Feuer spielte jetzt keine Rolle mehr, und wir kramten herum und fanden eine Laterne, aber es war keine Kerze darin.

Dann reichte mir der Kommandant eine Ölkanne, und ich warf etwas davon durch die Ofentür und schloss sie sehr schnell wieder. Es entstand ein großer Rauchstoß, und eine drei bis vier Fuß hohe Flamme schoss aus dem Trichter.

Es dauerte jedoch nur ein paar Sekunden, und dann habe ich noch eine und dann eine dritte Menge Öl hineingegeben.

„Sie haben uns gesehen, Sir", rief Jones. „Einer von ihnen hat angehobene Positionslichter." Und tatsächlich leuchteten zwei helle kleine Lichter übereinander auf.

Jones steuerte auf sie zu, ein Suchscheinwerfer begann zu schwenken, fegte an uns vorbei, kam wieder zurück und richtete sich für ein paar Sekunden auf uns. Wir schrien alle so laut wir konnten und pfiffen, das Licht wurde ausgeschaltet, und nach ein paar Minuten tauchten die schwarzen Umrisse eines der Zerstörer auf, als wir in Lee neben uns herliefen.

Die Besatzung jubelte wild, starke Arme halfen uns an Bord, und im Licht einer Laterne sah ich ausgerechnet das fröhliche rote Gesicht von Mr. Parker und Toddles, die weiß und verängstigt aussahen.

Sie führten uns hinunter in das warme Krankenzimmer, zogen unsere Sachen aus, wickelten uns in warme Decken und gaben uns Essen.

Pat Jones wurde ebenfalls zu Fall gebracht, sehr gegen seinen Willen, denn es gab nirgendwo anders Feuer, und wir drei saßen da, wärmten uns und aßen, bis ich von meinem Stuhl rutschte und mich in einer Ecke neben dem Ofen zusammenrollte, zu schläfrig, um es überhaupt zu tun beantwortete Toddles' Fragen und ging schlafen. Was war das für ein Schlaf!

# KAPITEL XIX

## Cummins erobert One Gun Hill

Cummins wird das Risiko eingehen – Eine Landungsgruppe – Glover landet als ADC – Eine Nachtlandung – Bergauf klettern – Wir stürmen den Hügel hinauf – Der erste Fehler – Vorbereitungen für die Verteidigung – Wir werden entdeckt


Als das Beiboot mit Commander Cummins, Glover und dem Unteroffizier Jones in der Dunkelheit verschwunden war, kehrte „Nr. 3" für die Nacht zu ihrer gewohnten Position zurück.

Als die Morgendämmerung anbrach, brachte Mr. Parker sie zurück gegenüber den Forts und wartete mit auf Hochtouren gefahrenem Dampf, um außer Reichweite zu rennen, sobald der Kommandant von der Erkundung der Forts zurückkam. Als die schattigen, undeutlichen Umrisse der Insel klarer wurden und die tief liegenden Felsen am Eingang allmählich eine bestimmte Form annahmen, warteten er und Collins gespannt auf die Rückkehr des Beibootes, konnten aber keinerlei Anzeichen davon entdecken.

Er behielt weiterhin seine Position in der Hoffnung, dass der Kommandant hinter einem Felsen lauerte und daher für den Zerstörer unsichtbar war, bis das Licht allmählich so stark wurde, dass er selbst in der Lage war, die Positionen der meisten Geschütze fast sofort zu lokalisieren Später erkannte man durch das Hin- und Herrennen und das Geschrei der Männer in den Batterien, dass „Nr. 3" von den beiden Forts aus beobachtet worden war.

Mit der Hand auf dem Telegraphen im Maschinenraum wartete Parker in höchster Spannung, und erst als die Forts das Feuer eröffneten und zweimal beinahe „Nr Gefahr, versenkt zu werden, läutete „Vollgas voraus" und flitzte aus der Gefahrenzone.

Es waren diese Schüsse, die der Kommandant und Glover vom Felsvorsprung im Hafen gehört hatten.

Es war unmöglich, irgendwo in der Nähe des Eingangs zu bleiben, und Parker wusste, dass das Dingi selbst es nicht wagen würde, bei Tageslicht vom Land loszukommen, und so war er dorthin gedampft, weil er darauf vertraute, dass der Kommandant einen Weg finden würde, sich tagsüber zu verstecken und in der nächsten Nacht zu fliehen zum Rendezvous und berichtete Kapitän Helston über die Ereignisse der Nacht.

Helstons Unbehagen war groß und sein Geist umso beunruhigter, als er nun unverhohlen auf Cummins vertraute, wenn es um die erfolgreiche Durchführung seiner Pläne ging, und in seiner Abwesenheit nicht in der Lage war, einen Kurs für sofortige Maßnahmen vorzuschlagen.

Es wurde nichts unternommen, obwohl das Geschwader, wie man sich vorstellen kann, den ganzen Tag mit besorgten Augen auf die Hafeneinfahrt gerichtet war und vergeblich hoffte, das kleine schwarze Beiboot aus dem Land schießen zu sehen, das daneben stand und die Kanonen auf das Schiff richtete Festungen, um das Feuer zu eröffnen und seine Flucht zu decken.

Mit Gefühlen größter Angst, die alle Offiziere und Männer des Geschwaders teilten, machten die größeren Schiffe nachts wieder ab und ließen die beiden Zerstörer zurück, um an Land zurückzukehren, mit zusätzlichen Anweisungen, gut Ausschau zu halten.

*nächsten Morgen sehr groß*, als „Nr , ihre Mannschaft, die ein außergewöhnliches Abenteuer witterte, brach in Jubel aus, als der kleine Mann selbstgefällig die Leiter der Unterkunft hinaufstieg und sich bei Kapitän Helston meldete, der ihn nervös auf dem Achterdeck erwartete.

Sie gingen sofort hinunter, während Offiziere und Männer sich um die Achtergangway und an der Seite drängten, um einen Blick auf das Dampfschiff zu werfen – die erste Trophäe, die sie von den Piraten gewonnen hatten – und um den Blaujacken von schnell Fragen zu stellen „No. 3", die nun ihre Crew bildete.

„Wir wissen nichts darüber", sagte der Aushilfssteuermann. „Wir sehen eine Fackel, sie haben Öl in die Feuer geschüttet, und richten unseren Suchscheinwerfer auf sie, und in ein paar Minuten kommt sie so cool, wie Sie wollen – der Commander, der die Motoren selbst bedient, Mr. Glover Heizer, ein Pat Jones am Steuer, mit einem Boot hinter ihnen, vollgestopft mit toten Chinesen.

„Was ist aus dem Beiboot geworden?" fragte jemand.

„Es kommt nicht zurück, das ist alles, was wir wissen, und seitdem dümpeln wir einsam in diesem Schiff umher."

Währenddessen berichtete Cummins unten in der Kapitänskajüte über alles, was geschehen war, seit er den *Laird verlassen hatte* . Helstons Gesicht senkte sich, als er das auf dem Hügel montierte 12-Zoll-Geschütz erwähnte, aber der Kommandant sagte mit einer entschlossenen Geste und einem Glitzern in den Augen: „Das ist der Schlüssel zur ganzen Insel, Sir, und ich werde sie erobern." Wenn Sie es erlauben, morgen früh, nachdem ich zu „Nr. 3" zurückgekehrt war, machte ich eine kurze Pause und setzte eine Stunde vor Sonnenaufgang eine Mannschaft in das Dampfschiff und sah, dass sie reichlich hatten Kohle und Wasser, überließen ihnen die Leitung des anderen Bootes, das wir erbeutet hatten, und fuhren mit der „Nr. 3" in den Süden der Insel, zum Fuße des Hügels. Das Meer war ziemlich ruhig und ich ging ins Landesinnere Ein Berthon-Boot entdeckte einen Ort, an dem ich landen konnte, wartete, bis es genug Licht gab, um sicherzustellen, dass ich die Hügel erklimmen konnte, und entfernte mich dann wieder, ohne, soweit ich weiß, gesehen zu werden . Ich dampfte zurück, nahm das Dampfschiff und gesellte mich zu Ihnen. Wenn Sie mir fünfzig Männer geben, werde ich die Waffe erbeuten, ohne einen Schuss abzufeuern.

„Risiko, Sir!" er fuhr fort, als er Unentschlossenheit und Zweifel in Helstons Gesicht sah; „Es besteht kein Risiko. Im schlimmsten Fall kann ich nur die Waffe zerstören und zurückkommen. Im besten Fall kann ich mich dort behaupten, bis Sie mich verstärken können, und dann ist die ganze Insel unserer Gnade ausgeliefert. Diese Chinesen sind keine Soldaten, Sir, sie sind bloße Kulis und werden uns nie gegenübertreten. Die Männer an Bord der Schiffe sind wahrscheinlich nicht viel besser.

Cummins hatte trotz all seines Könnens zwei Fehler gemacht. Wie Sie später erfahren werden, beherrschte das Geschütz nicht effektiv den gesamten Hafen, und die Kulis waren keineswegs zu verachten.

Der Kommandant hatte alle seine Pläne zu Ende gebracht. Fünfzig Männer mit zwei Tagesrationen im Rucksack sollten bei Sonnenuntergang an Bord der „Nr. 3" gehen. Zwei Stunden vor Sonnenaufgang am nächsten Morgen würde er sie am Fuße des Hügels landen, hinaufklettern und die Waffe abfeuern. Während dieser Zeit sollte „Nr. 2" vor dem Eingang demonstrieren, ihren Suchscheinwerfer auf die Forts richten, ihre Waffen abfeuern und ihre Aufmerksamkeit ablenken.

Bei Tagesanbruch sollte die *Sylvia* dicht unter dem Fuß des Hügels sein und bereit sein, weitere fünfzig Mann der *Strong Arm* mit den beiden Maxim-Kanonen *der Sylvia*, reichlich Munition, Wasser und Proviant zu landen.

*Sylvia* und der „No. 3" zurückfallen und das große chinesische Geschütz zerstören. wenn möglich, bevor er ging.

Wenn er jedoch in der Lage wäre, seine Position auf der Spitze des Hügels zu behaupten, würde er der Truppe *des Starken Arms ein Zeichen* zur Landung geben.

„Sobald Sie das Geschütz auf ihre Schiffe gerichtet haben, werden wir sie zu Ihnen hinaustreiben, Sir", schloss er, „und dann habe ich keine Angst vor dem Ergebnis."

„Mit hundert Mann Entfernung", antwortete Helston zweifelnd, „wird es vielleicht nicht so einfach sein."

„Ich werde die Marinesoldaten nehmen, Sir; keines der großen Geschütze ist mit ihnen bemannt, weder hier an Bord noch an Bord der *Strong Arm* . Sie wissen, dass sie sich oft genug darüber beschwert haben; aber ich habe diese Möglichkeit immer im Kopf gehabt , und sie werden daher in einer allgemeinen Aktion nicht so sehr vermisst werden."

Helston ging nervös in seiner Kabine auf und ab. „Was passiert, wenn das Wetter umschlägt?"

„Es hängt alles vom Wetter ab, Sir, das gebe ich zu, aber einem solchen Risiko muss man sich stellen, und ich persönlich bin darauf vorbereitet. Denken Sie daran, dass Sie nur einen Monat Zeit haben, um diese Insel zu erobern."

„Ich weiß es, Cummins, ich weiß es", antwortete Helston; und dann drehte er sich plötzlich mit etwas von seinem alten Feuer und seiner Lebhaftigkeit um und sagte: „Ich sag dir was, ich werde selbst gehen."

Das war das Letzte auf der Welt, was Cummins wollte.

„Es wird viel zu klettern geben, Sir, und mit Ihrem behinderten Arm werden Sie extrem behindert sein; und wenn ich diese Kerle aufs Meer hinaustreibe, werden Sie an Bord Ihres Schiffes das Kommando über Ihr Geschwader haben."

„Ja, ja, du hast Recht; das hast du übrigens immer", fügte er bitter hinzu und seine Stimme wurde lauter, als die Aufregung über die bevorstehende Aktion ihn begeisterte. „Wir werden beide befördert. Ich verspreche Ihnen, wenn ich meine Beförderung bekomme, bekommen Sie auch Ihre."

Mit gesenkter Stimme fügte er hinzu: „Sie sagten neulich, Cummins, dass es keine große Chance gäbe, hier eine Frau zu gewinnen. Ich rede nicht über diese Dinge, aber meine Beförderung würde mir eine Frau einbringen."

„Ich denke, meines würde es auch tun, Sir – ich bete, dass es so wäre", antwortete Cummins mit ernster Stimme. Beide Männer schüttelten sich kurz die Hand – ließen sie fallen – Cummins steckte seine in die Taschen – beide sahen dumm aus.

„Übrigens, Sir", stammelte der Kommandant verwirrt, „ich habe Ihnen nie gesagt, dass einer dieser Gefangenen tot war, als wir ihn letzte Nacht aus dem Boot holten. Es war der Mann, den Jones um den Hals gefangen hatte. Ich stelle mir eher jung vor." Als Glover ihn knebelte, stopfte er ihm Gras in die Kehle. Glover kennt den wahren Grund nicht.

„Es ist besser, es ihm nicht zu sagen", sagte Helston.

Jenkins unterbrach das weitere Gespräch, indem er das Frühstück ankündigte.

* * * * *

Die Nachricht, dass eine Gruppe gelandet werden sollte, verbreitete sich schnell im Geschwader, und auf dem Unterdeck herrschte große Aufregung und die außergewöhnlichsten Gerüchte. Es hieß, der Commander, Glover und Jones hätten sich einen Weg durch alle Piraten gebahnt, die Kanonen in den Forts außer Gefecht gesetzt, eine beliebige Anzahl Männer getötet (manchmal wurden nur zehn genannt) und nach der Flucht die schrecklichsten Gefahren hatten das Dampfschiff entlang der *Hong Lu* *gekapert* und es und eine Schar von Gefangenen unter Beschuss gebracht. Als sie erfuhren, dass der Kommandant persönlich die Leitung der Gruppe übernehmen würde, wollten alle Männer und Jungen ihn begleiten, und alle paar Minuten klopften Männer an die Tür seiner Kabine und sagten, sich am Kopf kratzend und unruhig mit den Füßen scharrend: „Bitte." ‚Sir, ich bitte um Verzeihung, Sir, aber ich wäre Ihnen sehr dankbar, wenn Sie mir eine Chance an Land geben würden, Sir."

Den ganzen Tag über wurde die Ausrüstung der Gruppe vorbereitet, die Verpflegung verstaut, Wasserflaschen und Wasserbrecher gefüllt, Lederausrüstung angebracht, Taschen mit Munition gefüllt und die tausendundein Bedürfnisse einer Landungsgruppe sorgfältig arrangiert.

Am Vormittag war der Kommandant in Begleitung von A Tsi zu „Nr. 3" gegangen und hatte den Gefangenen befragt.

Von dem Wachposten, den er auf den Kopf geschlagen hatte (er hatte ihn nicht wie sein Mann Jones erdrosselt), erfuhr er, dass ein breiter Pfad direkt am Hügelkamm entlang verlief und direkt auf die Kanone zuführte. Soweit der Mann wusste – und er schien durchaus bereit zu sein, alles zu sagen, was er wusste –, gab es um das Geschütz herum keine Erdwälle, und nachts war dort kein Wachmann zurückgelassen.

*Laird* zurückkehrte, fragte er Glover, ob er Lust hätte, bei ihm als sein „Hund" zu landen, wie man den ADC eines Kommandanten in der Marine nennt.

„Eher", sagte Glover, tanzte vor Freude und ging freudig mit ihm zum *Laird* *zurück*, um die Vorbereitungen zu treffen, und war nur zu erfreut, seinen Freunden von den Abenteuern der letzten vierundzwanzig Stunden erzählen zu können.

Später am Tag konnte man ihn, umgeben von seinen bewundernden und neidischen Kameraden, sehen, wie er sich von einer Seite zur anderen wand, um in den zerbrochenen Überresten des Spiegels in seiner Seekiste einen Blick auf sich selbst zu erhaschen.

Er trug seinen Rucksack, seine Wasserflasche und seinen Feldstecher über einer Schulter, eine zusammengerollte Decke um die andere, ein Revolverholster an seinem Patronengürtel und ein sorgfältig geschärftes Entermesser (anstelle eines Dolches). war an seiner Seite.

Er schien ein ziemlich beeindruckendes Objekt zu sein, und er bewunderte ungemein, was er von sich selbst sehen konnte.

Zwei Dinge trübten sein vollkommenes Glück. Einer davon war, dass weder Mellins noch Toddles landen würden; Das andere war, dass er den größten Teil seines selbstgebackenen Kuchens zurücklassen musste.

„Ein böser Wind, der niemandem etwas Gutes tut", sagte Mellins düster, während er den Rest auf seine eigene Brust legte.

* * * * *

Sobald es dunkel wurde, „fiel" der Landungstrupp auf dem Achterdeck ein. Helston hielt ihnen eine kleine Ansprache, und dann wurden sie zu „Nr. 3" geschickt, während sich der Rest der Schiffsbesatzung nach achtern drängte, um sie auf der anderen Seite zu sehen und ihnen Glück zu wünschen. Helston gefiel das Wetter nicht und er sagte es auch; Cummins tat dies auch nicht, behielt das aber für sich und wollte nur vom Schiff weg, bevor die Befehle widerrufen wurden. Diesmal war er so nervös wie eine Frau. Doch als „Nr.

Er rief die Männer nach achtern, sagte ein paar Worte zu ihnen, erklärte ihnen genau, was sie tun sollten, und sagte abschließend: „Ihr habt hier zehn Stunden Zeit, um hier durchzukommen. Schlaft, Jungs, schlaft, so viel ihr könnt, das werdet ihr." will es, bevor du fertig bist.

Aber die Marines waren allesamt junge Männer – die meisten von ihnen Cockneys; Noch nie war einer von ihnen unter Beschuss geraten, und die Aussicht auf einen Kampf bei Tagesanbruch machte ihnen den Schlaf unmöglich. In kleinen Gruppen legten sie sich dorthin, wo sie Schutz vor dem kalten Nachtwind finden konnten, rauchten ihre Pfeifen und unterhielten sich mit gedämpfter Erregung.

Die Beamten lagen auf dem Deck des Krankenzimmers und versuchten zu schlafen, aber selbst ihnen gelang es nicht.

Cummins selbst war praktisch die ganze Nacht an Deck, denn die Sonne war hinter einer sehr wütend aussehenden Wolkenbank untergegangen, und der Wind zeigte Anzeichen, dass er stärker wurde und nach Süden drehte.

Eine starke Südbrise würde es fast unmöglich machen, an der Südküste der Insel zu landen, und es war diese Tendenz des Windes, nach Süden zu drehen, die ihm so große Sorgen bereitete.

Um zwei Uhr morgens wehte es recht frisch aus Südwest. Es regnete sehr stark, mit starken Windböen, und die Aussichten waren äußerst vielversprechend.

Parker, in tropfender Öljacke, berichtete, dass das Barometer immer noch fiel, und Cummins beschloss eine Zeit lang fast, das Unternehmen aufzugeben.

Glücklicherweise drehte der Wind eine Stunde später genau nach Nordwesten, die Sterne kamen unregelmäßig zum Vorschein, und ein junger Mond spendete zwischen den ziehenden Wolken Licht genug, um gelegentlich die Umrisse der Insel zu erkennen.

„Machen Sie weiter, Parker, die Elemente sind mit uns", kicherte der Kommandant.

„Das wird nicht mehr lange dauern, Sir; das Glas fällt immer noch."

Unten ertönte der Maschinenraumtelegraph, der schläfrige Handwerker antwortete: „Nr. 3" marschierte langsam voran, mit zwei Kuttern des *Laird* im Schlepptau, und die Marinesoldaten, die mit der Bewegung der Maschinen zu neuem Leben erwachten, wussten, dass ihre Stunde gekommen war denn die Tat rückte näher.

Eine Stunde später war „Nr. 3" in den Süden der Insel gedampft und hatte ihre Maschinen im Schatten des großen Hügels abgestellt, dessen Schulter und abgeflachte Spitze sich dunkel über ihr abzeichneten und sich vor einem schwachen Mond abzeichneten.

Eine starke, kalte Brise wehte die Hänge hinunter, aber das Meer wurde dadurch nur sanft gekräuselt.

Die ersten, die in den schwarzen Schatten an seinem Fuß landeten, waren der Kommandant, Glover und zwei Bahnwärter in einem der Berthon-Boote. Mit wenig Gefahr oder Schwierigkeiten erreichten sie das Ufer und sprangen an Land, während das Boot seinen Hintern am felsigen Strand aufschlug.

Man verbrachte ein paar Minuten damit, eilig einen geeigneteren Landeplatz auszuwählen, und dann wurde die Stelle durch eine Signallaterne markiert, die am Wasserrand hinter einem großen Felsen angebracht war, so dass ihr Licht vom Ufer aus nicht gesehen werden konnte.

Dies war das Signal für den Rest der Gruppe, zu landen, und nach wenigen Minuten hörten sie den regelmäßigen Ruderschlag, und die beiden Kutter, die aus der Dunkelheit auftauchten, kratzten am Strand entlang. Die Männer mit ihren Gewehren über der Schulter begannen hastig an Land zu springen.

„Halten Sie Ihre Füße trocken, Männer, und beeilen Sie sich nicht", sagte Cummins, als er sah, wie sie vor Aufregung, als Erste an Land zu sein, ins Wasser sprangen.

Die Boote wurden aus dem Wasser gezogen und dann der Befehl zum „Einfallen" gegeben. Sie „fielen" in drei kleinen Abteilungen ein: zwanzig leichte Royal-Marine-Infanterie unter ihrem Subalternen, einem riesigen, fröhlichen Riesen namens Saunderson; zehn Blaujacken unter Pattison, dem verstorbenen Kapitän des Zerstörers „Nr. 1", der zu seiner großen Freude von der *Sylvia genommen worden war* und eine weitere Chance erhalten hatte; und zwanzig Royal Marine Artillery unter ihrem Kapitän Williams, einem berühmten Cricketspieler und Rugbyspieler. Diese Artillerie oder Blue Marines mussten die Nachhut bilden. Die leichte Infanterie oder die Roten Marines mussten die Gruppe anführen.

Die Blaujacken bestanden aus sechs Matrosen und Kanonieren, zwei Waffenschmieden mit Werkzeugen, um das 12-Zoll-Geschütz außer Gefecht zu setzen oder zu reparieren, und zwei Torpedomännern mit Sprengstoff, um es bei Bedarf zu zerstören. Außer diesen fünfzig Männern und ihren Offizieren gab es zwei Bahnwärter, Richardson, den „jungen Arzt" des *Laird* , einen Krankensteward, Glover, und den Kommandanten.

Die Hälfte der Männer trug Äxte, die andere Hälfte Wallace verschanzte Spaten, und alle sechs Männer hatten einen 9-Gallonen-Wasserbrecher, den sie zwischen sich hochtragen konnten.

Cummins ging langsam von einer Gruppe zur anderen, während sie am Fuße des Hügels standen, warf eilige Blicke nach oben und sagte ihnen, dass es zwei Stunden vor Sonnenaufgang sei, dass sie zwei Stunden hätten, um den Gipfel zu erreichen, dass es keine geben würde beeilen Sie sich, und dass kein Wort gesprochen werden sollte.

„Ihr müsst zusammenhalten, Männer. Wenn einer den Kontakt zu den anderen verliert, macht euch auf den Weg, er kann nichts falsch machen."

Im Gänsemarsch, einer nach dem anderen, Cummins voran, Glover wie ein Blutegel an ihm hängend und die beiden Bahnwärter dicht dahinter, begannen sie hinaufzuklettern, schleppten sich Hand in Hand, bahnten sich einen Weg durch Büsche und hielten sich immer aufwärts.

Es war eine langsame Arbeit, und Cummins hielt immer dann an, wenn eine freie Stelle erreicht wurde, um den Nachzüglern das Aufschließen zu ermöglichen. Beim ersten Halt, eine Viertelstunde nach dem Start, versammelte sich die kleine Gruppe schweigend. Alle waren anwesend, dreiundfünfzig Männer und sechs Offiziere.

Es gab viel Lärm von brechenden Büschen, fallenden Steinen und gemurmelten Flüchen, aber das Kreischen des Windes in den Bäumen übertönte es wirkungsvoll.

Kurz darauf stand Cummins vor einer fast senkrechten Klippe und forderte einen weiteren Halt. Zehn Minuten – es kamen ihm wie Stunden vor – vergingen, bis er einen Weg nach oben fand, und die kleine Kolonne kämpfte sich nach links und kämpfte sich wieder weiter.

Jetzt wurde der Boden offener, bis zu den Knien mit grobem Gras bedeckt und mit verkrüppelten Bäumen übersät. Der Fortschritt war schneller.

Ein aus dem Schlaf gerissener Fasan flog mit einem „Whr! Whr!“ davon. was den Männern das Herz höher schlagen ließ. Gelegentlich schoss eine verängstigte Waldtaube von ihrem Schlafplatz weg. Am erschreckendsten waren diese Geräusche in der völligen Dunkelheit.

In Abständen konnten sie nun schwach und in Abständen das dumpfe Geräusch entfernter Schüsse hören, manchmal schnell und heftig, dann in langen Abständen wieder zu ein paar Einzelschüssen, um dann mit neuem Elan wiederzukommen. Es war Lang in „Nr. 2“, der vor dem Eingang demonstrierte und die Aufmerksamkeit der Forts auf sich zog. Diese antworteten wütend.

Von oben kam kein Laut außer dem Rauschen des kalten Windes.

Beim nächsten Halt fehlten zwei Marinesoldaten. Einer kam zurück, verletzt von einem Sturz, aber sie konnten den zweiten kaum erwarten. "Wer ist er?" wurde in der Leitung geflüstert. „Bolton, ein Blue Marine“ wurde von hinten zurückgereicht.

Am Ende der ersten Stunde war er der einzige Mann, der vermisst wurde. Ein Teil des Wassers in den Brechern war verschüttet worden, ein oder zwei Helme waren abgefallen und in der Dunkelheit verloren gegangen – das war alles.

Eine weitere halbe Stunde langsamen Aufstiegs – die Männer atmeten schwer und keuchten; ein weiterer Halt wurde einberufen.

Ein Blaujackett hatte ihm den Knöchel verstaucht, und nach einer eiligen Untersuchung durch Dr. Richardson wurden zwei Männer angewiesen, ihm zu helfen. Gewehrgurte wurden gelockert, Wasserbrecher wechselten den Besitzer und Lederausrüstung wurde angepasst.

Als Cummins nach unten zum Meer blickte, sah er den ersten schwachen Schimmer der nahenden Morgendämmerung – weit weg im Osten. Sie müssen weitermachen. Sie beugten sich erneut nach links, um in offenerem Gelände zu bleiben, und drängten sich dennoch stetig nach oben.

Noch ein Halt; und der Wind, der immer heftiger durch die Bäume peitschte, übertönte jeden Lärm und verkündete ihnen, dass sie nun den Gipfel des Hügels erreichten.

Cummins ging vorsichtig zur Erkundung vor und tauchte wieder auf, Glover, der vor Aufregung keuchte, folgte ihm. „Ich habe den Weg gefunden, Saunderson", kicherte er und das Wort wurde weitergegeben, um weiterzumachen.

Außer Gunner Bolton wurden jetzt vier Männer vermisst, aber es blieb keine Zeit zu warten; Objekte wurden bereits sichtbarer und das Tageslicht rückte schnell näher.

Nach weiteren zwei Minuten befanden sie sich im Freien, auf einem breiten, ausgetretenen Pfad, und ein gedämpftes „Oh! oh!" ertönte. Vor Aufregung liefen die Männer durch.

Die Kolonne drängte schnell weiter, wandte sich nach rechts bergauf und schritt im Gras am Wegrand, um weniger Lärm zu machen. Jeden Moment rechneten die Männer damit, beschossen zu werden, und begannen bereits, ihre Gewehre abzuwerfen, da ihre Aufregung und Nervosität zunahm.

Als sie um die Ecke bogen, prasselte ihnen ein wütender Windstoß, der vom Hafen unten heraufkam, kalten Regen ins Gesicht – vor ihnen war immer noch nichts zu hören, außer den seltsamen Geräuschen des Windes, der durch die Bäume fegte.

Einige der Jugendlichen begannen, „unruhig" zu werden, und ein oder zwei begannen, ohne Befehl ihre Gewehre zu laden.

Cummins hörte das Geräusch eines sich schließenden Verschlusses (die Gewehre waren Martinis, keine Lee-Metfords), ahnte, was passierte, und wusste, dass jemand ein Gewehr abfeuern und die ganze „Show" verraten würde.

Er hielt sofort an und schickte Glover mit dem Befehl zurück, das Gewehr jedes Mannes zu untersuchen und den Namen jedes Mannes zu notieren, der eine Patrone in seinem Gewehr hatte.

Das brauchte Zeit, aber es gab den Männern Halt, und während es geschah, kroch Cummins vorwärts, gefolgt von Glover, und eine verschwommene, undeutliche Masse, die er vor sich gesehen hatte, formte sich allmählich zu einer Baumgruppe. Der Weg fiel vor ihm leicht ab, verlief über eine offene Fläche und stieg dann abrupt auf die Bäume zu.

„Unsere Waffe ist da oben", flüsterte der Kommandant freudig und legte sich hin, kaute kühl einen Grashalm, da sein Vorrat an Zahnstochern ihm nicht mehr zur Verfügung stand, und versuchte herauszufinden, ob es unter den Bäumen ein Lebenszeichen gab.

Während sie dort lagen, trug ein weiterer Windstoß vom Hafen her das klappernde Geräusch schlagender Gongs herbei. „Eh, Junge! Das ist das zweite Mal, dass wir dieses Geräusch hören", kicherte er. „Laufen Sie zurück und rufen Sie die Männer herauf. Wir sind keine hundert Meter von der Waffe entfernt."

Als die Männer herankamen, wurden sie schnell von links nach rechts ausgestreckt.

„Repariert die Bajonette, Männer; kein Ton – kein Jubel – kein Schießen", flüsterte der Befehl von Mann zu Mann.

Das gedämpfte Rasseln der aufsetzenden Bajonette lief über die Linie, und Glover sagte später, es habe ihm „Gänsehaut" bereitet, es zu hören.

Er lag da und beobachtete den Kommandanten und dachte, er würde niemals den Befehl zum Angriff geben.

Er konnte die undeutlichen Umrisse der Waffe zwischen den mit einer riesigen Plane bedeckten Bäumen erkennen, und in diesem Moment flüsterte jemand in seiner Nähe: „Da bewegen sich Leute, Sir", und er konnte tatsächlich spüren, wie sich die Männer auf einen Angriff vorbereiteten.

Endlich war der Kommandant „oben" und trottete mit einem Stück Gras zwischen den Zähnen den Hang hinunter. Glover folgte ihm und versuchte vergeblich, sein Entermesser zu ziehen. Die Männer sprangen hinter ihnen her, meisterten die Anhöhe, fegten über ein ebenes Gelände und sprangen mit einem letzten Ansturm über eine Brüstung aus Sandsäcken, umschwärmten das Geschütz und fanden – Richtschütze Bolton, der im „Wachposten" hin und her ging Rückseite der Waffe! Es war kein Chinese zu sehen.

Einige der Männer setzten sich einfach hin und lachten, andere schrien wütend: „Es war ihnen sehr gut gegangen" und dass „Schütze Bolton sie alle zum Narren gehalten hat", und dass „ Sie würden sich gern abklopfen, wenn es blüht, damit sie es am nächsten Tag des allgemeinen Urlaubs tun würden.

„Fallt rein, Männer", sang der Kommandant mit einem Augenzwinkern. „Ihr werdet bald viele Kämpfe haben."

Dann schickte er sie zurück, um die Vorräte an Wasserbrechern und Waffenschmieden zu holen, die sie beim Reparieren der Bajonette verloren hatten, während er und Williams, der Kapitän der Marinesoldaten, schnell einen Blick auf die Stellung machten und Pattison und seine Blaujacken mit der Überholung begannen die Waffe.

Die Spitze des Hügels war zu einem kleinen Plateau von etwa hundert Metern Länge abgeflacht, das sanft zum Hafen hin abfiel und dann abrupt in die steile Seite des Hügels mit einer ziemlich klar definierten Kante abfiel. Es hatte die Rückseite zum Meer und blickte auf den Hafen.

Am östlichen Ende, dem Ende, das dem Eingangskanal am nächsten lag, und in der Ecke mit Blick auf das Meer, befand sich das Geschütz, ein veraltetes 12-Zoll-Krupp-Geschütz, das in einer tiefen kreisförmigen Grube montiert war und mit der Mündung über eine Wand aus Sandsäcken ragte zehn bis zwölf Fuß dick und etwa sechs Fuß hoch.

Eine kleine Gruppe verkümmerter Bäume verbarg die Waffe vor Blicken auf dem Meer. Ihre Stämme waren bereits zur Hälfte durchgesägt worden, um sie zu fällen, und ein paar weitere Axtschläge würden sie zu Fall bringen.

Zunächst musste geprüft werden, ob die Waffe einsatzbereit gemacht werden konnte, da es sonst keinen Sinn machte, dort zu bleiben.

Pattison und seine Männer hatten bereits die Plane weggeschleppt, die den massiven Verschluss bedeckte, und untersuchten rasch die Montage- und Trainingsausrüstung.

„Roh und ungeschickt, Sir, aber wir werden ihr schon beibringen können", berichtete er.

Die Magazine waren durch die Seite des Waffenschachts in den Boden gegraben worden, und die Türen waren mit Vorhängeschlössern verschlossen. Diese wurden abgerissen und Pattison berichtete von reichlich Munition. In einer Ecke fand er Kisten mit Reibungsschläuchen und Sicherungen.

Seine Männer fanden auch die Seile und Blöcke, die zum Trainieren des Gewehrs verwendet wurden. Sie wurden herausgebracht, an einem Ende an der großen Kanonenlafette und am anderen Ende an riesigen Stahlringen befestigt, die in den Betonfundamenten versenkt waren, ein Dutzend kräftiger Blue Marines „klammerten" sich an die Seile, und Cummins stand bei der Sichtung Auf der Plattform wurde die schwere Masse langsam und mit vielen Stößen über den Hafen gezogen.

Da erkannte der Kommandant seinen ersten Fehler.

Von dieser Aussichtsplattform aus konnte er auf das Meer hinabblicken, aber der andere Rand des Plateaus versperrte ihm jegliche Sicht auf den Hafen. Es war jetzt hell genug, dass er „Nr. 3" unter sich erkennen konnte, aber als er ins Landesinnere schaute, konnte er aufgrund der flachen Spitze des Hügels nichts anderes sehen als das Hochland auf der gegenüberliegenden Seite der Insel, jenseits des Hafens.

Seine Berechnungen waren von dem Felsvorsprung aus angestellt worden, auf dem er, Glover und Jones sich den ganzen Tag zuvor versteckt hatten. Er hatte vergessen, dass sie sich damals sechzig oder mehr Fuß über dem Hafenniveau befanden, und hätte sich nicht träumen lassen, dass das Geschütz selbst vom Wasser aus nicht zu sehen war.

*Laird* zurückzukehren , und er forderte Pattison auf, mit ihm aufzuspringen.

Pattisons Gesicht senkte sich, als auch er sah, dass fünfzig Meter Hügelkuppe zwischen ihm und den Piratenschiffen lagen, die er zu versenken gehofft hatte.

Plötzlich wandte sich Cummins mit einem Vorschlag an ihn. „Wie wäre es mit halben Ladungen – hm? Eine Prise Pulver lässt sie da runterfallen – hm?"

„Wir könnten es versuchen, Sir."

„Zuerst werden sie nicht sehr genau sein, Pattison, aber wir werden uns verbessern – was?"

„Sie haben Recht, Sir, das werde ich hinbekommen."

„Wir werden sie aufspüren, bevor der Tag zu Ende ist", kicherte er erneut, und als er hinter sich nach unten blickte, sah er die *Sylvia* auftauchen, die sich dem Ufer näherte.

„Bannerman ist ausnahmsweise auf der Höhe der Zeit. In ein paar Stunden oder so werden wir die *Strong Arms hier oben haben.* "

Er schickte die Bahnwärter den Hügel hinunter, um mit der *Sylvia zu kommunizieren* und der zweiten Gruppe den Befehl zu geben, sofort zu landen, und dann schmiedeten er und Williams Pläne, die Spitze des Hügels in einen Verteidigungszustand zu versetzen.

„Wir werden sie wie Fliegen um uns haben, wenn sie uns einmal hier oben sitzend finden", sagte Cummins.

Zu ihrem Glück hatte der Feind offensichtlich vorgehabt, ein zweites Geschütz aufzustellen, hatte tatsächlich bereits den Standort für seine Geschützgrube abgesteckt und Hunderte von Sandsäcken zu seiner Verteidigung vorbereitet. Diese lagen in Haufen auf dem Plateau verstreut und wurden nun zur Herstellung von Brustwehren verwendet.

Williams und Saunderson markierten eilig die Positionen, an denen sie gebaut werden sollten, und die Marinesoldaten machten sich eifrig daran, die Sandsäcke an die Ränder zu schleppen, indem sie ihre Waffen auftürmten und ihre Mäntel und Decken auf einen Haufen stapelten .

„Ich denke, es ist sicherer, ein paar Männer auf das lange Feld zu schicken, Sir", sagte Kapitän Williams, der Cricketspieler, und befahl seinem schweigsamen Sergeant-Major – einem Martinet namens Haig –, zwei der älteren Männer als Wachposten auszuwählen und sie einzusetzen , eine entlang des Pfades, dem die Kolonne gerade gefolgt war, und eine andere die Hügelwand hinunter, auf dem Zickzackpfad, den der Commander und Glover hinauf gesehen hatten, als die Kulis Munition trugen.

„,Square leg‘ und ,long on‘ – was?“ kicherte der Kommandant.

„Ja, Sir, ich denke, das wird vorerst reichen.“

Die erste Brustwehr sollte an der schmalen Seite des Plateaus errichtet werden, die am weitesten vom Geschützschacht entfernt war.

Es beherrschte die Kuppe des Hügels, über den die kleine Gruppe zum letzten Mal gestürmt war, und der Pfad, dem sie gefolgt waren, verlief an diesem Grat entlang, senkte sich zweihundert Meter weit ab und stieg dann steil zu der mit Buschwerk bedeckten Anhöhe an die sie mit verlängerten und befestigten Bajonetten versehen hatten.

Einer von Sergeant Haigs Wachposten (Williams‘ Mann mit den „eckigen Beinen“) stand bereits in der Lücke, die der Weg bildete, als er im dichten Gebüsch verschwand, und es war offensichtlich, dass eine angreifende Streitmacht dort hervorragende Deckung finden und das größere Gebiet fegen konnte Teil des Plateaus mit Gewehrfeuer.

Deshalb wurde diese Brustwehr quer über das schmale Ende des Plateaus gebaut, Sandsäcke auf Sandsäcke gestapelt, bis sie fast einen Meter hoch waren, und da die Männer einige große Holzstämme zur Verstärkung von der Kanonengrube herübergeschleppt hatten Sie nannten es schließlich „Log Redoubt“ und machten darin Schießscharten für ihre Gewehre.

Den mit Büschen bedeckten Hügel vor ihnen nannten sie „Bush Hill“, und nur wenige werden ihn jemals vergessen.

Einige der Männer schleppten Sandsäcke an den Rand des Plateaus mit Blick auf den Hafen, um zwei niedrige Brustwehre zu bilden, eine auf jeder Seite des Zick-Zack-Wegs, der zum Geschützschacht führte.

Zwanzig Meter vor diesen beiden Brustwerken war der steile Hang kahl, aber darunter war der ganze Hügel bis zum Piratendorf, das sie unten sehen konnten, als es mit zunehmendem Tageslicht immer deutlicher wurde, mit kleinen Bäumen bedeckt und dicht Reisig, durch das sich der Zickzackpfad nach oben schlängelte.

Männer, die hinter diesen Sandsäcken lagen, waren durch die Log Redoubt einigermaßen vor dem Gewehrfeuer von Bush Hill geschützt, also begnügte sich Williams damit, sie nur zwei Sandsäcke hoch anzuheben.

Nachdem diese grob fertiggestellt waren, wurden weitere Sandsäcke an das gegenüberliegende Ende des Plateaus geschleppt und fünfzig Meter hinter der Geschützgrube eine kleine Schanze errichtet. Von hier aus konnte das Feuer entlang der weiter entfernten Bergrücken gerichtet werden, die keine Deckung hatten und stetig nach unten abfielen, sowie sowohl die Hafen- als auch die Meereshänge des Hügels hinunter.

Sergeant Haig und neun Blue Marines wurden mit dieser Arbeit beauftragt, weshalb sie als „Haig's Redoubt" bekannt wurde.

Saunderson und seine zwanzig Roten Marines wurden angewiesen, die Hafenbrüstungen zu bemannen, und Williams und seine verbleibenden zehn Marine-Artilleristen sollten die Log Redoubt halten.

Jeder Mann wurde zu seinem eigenen speziellen Schießschacht geschickt, und jeder Mann legte sein Gewehr und seinen Mantel auf den Boden dahinter, die kostbaren Wasserbrecher wurden in den Schießschacht gebracht, und die Decken der Männer, bedeckt mit der Schießplane, wurden dorthin gebracht in der Mitte des Plateaus zu einer kleinen „Zareba" aufgetürmt.

Inzwischen waren die Bahnwärter zurückgekehrt, brachten zwei der Nachzügler zurück und meldeten, dass die Gruppe *des Strong Arms bereits von der Sylvia* aus landen würde .

Es war jetzt heller Tag, und bald kamen die beiden verbliebenen Nachzügler ins Lager und sahen sehr beschämt aus.

Eine Stunde lang hatten sowohl Offiziere als auch Männer wie Pferde gearbeitet, und die ganze Zeit über trug der kalte Wind die Geräusche der erwachenden Stadt zu ihren Füßen herauf – das dumpfe Trommeln chinesischer Gongs und das Läuten der Schiffsglocken – aber nichts Andere störten ihre Arbeit, bis sie plötzlich das laute Kreischen einer Dampfhupe erschreckte.

„Das ist das Signal, mit der Arbeit zu beginnen. Die Kulis werden in einer halben Stunde hier oben sein", kicherte der Kommandant.

„Was wirst du tun, wenn sie auftauchen?" fragte Williams. „Wenn wir sie fangen und sie daran hindern würden, die Nachricht zurückzubringen, wäre das eine gute Sache. Alle paar Minuten sind wertvoll."

„In Ordnung, Williams, wir werden es versuchen."

*der Sylvia* mitgebracht hatte .

Im selben Moment kam der Posten auf dem Zickzackpfad unten angerannt. „Bitte, Sir, es kommen fünfzig oder sechzig Eingeborene aus der Stadt."

Cummins befahl allen, sich zu verstecken. „Bewegt euch nicht, bis ich pfeife."

Fünf Minuten später konnten sie das fröhliche Geplapper der Kulis hören, als sie zum Geschütz hinaufstiegen, und die vordersten von ihnen tauchten aus den Bäumen auf dem offenen Weg unter ihnen auf. Etwas machte sie misstrauisch; Sie blieben stehen, zeigten nach oben und plapperten schnell. Dann hob ein junger Narr von einem Marine den Kopf, um über die Brustwehr zu blicken, hinter der er lag, und in Panik erschraken sie alle, warfen ihre Werkzeuge weg und rannten den Hügel hinunter, so schnell ihre Beine tragen konnten ihnen.

„Viel Zeit", sagte Cummins sanft; „Wir gehen besser zum Frühstück. ‚Platziere dein Feld' wieder, Williams", kicherte er, „und wir sollten besser auch ein paar Leute am ‚Punkt' und am ‚Deckungspunkt' haben – was?"

Das Frühstück mit Schiffskeks und Corned Beef, heruntergespült mit einem „Schluck" aus den Wasserflaschen, dauerte zehn Minuten, und dann machten sich alle wieder an die Arbeit.

Williams schlug vor, dass sie besser damit beginnen sollten, die Büsche unterhalb von Saundersons beiden Brustwerken zu fällen.

„Es würde uns eine bessere Chance geben, wenn sie versuchen würden, uns zu überstürzen, Sir."

„Jetzt, Jungs", sang der Kommandant, „holt eure Äxte und Messer und fällt die Büsche vor euch ab – fegt sie deutlich ab."

Sie fingen an zu hacken und zu hacken, und in einer halben Stunde hatten sie drei oder vier Meter entlang ihrer Front freigelegt, als plötzlich ein Knall! Eine Granate explodierte direkt unter ihnen, und die Splitter flogen kreischend über sie hinweg.

Jeder Mann „duckte", rannte dann den Hang hinauf, ergriff sein Gewehr und legte sich hinter seine eigene Brustwehr.

"Wütend!" pfiff der Kommandant, „das ist doch ihr Spiel, oder?"

# KAPITEL XX

## Der Kampf um einen Gun Hill

Wir müssen Öl haben – Unter Granatenbeschuss – Die Piratengewehre werden zum Schweigen gebracht – Der erste Angriff – Hopkins wird verwundet – Der „starke Arm" kommt – Die Ölpartei wird abgeschnitten – Eine vorübergehende Atempause – Der zweite Fehler – Das Öl wird gerettet – Der Große Schüsse

Dieser ersten Granate folgten schnell zwei weitere, die beide unten im Gebüsch explodierten. Ein vierter sang über uns und ging aufs Meer hinaus.

Williams, Saunderson, Cummins und die beiden Bahnwärter suchten durch ihre Brillengläser und versuchten, die abgefeuerten Waffen zu finden. Die Granaten schlugen zwei oder drei pro Minute ein – eine explodierte in der Nähe der Decken der Männer und bedeckte die Plane mit Schmutz, eine andere zerschmetterte die Bäume, ohne zu platzen.

„Ich sehe sie, Sir", schrie einer der Bahnwärter; „Gleich da drüben, Herr, unter diesen Bäumen;" und er zeigte in die Richtung. Als sie alle seiner Hand folgten, die zu einigen Bäumen auf einem Hügel auf der anderen Seite des Hafens ausgestreckt war, mit Blick auf die Tiefebene in der Nähe des Auslasskanals, sahen sie zwei kleine Flammenstrahlen unter sich hervorschießen. Zwei kleine dünne graue Rauchwolken verschwanden außer Sichtweite, und fast sofort explodierte eine Granate dreihundert Meter vor der Brustwehr, hoch oben in der Luft, und ließ einen Kugelhagel in die Büsche niederprasseln. der andere flog über uns hinweg.

„Schrapnell", murmelte Saunderson und fügte hinzu, als er sah, wie Glover nervös von einem zum anderen blickte: „Ich wünschte, ich wäre nicht so riesig. Hallo! Glover, komm und stell dich vor mich."

Ein weiterer Schrapnell riss den Boden vor der Brustwehr auf. Einer oder zwei der Männer waren mit Staub bedeckt. Sie alle versuchten, sich auf möglichst kleinem Raum zusammenzuzwängen.

Die Unteroffiziere hatten sich zunächst mit ihren Männern hingelegt, aber als sie nun ihre Offiziere hinter sich stehen sahen, erhob sie sich verlegen auf ein Knie, einer nach dem anderen. Saundersons Sergeant (Wilkins mit Namen) stand aufrecht, ging auf Saunderson zu, salutierte und sagte: „Bitte um Verzeihung, Sir, das wird nicht wieder vorkommen", marschierte steif zu seinen Männern zurück und stand da wie eine Statue.

„Es ist ein ziemliches Pech für diese Jugendlichen, unter Schrapnellfeuer zu geraten, bevor sie an das Gewehrfeuer gewöhnt sind", sagte Saunderson zum Kommandanten. „Wenn ich mich einmal hinter einen Sandsack legen würde, würde mich nichts auf der Welt dazu bewegen, wieder aufzustehen. Ich denke, ich sollte ihnen etwas zu tun geben, Sir. Sie sind keine alten Soldaten."

Der Kommandant forderte Glover auf, Kapitän Williams zu bitten, mit ihm zu sprechen.

Glover rannte davon, nur zu froh, etwas zu tun zu haben, überbrachte seine Nachricht und rannte zurück.

„Lauf niemals, Junge, du fährst schnell zu heiß", kicherte Cummins.

Der arme junge Glover sah furchtbar beschämt aus und wurde rot wie eine Tomate.

Williams war derselben Meinung. „Lassen Sie sie weiter das Unterholz abholzen, Herr."

Cummins nickte zustimmend, und die notwendigen Befehle wurden erteilt, die Sergeants wiederholten sie mit vielen blumigen Ergänzungen, und die Männer erhob sich nervös auf die Knie und bereitete sich auf sehr halbherzige Weise darauf vor, zu gehorchen.

„Lasst eure Gewehre, ihr Narren!" schrie Sergeant Wilkins. „Es gibt keine Nigger, die euch erschießen. Raus, alle!"

Sobald sie sich an die Arbeit machten und sich in großen Abständen verteilten, wurden sie weniger nervös, und Blue Marines und Red Marines wetteiferten darum, wer den größeren Raum räumen sollte.

Williams und Saunderson arbeiteten mit ihren Männern im Gebüsch, während Cummins auf der Sandsackbrüstung saß, Glover nervös um ihn herum schwebte und Dr. Richardson neben ihm lag und auf einen Job wartete.

Hin und wieder explodierten Granaten auf dem Plateau, aber es war offensichtlich, dass die meisten davon auf das Geschütz gerichtet waren, und Pattison und seine Männer hatten sehr viel Spaß dabei.

Plötzlich kam Pattison von der Waffengrube herüber zum Kommandanten, salutierte und sagte ihm mit sehr leiser Stimme, dass die Rückstoßzylinder der Waffe leer seien und dass er kein Öl finden könne. Mit leeren Rückstoßzylindern konnte die Waffe natürlich nicht abgefeuert werden. Es wäre wahrscheinlich ins Meer gestürzt.

Cummins antwortete einige Zeit nicht und sein Gesicht wurde sehr ernst. „Wir müssen Öl von den Schiffen holen", sagte er schließlich und schickte einen Signalmann, um von der *Sylvia zu erfahren* , ob die gesamte zweite Gruppe den Strand bereits verlassen hatte. „Sie haben bereits ein Viertel der Höhe erreicht", berichtete der Bahnwärter.

„Nun, ich kann sie jetzt nicht zurückschicken. Ich muss Bannerman dazu bringen, mir ein Dutzend Leute mit ein paar Ölfässern zu schicken, und" – seine Augen funkeln wieder – „Ich werde Ihnen sagen, was ich tun werde. Ich werde schicken." Parker ist da, um diese Geschütze anzugreifen. Ich glaube, er könnte sie über diese Tiefebene erreichen.

Er sang für den Bahnwärter.

„Entschuldigen Sie, Sir", unterbrach Pattison, „ich sollte vorschlagen, dass Sie Commander Bannerman bitten, die Kanonen mit seinen 12-Pfündern zu beschießen und Parker zu befehlen, das Öl hochzuschicken. Ich bin seit drei Wochen an Bord der *Sylvia* .", und ich denke, dass Commander Bannerman eher geneigt sein wird, diese Waffen einzusetzen, als ein Dutzend Männer zu entbehren, um Parker zu befördern, wissen Sie, Sir?

Die beiden Männer sahen sich einige Momente lang seltsam an. Cummins lächelte grimmig, rief den Bahnwärter und schrieb auf:

„Commander Cummins' Kompliment an Captain Bannerman. Würde er das Tiefland im Westen verlassen und auf dem Hügel dahinter zwei Geschütze angreifen? Sie gehen ihm ernsthaft auf die Nerven."

„Geht das, Pattison?" fragte er und lächelte bitter.

„Ich denke schon, Sir."

„Und, Stellwerkswärter, sagen Sie Mr. Parker auch von mir: ‚Schicken Sie vier Fässer Öl – dringend'."

Der Stellwerkswärter rannte eilig davon, um das Signalsignal zu bauen, doch bevor er das Plateau überqueren konnte, explodierte eine Granate über ihm und er stürzte kopfüber.

Der zweite Stellwerkswärter sprang auf ein Nicken von Cummins hinaus, nahm das Papier mit den Signalen und sprang den Hang des Hügels mit Blick auf das Meer hinunter.

Dr. Richardson und sein Steward im Krankenbett rannten herbei, beugten sich über den am Boden liegenden Mann, hoben ihn auf und trugen ihn hinter die Waffengrube, um ihn aus dem Feuer zu retten.

Pattison und Glover halfen ihnen.

Sie kamen sofort zurück, Glover bleich wie ein Laken.

„Er ist tot, Sir", berichtete Dr. Richardson; „Die Schädeldecke wurde weggetragen."

„Decken Sie ihn zu und bringen Sie ihn außer Sichtweite der anderen", sagte Cummins langsam; „Und, Richardson, ich muss darauf bestehen, dass Sie in Deckung bleiben."

"Sehr gut, Herr;" und Dr. Richardson ging weg, um hinter der Brüstung der Schießgrube Schutz zu suchen.

Zurück kam der verbliebene Signalwärter mit den Antworten: „Captain Bannerman wird viel Freude daran haben, Commander Cummins zu unterstützen, und wird die beiden Geschütze einsetzen, die ihn nerven."

Cummins zerriss es verächtlich.

Der zweite kam von Parker: „Öl wird mit größter Eile verschickt."

Pattison bat um Befehle. Er konnte mit der Waffe nichts mehr tun und wurde angewiesen, die Bäume zu fällen – „Sie zielen wahrscheinlich genauso sehr auf sie wie auf die Waffe." Es vergingen ein paar Minuten, und dann taumelten zwei Marinesoldaten heran – einer hatte Blut aus dem Kopf, ein anderer hatte den Arm schlaff an der Seite herab. Ein Schrapnell war kurz zuvor geplatzt.

Sie fielen in die Brustwand und Cummins schickte sie zu Dr. Richardson.

Sie krochen hinüber.

Dann rannten die Wachposten unten auf dem Zickzackpfad zurück. „Hunderte Männer kommen herauf, Sir; sie sehen aus wie Matrosen, Sir."

Cummins war auf diese Nachricht bestens vorbereitet, denn vor einer halben Stunde hatte er einen Tumult zwischen den Kreuzern im Hafen zu seinen Füßen und den Booten gesehen, die vom Ufer zum und vom Ufer fuhren, und hatte vermutet, dass es sich um landende Matrosen handelte.

„Die einzigen Menschen, auf die sie sich verlassen können", dachte er und forderte Glover auf, Captain Williams zu bitten, seine Männer zurückzubringen.

„Keine Eile, Glover", als Glover, wild vor Aufregung, davonstürmte.

„Ich wünschte, ich hätte diesen Jungen nie mitgebracht", murmelte er vor sich hin. „Wenn er überwältigt wird, wird seine Cousine mir sofort meine Marschbefehle erteilen. Ich bin mir sicher, dass sie das tun wird."

„Auch ein mutiger kleiner Kerl", fuhr er fort, als Glover langsam neben dem riesigen Saunderson an der Spitze seiner Männer zurückkam.

Als sie den Hang hinaufkamen, explodierte eine Granate zwischen ihnen, und der Rauch verbarg Glover und Saunderson für einen Moment, aber der Wind trug ihn weg, und sie tauchten wieder auf, wobei Saunderson seine Männer mit einer Armbewegung nach hinten stützte.

„Das ist besser, Sir", sagte er zu Cummins und sein Gesicht strahlte vor Stolz, als die Roten Marines leise über die Brustwehr stiegen und sich neben ihre Gewehre legten. „Habe sie jetzt in der Hand, Sir."

Und Williams' Blue Marines waren genauso gut im Griff, warfen ihre Äxte nieder und nahmen ohne die geringste Aufregung oder Verwirrung ihre Plätze ein – die Hälfte davon in Sergeant Haigs Redoute, die andere Hälfte mit Captain Williams hinter der Log Redoubt. Ein oder zwei Minuten vergingen, und dann kamen ein paar blau gekleidete Chinesen in Sicht, und eine kleine Gruppe von ihnen blieb an einer offenen Ecke des Zickzackpfads stehen und marschierte dann schnell in die Büsche auf beiden Seiten.

Auch die Männer, die ganz rechts auf der Brustwehr lagen, erblickten sie und begannen ohne Befehl, ihre Gewehre abzunehmen.

Die ganze Linie wäre in einer Minute in Flammen aufgegangen und hätte blindlings in die Büsche unter ihnen geschossen, wenn Saunderson nicht mit vor Wut gerötetem Gesicht herübergesprungen wäre und sie aufgehalten hätte. Cummins kicherte.

Ihre wenigen Schüsse ließen die Chinesen jedoch noch schneller zerstreuen, und sie verschwanden in Deckung, ohne einen Schuss abzufeuern.

Dann kam die schwierigste Zeit von allen und stellte die Ausdauer der jungen Marines aufs Äußerste auf die Probe. Die beiden Geschütze feuerten schnell, Granaten rasten vorbei, Granaten explodierten auf dem Hang vor ihnen und auf dem Plateau hinter ihnen. Hin und wieder explodierte eine kleine weiße Rauchkugel mit einem dumpfen „Puff" über uns, und ein Hagel aus Splittergeschossen prasselte nieder. Sie wussten auch, dass die Chinesen ungesehen durch die Büsche herankrochen, und sie konnten nichts anderes tun, als zu warten.

Die intensive Spannung der Spannung wurde noch dadurch verstärkt, dass der Wachposten auf dem Kammpfad mit verängstigtem Gesicht aus dieser Lücke im Gebüsch zurücklief.

Eine andere Gruppe rückte auf dem Weg vor, dem sie am Morgen gefolgt war, und fast bevor er dies gemeldet hatte, peitschten Schüsse von Bush Hill vorbei, und dann brach von den Hängen unten ein wütendes Feuer aus, wobei die Kugeln glücklicherweise wild umherflogen.

Cummins sang für den Bahnwärter. „Gehen Sie zurück und signalisieren Sie Mr. Parker: ‚Werde vorne und auf der linken Flanke angegriffen. Ich erwarte, dass Sie meinen Rücken offen halten"', und wandte sich an Saunderson, der in seiner Nähe stand: „Eh! Saunderson, Sie machen mich nervös." Aufstehen; ich wünschte, du würdest dich hinlegen.

„Das werde ich tun, wenn Sie es tun, Sir."

„Aber ich kann nicht, wissen Sie", sagte Cummins mit einem albernen Lachen.

„Dann gehen Sie um Himmels willen weiter, Sir", antwortete der Riese nervös, als mehrere Kugeln vorbeiflogen und eine den Sandsack traf, auf dem Cummins saß.

Cummins holte es mit seinem Finger hervor. Es war eine Mauser-Kugel mit kleinem Kaliber.

„Hallo! Das ist Kapital!" schrie er und sprang auf, als von ganz links ein schwacher Knall ertönte und eine Granate zwischen den Bäumen explodierte, aus denen die beiden Kanonen abgefeuert hatten. „Bannerman hat es endlich geschafft."

Auch die Männer sahen es und jubelten vor Erleichterung.

„Nun, Jungs", sang er fröhlich, „Ihr werdet euch nicht mit diesen Granaten befassen, und diese Chinesen können keinen Heuhaufen treffen. Hebt eure Patronen auf und schießt nie, bis ihr sicher seid, dass ihr trefft. Der Wille *des Starken Arms*. "Seien Sie in einer weiteren Stunde mit ihren Maxims hier, also verpassen Sie keinen Versuch."

Da die gefürchteten Granaten verstummten, ließen sich die Männer selbstbewusster nieder und feuerten nur noch selten, und ein- oder zweimal verriet ihnen ein Schmerzensschrei unten, dass keine Patrone verschwendet worden war.

Die Kugeln gingen in großer Zahl vorbei – Ping-Ping! Flick-Flick! Gelegentlich schlug einer mit einer Staubwolke auf dem Boden auf oder traf einen Stein oder eine Axt und flog pfeifend davon, völlig verdreht. Hin und wieder vergrub sich einer mit einem dumpfen Knall in einem Sandsack, aber die meisten befanden sich hoch über dem Kopf. Offensichtlich waren die Chinesen zu undiszipliniert, um zu zielen.

Dennoch war es eine ausreichend schwierige Position, da drei- oder vierhundert Männer von unten angreifen und wahrscheinlich ebenso viele von links, versteckt zwischen den Büschen gegenüber der Log Redoute.

Cummins hatte nur noch 48 Männer übrig, und obwohl sie gut unter Kontrolle waren und sich jede Minute stabilisierten, standen die Chancen ziemlich ernst.

Er war vielleicht nicht so besorgt um sich selbst wie um die zweite Gruppe, die laut „Nr. 3" inzwischen mehr als auf halber Höhe des Hügels war. Wenn die Chinesen sie angreifen würden, während sie sich, beladen mit den beiden Maxims, Munition und Proviantkisten, durch das dichte Unterholz kämpften, würde es ihnen schwer fallen. Sobald sie sich ihm mit ihren Maschinengewehren angeschlossen hatten, war er zuversichtlich, sich zu behaupten, bis das Öl eintraf und es ihm ermöglichte, den großen Krupp abzufeuern. Auch seine rechte Flanke bereitete ihm wenig Sorgen, da sie in dieser Richtung vergleichsweise offen war und einer angreifenden Streitmacht keinen Schutz bot; und solange „Nr. 3" den Meereshang des Hügels überqueren konnte, machte er sich keine Sorgen um seinen Rücken.

Aber könnte „Nr. 3" das tun?

Der Wind, der stark aus Nordwesten geweht hatte, begann bereits wieder nach Süden zu drehen und nahm rasch an Stärke zu, und Cummins wusste nur zu gut, dass keine der beiden „Nr. 3" in der Nähe des Fußes bleiben konnte der Hügel, noch die *Sylvia* nahe genug am Tiefland, um diese beiden Feldgeschütze zu ersticken, wenn der Wind in dieser Gegend blieb und schwere See mit sich brachte.

Ohne die Unterstützung der Schiffe erkannte er, dass seine Lage äußerst prekär sein würde.

Wenn auch die Gruppe *des Starken Arms* seiner Route vom Vorabend folgen würde, würde sie direkt in die Chinesen geraten, die sich an seiner Flanke versammelt hatten. Glücklicherweise konnte er über „Nr. 3" mit ihnen kommunizieren und gab ihnen Anweisungen, sich nach rechts zu neigen und zum Hügelrücken auf der Ost- oder Waffengrubenseite des Gipfels zu gehen.

Es dauerte zwanzig Minuten, bis sie das Signal erhielten und eine Antwort erhielten, und es war eine große Erleichterung für ihn, als der Signalwärter berichtete, dass die Landungsgruppe *des Strong Arms das Signal empfangen hatte und bereits ihren Kurs änderte.*

„Das Öl ist auch auf dem Vormarsch", war die willkommene Nachricht des Bahnwärters.

„Ich weiß nicht, was wir ohne dich tun sollen, Gordon", sagte der Kommandant; „Bleiben Sie so weit wie möglich in Deckung."

Nun kam eilig ein Marinesoldat mit einer Nachricht von Kapitän Williams zum Kommandanten.

„Er glaubt, Sir, dass sie sich hinter diesen Büschen zu einem Ansturm versammeln", und deutete auf den Hügelkamm in Richtung Bush Hill.

Cummins ging zum Log Redoubt und sah, dass Williams durch seine Brille die Büsche hinter sich betrachtete.

„Dort hinten versammeln sie sich ziemlich dicht, Sir, und ich glaube, ich kann ein paar Europäer erkennen."

Auch Cummins konnte sie sehen und schickte Glover zu Mr. Pattison, um ihm zu sagen, er solle seine Männer aus der Waffengrube holen. Sie schwärmten über die Brüstung, flogen über den ebenen Boden und legten sich im Gras rechts von der Log Redoute nieder.

„Sie benutzen Mauser-Gewehre, Sir", sagte Williams.

„Ja, ich weiß. Woher weißt du das?"

Williams hielt seinen linken Arm hoch, sein Taschentuch war um das Handgelenk gebunden und rot vor Blut. „Zwei winzige Löcher schlagen durch."

„Knochen gebrochen?" fragte der Kommandant besorgt.

„Das glaube ich nicht", sagte Williams und fügte hinzu, als die schrecklichsten Schreie und Schreie aus den Büschen ertönten – „sie versuchen uns einzuschüchtern und nehmen den Mut auf, herüberzustürmen, aber ich denke, wir können sie aufhalten." Offen, Männer, verschwenden Sie keinen Schuss, lockern Sie Ihre Gürtel, Männer, und sorgen Sie dafür, dass Ihre Munition klar ist.

Jeder der zehn Blue Marines löste ein paar Pakete und legte sie in kleinen Häufchen zu seiner Rechten.

Ein wildes Knistern und Krachen von Gewehrfeuern ertönte – ein weiterer schrecklicher Schrei. Zwei Europäer sprangen ins Freie, und eine Schar blau gekleideter Chinesen folgte ihnen und stürmte wie wild hinüber.

„Nun, Männer, ihr könnt sie nicht verfehlen; schießt tief, feuert tief und zielt. Zielt, nicht wahr?" (Dies gilt für einen jungen Marinesoldaten, der fast gleichzeitig Patronen einschob und den Abzug drückte).

Sieben oder acht Meter fielen, bevor sie so viele Yards zurückgelegt hatten, aber sie kamen trotzdem weiter, die Europäer weit vorn.

Sie legten hundert Meter zurück und kamen nun die Anhöhe hinauf, der Boden hinter ihnen war mit kleinen blauen Haufen übersät.

Cummins zog seinen Revolver. „Ist Ihres geladen, Glover?"

"Jawohl."

„Dann zieh es nicht, es sei denn, sie kommen über die Sandsäcke hinweg", kicherte er, „sonst erschießt du mich."

Die Marines waren jetzt auf den Knien und feuerten über die Brustwehr hinweg. Es war ein absolutes Massaker, aber die Chinesen zeigten keine Anzeichen dafür, dass sie nachließen.

Einer der weißen Männer, die Glover erkannte – der Mann mit dem schwarzen Bart.

„Zwei von euch nehmen diesen schwarzbärtigen Schurken", sang Williams, „und zwei den anderen weißen Mann."

Überall um sie herum fielen Chinesen, aber sie kamen trotzdem weiter.

„Machen Sie selbst einen Schuss, Williams", befahl Cummins. (Williams war ein bekannter Gewehrschütze.)

Er ergriff ein Gewehr, legte es auf einen Sandsack, zielte sorgfältig und feuerte, lud und feuerte noch einmal.

Der zweite Europäer drehte sich um und fiel. Als er fiel, nahm er seinen Hut ab, und Glover erkannte mit einem komischen Gefühl des Bedauerns, dass es Hopkins war. Die Chinesen, die ihm folgten, blieben stehen, kamen wieder heran, schauten zurück, ein halbes Dutzend warf die Arme hoch und fiel, und dann hatten die anderen genug davon, konnten sich nicht mehr stellen und rannten, ihre Gewehre wegwerfend, den Hügel hinunter das Recht. Der schwarzbärtige Mann, hinter ihm noch fünfzig oder sechzig Chinesen, kam bis auf fünfzig Meter heran. Die Marines begannen zu jubeln und standen nun auf, um zu schießen.

Sie schrumpften auf vierzig, auf dreißig, und dann erkannte Glover mit einem plötzlichen Schock, dass sie ihnen tatsächlich gewachsen waren, und erwachte zu der Tatsache, dass Männer Hand in Hand kämpften, Marinesoldaten ihre Gewehre schlugen und nach links und rechts schlugen (sie waren still). war drei zu eins zahlenmäßig überlegen) und dass der Kommandant vor ihm stand und kühl seinen Revolver abfeuerte.

Plötzlich fiel ihm ein, dass er auch einen Revolver hatte, und er zog ihn, aber Cummins ergriff ihn und reichte ihm seinen leeren, rauchenden Revolver zum Nachladen.

Ein Jubelruf auf der rechten Seite, und Pattison und seine Männer stürzten sich in den Kampf; ein weiterer Jubelruf, und der mächtige Saunderson stürmte mit der Hälfte seiner Red Marines herbei; Weitere Revolverschüsse erklangen, die Chinesen begannen nachzugeben , kehrten um und stürmten den Hang hinunter, der riesige bärtige Europäer war der letzte von allen.

Als er zurücksprang, kam er an Hopkins' liegendem Körper vorbei, bückte sich, hob ihn hoch und taumelte mit ihm davon.

„Lassen Sie ihn los, Männer; schießen Sie nicht auf ihn“, rief Cummins und verschwand im Gebüsch.

Glover hörte den Kommandanten murmeln: „Was für ein dummer Idiot ich bin!“

Die Männer standen jubelnd auf wie Verrückte; Doch aus den Büschen begann erneut zu schießen, Kugeln pfiffen herüber, und man befahl ihnen, in Deckung zu gehen.

Saunderson rannte mit seinen Männern zu seiner Brustwehr zurück.

„Das war ziemlich knapp, Sir“, sagte Williams, als er auf ihn zukam und mit seiner verletzten Hand unter Schmerzen seinen Revolver nachlud.

„Eine sehr knappe Sache“, antwortete Cummins kichernd, während er seine Waffe nachlud.

Pattison lag bewegungslos auf dem Boden, Blut strömte aus seinem Kopf; ein Mann war tot, lag halb über den Sandsäcken und hatte eine Kugel in der Brust; Einer hatte eine Bajonettwunde im Oberschenkel und saß aufrecht, um den Blutfluss zu stoppen. ein anderer saß dumm und halb betäubt da, als ihm ein Gewehrkolben einen Schlag auf den Kopf versetzte.

„Singen Sie ein Lob für Dr. Richardson“, sagte Cummins und beugte sich über Pattison.

„Hier bin ich, Sir“, antwortete der Doktor und kam mit einer Axt in der einen und einem leeren Revolver in der anderen Hand hoch.

„Ich dachte nicht, dass es an der Zeit wäre, auf die professionelle Etikette zu verzichten, Sir.“

"Mein Wort!" Williams platzte heraus: „Ich habe die Axt herumfliegen sehen, und, Mann am Leben! Du hast einen Bettler davor bewahrt, mich durchzustechen.“

Ein Jubelruf von Sergeant Haigs Brustpanzer ließ sie sich umdrehen, und sie sahen, wie der Anführer der Truppe *des Starken Arms* gerade über der Hügelkuppe hinter dem Geschütz auftauchte.

Wenn jemals fünfzig Männer laut jubelten, dann taten sie es.

„Was ist mit Pattison?“ fragte Cummins, bevor er herübereilte, um sie zu begrüßen.

„Ich glaube, ich bin nur fassungslos, Sir; er kommt schon wieder zu sich“, antwortete Dr. Richardson.

* * * * *

An der Spitze der Truppe *des Strong Arms* stand Kapitän Hunter, der wie ein riesiger Schuljunge auf Ferien aussah, sein großes rotes Gesicht strahlte vor purer Freude und er schnupperte in der Luft, während vereinzelte Kugeln vorbeiflog.

Ihm folgten seine Männer mit den beiden Maxims und ihren Stativen auf das Plateau, eine Kiste nach der anderen mit Munition, noch mehr Wasserbrecher und noch mehr Proviantkisten, die in Kuli-Manier an Stangen über ihren Schultern zwischen ihnen befestigt waren.

Der Kommandant eilte auf ihn zu.

„Ich hätte nie erwartet, Sie selbst zu sehen, Sir", sagte er, als Hunter seine Hand ergriff.

„Nun, Tatsache ist Folgendes. Helston hat mich im letzten Moment mit dem Streikpostenboot hinuntergeschickt, um Sie zurückzurufen, aber ich kam zu spät" – mit einem breiten Grinsen und einem Augenzwinkern – „um das zu tun." Und als ich sah, wie meine Männer alleine an Land gingen, konnte ich einfach nicht zurückbleiben, und hier bin ich. Ich hoffe, wir sind nicht zu spät für einen Kampf. Wir haben erst gegen sieben Uhr angefangen. und wir haben gerade zweieinhalb Stunden gebraucht, um diesen verdammten Hügel hinaufzusteigen. Meine Kameraden sind ziemlich erschöpft.

„Erst Viertel nach neun!" rief Cummins aus. „Ich dachte, es müsste schon nach Mittag sein." Er erklärte schnell die Situation. „Wir haben gerade einen Ansturm von der Gegenseite abgewehrt und diesen Mann Hopkins und auch dreißig oder vierzig ihrer Männer umgeworfen, sodass sie noch nicht wieder auftauchen werden."

„Zwei unserer Leute werden leider getötet und fünf oder sechs schwer verwundet. Pattison ist schwer beschädigt und Williams hat eine Kugel in seinem Handgelenk. Unten unter uns, im Schutz dieser Bäume, sind es etwa dreihundert." Chinesische Blaujacken und noch mehr auf dem Kamm hinter diesen Büschen werden uns jedoch noch einige Zeit keine Sorgen machen.

„Die *Sylvia* unterdrückt das Feuer zweier Feldgeschütze, was uns von der gegenüberliegenden Seite des Hafens zunächst ziemlich gestört hat, und ich bin darauf angewiesen, dass Parker mir den Rücken freihält."

„Sie werden nicht mehr lange dazu in der Lage sein", antwortete Kapitän Hunter; „Das Barometer sinkt rapide, und schon vor meiner Abreise kam ein schwerer Seegang herein, und jetzt weht es stark aus dem Süden."

Das war tatsächlich der Fall, denn er wehte in großen Böen vom Meer herauf, denen man den Rücken zukehrte, und brachte heftige Regenböen mit sich. Mehrere der halb gefällten Bäume, die noch nicht gefällt worden waren, waren umgestürzt, und der Rest schwankte bedrohlich.

„Ich fürchte nicht, Sir. Wo werden Sie die Maxims haben?" fragte Cummins.

„Mein lieber Junge, ich bin nur ein Freiwilliger. Du hast das Kommando und ich bin nur zu froh, alles zu tun, was du mir sagst."

„Das geht nicht, Sir. Sie sind hier oben der ranghöchste Offizier und müssen das Kommando übernehmen."

Das fröhliche Gesicht von Captain Hunter verfinsterte sich. „Nun, schauen Sie mal, Cummins, bei meiner Ehre tut es mir verdammt leid, dass ich überhaupt gekommen bin, wenn es Ihnen das Spiel verdirbt. Glauben Sie mir, alter Junge, daran habe ich nie gedacht; das habe ich wirklich nicht getan!"

„Ich bin nur zu froh, Sie bei uns zu haben, Sir", sagte Cummins, und was er sagte, meinte er – immer. „Na, Sie sind selbst ein Dutzend Männer wert, Sir!"

„Meinst du das wirklich?" Hunter antwortete, sein Gesicht rötete sich vor Stolz und Freude, wie der große Schuljunge, der er war. „Auf unserem Weg nach oben haben wir viele dieser Stinktiere gesichtet", fuhr er fort, „aber sie waren viel zu schlau, um in unsere Reichweite zu kommen."

„Das sind ernste Neuigkeiten, Sir. Die Rückstoßzylinder der Krupp-Kanone sind leer, und ich musste Parker ein Zeichen geben, ein paar Fässer Öl an Land zu schicken. Sie sind jetzt mit einem Dutzend Männern auf dem Weg nach oben."

"Puh!" „Sie werden direkt in sie hineinlaufen", pfiff Hunter.

Noch während er sprach, war das laute Knallen eines einsamen Martini auf halber Höhe zum Meer zu hören, schnell gefolgt von weiteren Schüssen und dann einem Rasseln schärferer Knallgeräusche – offenbar von Mausers, anhand ihrer kurzen, scharfen Knallgeräusche.

„Ich muss zurück, um sie zu holen. Machen Sie hier weiter." und Kapitän Hunter rief seinem Marineoffizier, einem adretten kleinen Subalternen, zu, er solle ihm mit dreißig Mann folgen, und mit einem fröhlichen Ruf „Kommt mit, Jungs!" schritt er den Hügel hinunter, den er gerade erklommen hatte.

Cummins wusste jetzt, warum die Kugeln weder von Bush Hill noch von den Bäumen unter ihm herübergepfiffen waren. Die kleine Gruppe, die sich mühsam mit ihren Ölfässern abmühte, war gesichtet worden, und die Piratenführer, die wahrscheinlich wussten, zu welchem Zweck das Öl gebracht wurde, hatten die meisten ihrer Leute geschickt, um sich in Deckung zu schleichen und es abzufangen.

* * * * *

Parker hatte von der wackeligen Plattform der Brücke seines Zerstörers aus die ersten Gewehrschüsse der Gruppe gehört, die er gerade gelandet hatte, um diese kostbaren Ölfässer auf die Spitze des Hügels zu katapultieren, und wusste, dass sie angegriffen wurden. Er konnte sie auch sehen, wie sie in einem kleinen Kreis um ihre Trommeln lagen, und versuchte, so gut er konnte, die dichte Deckung zu beschießen, aus der sie offenbar angegriffen wurden.

Der Kommandant sendete nun von der Spitze des Hügels eine dringende Botschaft, er solle sein Möglichstes tun, um sie zu beschützen.

Mit seinen Waffen konnte er nichts anfangen.

Eine schwere See strömte heran, schlug gegen den Fuß des Hügels und zerschmetterte die Boote, die am Strand zurückgelassen worden waren. Die heftige Bewegung von „Nr. 3" selbst machte ein genaues Schießen mit jeder Waffe absolut unmöglich, und obwohl Pat Jones aus seiner Hängematte auf das Messedeck kroch, um seinen geliebten 12-Pfünder abzufeuern, war sogar er, ein großartiger alter Schütze, der er war war, konnte es nicht besser machen.

Die kleinen Granaten waren für seine eigenen Männer ebenso gefährlich wie für die Chinesen, und Parker musste nicht nur das Schießen einstellen, sondern es wurde auch völlig offensichtlich, dass er sofort aufs Meer hinausfahren musste. Er hatte bereits zu lange an einem Leeufer festgehalten und musste sich von diesen tückischen Felsen abstoßen.

Man kann sich seine Gefühle vorstellen, als er sagen musste: „Kann kein präzises Feuer aufrechterhalten und muss das Land verlassen."

„Hunter und Cummins werden wissen, dass ich bis zum Schluss durchgehalten habe", war sein einziger Trost, als er „No. 3" in die heftigen Regenböen verwandelte, die ihm ins Gesicht fuhren, und ihren Bug in die schwere See stürzte.

Cummins lächelte grimmig, als ihm das Signal gemeldet wurde, und beobachtete besorgt, wie sich der Zerstörer in Sicherheit kämpfte.

Da Parker nicht in der Lage war, an Land zu bleiben, wusste er, dass es nur eine Frage von Minuten sein würde, bis Bannerman gezwungen sein würde, seinem Beispiel zu folgen, und rechnete damit, dass er für einen Moment erneut unter Granatenbeschuss dieser beiden Feldgeschütze geraten würde.

Es drohte noch eine weitere Gefahr – eine viel ernstere Gefahr.

Unten im Hafen wurde einer der älteren Kreuzer, entweder die *Mao Yuen* oder die *Yao Yuen*, an eine Stelle fast unter dem Felsvorsprung gebracht, der ihn am Tag zuvor verborgen hatte, mit der ganz offensichtlichen Absicht, die Spitze des Hügels zu beschießen von dort.

Ihre Geschütze würden nicht in der Lage sein, das Krupp-Geschütz zu berühren, aber er wusste, dass sie mit Schrapnell den größten Teil des Plateaus abdecken konnte, und er wusste auch, dass er es nicht konnte, solange das Öl nicht ankam und es ihm ermöglichte, sein Krupp-Geschütz zu benutzen möglicherweise seine Position behaupten. Sobald es ihm gelang, diese 12-Zoll-Granaten in den Hafen zu werfen, wie ungenau das auch zunächst war, war er zuversichtlich, den Kreuzer rechtzeitig zerstören zu können.

Aber ohne dieses Öl und ohne die Unterstützung der Schiffe stand die Existenz der gesamten Partei auf dem Spiel; und die Möglichkeit, sich durch die Masse der umzingelnden Chinesen zu durchbrechen, sich, übersät mit Verwundeten, den Hügelkamm entlangzukämpfen und dann zu versuchen, seine Position an einem anderen Punkt zu behaupten, sogar die Möglichkeit, eines der Forts an der Spitze zu stürmen Eintreten und dort auf Distanz stehen, schoss ihm durch den Kopf.

Er konnte im Moment nichts mehr tun, um Kapitän Hunter zu unterstützen, also setzte er seine Männer ein, um die Sandsack-Brustwerke noch weiter zu verstärken. Die Maxims wurden in Sandsackschanzen aufgestellt, eine im Winkel zwischen der Log Redoubt und dem Ende von Saundersons Brustwehren und die andere zwischen diesen beiden Brustwehren. Beide führten jede Annäherung auf dem Zick-Zack-Pfad die Hafenseite des Hügels hinauf, und der erste beherrschte auch die kahle Kuppe zwischen ihm und Bush Hill.

Auch Sandsäcke wurden an den Rand mit Blick auf das Meer geschleppt, und während sie sie fröhlich auftürmten, ahnten die Männer kaum, dass der Kommandant, während er sein Notizbuch und die Skizzen studierte, die er am Tag zuvor gemacht hatte, über die Notwendigkeit nachdachte, sie aufzugeben der Hügel und die Möglichkeit, eine der beiden Festungen zu überfallen.

Kein Gewehrfeuer störte sie, kein Granatenfeuer alarmierte sie. Kapitän Hunter, den sie vergötterten, war losgegangen, um die Ölfässer zu retten; Deshalb würden die Ölfässer direkt oben auf der Spitze stehen und die große Kanone wäre den Piraten ausgeliefert, und so arbeiteten sie voller Freude, trotz des strömenden Regens, der über die Spitze des Hügels fegte.

Glover stand neben dem Commander, blau vor Kälte und durchnässt bis auf die Haut. Cummins bemerkte ihn und seinen Zustand plötzlich. „Geh und hilf mit den Sandsäcken, Junge. Diesmal kannst du rennen", kicherte er und drehte sich um, um zu beobachten, wie Kapitän Hunter unter ihm vorankam.

Er und seine kleine Truppe von dreißig Marinesoldaten waren zwischen den Bäumen und Büschen verschwunden und bahnten sich einen Weg durch sie hindurch, aber jetzt waren sie heiß umkämpft, und ihr Vorankommen konnte, während sie sich nach unten kämpften, an der Reihe von Rauchwolken verfolgt werden, die aufstiegen stieg über die Büsche.

Die Linie senkte sich stetig in Richtung der kleinen Stelle am Meer, von wo aus ihn das schnelle Abfeuern weiterer Martinis mit der Gewissheit tröstete, dass die Männer des Zerstörers immer noch das kostbare Öl bewachten. Die lauten Knallgeräusche ihrer Großkalibergewehre wurden jedoch fast vom ständigen Knistern der Kleinkaliber-Mauser übertönt.

Wäre er nicht sicher gewesen, dass ein Chinese durch eine gnädige Fügung selten dazu gebracht werden kann, zu zielen, hätte er es für unmöglich gehalten, dass irgendjemand aus der kleinen Gruppe überleben würde.

Jetzt ließ der Wind britische Jubelrufe ertönen – er konnte Kapitän Hunter lauter als alle anderen beschwören. Die Rauchwolken fegten nach unten, und er wusste, dass sie sich mit den Männern des Zerstörers zusammengetan hatten.

Dann kam der Aufwärtskampf, und langsam kämpften sie sich ihren Weg, während die Chinesen einen schrillen Triumphschrei ausstießen und das Mauserfeuer in einem ununterbrochenen Brüllen knisterte.

Immer noch rückte die Linie aus schwarzem Pulverrauch vor, wenn auch langsamer. Dann sah er mit besorgten Augen, dass es stillstand. Die Chinesen waren über Hunter eingedrungen und hatten ihm den Weg abgeschnitten. Er beobachtete einen einzelnen Baum; die kleinen Rauchwolken kamen regelmäßig dahinter; Die Triumphschreie verdoppelten sich.

Kapitän Hunter und seine Männer konnten nicht weiter vorrücken. Konnte er das enorme Risiko eingehen, sie zu verstärken und die kleine Garnison oben auf dem Hügel noch weiter zu schwächen?

Er hatte sich sofort entschieden, rief Williams und Saunderson zu sich und zeigte ihnen den Stand der Dinge.

„Nehmen Sie vierzig Ihrer Männer, Williams. Überlassen Sie mir Sergeant Haig. Schleichen Sie sich nach links, bis Sie auf gleicher Höhe mit ihnen sind, und stürzen Sie sich auf ihre Flanke. Es besteht keine Eile, und verschwenden Sie keine Patronen."

„Danke, Sir, meine Männer wollen etwas, das sie wärmt."

Als sie den Hügel nach links hinabstiegen, eröffneten die beiden Feldgeschütze erneut das Feuer. Angesichts des Sturms war Bannerman schließlich gezwungen gewesen, auszusteigen.

„Geht in Deckung, Männer", rief Cummins den wenigen Bluejackets und Marines zu, die ihm noch verblieben waren; „Ihre Rinde ist schlimmer als ihr Biss." und er blieb im Freien und wartete darauf, dass Williams mit dem Feind in Kontakt kam.

Er und seine Gruppe waren bereits zwischen den Bäumen verschwunden, die Kapitän Hunter und seine Männer fast eine Stunde zuvor verschlungen hatten. Zehn Minuten vergingen und nichts passierte. Minuten kamen ihm wie Stunden vor, und seinen angespannten Nerven schien es, als ob die Chinesen sich Captain Hunter näherten und das Feuer der Martini-Gewehre nachließ. Der brennende Gedanke schoss ihm durch den Kopf, dass er nicht nur einen, sondern zwei Fehler gemacht hatte.

Zu sehen, dass die Kanone den Hafen nicht richtig kontrollieren konnte, war schon schlimm genug, aber jetzt war sein zweiter Fehler zehnmal schwerwiegender. Die Chinesen konnten kämpfen, und seine gesamten Pläne basierten auf dem gegenteiligen Glauben.

Für einen Moment ließen ihn sein eigener Optimismus und sein Einfallsreichtum im Stich, die ihm durch viele Generationen kämpfender Männer in Fleisch und Blut übergegangen waren. Er sah das Scheitern seines Plans, den Ruin, den er für das gesamte Geschwader bedeuten würde, und das Ende der Ambitionen des armen Helston. Um sein eigenes Schicksal kümmerte er sich in diesem Moment nicht, aber er verfluchte sich selbst dafür, dass er das Meer verlassen hatte, um den Job als Soldat zu wagen, und dafür, dass er, seinem Selbstvertrauen entsprechend, die Männer geopfert hatte, die ihm so bereitwillig gefolgt waren.

In diesem Moment stellte sich sein lebhaftes Gehirn sogar den letzten Kampf Rücken an Rücken und das schluchzende Keuchen der gebeutelten Männer vor, als einer nach dem anderen fiel.

Würde er der Letzte sein? er fragte sich.

Eine Granate explodierte auf dem Bergrücken, und die an ihm vorbeirauschenden gezackten Splitter weckten ihn aus seinem Albtraum, als er Glovers verängstigtes Gesicht erblickte, als er an seiner Seite stand.

Er legte dem Midshipman die Hand auf die Schulter und sagte leise: „Glover, es tut mir leid. Geh in Deckung, Junge."

Doch bevor Glover sich entfernen konnte, ertönte von unten ein lauter Jubelruf.

Williams und Saunderson stürmten mit ihren vierzig Männern im Rücken in die Flanke der ahnungslosen Chinesen, und ohne einen Schuss abzufeuern, vertrieben sie sie wie Schafe von Captain Hunters Weg.

Schmerzensschreie und Schmerzensschreie verrieten, dass sie sich auf kalten Stahl verließen. Das Martini-Feuer brach erneut mit lautem Getöse aus, und nun begann die Rauchwolke erneut aufzusteigen.

Mit einem erleichterten Keuchen und einem komischen Gefühl in seiner Kehle sah der Kommandant, wie es jetzt schnell auf ihn zukam und alle achtzig von ihnen wie verrückt jubelten.

Sie hatten die Chinesen „auf die Flucht" gebracht.

„Bring einen Maxim hierher, Glover! Schnell, Junge! Wir werden sie haben, wenn sie ans Licht kommen."

Der Jubel verdoppelte sich. Plötzlich tauchten zwischen den Bäumen unter ihnen Chinesen auf, die sich nach links und rechts bewegten, als Hunter mit einem Dutzend oder mehr seiner Männer durchbrach. Dann kamen die Männer des Zerstörers mit ihren Ölfässern, an ihrer Spitze das U-Boot Collins, eine Gruppe Männer mit einigen Kameraden, und als Nachhut bildeten sich Williams, Saunderson und die Marines, die langsam kämpften und ein paar Meter rannten. Dann ließ er sich hinter einen Baum fallen und schoss bergab.

Sobald die Ölfässer in Sicherheit waren und die Verwundeten durchgebrochen waren, drehte Hunter seine Männer herum und ging wieder zu Boden. Sein großer, freudiger, brüllender Jubel war über dem Lärm von Mauser oder Martini zu hören. Die Chinesen gaben nach und fielen den Hügel hinunter. Einige, die versuchten, nach links zu fliehen, mussten Sergeant Haigs Schanze passieren, und seine Männer warfen sie wie Kaninchen um; andere fegten über die rechte Seite in Richtung Bush Hill, aber dann sprach der Maxim mit seinem schrecklichen „br-br-br" und brachte sie massenhaft zu Boden.

In weniger als einer Minute war kein lebender Chinese mehr zu sehen, aber ein vereinzeltes Feuer, das erneut von „Bush Hill" aus begann, zeigte, dass sie noch einigermaßen unter Kontrolle waren.

Als Kapitän Hunter und seine Gruppe, errötet vom Erfolg und atemlos von ihren Anstrengungen, das Plateau betraten, explodierte ein Schrapnell über ihnen, und die Kugeln, die rund um sie herabprasselten, bedeckten sie mit Staub. Ein Marinesoldat fiel mit einem Schrei zu Boden, sein Oberschenkel wurde zerschmettert, aber niemand sonst wurde berührt, und Hunter rannte auf Cummins zu, der inzwischen seine Fassung wiedererlangt hatte. Er war einfach verrückt vor der körperlichen Freude am Kämpfen, und dieser Hagel aus Granatsplittern hatte ihn einfach berauscht.

„Mein Land! Das war ein ziemlicher Kampf", brüllte er; „Es ist zehn Jahre normalen Lebens wert. Ich habe dein Öl, und wir haben jeden Mann Jack wieder zurückgebracht. Da ist ein Mann auf der anderen Seite, dem ich gerne die Hand schütteln würde – nach meiner eigenen Niere, diesem Kerl …" ein riesiger Kerl mit schwarzem Bart; er führte sie immer wieder an, aber diese Stinktiere von Chinesen folgten ihm nicht.

„Er hat den ersten Ansturm angeführt", antwortete Cummins und versuchte ihn zu beruhigen, „und er hat ihn auch gut angeführt. Haben Sie viele Männer verloren, Sir?"

„Was für ein Unmensch ich bin!" ,„ schrie er, und die Freude am Kampf verschwand schnell. „Ich weiß es nicht genau, aber wir haben sie alle zurückgebracht. Bevor wir an Land kamen, habe ich meinen Männern gesagt, dass, wenn jemand fällt, er nicht zurückgelassen werden sollte, und – und sie sind großartige Kerle, Cummins."

Die Verluste waren ernst genug. Fünf waren getötet worden – zwei vom Zerstörer und drei von der *Strong Arm* – und elf Verwundete – drei davon gehörten der Gruppe von Kapitän Williams, drei dem Zerstörer und die anderen fünf der Gruppe von Hunter.

„Dieses Öl ist jetzt ein gutes Geschäft wert", sagte Cummins traurig.

* * * * *

Hinter der Brüstung der Waffengrube beschäftigte sich Dr. Richardson mit den Verwundeten. Ein Leutnant des *Strong Arms* , Gibbins mit Namen, übernahm anstelle des armen Pattison die Leitung der Waffe und begann, die Rückstoßzylinder zu füllen, die weniger ermüdeten Männer fuhren damit fort, Sandsäcke zum Rand mit Blick auf das Meer zu schleppen, während der Rest völlig erschöpft hinter den Brustwehren lag.

Aus diesen Feldgeschützen feuerten immer noch Granaten, aber die *Strong Arms* , beruhigt durch die *Lairds* , die bereits begonnen hatten, sie zu verachten, erfuhren bald, dass sie harmlos waren, solange sie sich hinter ihren Sandsäcken aufhielten.

In der Zwischenzeit wurden Vorbereitungen getroffen, um die Hügelkuppe mit den Kanonen des Kreuzers zu beschießen, der quer durch den Hafen gefahren war. Ihre Geschütze konnten zunächst nicht weit genug angehoben werden, um die Spitze des Hügels zu erreichen, aber sie überwanden diese Schwierigkeit, indem sie auf einer Seite Wasser in das Schiff eindrangen und ihm eine Schlagseite nach Steuerbord gaben, wodurch die Geschützmündungen noch weiter nach oben geneigt wurden.

Hunter und Cummins beobachteten gespannt diese Operation – die zwangsläufig langsam war – und sie war noch nicht abgeschlossen, als Gibbins zu ihnen eilte und meldete, dass die Krupp einsatzbereit sei.

„Wir wägen zuerst ab, alter Junge!" rief Hunter vor Freude aus.

Eine große, mit Rillen versehene und mit Blei überzogene Granate zur Aufnahme des Gewehrs wurde aus dem Magazin gehoben, der Bohrturm hob sie bis zum Verschluss, ein Dutzend Männer stießen sie mit einem langen Stampfer ins Ziel, eine Viertelladung Pulversäcke folgte ihr, Der schwerfällige Verschlussblock wurde langsam umgedreht, Gibbins sprang zur Visierplattform und klemmte das Reibungsrohr mit seiner Leine fest, und alles war bereit.

Cummins untersuchte kühl alles, bis er sich davon überzeugt hatte, dass mit der Waffe oder der Montage nichts in Ordnung war, und dann wurde die schwere Stahlmasse mühsam zu der Stelle bewegt, an der der Kreuzer unter den Klippen auf der gegenüberliegenden Seite des Hafens lag. Von der Aussichtsplattform aus waren nicht einmal ihre Masten zu sehen, und die Richtung musste mithilfe von Gewehrputzstöcken, die in einer Reihe am Rand des dazwischen liegenden Plateaus angebracht waren, grob ermittelt werden.

Diese Methode war umständlich, aber die beste, die es gibt.

Cummins ergriff die Leine, die Besatzung des Geschützes wurde im Falle eines Unfalls aus der Grube befohlen, die Marinesoldaten, die hinter der Brustwehr am Rand des Plateaus und vor dem Geschütz lagen, wurden außer Gefahr gebracht, und er gab nach es ist ein heftiger Ruck.

Eine riesige Rauchwolke, ein riesiges, brüllendes Brüllen, Würfel aus brennendem Schießpulver sprangen den Hang hinab, einige der Sandsäcke wurden über die Kuppe geweht, die Mündung der Waffe richtete sich in die Luft, als die Waffe zurückwich entlang seiner Rutschen und glitt dann sanft wieder vorwärts. Alle eilten zum Rand, um zu sehen, wo die Granate einschlug. Eine halbe Minute atemloser Angst, ohne Rücksicht auf die vorbeifliegenden Kugeln, und dann platzte oben auf den Klippen hinter dem Kreuzer eine ballonförmige Masse weißen Rauchs auf, Felsmassen sprangen in die Luft und fielen platschend hinein Das Meer und das Dröhnen der Explosion, die von Hügel zu Hügel geschleudert wurde und mit gewaltigem Nachhall von Klippe zu Klippe krachte, kam wie Donner auf sie zu.

„Ihr Spiel ist aus", rief Hunter. „Cheer, Männer, jubeln!"

Cummins, eine urige kleine, vom Regen durchnässte Gestalt, die auf der Brüstung aus Sandsäcken hinter der Waffe stand und die Schlaufe immer noch in der Hand hielt, kicherte einfach: „Ihr könnt wieder laden, Männer, sie ist ganz sicher."

# KAPITEL XXI

## Auf einem Gun Hill

The Hill on Fire – Gunner Bolton, RMA – Ich helfe Dr. Richardson – Es geht ihm gut – Wir wecken die Piraten – Dem „Laird" Bericht – Ein Garn mit Collins – Ein überwältigender Ansturm

*Herr Midshipman Glover erzählt von seinen Erfahrungen*

Ich habe mich oft gefragt, ob ich wirklich Angst hatte oder nicht.

Als wir in absoluter Dunkelheit durch Büsche und Bäume den Hügel hinaufstiegen, wäre ich völlig aus der Fassung geraten, wenn ich nicht gezwungen gewesen wäre, mich an den Kommandanten zu halten und mein Möglichstes zu tun, um den Kontakt zu ihm nicht zu verlieren.

Soweit ich mich erinnern kann, dachte ich an nichts anderes als daran und an den Wunsch, dass er nicht so schnell gehen würde. Als wir endlich den Weg gefunden hatten – gerade als es hell wurde – war ich zu aufgeregt, um wirklich Angst zu haben, und als ich danach dem Kommandanten über den ebenen Raum auf der Spitze von „One Gun Hill" folgen musste, als … Als wir es anriefen, war ich so damit beschäftigt, Nachrichten entgegenzunehmen, dass ich kaum an die Kugeln oder gar an die Granaten dachte und viel mehr Angst hatte, der Kommandant könnte denken, ich sei verrückt.

Anfangs war es einfach schrecklich, rübergehen zu müssen, denn man konnte die vorbeifliegenden Kugeln hören und ein Geräusch machen, das einem an das Knallen einer dünnen Peitsche erinnerte, und manchmal sah man, wie eine direkt vor einem auf dem Boden oder einem Sandsack aufschlug , wo man in ein paar Sekunden passieren musste, und dann – nun ja, es war wirklich harte Arbeit, zu verhindern, dass die Beine so schnell gingen, wie sie konnten. Ich schien so viel Platz einzunehmen, so viel mehr als alles andere in der Nähe, dass es für die Kugeln praktisch unmöglich schien, meinen Körper zu verfehlen. Als sie tatsächlich anfingen, uns zu beschießen, und Mr. Saunderson, der wirklich ein riesiger Mann ist, sich umdrehte und mir spöttisch sagte, ich solle mich vor ihn stellen, dachte ich, dass ich ihn eigentlich beschützen sollte, wenn ich das täte. Dieses Gefühl erklärt besser, was ich meine als alles andere, was ich sagen kann.

Später wurde ich jedoch so furchtbar müde und schläfrig, dass die Dinge einfach passierten und ich das, was ich tun musste, ganz mechanisch erledigte. Als die Chinesen zum ersten Mal losmarschierten, war ich kaum aufgeregt, und ich erinnere mich, dass ich es für die natürlichste Sache der

Welt hielt, Hopkins verwundet fallen zu sehen. Er tat mir leid, so wie man es in einem Traum tut, und tatsächlich dachte ich immer wieder, dass ich bald aufwachen und mich an Bord der *Laird wiederfinden würde* , wo irgendein dummer Idiot von einem Fähnrich einen Streich mit meiner Hängematte spielt . Es kam mir erst lange danach überhaupt in den Sinn, dass der Kommandant die ganze Zeit vor mir gestanden hatte, um mich zu beschützen.

Mir war sehr kalt und sehr nass, und ich stand zitternd da und sah zu, wie Kapitän Hunter versuchte, die Ölfässer zu retten, und danach schleppte ich Sandsäcke und stapelte sie um eines der Maxims herum, und es wurde mir von Minute zu Minute wärmer.

Dann fiel mir ein, dass der Kommandant mir dies gesagt hatte.

Als er kurze Zeit später mit einem furchtbar traurigen Gesichtsausdruck seine Hand auf meine Schulter legte und mit seltsamer Stimme sagte: „Glover, es tut mir leid", hatte ich nicht die geringste Ahnung, was er meinte, und dachte das Es lag daran, dass ich bis auf die Haut durchnässt war.

Natürlich weiß ich jetzt, was er meinte, aber damals hatte ich nicht die leiseste Ahnung, dass wir in so großer Gefahr schwebten.

Was mich schließlich wirklich weckte, war das Abfeuern dieser großen Krupp-Kanone und das Geräusch der Granate, die auf der Klippe auf der gegenüberliegenden Seite des Hafens einschlug, direkt über dem Kreuzer, der sich darauf vorbereitete, uns zu beschießen, und nicht weit vom Felsvorsprung entfernt wo der Commander, Jones und ich versteckt waren.

Ganz in der Nähe der Explosionsstelle befanden sich mehrere kleine Gruppen Koreaner – weiße Flecken vor dem grünen Hintergrund. Sie hatten von Tagesanbruch an die Versuche beobachtet, One Gun Hill zurückzuerobern, verschwanden aber nun außer Sichtweite und wir sahen sie nie wieder.

Unser zweiter Schuss, fünf Minuten später, befand sich immer noch näher am Kreuzer, aber dieser machte keinen Versuch, sich zu bewegen, und begann, einzelne Geschütze abzufeuern. Sie waren gezwungen gewesen, ihr eine enorme Schlagseite nach Steuerbord zu geben, um ihre Geschütze ausreichend anzuheben, und da ihre Kanoniere unser Krupp-Geschütz vom Deck aus nicht sehen konnten, hatten sie hoch oben auf den Klippen, in einiger Entfernung, Männer stationiert, die dies tun konnten Nach jedem Schuss wurde mit Flaggen (ich konnte sie ganz deutlich sehen) angezeigt, ob rechts, links, kurz oder vorbei.

Die meisten von ihnen gingen direkt über uns hinweg (sie feuerten Schrapnelle ab), einige explodierten sehr kurz, nur die Splitter der Granate krachten auf den Boden um das Geschütz herum, während die Kugeln in die Büsche unter uns einschlugen und sie niederschlugen.

Viele trafen tatsächlich den Hang des Hügels, bevor sie platzten, und ob es diese waren oder ob es die brennenden Schießpulverwürfel waren, die jedes Mal, wenn wir diese Waffe abfeuerten, den Hügel hinunterflogen, weiß ich nicht, aber bald darauf die Büsche und das Unterholz begann zu schwelen, und der Rauch, der umso dichter war, weil er feucht war, wurde vom Wind in Richtung Stadt getrieben.

Dies vergrößerte mit der Zeit den freien Raum unterhalb der Brustwehr, aber der Rauch machte unsere Schüsse nur noch ungenauer, verbarg uns überhaupt nicht, weder vor den beiden Feldgeschützen noch vor dem Kreuzer, und leider verdeckte er die Bewegungen der Chinesen dahinter .

Ich nehme an, dass Captain Hunter oder der Commander damals nie daran gedacht haben, sonst hätten sie das Feuer vielleicht schon gelöscht, als es zu brennen begann.

„Gehen Sie und holen Sie sich etwas zu essen", hatte mir der Kommandant gesagt; „Ich werde dich eine halbe Stunde lang nicht wollen." Also ging ich zu Sergeant Haigs Brustwehr, legte mich neben ein Feuer, das seine Männer gemacht hatten, und drängte mich an die Sandsäcke, um Schutz vor Wind und Regen zu finden.

Ich verspürte wieder großen Hunger, also öffnete ich meinen Rucksack und brach ein großes Stück des selbstgebackenen Kuchens ab. Es war sehr gut und ich nahm einen guten Schluck aus meiner Wasserflasche; Der alte Mellins hatte es mit schwachem Tee gefüllt. Es war eine wahre Schwerstarbeit, den Stopfen herauszuziehen, denn meine Finger waren so taub vor Kälte.

Ich brach ein weiteres Stück Kuchen ab und gab es dem neben mir liegenden Marine. Es war Schütze Bolton, sein Gewehr zielte durch eine Schießscharte und sein Finger lag am Abzug. Er drehte sich in eine leichtere Position um und sagte nach ein paar Bissen: „Denken Sie, Sir, wie ich wegen dieser Waffe Ärger bekommen werde?"

„Sehen Sie, Sir, es war einfach so. Ich war das Schlusslicht und geriet ziemlich in Verlegenheit, mit einem Ding und einem anderen und in den dichten Büschen, es war so dunkel und so „Ich habe mich scherzhaft verlaufen" und konnte den Rest von ihnen jetzt nicht finden. Also dachte ich mir „Scherz gehorche den Befehlen", und wenn du dich verirrt hast, wie der Kommandant sagte: „Keine Sorge, klettere und klettere." '.

„Nun, das habe ich getan, Sir", fuhr er mit einem halb ängstlichen, halb humorvollen Gesichtsausdruck fort, „und ich kletterte und ich kletterte, bis, verdammt noch mal! Ich bin einfach über diese Sandsäcke gefallen, und nirgendwo war ein Savidge zu sehen." Ich könnte es sehen. Also zünde ich scherzhaft meine Pfeife an und bleibe stehen, wohl wissend, dass der Commander in kürzester Zeit da sein würde. Aber sehen Sie, Sir, ich habe ihn aus der Show geschafft, und meine Freunde sind noch wütender darüber es auch.

„Ich wünschte, ich wäre bei der Party dabei gewesen, und dann hätte es diese ganzen Probleme nicht gegeben."

Er aß feierlich seinen Kuchen und fügte dann schlau hinzu: „Dieses ‚Sentry-go'-Geschäft, Sir, das hat sie verärgert. Das war nur der Effekt, ich habe nichts dagegen, es Ihnen zu sagen, Sir."

„Das ist in Ordnung, Bolton", sagte ich ihm. „Vom Kommandanten werden Sie davon nichts mehr erfahren, da bin ich mir sicher."

„Nun, ich hoffe, Sie haben Recht, Sir. Und wenn Sie mal nach meinem Gewehr schauen, schaue ich mal nach, ob da nicht noch ein bisschen Kakao übrig ist."

Er kroch davon, kratzte ein wenig aus den großen Kochgeschirren, wärmte es in seinem eigenen Blechbecher über dem Feuer und brachte es mir zurück.

Es war herrlich erfrischend, das kann ich Ihnen sagen, und warm und ölig.

Er nahm mir sein Gewehr ab und sah mir beim Trinken zu.

„Sie werden ein gutes Wort für mich einlegen, Sir, wenn wir an Bord der *Laird kommen* , nicht wahr, Sir?"

Ich versprach, dass ich es tun würde, konnte mir aber ein Lächeln nicht verkneifen.

„Siehst du das hier, Chinese?" sagte er plötzlich und deutete mit dem Daumen auf einen regungslosen blauen Haufen, der etwa hundert Meter entfernt auf dem Kamm lag – einer von denen, die von Captain Hunter weggelaufen waren. „Ich habe auf ihn geschossen, Sir, und ihn völlig umgeworfen. Ich habe ihn in den oberen Stockwerken erwischt, Sir, und er ist immer wieder umgefallen und hat sich nie bewegt, obwohl ich da war." Alle warteten, mit einer weiteren Patrone eingeklemmt, für den Fall, dass er es tat.

„Ich habe mich nie bewegt", wiederholte er immer wieder leise vor sich hin, offensichtlich sehr zufrieden mit seiner Treffsicherheit, „und auch mit diesem Gewehr", und er klopfte ständig auf den Verschluss.

„Eh! Schauen Sie sich das an, Sir!" sagte er und deutete auf den Hafen hinunter, gerade nachdem die Krupp-Kanone erneut abgefeuert hatte, und sprang auf, schwenkte sein Gewehr über dem Kopf und jubelte laut, wie die anderen auch, denn die Granate war genau und genau dort gelandet das Heck des Kreuzers und schien ihn praktisch zerstört zu haben.

Jeder Mann oben auf dem Hügel brüllte heiser.

Sie sanken jedoch wieder hinter den Sandsäcken zusammen, da sie ein schnelles Feuer von „Bush Hill" und den Feldgeschützen auf sich gezogen hatten.

Ich sah, wie die großen schwarzen Rauchwolken aus dem Kreuzer aufstiegen.

„Wenn das nicht mutig ist, nennen Sie mich einen Kohle schaufelnden Heizer!" rief Bolton, als das große Vorschiffsgeschütz erneut feuerte, bevor unser Krupp Zeit zum Nachladen hatte, und die Granate knapp unter der Kuppe explodierte.

Wir steckten den Kopf hinter die Sandsäcke, und die Bruchstücke rissen den Boden auf.

„Diese Show wird von einem Engländer geleitet, Sir; keiner von Ihren gefleckten Dagos, da bin ich mir sicher."

Er war einfach ein wenig zu gesprächig für mich, also ging ich weg. Sergeant Haig lächelte grimmig, als ich ging. „Auf dieser Seite gab es noch nicht viel zu tun, Sir."

Ich rannte zum Heck des großen Geschützes, gerade als es erneut feuerte.

Dieser Schuss war kurz, und während sie das Schiff nachluden, feuerte der Kreuzer zwei weitere Schüsse ab; Aber unsere nächste Granate traf sie weiter vorne, brachte ihren Schornstein und ihren Fockmast zum Einsturz und zerschmetterte sie wie Streichhölzer.

Wir konnten sehen, wie sie zu ihren Booten gingen und an Land fuhren, und die Männer schrien erneut vor Freude, denn obwohl ihre Granaten kaum Schaden angerichtet und nur einen Mann – einen Marinesoldaten hinter der „Log Redoubt" – verletzt hatten, war der Lärm ihrer Granaten zu hören Das Platzen von Granaten war äußerst unangenehm und beunruhigend.

Der große Krupp war jetzt auf die Kreuzer gerichtet, die rechts von der Stadt lagen, aber diese befanden sich so viel näher im Landesinneren und direkt unter dem Land, dass es immer noch schwieriger war, irgendwo in ihrer Nähe Granaten abzuwerfen.

Natürlich konnten wir vom Geschütz selbst aus nichts von ihnen erkennen und mussten mehr oder weniger die Richtung und auch die Pulverladung ändern, indem wir es mit den ersten drei Säcken Pulver versuchten, wodurch die Granate fast über die Rückseite der Forts am Eingang schoss , und dann zwei Säcke, die ihn nicht weit genug beförderten, ihn aber am Hang des Hügels abprallen ließen, bevor er am Boden platzte. Wir versuchten, das Visier ein wenig zu erhöhen, und begannen nach und nach, unsere Granaten mit einiger Präzision abzuwerfen.

Die *Hong Lu* war natürlich das Schiff, das wir am meisten treffen wollten, denn sie war das einzige Schiff, das wirklich für ernsthafte Kämpfe geeignet war.

Ich beobachtete die Männer, die wie Dämonen im Geschützschacht arbeiteten, die große Granate und die Pulversäcke aus den Magazinen holten und sie mit den ungeschickten Flaschenzügen trainierten, als mich plötzlich Dr. Richardson anrief.

Er hatte eine kleine Mulde an der Seite des Hügels mit Blick auf das Meer gefunden, und dorthin hatte er alle Verwundeten gebracht und war immer noch mit ihnen beschäftigt, mit ausgezogener Affenjacke und hochgekrempelten Ärmeln.

Er bandagierte einen Marinesoldaten, der gerade von einer Schrapnellkugel getroffen worden war.

Es hatte ihm einen schrägen Schlag auf den Hinterkopf versetzt, und er saß da, blickte dumm vor sich hin und stützte sich mechanisch mit seinen Händen ab, während er unsicher schwankte.

Als er mit dem Verband fertig war, legte Dr. Richardson ihn auf den Rücken ins Gras und injizierte ihm mit einer Spritze, die ihm der Krankensteward reichte, etwas in den Arm.

Er stach die Nadel direkt durch die Haut, und ich dachte, der Mann würde sicher schreien, aber er öffnete nur für eine Sekunde die Augen und schloss sie dann wieder.

„Nun, Glover, wenn Sie nichts zu tun haben, versuchen Sie, etwas Kakao für diese Kerle zu besorgen."

Ich war nur zu froh, etwas für sie zu tun – fast zwanzig von ihnen saßen zusammengekauert in einer geschützten Ecke, die meisten schienen zu schlafen, und ein oder zwei stöhnten fürchterlich.

Ich ging zu Sergeant Haig hinüber, und der strenge alte Mann holte etwas Kakao und etwas Wasser aus einem Brecher, und ich suchte etwas ziemlich trockenes Holz für das Feuer zusammen, und mit der Zeit machten wir es heiß. Ich musste es selbst zurücktragen, da er seine Männer nicht verlassen wollte. Als ich das getan hatte und jeder, der nicht bewusstlos war, etwas von dem Kakao gegessen hatte, schickte mich Dr. Richardson los, um Decken und alle Ölhäute zu holen, die ich sammeln konnte. Die Decken waren nicht schwer zu finden, denn sie befanden sich alle unter der großen Plane, aber nur sehr wenige Männer hatten ihre Ölfelle, und diejenigen, die sie hatten, waren nicht gerade bereit, sich von ihnen zu trennen.

Aber es gelang mir, ein halbes Dutzend zurückzubringen, und wir deckten alle Verwundeten zu, die wir konnten.

Mr. Pattison sah einfach schrecklich aus. Er hatte enorm viel Blut verloren und sein Kopf war mit Verbänden bedeckt; Aber sein Gesicht hatte eine schreckliche violette Farbe, und jedes Mal, wenn er atmete, bliesen seine Wangen auf und er blies durch seine Lippen.

„Ist noch nicht klar", sagte mir Dr. Richardson.

„Wird er sterben?" Ich fragte ängstlich, denn seit er den Zerstörer „Nr.

„Kann ich nicht sagen, Glover; ich hoffe nicht." und Dr. Richardson setzte sich müde hin und versuchte, seine Pfeife anzuzünden.

„Haben wir bisher keine großartige Arbeit geleistet, Sir", sagte ich und öffnete meine Jacke, um ihn vor dem Wind zu schützen, während er seine feuchten Streichhölzer anzündete.

„Frag Pattison", antwortete er und zuckte mit den Schultern.

Captain Hunter kam gerade herunter, um zu sehen, wie es den Verwundeten ging, also schlüpfte ich weg und tat mir ehrlich gesagt überhaupt nichts Leid.

Und außerdem machte mir die Nähe zu so vielen getroffenen Männern ziemliche Angst.

* * * * *

Es ist besser, wenn ich Ihnen jetzt genau erkläre, wie wir uns damals befanden. Insgesamt waren einhundertvierzehn Mann und zehn Offiziere gelandet. Von diesen waren sieben getötet und achtzehn verwundet worden, darunter Herr Pattison, nicht jedoch Kapitän Williams (und auch nicht Kapitän Hunter und Herr Saunderson, die beide Hautwunden hatten, und auch mehrere der Männer).

Damit blieben uns dreißig Seeleute und vierundfünfzig Marinesoldaten übrig, wobei einer der verwundeten Blaujacken und drei der verwundeten Marinesoldaten noch in der Lage waren, ihre Gewehre zu bedienen, während sie auf dem Boden hinter den Sandsäcken lagen.

Die Marines bemannten die Brustwehr und die Blaujacken das Krupp-Geschütz und die beiden Maxims, wobei Mr. Gibbins das Kommando über das große Geschütz und Collins, das U-Boot, das Kommando über die Maxims hatte.

Die Sandsack-Brustwehren, die wir am Morgen gebaut hatten, waren jetzt erheblich verbessert und wesentlich robuster, weil die Männer, wenn sie nicht feuerten, die Erde hinter sich weggegraben und sie vorn mit der ausgeworfenen Erde verstärkt hatten. Tatsächlich hatte jeder Mann mit seinem Nachbarn wetteifert, sich tiefer in den Boden zu graben, so dass sich nun tatsächlich ein Graben hinter der Brustwehr befand.

Auch der Regen hatte die Säcke durchnässt und sie schwerer und kugelsicherer gemacht.

Das Log Redoubt von Captain Williams verlief direkt über die Seite zum Bush Hill und war so hoch, dass es viele Kugeln von dort abwehrte und es fast sicher machte, auf der Spitze des Hügels herumzulaufen, wenn man sich nur bückte.

Auch die Maxim-Redoute am Hafenende dieser Brustwehr war ziemlich stark und fast einen Meter hoch, und Mr. Collins und seine Männer stockten sie immer dann auf, wenn das Feuer nachließ.

Die Stadt selbst war für uns durch die Rauchfahne der schwelenden Büsche etwa fünfzig Meter weiter unten am Hang des Hügels verborgen. Aus dieser Richtung kam kaum ein Schuss. Keiner kam auf die Schanze von Sergeant Haig zu oder kam vom Meer hinter uns her.

Es war fast Mittag, und die Feldgeschütze beschossen uns immer noch, aber ich glaube, dass der Lärm ihrer Granaten das Schlimmste war, solange wir in Deckung blieben. Obwohl in der letzten Stunde mehrere mitten auf dem Plateau geplatzt waren, wurde in dieser Zeit niemand berührt. Dabei handelte es sich allesamt um gewöhnliche Granaten,[#] denn es schien, dass ihnen die Granatsplitter ausgingen oder sie sich nicht darauf verlassen konnten, dass die Zünder richtig platzten.

[#] Dünnwandiges Geschoss mit großer Sprengladung. Schrapnellgranaten haben eine kleine Sprengladung und zerstreuen runde Kugeln, wenn sie platzen.

Die Männer hatten sich so an diese Granaten gewöhnt, dass sie sich, wenn eine platzte, kaum umdrehten, um sie anzusehen. Manchmal sah man einen Mann, der sich fester in den Boden schraubte; Aber die meisten von ihnen achteten überhaupt nicht darauf und scherzten untereinander oder verspotteten den unglücklichen Bahnwärter oder eine der Besatzungen der Maxims, die sich zufällig im Freien befanden und sich auf den Boden werfen mussten, um den herumfliegenden Splittern zu entkommen.

Der Kommandant hat einmal versucht, diese Geschütze mit einer Maxim zu erreichen, aber die Reichweite muss weit über zweitausend Meter betragen haben. Wir konnten nicht sehen, wohin die Kugeln gingen, und ganz sicher hatten sie keine Auswirkungen auf die Leute, die sie bearbeiteten.

Ein- oder zweimal jedoch, als das Feuer aus den Büschen heftiger wurde, ließen wir sie bald nachlassen, indem wir fünfzig oder sechzig Schüsse auf Bush Hill abfeuerten, und Collins hielt beide Mannschaften mit schussbereiten Patronengürteln in höchster Alarmbereitschaft Pumpen Sie Kugeln ab, für den Fall, dass der Feind einen weiteren Ansturm versucht.

Wir hatten noch eine ganze Menge Munition, eine ganze Menge Wasser und jede Menge Proviant übrig, und so fühlten wir uns alles in allem ziemlich wohl.

Auch der Regen hatte aufgehört, auch der Wind ließ nach und hin und wieder kam die Sonne heraus, allerdings nicht lange genug, um unsere triefenden Kleider zu trocknen.

Kapitän Hunter und der Kommandant waren die ganze Zeit auf dem Plateau auf und ab gegangen, als wäre es das Achterdeck *des Laird*, *oder sie standen am Rand und beobachteten, wo unsere großen Granaten einschlugen.* Sie und Mr. Gibbins, der jedes Mal, wenn die Waffe abgefeuert wurde, auf die Visierplattform klettern mussten, waren die einzigen Menschen, die größeren Gefahren ausgesetzt waren. Ich bin mir sicher, dass der Kommandant keine Zuflucht gesucht hat, weil der Kapitän dies nicht getan hat, und um den Männern Vertrauen zu geben; Captain Hunter, weil er die Aufregung sehr genossen hat.

Unten unter uns konnten wir die kleine „Nr. 3" eine Meile weit draußen auf dem Meer sehen, die *Sylvia* nicht weit von ihr entfernt. Beiden ging es sehr schlecht, sie waren halb in der Gischt erstickt und beide rollten schwer – die *Sylvia*, weil sie nur noch sehr wenig von ihrer Ladung Kohle übrig hatte und sehr hoch im Wasser war, und „Nr. 3", weil sie das immer tat Also.

Gleich auf der anderen Seite der Insel, hinter dem Eingang, dampften der *Laird* und der *Strong Arm hin und her, und auch sie machten ziemlich schweres Wetter daraus.* Ich fragte mich, ob sie uns überhaupt sehen konnten, und dachte darüber nach, wie sehr Mellins und Toddles sich wünschen würden, sie wären hier oben bei mir.

„No. 2", halb begraben in der schweren See vor der Ecke der Insel in der Nähe der Forts, tat ihr Bestes, um die Kommunikation zwischen den großen Schiffen und der *Sylvia* und „No. 3" aufrechtzuerhalten.

Mr. Lang schien immer die schlimmsten Arbeiten zu erledigen; aber ich habe gehört, dass das daran lag, dass er so etwas wie Mr. Pattison war und nie an etwas anderes dachte, als sich dem Feind zu nähern, und Kapitän Helston hatte den Verlust von „Nr. 1" nie vergessen.

Die große Krupp begann nun, ihre Granaten ganz in der Nähe der Kreuzer, Torpedoboote und der verbliebenen (patagonischen) Zerstörer abzuwerfen. Einer war fast an Bord der *Hong Lu gefallen*, aber wir konnten uns nicht auf einen Schuss mit der geringsten Genauigkeit verlassen. Allerdings hatten sie alle begonnen, Dampf zu machen, schwarze Rauchwolken stiegen aus ihren Schornsteinen auf, und der Kommandant dachte sofort, sie könnten versuchen zu fliehen, also schickte Kapitän Hunter mich mit Gordon, dem Signalwärter, um zu versuchen, dies dem Kapitän zu melden Helston.

Der Bahnwärter hatte zuvor auf dem Hügel eine kleine freie Stelle mit einem guten Hintergrund gefunden, vor dem seine Fahnen vom Meer aus zu sehen waren, und er begann, sie kräftig von einer Seite zur anderen zu schwenken, während ich durch meine Brille zusah, um ihm das direkt zu sagen Der Bahnwärter an Bord der *Sylvia* oder „Nr. 3" entdeckte ihn. „Nr. 3" war es, der als Erster auf den Anrufbeantworter lief.

„Diese *Sylvias* denken an nichts anderes als an Schlafen und Essen", knurrte der Bahnwärter und begann langsam zu signalisieren: „Captain Hunter zum Flaggschiff. – Ich lasse Granaten in den Hafen fallen, und die Schiffe nehmen schnell Fahrt auf. Alle." ruhig hier oben.

Ich sah, dass „Nr. 3" die Nachricht empfangen hatte, und sie zog den Anrufbeantworter herunter und begann, auf „Nr. 2" zuzudampfen, bis es möglich war, sie an sie weiterzuleiten.

Mittlerweile hatte es auch „Nr. 2" erhalten und hisste Fahnen, um die Aufmerksamkeit *des Lairds zu erregen*. Ihre Signalwärter müssen sehr auf der Hut gewesen sein, denn fast sofort kroch ihre Antwortflagge – ein winziger kleiner Fleck in ihrer Takelage – zum Masttop, und ich konnte den Signalwärter „Nr. 2" auf der unsicheren Brücke sitzen sehen, halb erstickt von Gischt und signalisierend mit seinen Flaggen.

*Laird* wurde die Flagge gesenkt, und ich konnte mir vorstellen, dass der Signalkadett bereits die Brückenleiter herunterriss, um die Nachricht an Kapitän Helston zu überbringen.

„Das wird sie aufheitern, Sir, da draußen im Nassen", sagte der Bahnwärter, als ich wieder hinaufstieg, um Kapitän Hunter zu melden, dass ich es geschafft hatte, das Flaggschiff zu erreichen.

Ich wurde nach unten geschickt, um auf eine Antwort zu warten, und traf den Bahnwärter, der den *Laird* durch sein Fernrohr beobachtete. „Sie wird nur ein Signal von ihrem Masttop-Semaphor geben, Sir", sagte er. Also stand ich daneben, um es aufzuschreiben, während er die Buchstaben buchstabierte.

[Das Masttop-Semaphor besteht aus zwei großen schwarz-weißen Armen, die von der Brücke unten aus bedient werden können.]

„WENN – FEIND – VERLASSEN – HAFEN", schrieb ich auf, während er die Buchstaben vorsang, und die Nachricht fuhr fort: „Bemühen Sie sich, mich mit Ihrer Waffe zu unterstützen. ‚Nr. 3' und ‚Nr. 2' sollen sich wieder dem Geschwader anschließen." , und *Sylvia*, unabhängig zu handeln.

Ich stürmte damit gerade den Hügel hinauf, als der Bahnwärter sang: „Sie haben wieder angefangen, Sir" und buchstabierte: „Offiziere und Männer, *Laird* und *Strong Arm* , gratulieren Ihnen allen zum Erfolg. Wiederholen Sie das Signal an ‚Nein'. 3' und *Sylvia* .

Ich ließ ihn dem letzten Befehl gehorchen und übergab das Zeichen an Kapitän Hunter.

Er und der Kommandant lächelten grimmig.

„Diese Torpedoboote und Zerstörer werden es bei diesem Wetter nie wagen, hinauszugehen", hörte ich den Kommandanten sagen. „Die *Hong Lu* könnte möglicherweise weglaufen, obwohl sie bei diesem Wetter sicherlich nicht kämpfen konnte und diese beiden anderen alten Wannen nicht einmal weglaufen konnten." Er hatte auch Recht, denn obwohl sie alle gleich danach den Anker lichteten, versuchten sie nie, den Hafen zu verlassen; Doch während die großen Schiffe begannen, langsam um das Land zu dampfen und lediglich die Steuerroute einzuhalten, rückten die Zerstörer und Torpedoboote so nah an das Land heran, dass es für den großen Krupp unmöglich war, sie zu berühren.

Ich war ziemlich traurig, als ich signalisierte: „Kreuzer versuchen nicht, den Hafen zu verlassen – sie dampfen langsam, um Granaten auszuweichen", und wusste, wie furchtbar enttäuscht sie alle sein würden.

„Wenn sich dieser Sturm nur vertreiben würde, könnten wir sie vielleicht sogar jetzt noch herauslocken", hörte ich den Kommandanten sagen.

In der nächsten halben Stunde versuchten wir unser Möglichstes, um die *Hong Lu zu treffen* , aber da sie ständig in Bewegung war und die schwerfällige Waffe nicht einmal gleichmäßig trainieren konnte, drehte sie sich ächzend um ihre grob gefertigte Drehscheibe Idioten, das war offensichtlich unmöglich.

Dann versuchten wir einen anderen Plan: Wir legten das Geschütz auf eine bestimmte Stelle auf der Klippe gegenüber von uns und legten hinter der Granate eine sehr kleine Ladung Pulver. Ein Mann am Rand gab ihm ein Zeichen, wann immer die *Hong Lu* in ihrem Kreis darauf zukam. Mr. Gibbins stand mit der Abschussleine daneben und feuerte direkt ab. Er konnte die Spitze ihres Fockmasts auf einer Linie mit dieser Stelle auf der Klippe sehen

– die Spitze ihres Fockmasts war das Einzige, was er von der Aussichtsplattform aus sehen konnte , und auch dann nur, als sie sich zufällig direkt auf der anderen Seite des Hafens befand.

Nun ja, wir haben sie nie geschlagen, und die anderen auch nicht. Sie haben uns nie eine Chance gegeben; stolperten direkt auf unseren Plan und stoppten ihre Motoren. Wenn die Blaujacken dann mit der Waffe zu kämpfen hatten und sie in eine andere Richtung richteten, würde die *Hong Lu* wieder raus sein. Offensichtlich gab es Leute, die von der Klippe über ihnen aus die Bewegungen der Waffe signalisierten.

Wenn wir uns nur über unsere Pulverladung sicher gewesen wären, wäre es einfacher gewesen; Aber selbst mit, sagen wir, nur anderthalb Säcken Pulver fielen die Granaten nie zweimal hintereinander an der gleichen Stelle, sei es, weil das Pulver alt und schlecht war oder weil die Waffe zu abgenutzt war, ich weiß nicht.

Es war furchtbar enttäuschend und selbst der Kommandant zeigte Anzeichen von Verärgerung. Mr. Gibbins und die Mannschaft seiner schwitzenden Waffe waren einfach nur wütend.

Die arme alte Waffe war zu diesem Zeitpunkt nur noch weiß vor Kugelspritzern und sah ziemlich hilflos aus, als sie hin und her schwankte und ihre unregelmäßigen Patronen abfeuerte.

Auch die Marines mussten sich ständig von Mr. Saundersons Brustpanzern entfernen, damit diese über sie schießen konnten, und das ärgerte sie.

* * * * *

Nachdem der Regen aufgehört hatte, begannen die Büsche, vom Wind angefacht, heftig zu brennen, und die Rauchwolke breitete sich direkt über unsere Front aus und rollte auf die Stadt zu. Das Feuer hatte fast sechzig Meter vor Mr. Saundersons Brustwehr einen freien Raum aus geschwärzten Zweigen und halb verbranntem Gras hinterlassen, und wir hatten Glück, dass dies geschehen war.

Es hatte eine völlige Schießpause gegeben, und ich war hinübergegangen, um mit Mr. Collins zu reden, mit dem ich noch nicht gesprochen hatte.

Er befand sich in der Maxim-Schanze an der Ecke und verstärkte sie mit Rasenstücken, und er zwinkerte mir zu, als ich in seine Nähe kam. „Hast du eine gute Zeit, Glover?“

„Eher“, sagte ich. „Möchte Mr. Parker nicht auch hier sein?“

„Er ist ein großartiger Kerl“, sagte Mr. Collins. „Denkt nie an sich selbst und hat mich ohne meine Aufforderung hierher geschickt. Weißt du, er hatte alles bereit, was sterblich ist – außer natürlich die Ölfässer. Die Männer hatten sogar ihre Lederausrüstung an und gefüllte Wasserflaschen. Bevor er das Signal des Kommandanten bekam, dachte er, er bräuchte vielleicht Verstärkung.

„Ich hatte eher damit gerechnet, Jones an Land kommen zu sehen", sagte ich.

„Der arme alte Jones liegt auf seinen Balkenenden, stöhnt in seiner Hängematte, hat ziemlich schlimmes Rheuma oder so etwas in der Art. Der Tag auf dem Felsvorsprung im Regen war zu viel für ihn. Du hast ziemlich viel Glück gehabt, an Land zu kommen –" der einzige Midshipman der ganzen Menge", fuhr er fort. „Wie hast du das geschafft?"

„Nun", sagte ich ziemlich traurig, denn ich war einmal so eingebildet gewesen, zu glauben, ich sei aufgrund meiner Fähigkeiten ausgewählt worden, „der Kommandant kennt einen Cousin von mir, und sie hat ihn gebeten, sich um mich zu kümmern."

Mr. Collins lächelte etwas sarkastisch. „Wenn ich keine Tante gehabt hätte, die einen Admiral gekannt hätte, die Helston vor Jahren kannte, wäre ich auch nicht hier gewesen."

„Er scheint jetzt allerdings ziemlich niedergeschlagen auf mich zu sein", sagte ich. „Immer wenn ich in seine Nähe komme, schickt er mich weg."

„Kannst du nicht erraten, warum, du Narr?" fragte Mr. Collins und hämmerte eine große Ladung Erde nieder, die seine Männer ihm gebracht hatten.

„Nein, ich dachte, ich hätte etwas falsch gemacht."

„Dummer junger Arsch! Nun, er und der Kapitän werden einfach von den Büschen hinter uns aus angegriffen, und er will nicht, dass du überwältigt wirst. Er wird auch nicht in Deckung gehen; er kann wohl nicht, während der Kapitän herumstolziert und sich amüsiert. Es mag ziemlich mutig sein, und Hunter ist ein so großartiger Mann wie nie zuvor, und ich würde ihm folgen, und wir würden ihm alle überallhin folgen, aber er spielt einfach den Narren.

"Oh!" war das Einzige, was ich sagen konnte.

Wir wurden von einem Mitglied der Maxim-Kanone unterbrochen, das den Hang des Hügels direkt hinter der Linie rauchender Büsche hinunter deutete.

„Bitte verzeihen Sie, Sir, aber ich glaube, da unten zwischen den Büschen ist ein Haufen Eingeborener."

„Gehen Sie zurück und sagen Sie es dem Kapitän, Glover", sagte mir Mr. Collins, betrat die Schanze und rief seine Männer zurück zum Maxim.

„Geh ruhig."

Ich hatte ihn kaum verlassen, als von unten und vom Bush Hill die schrecklichsten Schreie erklangen; Aus der Rauchwolke brachen Hunderte und Aberhunderte schreiender Chinesen hervor, und vom Bush Hill aus wurde ein schreckliches Feuer eröffnet. Ich konnte das Klappern eines Maxim hören, und ein fürchterlicher Kugelhagel fegte über die ebene Kuppe des Hügels.

Ich hatte so etwas noch nie zuvor gehört und bückte mich und rannte los.

# KAPITEL XXII

## Der letzte Angriff auf den Hügel

Wir verteidigen die Waffe – Jäger zur Rettung – Wieder Hopkins – Ein Geständnis – Hopkins' Testament – Hopkins stellt eine Bitte – Zurück zum „Laird" – Helston Acts – Ich werde nach unten geschickt

*Mr. Midshipman Glovers Erzählung ging weiter*

Während ich rannte, hörte ich, wie unsere beiden Maxims mit ihren schrecklichen Geräuschen Blei auspumpten, und Mr. Saundersons Stimme beruhigte seine Marinesoldaten, während sie aus nächster Nähe den Hügel hinunterfeuerten. Die Männer von Sergeant Haig drehten sich nach links und feuerten seitwärts in die heulende Menge, und Kapitän Williams hinter mir versuchte, die Maxim der Chinesen aufzuhalten. Der Lärm war schrecklich – der Lärm von Martinis, Mausers, Maxims und den schreienden Chinesen.

„Sagen Sie Mr. Gibbins, er soll seine Männer im Waffenschacht behalten, bis sie gesucht werden", brüllte Kapitän Hunter, als er auf seinen Revolver blickte, um zu sehen, dass er geladen war, und „Bleiben Sie dort, bis er ihn verlässt", fügte der Kommandant hinzu ziemlich heftig.

Kaum hatte ich die Nachricht an Mr. Gibbins weitergegeben, dessen Männer bereits ihre Gewehre ergriffen hatten, als die Marines begannen, sich auf die Knie zu erheben und einige von ihnen ihre Bajonette zu befestigen. Ich wusste, was das bedeutete, und muss gestehen, dass ich schreckliche Angst hatte und sehr dankbar war, auf die Leeseite dieser großen Kanone und hinter die Brüstung zu gelangen. Mit meinem Kopf über den Sandsäcken konnte ich alles sehen, was vor sich ging.

Mr. Saunderson fiel nach vorne, kam aber wieder auf die Knie und sah sehr bleich aus. Ein Marinesoldat in der Nähe des Kommandanten sprang mit einem überirdischen Schrei direkt in die Luft und brach zusammen. Eine Sekunde später tauchten Hunderte blasser, gelbbrauner Gesichter mit kleinen Schweineaugen über dem Kamm auf, und ein oder zwei der Marines kamen zurück zum Geschützschacht gekrochen, um Schutz zu suchen. Ich sah, wie Captain Hunter den zweiten vom Boden hob und ihn fast auf seinen Platz zurückschleuderte.

Sie waren jetzt alle auf den Beinen und feuerten, ohne das Gewehr auf die Schulter zu legen. Die Chinesen stürzten wie Kegel, aber Hunderte nahmen ihre Plätze ein; Eine Schar von ihnen befand sich direkt an der Brustwehr, direkt rechts von Maxim in der Mitte, schlug mit Gewehren zu, stieß mit Bajonetten zu und schlug mit alten Marinesenken zu. Die Marines schlugen mit ihren Gewehren, kämpften wie Tiger, ein Mann nach dem anderen fiel zu Boden, und eine heulende Masse brach durch, drängte Saundersons Marines durch die schiere Überzahl auf eine Seite und strömte auf die Kanone zu.

Ich sah den adretten kleinen Subalternen vom *Strong Arm* mit seinen Männern von der Brustwehr mit Blick auf das Meer herüberstürmen, aber sie wurden wie Korken von einer Welle zurückgeworfen, und jetzt befand sich der schreiende Mob direkt am Sandsack Geländer. Ich hatte unbewusst meinen Revolver gezogen, als sie auf sie zustürmten, und schien ziemlich cool zu werden.

„Jetzt ist es an der Zeit, Jungs", rief Mr. Gibbins den zwanzig Blaujacken zu, die er im Waffenschacht hatte. „Feuer nach unten, sonst triffst du unsere eigenen Männer." Er sprang auf die Brüstung, und als der erste Chinese herüberzuklettern versuchte, versetzte er ihm einen Schlag auf den Kopf, der ihn kopfüber umschlug, und begann dann kühl und bedächtig, seinen Revolver in die brodelnde Masse unter ihm abzufeuern.

Der gesamte Gipfel des Hügels schien mit Chinesen bedeckt zu sein, einer brodelnden, kämpfenden, schreienden Masse, mit einer Schar von Marinesoldaten am Rand, die mit den Gewehrkolben hin und her schwangen und mit ekelerregenden Schlägen auf ihre kahlgeschorenen Köpfe herabfielen .

Hier und da schlossen zwei oder drei Marinesoldaten Rücken an Rücken einen Kreis um sie herum, und auf der linken Seite konnte ich Kapitän Hunter sehen, wie er sie vor sich spaltete.

Sie waren jetzt überall um uns herum, kletterten über die Brüstung oder zogen die Sandsäcke herunter, und obwohl sie fielen, auf die Mündungen der Gewehre der Blaujacken schossen oder mit dem Bajonett durch den Körper schlugen, füllten noch mehr ihre Plätze und rissen den Sand auf - Taschen runter wie Wildkatzen.

Einer hatte sich halb vor mir hin und her gebeugt – meine Pistole ging los und er sank außer Sichtweite. Ein anderer kletterte über ihn und ich befand mich oben auf der Brüstung, obwohl ich mich nicht erinnern kann, dort angekommen zu sein. Ich feuerte erneut, und auch er stürzte und klammerte sich an meine Beine. Ich stolperte vorwärts und hätte zwischen sie herabgezogen werden sollen, aber ein Blaujackett zu meiner Linken durchbohrte ihn mit seinem Bajonett, und mit einem Gurgeln ließ er meine Beine los und rutschte hinunter.

„Halten Sie sich weiter zurück, Sir", murmelte der Blaujacket heiser und sprang hinüber, um drei weitere zurückzudrängen, die fast vorbei waren. Mit einem furchtbaren Tritt seines eisenbeschlagenen Stiefels erwischte er einen mit voller Wucht im Gesicht, aber ein anderer packte ihn am Bein, der dritte an seinem Gewehr und hatte ihn, bevor sich irgendjemand bewegen konnte, kopfüber zu Boden gerissen. Als er zwischen ihnen verschwand, umringten sie ihn mit einem Schrei.

Ich spürte ein brennend rotes Gefühl in meinem Kopf und in meinen Augen, und wie ein Idiot sprang ich hinter ihm her, feuerte meine letzten vier Patronen direkt in sie hinein und begann mit meiner Faust und dem leeren Revolver zuzuschlagen.

Jemand packte mich am Handgelenk, aber ich riss mich los; Irgendwie wurde der Druck vor mir weniger. Ich stand über der blauen Jacke, mit dem Rücken zur Brüstung, und nur drei oder vier Chinesen vor mir, die mit Enterpiken und alten Entermessern auf mich einschlugen; Aber seltsamerweise wurde mir schon damals klar, dass sie nicht versuchten, mich zu töten. Ich entdeckte, dass ich eine Axt in der Hand hatte – wie sie dorthin gelangte, weiß ich nicht – und sie immer wieder im Kreis herumschwenkte. Die Maxims – unsere Maxims, dem Lärm nach zu urteilen – fingen wieder an, und die Männer um mich herum jubelten. Chinesen stürmten an den Seiten des Waffenschachts vorbei und streiften mich, und diejenigen, die vor mir standen, schienen dahinzuschmelzen. Es war wie eine Welle, die an einem Meeresufer entlanggefegt ist, gegen einen Felsen geprallt ist, sich rundherum um ihn herumgeschleudert hat und dann, nachdem ihre Kraft verbraucht war, zurück ins Meer gerutscht ist.

Plötzlich wurde ich von hinten am Halsband gepackt und vom Boden geschleudert. Ich kämpfte, ich biss, ich schlug mit aller Kraft, die ich hatte, zu, aber die Axt wurde mir aus der Hand gerissen, meine Füße wurden unter mir weggerissen, und bevor ich überhaupt um Hilfe schreien konnte, wurde ich über das Plateau, über die Brust, geschleudert -Werke und den Hügel hinunter inmitten der Chinesen.

Gerade als wir den Rand erreichten, fiel einer der Männer, die mich festhielten, mit einem Schrei zu Boden.

Ich trat mich frei (er war tot), aber zwei weitere stürzten sich auf mich, warfen mich zu Boden, hoben mich hoch, kämpften wie eine Katze, und trugen mich wieder zu Boden.

Ich war halb erstickt vom Rauch der brennenden Büsche, als sie durch sie hindurchrasten, und hundert Meter weiter unten hielten sie an, warfen mich mit dem Gesicht nach unten ins Gras, zwangen meine Hände hinter meinem Rücken zusammen, fesselten sie dort und dann zwei von ihnen Riesige Feiglinge saßen auf mir.

Ich dachte nicht – ich fühlte keinen Schmerz; Mein Gehirn schien völlig eingefroren zu sein, denn gerade als das Tier zu Boden gegangen war und ich mich freigetreten hatte, sah ich etwas, das ich für den Rest meines Lebens nie vergessen werde.

Kapitän Hunter hatte mich gesehen und war, Kopf und Schultern über den sich zurückziehenden Chinesen, durch sie hindurchgestürzt und hatte seinen Männern zugebrüllt, sie sollten folgen.

Aus den Büschen unten erhob sich plötzlich der große schwarzbärtige Mann. Mit Flüchen und Schlägen versammelte er seine Männer, und sie drehten sich um und blickten nach oben. Captain Hunter kam durch eine Menge von ihnen herab und bahnte sich den Weg zu mir. Er hatte eine langstielige Axt in der Hand. Er umkreiste es immer wieder um seinen Kopf, schlug nach links und rechts, bahnte sich einen Weg durch sie hindurch, und sie gaben nach und flohen Hals über Kopf, um ihn vor dem riesigen Europäer zurückzulassen. Ich sah, wie Kapitän Hunters Gesicht vor grimmiger Freude aufleuchtete und er seine Axt zu einem gewaltigen Schlag hob; aber der Europäer feuerte seinen Revolver aus nächster Nähe ab, die Axt fiel ihm aus der Hand, seine Arme sanken zur Seite, er starrte dumm vor sich hin, der Revolver krachte erneut, und mit einem Schluchzen sah ich, wie Kapitän Hunter unter einem ... verschwand Heulende Masse von Chinesen, die sich mit einem Triumphschrei wieder umdrehten. Aber zu diesem Zeitpunkt waren seine Marinesoldaten über die Brustwehr geströmt und hatten sich vor seinen Körper geworfen, und das war das letzte, was ich von dieser schrecklichen Hügelkuppe sah – die kleine Gruppe von Marinesoldaten, die sich langsam rückwärts auf ihre Brustwehr zubewegten und sie trugen Captain Hunter mit ihnen. Damals war mir alles egal. Es störte mich nicht einmal, dass die Kerle auf mir saßen.

Chinesen flogen vorbei, einige schrien vor Angst, andere schrien vor Schmerz. Ein oder zwei versuchten, mich anzugreifen, als sie mich sahen; Aber die beiden Männer vertrieben sie, hoben mich dann wie eine Puppe hoch und trugen mich weiter weg, wobei sie mich mit einer chinesischen Tunika bedeckten, um zu verhindern, dass ich erkannt wurde. Sie nahmen es einem Eingeborenen ab, der verwundet und sterbend im Gebüsch lag.

Der Schusslärm begann über mir erneut, und einige Kugeln schossen knisternd durch die Büsche (unsere Kugeln), und ich wünschte fast, eine davon würde mich töten.

In Richtung Bush Hill ertönten erneut chinesische Rufe. Sie wurden mit trotzigem Jubel beantwortet, einer unserer Maxims begann zu rasseln, dann übertönte eine Salve von Mauserfeuern jedes andere Geräusch, der Kampflärm verebbte, ein einsamer Schrei, ein durchdringender Schrei, der Maxim verstummte, und alles war einmal still mehr. Ich konnte nicht sagen, ob dieser Angriff abgewehrt worden war oder ob er über den Hügel hinweggefegt war, und hatte das Gefühl, dass ich nur sterben wollte.

Meine Entführer – drei große, mutige Seeleute – trieben mich eilig bergab, und bald erreichten sie die bebauten Felder oberhalb der Stadt, über die sie im Laufschritt liefen, wobei sie Gruppen von Kulis auswichen, die den Hügel hinaufstürmten und mit seltsamen, altmodischen Waffen bewaffnet waren .

Ich sah, dass sie auf einen kleinen, weiß gestrichenen Bungalow unter ein paar Bäumen zusteuerten, und bald erreichten sie ihn, warfen mich in ein Nebengebäude zwischen viel Brennholz und Kohle, banden meine Beine zusammen und schlugen die Tür zu und verriegelten sie es von außen und ließ mich im Dunkeln zurück.

Wie lange ich dort blieb, weiß ich nicht, aber jetzt spürte ich einen stechenden Schmerz in meiner Brust, wann immer ich versuchte, mich in eine weniger schmerzhafte Position zu winden, und einen weiteren in meinem Bein, nahe der Stelle, an der ich zuvor verletzt worden war.

Ich begann mich zu fragen, was sie mit mir machen würden und ob ich gefoltert werden sollte – denn wir hatten alle Angst gehabt, lebendig in ihre Hände zu fallen –, aber ich glaube nicht, dass es mich wirklich interessierte, was passierte.

Die Tür flog auf, zwei der Matrosen kamen herein, holten mich ein und trugen mich durch einen Garten und auf eine Veranda mit langen Korbstühlen darunter. Hier führte sie ein einheimischer Diener in den Bungalow, ein Bambusvorhang wurde beiseite geschoben und sie setzten mich auf eine Matte auf dem Boden.

Auf einem kleinen Bockbett in einer Ecke lag ein Mann und stöhnte im Schlaf. Der einheimische Diener beugte sich über das Bett, berührte ihn an der Schulter, und er wachte plötzlich auf und hob den Kopf.

Es war Hopkins, seine Augen glitzerten seltsam und sein Gesicht war ganz schmerzverzerrt.

„Gott sei Dank! Du bist in Sicherheit, Glover“, rief er und ließ sie meine Beine und Arme lösen. Als ich wieder frei war, befahl er den Männern, den Raum zu verlassen, aber sie weigerten sich zu gehen und redeten aufgeregt.

„Ich schätze, sie wollen ihre Belohnung“, sagte er gedehnt und bat mich, eine schwere Geldkassette an seiner Seite zu öffnen. Er fummelte an seinem Hals herum und fand den Schlüssel.

„Zähle ein paar Hundert-Dollar-Scheine zusammen“, forderte er mich auf, „und schleudere sie diesen Schurken entgegen.“

Es war komisch für mich, die Summe, die für meine eigene Gefangennahme zu zahlen war, abzuzählen und sie diesen Kerlen zu übergeben, aber ich tat es automatisch. Ich habe wirklich nichts so gefühlt, gehört oder gesehen, als ob ich wach wäre; Und wenn ich noch einmal lese, was ich geschrieben habe, kommt es mir so ruckartig und unzusammenhängend vor, dass ich oft versucht habe, es flüssiger lesbar zu machen, aber dann glaube ich nicht, dass es den Eindruck erwecken würde, den es bei mir immer noch hat. Vorfälle schienen einfach zu passieren; Sie schienen keinen Zusammenhang zu haben, sondern machten einer nach dem anderen weiter, bis ich aufwachte, über Hopkins' Geldkassette stand und diese hässlichen Kerle bezahlte.

Ich hätte Hopkins hassen und verabscheuen sollen, aber irgendwie tat ich es nicht – keiner von uns tat es, glaube ich – und erinnerte mich wie in einem Traum, aus dem ich gerade erwacht war, an die tapfere Art, mit der er diesen Angriff angeführt hatte , er tat mir furchtbar leid und ich vergaß das, aber ohne ihn und seine Partner würde Captain Hunter nicht tot auf dem Hügel über mir liegen, ebenso wenig wie viele andere – wie viele, das wage ich nicht zu glauben.

„Captain Hunter ist getötet. Dieser Rohling mit dem schwarzen Bart hat ihn erschossen", platzte es aus mir heraus. und es mag dir komisch vorkommen, aber ich wusste, dass es ihm genauso leid tun würde wie mir. Sein Gesicht zuckte. „Das ist Schmidt", sagte er.

„Er starb bei dem Versuch, mich zu retten", sagte ich und etwas schien mir im Hals steckenzubleiben. Ich konnte es nicht zurückhalten und warf mich auf den Boden und schluchzte und schluchzte, bis mir die Tränen kamen.

Selbst jetzt schäme ich mich nicht im Geringsten, und ich weiß, dass ich damals einfach zu erschöpft war, als dass ich daran gedacht hätte.

„Es tut mir leid, Glover, es tut mir sehr leid, aber es wäre gegen dich gewesen, wenn er dich zurückgeholt hätte."

Er sagte es so ernst, dass mir eine schwache Vorstellung davon durch den Kopf schoss, was er meinte, und ich erinnerte mich an den zweiten Angriff, den ich gehört hatte, als ich den Hügel hinuntergetragen wurde, und an den endlosen Strom von Kulis, der den Hügel hinaufströmte.

"Warum?" Ich keuchte.

„Komm her", sagte er, streckte seine Hand aus und zog mich sanft an sich. „Ich schätze, da ist kein Blut darauf, außer meinem eigenen", fügte er bitter hinzu, als ich mich halb zurückzog. „Du und dein Kumpel, junger Foote, waren die letzten, die mir die Hand geschüttelt haben, Junge, und du hättest mich nicht wieder gesehen und wärest immer noch herumgesprungen, wenn das und noch etwas anderes gewesen wäre." Da fiel mir ein, dass Toddles und ich ihm die Hand geschüttelt hatten, als er gegen Ping Sang ausgetauscht worden war.

„Ich schätze, wenn nicht einfach jemand herumgeschwappt wäre, ein paar dieser Heiden gefangen genommen hätte und sie hochgeschickt hätte, um dich mit einem Hundert-Dollar-Schein pro Kopf zu Fall zu bringen, wärst du jetzt ziemlich steif geworden. Wenn das so ist Die ganze Truppe da oben wird bei Sonnenuntergang nicht ausgelöscht, wir haben ein paar Tausend, die nach Einbruch der Dunkelheit alles auffressen, was noch übrig ist.

Er war so ernst und glaubte so offensichtlich, was er sagte, dass seine Worte mich vor Entsetzen frieren ließen.

Er sah meine Bestürzung und sagte: „Ich schätze jedoch, dass dieser Konzern so gut wie kaputt ist. Wir müssen einfach aufgeben.“

„Diese verrotteten Schiffe nützen zum Kämpfen nicht mehr als – als – als ich“, endete er und hielt den Atem an, als ein Schmerz ihn zu erfassen schien. Er fuhr in einer Minute fort.

„Sehen Sie, Junge, ich bin durch den Bauch geschossen. Ich schätze, ich könnte durchkommen, wenn es eine Mauser-Kugel mit Schieferstift gewesen wäre, aber es war eine Martini-Kugel, und ich habe nur noch zwei Patronen der Sonne und dann gebe ich meine Schecks ab. Ich hatte gesehen, wie du oben auf dem Hügel an dem kleinen Cummins klebtest, und als ich am Boden lag, vermutete ich, dass ich dich herausfischen würde, um etwas Besonderes für mich zu tun. "

„Der Kommandant würde mich nicht bei sich behalten, wenn er es verhindern könnte“, sagte ich. „Er hatte Angst davor, dass ich erschossen würde, denn er wusste, dass auf ihn geschossen wurde.“

Hopkins lächelte. „Ich schätze, er hat nicht damit gerechnet, dass ich sie daran gehindert habe, ihn anzumachen, als du in seiner Nähe warst. Ich zeige dir, warum.“

Er legte seinen Arm unter sein Kissen, zog ein Foto heraus, betrachtete es mit seltsamen Augen und reichte es mir. „Ich schätze, das ist der Grund.“

Es war ein Foto von Milly und genau wie das, das Mr. Pattison hatte.

„Woher kanntest du Milly?“ Ich weinte, ungeheuer überrascht.

„Helston stellte mich eines Tages in London vor. Ich traf sie mehrere Male, machte den alten Mann“ (den Admiral) „auf eine gute Sache mit Ölaktien aufmerksam, bekam eine Einladung zu ihm nach Fareham für ein paar Tage und –“ und – und – nun, Glover, deine Cousine hat mich einfach umgeworfen, und“ (die Farbe stieg unter seinem gebräunten Gesicht) „Ich habe sie gebeten, meine Frau zu sein.“

"Du machtest?" Ich war einfach erstaunt. (Die alte Milly heiratet einen Piraten!)

„Ja, das glaube ich“, antwortete er leise, sein Gesicht zuckte erneut; „Und ich glaube, ich habe es so gemeint, und zwar für alle Zeiten.“

"Hat sie--?" Ich begann.

„Sie hat nicht ‚Nein‘ gesagt“, antwortete er ehrfürchtig. „Sie sagte, dass sie mir meine Antwort geben würde, wenn ich zurückkäme.“

„Aber wie konntest du--?“ Ich fing an und hätte mir die Zunge abbeißen können.

Er wusste genau, was ich meinte, und sein Gesicht wurde blass und wurde furchtbar hart und starr.

„Wenn sie versprochen hätte, meine Frau zu sein, Glover, hätte ich diesen verfluchten Job aufgegeben, obwohl ich annehme, dass sie mich rechtzeitig gejagt und mir später ein Messer eingejagt hätten. So wie es war, musste ich es durchmachen.“ Ich hatte geschworen, meine Freunde zu unterstützen, rechnete aber damit, dass mein Job bald enden würde, wenn ich Helston aufgehalten und diese scheußlichen Zerstörer herausgebracht hätte.

„Junger, wir drei – Hamilton, Schmidt und ich – haben dem Tod hundert Mal von Angesicht zu Angesicht gegenübergestanden, und ob Frau oder nicht, ein weißer Mann konnte die Karten nicht hochwerfen und aus dem Spiel aussteigen, wenn seine Freunde es waren in die Enge getrieben.

„Ich hätte in den letzten zwei Wochen jede Nacht aufhören können, wäre in einer Dschunke davongefahren, aber nun ja, das habe ich nicht getan, und jetzt sitze ich mit einem Loch im Bauch und warte darauf, eingepflanzt zu werden.“

Ich hatte seine Hand losgelassen, ergriff sie aber wieder.

"Was soll ich tun?" Ich fragte.

Er zog ein Päckchen unter seinem Kissen hervor, das in koreanisches Öltuch gewickelt war. „Das ist mein Testament, Glover. Ich möchte es unterschreiben. Auf dem Tisch dort drüben finden Sie Feder und Tinte. Holen Sie es sich.“

Ich brachte Stift und Tinte mit und packte das Paket aus. Ich fand ein paar Papiere, die legal aussahen, und ein Blatt *Zettel* mit der Aufschrift „HIMS *Laird* “ fiel heraus. Als ich dies aufhob, sah ich darauf geschrieben: „Mein letzter Wille und mein Testament“.

„Wir werden einen anderen Zeugen brauchen“, sagte er, „um diese Anwälte aus der Fassung zu bringen.“ und er schlug mit einem gespaltenen Bambus gegen die Wand.

Sein Butler oder Schulsprecher kam eilig mit verängstigtem Gesicht herein. Hopkins konnte im Bett nicht aufrecht sitzen, also hielt ich das Papier an ein Buch, während er seinen Namen unterschrieb: „Reginald S. Hopkins, verstorbener USN", und dann fügte ich meinen eigenen Namen und den des Schulsprechers hinzu, zuerst in chinesischen Schriftzeichen und dann in grober Schuljungenschrift auf Englisch: „Hi Ling".

„Versprich mir, Glover, das dem Admiral zu übergeben."

„Zum Admiral?" Ich sagte. „Zu Millys Vater?"

„Ja, Junge. Ich habe ihr alles hinterlassen, was ich besitze, und es ist ein hübscher großer Klumpen", fügte er hinzu.

"Aber!" Ich keuchte. Milly konnte sein Geld nicht annehmen – das Geld eines Piraten, dachte ich.

Er erriet meine Gedanken und zuckte zusammen, fügte aber mit einem grimmigen Lächeln hinzu:

„Jeder Cent ist an der New Yorker Börse so sauber wie nie zuvor. Mein Gouverneur hat ihn in Öl gemacht, und das ist, was davon übrig geblieben ist. Ich schätze, der Admiral wird in diesen Greenbacks nichts Schlimmeres als Öl riechen. denn ich habe sie nie berührt.

„Wie kann ich es zu Milly bringen?" Ich fragte. „Wirst du mich zum Commander zurückschicken?"

„Ich schätze nicht", lächelte er schwach. „Ich schätze, diese Dokumente werden so nicht verschickt. Sie beeilen sich mit Spaten, um das kleine Grundstück sofort zu begraben. Gehen Sie zurück zum *Laird*, so schnell ich Sie schicken kann. Ich habe eine Zerstörer, der auf dich wartet, dessen Kessel fast platzen, und zweitausend Dollar, die ich diesen elenden Feiglingen an Bord versprochen habe, wenn sie eine Quittung für dich von Helston zurückbringen. Das Wetter ist ziemlich schlecht, aber sie hält es aus, und ich Ich werde leichter sterben, wenn ich weiß, dass du an Bord dieses Pakets in Sicherheit bist. Und du wirst auch Hi Ling mitnehmen, falls es zu rechtlichem Aufruhr wegen dieser Unterschrift kommt.

„Wirst du das für mich tun, Junge?"

Ich hasste es, ohne den Kommandanten und seine Männer zum Schiff zurückzukehren, aber wenn er mich nicht zu ihnen zurückschicken würde, hätte das nicht geholfen; und außerdem wollte ich für ihn tun, was ich konnte.

„Wenn Sie mich nicht zum Commander zurückschicken, nehme ich sie an Bord und verspreche, sie dem Admiral zu übergeben", sagte ich.

Hallo Ling war weggegangen, kehrte aber nun mit zwei der Matrosen zurück, die mich gefangen genommen hatten. Sie brachten ein großes blaues Baumwolltuch und fingen an, mich darin einzuwickeln, während Hi Ling aufgeregt mit Hopkins sprach, offensichtlich in großer Verzweiflung.

„Er will mich nicht verlassen", sagte Hopkins. „Ich habe niemanden, der sich um mich kümmert."

„Aber du darfst nicht allein gelassen werden", sagte ich; „Sie könnten dich töten."

„Erst wenn ich die Quittung von Helston habe", antwortete er grimmig und zog einen Revolver unter der Bettwäsche hervor.

Die Blaujacken bereiteten sich darauf vor, mich auf ihre Schultern zu nehmen, und ich schüttelte Hopkins hastig die Hand, ohne den Mut zu haben, ihm ins Gesicht zu sehen.

Sie hoben mich hoch und trugen mich aus dem Zimmer, aber ich hörte ihn rufen und sie setzten mich ab. Er rief mich an und ich ging zurück.

Sein Gesicht war starr vor Schmerz und Trauer. „Glover, Junge", und er ballte meine Hand, „sag ihr, dass ich sie liebe; sag ihr, dass ich sie jetzt liebe; sag ihr, dass ich im Kampf gestorben bin. Ich habe diesen Angriff gut geführt? Das habe ich getan, nicht wahr? Sag ihr das." "

Ich spürte, wie ein Schluchzen in meiner Kehle hochstieg, und schoss wieder hinaus.

Er rief mich zurück und sagte halb flüsternd, mit einem Klopfen in seiner Kehle; „Sie denkt vielleicht, dass ich im Kampf – auf – deiner – Seite gestorben bin. Lass es sie nicht wissen."

Ich drückte seine beiden Hände. Ich konnte kein Wort sagen, denn meine Lippen zitterten. Ich habe ihn dort gelassen.

Die Matrosen packten mich grob, bedeckten mich von Kopf bis Fuß mit dem blauen Tuch und begannen zu rennen. Ich konnte Hi Ling neben mir keuchen hören.

Nach kurzer Zeit hielten sie an, ich spürte die Brise und den Geruch des Meeres, und sie rissen mich in ein Boot und begannen, vom Ufer wegzuziehen.

Sie wickelten das Tuch ab, das mich immer noch bedeckte, und ich sah, dass wir direkt auf einen der patagonischen Zerstörer zusteuerten. Wir stießen nebeneinander her, und ich kletterte mühsam hoch. Die Chinesen an Deck gestikulierten wild, und einer oder zwei spuckten mich an; aber ich fühlte mich so elend, dass es mir schien, als wäre es mir egal, was passierte, oder ich hätte sogar Angst.

Sie legten fast sofort ab und hielten sich dicht an der Küste, bis sie sich der Einfahrt näherten, und mussten dann in den Hafen hinausschießen.

Der Zerstörer muss dann vom One Gun Hill aus in Sicht gekommen sein, denn eine riesige Granate schlug hundert Meter achtern mit einem Platschen ins Wasser ein, prallte gegen die Klippen und explodierte mit Brüllen, wobei die verängstigte Besatzung sich flach auf das Deck warf unten rauschen.

Ich sprang auf und schrie vor Freude. Es war unser 12-Zoll-Krupp, und der Kommandant und seine Männer hielten sich immer noch auf der Spitze des Hügels aus. Oh, die Erleichterung und die Freude darüber!

Ich schaute nach oben, konnte aber wegen des Rauchs der Kanone und der noch brennenden Büsche die Spitze des Hügels nicht sehen.

Wir schlüpften jetzt an dem Felsvorsprung vorbei, auf dem der Kommandant, Jones und ich vor zwei Tagen gelegen hatten, und der Kreuzer am Fuße des Felsvorsprungs brannte wütend, ganz in der Nähe der Stelle, an der wir das Beiboot versenkt hatten.

„Mista Hamilton gehört allen zum gleichen toten Mann." Ich drehte mich um. Es war Hi Ling, der sich traurig seine dünnen Hände rieb und dann auf das Wrack zeigte. „Er wird kommen und ihn in die Luft jagen lassen – sehr guter Mann – ziemlich benommener Mann. Alle gehören sehr schlechter Kerl", fügte er traurig hinzu.

„Der lahme Engländer ist tot?" Ich fragte.

Der Chinese nickte.

Dann rannten wir an der Stelle vorbei, an der wir die beiden Wachposten umgeworfen hatten, passierten zwischen den Anlegestellen und zwischen den beiden Forts hindurch, umgeben von Männern, die auf uns herabstarrten, bogen um eine Ecke und stürzten uns in die volle Wucht des Sturms und die riesigen Meere an unserem Steuerbordbalken. Kein Wunder, dass die Crew mich nicht unter zweitausend Dollar mitnehmen würde.

Ich konnte die *Laird* direkt vor mir sehen, fünf Meilen auf dem Meer, und die Chinesen hissten am Masttop eine große weiße Flagge, die so steif wie ein Mühlenbrett nach Lee wehte, und steuerten direkt auf sie zu.

Sie mussten sich sofort zurückziehen, da die Wellen direkt über uns hinwegkamen und wir uns kaum von den Felsen in der Nähe des Eingangs entfernt hatten, als Mr. Lang in „Nr taumelnd durch die folgenden Meere.

Einer aus der Besatzung kam nach achtern gerannt, plapperte „Hallo Ling"
zu und zeigte auf mich.

„Captain, er möchte, dass Sie auf die gleiche Weise nach oben gehen", sagte
Hi Ling.

Ich ging hinauf und sie machten mir klar, dass ich mich auffällig machen
musste, damit Herr Lang mich sehen konnte.

Ich schwenkte mein Taschentuch – ich weiß nicht, was aus meiner Mütze
geworden war – und schrie vor Aufregung, obwohl das natürlich albern war;
Und dann schlug eine Welle auf die Brücke und durchnässte mich von Kopf
bis Fuß, und als das Salzwasser durch meine Kleidung sickerte, begannen
diese Stellen an meiner Brust und an meinen Beinen wieder zu schmerzen.

Herr Lang hatte unsere weiße Flagge gesehen und kam taumelnd mit einem
Signal auf den Rahenarm gestolpert: „Heben Sie an" und „Schicken Sie ein
Boot".

Ein Boot konnte in diesem Meer keinen Moment überleben – jedenfalls kein
Boot, das wir hatten –, also drückte ich mich an die Brückengeländer und
signalisierte mit meinen Armen: „Midshipman Glover an Bord – ein
Gefangener – wird nach *Laird zurückgebracht.*"".

Ich konnte die Aufregung sehen, die dieses Signal hervorrief, alle versuchten,
mich zu sehen. Dann entdeckte mich Herr Lang und wedelte mit den Armen.
Sein Signalmann sagte: „Bleiben Sie, wo Sie sind; wir werden mit *Laird
kommunizieren* ."

Ich erklärte es Hi Ling und er dem Kapitän – einem großen, hageren, ehrlich
aussehenden Tataren –, der grunzte eine Antwort.

Mr. Lang machte sich auf den Weg zum *Laird* , und zwanzig Minuten später
kam er und signalisierte: „Wir werden Ihnen bis zum Lee der Insel folgen
und ein Boot schicken."

Ich sagte es Hi Ling, aber der Kapitän schüttelte entschieden den Kopf,
nachdem er mit einigen anderen geplaudert hatte. „Das geht nicht", sagte Hi
Ling, „Mista Hopkins, er wollte nur ein einziges Schiff verlassen", und er
zeigte auf den *Laird* . „Das geht nicht", und er zeigte auf „Nr. 2".

*Laird* zu verlegen – weigern Sie sich, mich an Bord zu bringen – keine Angst
vor Verrat – haben Sie keine Torpedos in Rohren" (das war mir schon früher
aufgefallen). Mr. Lang wedelte mit der Hand und „Nr. 2" schlug zurück zum
*Laird* .

Wir waren bereits eine halbe Meile hinter dem Eingang gedriftet und sahen
bald, wie der *Laird* in Richtung Norden der Insel davondampfte, und wir

folgten ihm, noch bevor Mr. Lang zurückkommen oder ein Zeichen geben konnte, und begannen bald, Schutz zu suchen der Lee des Landes.

Die „Laird" segelte prächtig herab, ihre Masten schwankten in stattlicher, bedächtiger Weise, während sie von einer Seite zur anderen rollte, bis auch sie in glatteres Wasser geriet und einen Kutter senkte.

Fünf Minuten später kam es mit Toddles als Kommandeur längsseits. Ich sprang hinein, gefolgt vom Kapitän und Hi Ling, und wir machten uns auf den Weg zurück zum Laird . Sie gab uns Lee, und ich fing ein Seil und kletterte hinauf, gefolgt vom Kapitän, so flink wie ein Affe, obwohl Hi Ling es nicht ertragen konnte und voller Angst im Boot blieb, als es auf und ab ging, und Die Besatzung hielt sie davon ab, mit der Seite gegen das Schiff zu stoßen.

Es war Kapitän Helston, der mich durch die Gangway zog, und ich erklärte hastig, dass der große Chinese eine Quittung für meine sichere Rückkehr wollte. Man gab es ihm, schwang sich ohne ein herablassendes Wort oder einen Blick an die Bordwand, und das Boot brachte ihn zurück zum Zerstörer, nachdem wir Hi Ling mit einer Bugleine unter den Achseln an Bord gezogen hatten.

„Was gibt es Neues, Glover? Schnell!" sagte Kapitän Helston.

Ich erzählte ihm alles, was ich wusste. Es war eine schmerzhafte und lange Geschichte, und ich beendete sie in seiner Kabine. Er war furchtbar aufgeregt und ging auf und ab, seinen leeren Ärmel umklammernd.

Auch Dr. Fox, der über mir stand, war kaum weniger beunruhigt. Ich hatte noch nie erlebt, dass er auch nur das geringste Gefühl zeigte.

„Was sollen wir tun, Fox? Was sollen wir tun?" sagte Kapitän Helston immer wieder. „Es ist unmöglich, einen weiteren Mann zu landen, selbst wenn ich einen entbehren könnte, und wir haben nur noch drei Stunden Tageslicht. Sie werden alle ermordet."

Ein Midshipman – es war Dumpling – kam herunter. „Sie haben die Waffe wieder abgefeuert, Sir", sagte er, grinste mich an und verschwand.

„Sie halten immer noch durch, Doc. Was können wir tun?"

„Hier geht es um Leben und Tod, nicht nur um Strategie und Taktik", sagte Dr. Fox plötzlich. „Eines muss getan werden – und zwar sofort – und Sie wissen, was das ist."

„Ja, ja. Ich muss ihre Aufmerksamkeit von Cummins ablenken, indem ich diese Forts angreife; ein schreckliches Risiko, aber es muss eingegangen werden." Sein Gesicht wurde wieder ganz ruhig und fröhlich, und er läutete die Wacheglocke.

„Schicken Sie den Oberleutnant zu mir.“

Der Oberleutnant kam herbeigerannt.

„Ich werde diese Forts sofort angreifen. Signalisieren Sie dem *Starken Arm*, mich zu unterstützen, und Parker und Lang, sie sollen schließen und auf Befehle warten.“

„Sehr gut, Sir“, sagte der Oberleutnant und verschwand mit einem freudigen Lächeln.

Der Kapitän nahm sein Teleskop, ging an Deck, und Dr. Fox begann, die Überreste meiner Affenjacke auszuziehen und meinen Körper zu untersuchen. Ich hörte, wie die Trompeten nach General Quarters riefen, und hörte das Stampfen der Männer, die jubelnd zu ihren Plätzen eilten.

„Sehen Sie sich selbst an, Junge“, sagte Dr. Fox und stellte mich auf einen Stuhl, und ich sah mich selbst im Glas der Anrichte. Ich hatte keine Mütze, mein Gesicht war überall zerkratzt, mein Flanellhemd war ganz mit Blut bedeckt und fast in zwei Hälften zerrissen, ein Hosenbein hatte einen großen Riss und da war noch mehr Blut daran, aber das Meer an Bord Der Zerstörer hatte das meiste davon weggespült. Ich war klatschnass und ein Stiefel war auch weg.

„Sie scheinen nicht viel wert zu sein; es lohnt sich kaum, Sie zurückzuschicken, oder?“

Ich schnappte mir meine zerrissene Affenjacke und holte das Paket heraus.

„Mr. Hopkins liegt im Sterben, Sir. Das ist sein Wille, und er wollte wissen, dass es hier an Bord sicher ist. Er hat Milly alles überlassen.“

„Zu Milly!“ sagte Dr. Fox erstaunt. „Ich wusste, dass er sie zwei- oder dreimal getroffen hat. War er auch in sie verliebt?“

„Ja, Sir; ich glaube, sie hat halb versprochen, ihn zu heiraten. Tut er Ihnen nicht furchtbar leid, Sir?“

Dr. Fox lächelte dieses zynische Lächeln, das in einem den Wunsch weckte, ihn zu treten.

„Ich kann nicht den ganzen Tag hier bleiben“, knurrte er. „Da Richardson weg ist, bin ich unterbesetzt und muss mich um meinen Job kümmern. Du hast genug gekämpft, um bis zum Jüngsten Tag durchzuhalten, also geh einfach zu den Munitionsgängen und warte dort, bis ich komme.“

„Kann ich nicht an Deck bleiben, Sir?“

"Mach was ich dir sage!" er knurrte, und um zu sehen, dass ich ihm gehorchte, zog er mich in die Tiefe.

# KAPITEL XXIII

## Der Angriff auf die Forts

Unterhalb des Panzerdecks – Wir greifen die Forts an – Wir bringen die Forts zum Schweigen – Meine Wunden sind verbunden

*Mr. Midshipman Glovers Erzählung ging weiter*

Die Männer schlossen eilig wasserdichte Türen und ließen die wasserdichten Lukendeckel herunter. Dr. Fox und ich müssen fast die letzten gewesen sein, die nach unten gingen, denn die Männer mussten aufhören, den großen gepanzerten Lukendeckel achtern abzusenken, damit wir hindurchklettern und die steile Eisenleiter zu den Magazinebenen hinunterklettern konnten.

Die schwere Eisenpanzerung rastete mit einem dumpfen Geräusch ein. Ich hörte, wie die Männer oben die Klammern festzogen, mit denen es befestigt war, und zum ersten Mal in meinem Leben wurde mir klar, dass wir unter dem gepanzerten Deck eingeschlossen waren, und ich fragte mich, wie wir entkommen sollten, wenn etwas passierte.

Natürlich war ich schon oft während der Übungen dort gewesen, aber das hier war echt und ich fühlte mich wie eine Ratte in der Falle.

Der große Raum, in dem wir uns jetzt befanden, wurde „Quergang" genannt und verlief quer durch das Schiff, mit der schrägen Kuppel des Panzerdecks darüber. Die Magazine öffneten sich am hinteren Ende, und auf beiden Seiten verliefen die Munitionskanäle nach vorne. Dabei handelte es sich um zwei Tunnel, die gerade breit genug waren, dass sich zwei Männer hindurchzwängen konnten, und gerade hoch genug, dass sie aufrecht stehen konnten. Sie verliefen an beiden Seiten des Schiffes entlang, unter der gebogenen Kante des gepanzerten Decks hindurch, um in einen weiteren Quergang vorn zu münden, wo sich weitere Magazine befanden, und von der Oberseite stiegen die Munitionsaufzüge auf – große gepanzerte Rohre, fünf Stück höher auf jeder Seite – bis zu den 6-Zoll-Kanonen des Haupt- und Oberdecks.

Vom vorderen Querdurchgang verlief ein riesiges Panzerrohr bis zum Vorschiff, um das 8-Zoll-Geschütz im Vorschiff zu versorgen, und ein ähnliches Rohr verlief vom hinteren Querdurchgang bis zum Viertel. Deckgeschütz.

Als ich darunter stand und durch dieses nach oben blickte, konnte ich gerade noch einen Blick auf den Himmel erhaschen; aber natürlich kam kein

Tageslicht herein, und obwohl an den Schotten hier und da elektrisches Licht brannte, war es sehr düster.

In den weißgetünchten Magazinen befanden sich Männer mit Filzpantoffeln an den Füßen und verteilten 6-Zoll-Patronen- und Patronenhülsen. Andere stürmten aus den dunkleren Munitionsgängen, packten sie, stopften sie in kleine, mit Seilen umwickelte Leinensäcke und stürmten wieder zurück, um ihren eigenen speziellen Munitionsaufzug zu versorgen. Sie befestigten die Säcke an einem Seil, das das Rohr hinaufführte, über ein Flaschenzugrad oben lief und wieder nach unten führte, und zogen die Patronenhülsen und Patronen zum 6-Zoll-Geschütz über ihnen.

Ich duckte mich in eine Ecke, um nicht im Weg zu sein, und als es immer heißer wurde und die stickige Luft voller Staub wurde, begannen die elektrischen Lichter selbst undeutlich zu verschwimmen; und die Männer, die durch die Gänge sprangen, sich gegenseitig drängten, während sie vorbeigingen, murmelten, während sie mit den Schienbeinen bellten oder ein Projektil fallen ließen, gekleidet in nichts als Stiefel, Entenhosen und Flanellhemden, ihre Gesichter und Hälse schweißüberströmt, sahen aus wie Dämonen.

Ein Heizer in meiner Nähe, einer von zwei, die mit einem Feuerwehrschlauch daneben standen, murmelte zu seinem Kumpel: „Schlag mir, Bill, wenn es nicht so schlimm ist.“

„Du hast es bis zur Schaufel voll; es ist wurs'n, was die Stoke'olds sind“, hörte ich Bill antworten, als er etwas Tabak abschnitt und ihn sich in die Wange stopfte.

„Solange wir hier unten kein brennendes Feuer bekommen, fühle ich mich wohl genug, wenn ich den anderen bei der Arbeit zusehe. Aber was bricht mir jedes Mal das Herz?“ Er fuhr fort: „Es scheint, dass wir nie Wasser durch diesen Schlauch bekommen. Ich weiß nicht, was für neue Pumpen sie an Bord dieser Schrottschrotte haben.“

„Das Gleiche hier“, antwortete sein Gefährte, und sie machten es sich bequem auf dem aufgerollten Feuerlöschschlauch, um ihren Tabak zu genießen.

Dr. Fox, die drei Zahlmeister, der Kaplan und die Krankenstationsleute versuchten, einen freien Platz zu bekommen, und legten Verbände, Tourniquets und chirurgische Verbände bereit, deren bloßer Anblick mir ein furchtbares Unbehagen bereitete, und noch mehr wie eine Ratte in der Falle als je zuvor.

Es war schon schlimm genug, während die Männer hin und her hetzten, und in dieser dichten, stickigen Atmosphäre konnte man nichts als schwitzende

Männer riechen; aber bald hatten sie so viel Munition herausgeholt, wie sie am Boden der Hebebühnen aufhäufen konnten, und es gab noch nichts mehr für sie zu tun. Die Munitionstrupps gruppierten sich schweigend unter ihren eigenen Spezialaufzügen, und die Magazintrupps hatten Zeit, ihre Arme über ihre Augen zu streichen und sich den stechenden Schweiß abzuwischen.

Es war eine Zeit schrecklicher Spannung, denn von oben, wo wir wussten, dass die Geschützmannschaften um ihre Geschütze standen, war kein Laut zu hören, und von unten nichts als der regelmäßige Rhythmus der großen Motoren, das schnelle Pochen des Dynamos -Motoren und die Pumpen hinter den Schotten und ab und zu das raue Rumpeln des Steuermotors achtern.

Darüber hinaus rollten wir sehr stark.

Plötzlich kletterte ein Mann von einem der Hebezeuge herab – er rutschte am Seil hinab –, und plötzlich entstand eine Aufregung, als die Männer ihn eifrig befragten.

„Gehen wir näher an die Küste heran?" „Haben die Forts schon das Feuer eröffnet?" „Schiesst die große Kanone noch?" „Wo ist der *starke Arm* ?"

Dann herrschte wieder Stille – bis auf die Geräusche der Motoren, die auf der anderen Seite der weißen Schotten dröhnten und dröhnten.

Der Oberleutnant, der versuchte, ruhig zu wirken, ging im Kreis herum, zuerst an der Backbordseite entlang, dann den Steuerbordgang entlang, sah, dass alles bereit war und jeder an seinem Platz war, sprach hier und da ein Wort mit einem Unteroffizier und folgte ihm dicht bei seinem Midshipman-Boten, einem sehr jungen Kerl, den wir „Daisy" nannten.

Dann läutete die kleine Glocke an unserem Ende der Sprechanlage des Kommandoturms laut. Der dort stationierte Mann sang nach dem Oberleutnant und dieser kam angerannt. Kapitän Helston gab ihm vom Kommandoturm aus einen Befehl.

„Sehr gut, Sir", rief er zurück.

„Stehen Sie auf der Backbordseite bereit, Männer; wir fangen gerade erst an."

Oh, war es nicht aufregend! Und hätte ich mir nicht gewünscht, dass ich oben auf dem gepanzerten Deck wäre und den Himmel über mir hätte, anstatt dort so steif und wund zu liegen, dass ich mich kaum bewegen könnte!

Die Männer traten nervös von einem Fuß auf den anderen, und dann wurde die Stille durch das Knallen der Kanonen in der Backbordbatterie über ihnen unterbrochen. Eine Sekunde später ging das 8-Zoll-Gewehr des Achterdecks los, und wir konnten fühlen, wie das Schiff bebte; Ein weiterer Köcher erklang von der großen Kanone vorn vorn. Zwei Minuten lang riefen die

Männer heiser die Hebebühnen hinunter und forderten mehr Munition, die Glocken der Sprechrohre läuteten, und es kam der Befehl, nur gewöhnliche Granaten (Granate mit dünnen Wänden und einer großen Sprengladung) hochzuwerfen.

Männer flogen hin und her, der Staub wurde wieder dichter, die Hitze und die Schwüle waren entsetzlich, und ab und zu wehte ein Teil des Pulverrauchs die Hebebühnen hinunter und machte die stickigen Munitionskanäle noch dunkler.

Der Oberleutnant ging stetig an der Backbordseite auf und ab und sang dabei: „Haltet an, Männer, beeilt euch nicht – drängt euch nicht!", und die beiden Heizer neben mir stellten ihre Füße aus dem Weg und kauten weiter auf ihren Füßen Pfund Tabak.

Dann rutschte ein Mann einen der Steuerbordwinden hinunter und kroch nach hinten zu Dr. Fox. Er hatte eine große Wunde an einem Bein, um die etwas gesponnenes Garn festgebunden war.

„Sie schießen wie wild", keuchte er, „und ein Splitter des ersten Kutters hat mich erwischt."

Dann hörten die Backbordgeschütze auf zu schießen, und wir hörten das Rumpeln der Rudermaschine „hart über".

„Wir drehen jetzt um, Jungs, und gehen wieder vorbei. Halten Sie sich bereit für die Steuerbordgeschütze", rief der Oberleutnant.

Die Achterdeckkanone hörte auf zu schießen. Jetzt waren wir fast wieder rund und konnten schwach das Knallen der Kanonen des *Strong Arms hören*, die die Hebebühnen herabkamen.

Über uns ertönte ein Krachen und ein Brüllen, etwas klapperte einen der Backbord-Oberdeckaufzüge herunter, ein Mann sprang auf, hob es auf – ein Granatenfragment – und ließ es schnell und mit verbrannten Fingern wieder fallen. Ich erinnere mich, dass die Männer ihn alle ausgelacht haben.

„Will den Arzt!" rief jemand.

Einen Augenblick später war Dr. Fox mit einer Tasche über der Schulter da. Sie machten eine Bucht im Seilzug, er stellte seinen Fuß hinein und ergriff das Seil über seinem Kopf.

„Tracht gut, Männer", knurrte er, und sie zogen ihn die Hebebühne hinauf. Nach ein oder zwei Minuten war er wieder unten und rutschte am Seil hinunter.

"Zu spät!" Ich hörte ihn murmeln, als er landete, seine Hände und Ärmel voller Blut.

„Wer war es, Herr?" fragte ihn jemand, aber er nahm keine Notiz davon.

Dann begannen die Steuerbordgeschütze und die 8-Zoll-Kanonen auf dem Achterdeck, und wir hatten begonnen, zum zweiten Mal an diesen beiden Forts vorbeizufahren.

Ich stellte mir vor, wie unsere Granaten an den Felsen und zwischen den Geschützen explodierten, die ich dort gesehen hatte, und fragte mich, ob der verantwortliche Europäer nüchtern war oder nicht und ob der Kommandant immer noch sein Krupp-Geschütz festhielt. Wenn ich nur nicht so dumm gewesen wäre, von der Brüstung aus Sandsäcken zu springen, wäre ich vielleicht noch bei ihm gewesen.

Wir näherten uns nun dem Ende des zweiten Laufs und der Oberleutnant hatte gerade gesagt, als er sich über die Stirn wischte: „Sie können das nicht mehr lange ertragen, wenn wir auch nur annähernd anständige Schüsse abliefern", als sie anfingen zu jubeln an Deck, und jemand rief herunter, dass die Forts eine weiße Flagge gehisst hätten. Die Männer unten jubelten von einem Ende der Gänge bis zum anderen, und die Kanonen oben hörten auf zu schießen.

Dr. Fox und ein Steward am Krankenbett stiegen auf eine Hebebühne, um sich um weitere Verwundete an Deck zu kümmern, und nach wenigen Minuten begannen die Hauptmaschinen langsamer zu werden und blieben schließlich ganz stehen.

An Deck hörten wir das Pfeifen des Bootsmanns: „Weg, zweiter Kutter!" Eine Stimme schrie die Hebebühne hinunter: „Gibt es da unten noch zweite Kutter?" Ein paar Männer, die zu diesem Boot gehörten, kletterten hastig hinauf, es herrschte wieder Stille und wir konnten nichts anderes tun, als abzuwarten und uns zu fragen, was los war.

„Wenn wir noch länger hier sitzen, bin ich enttäuscht, wenn wir unsere erste Hundewache nicht verpassen", sagte einer der Heizer fröhlich und lockerte seine verkrampften Beine.

„Es ist ein Bergwind, der niemandem weht, nicht gut", fügte der andere nachdenklich hinzu und beide spuckten in eine dunkle Ecke hinter dem Feuerwehrschlauch.

„Nehmen Sie diese beiden Männer in den Bericht des Kommandanten auf", sagte der Oberleutnant, der gerade von der gegenüberliegenden Seite herübergekommen war und sah, wie sie spuckten.

Daisy, sein Midshipman, holte seine Handtasche hervor und notierte sich ihre Namen.

„Was ist jetzt mit deinem Hügelwind?" sagte die erste, die gesprochen hatte, als Daisy wegging und sie sich wieder hinsetzten. „Das wird dich davon abhalten, an Land zu gehen und ein bisschen Beute einzusammeln."

Der alte Mellins kletterte herunter, um mich zu sehen, und war sehr froh, dass ich es tat. Er ist so ein rücksichtsvoller Kerl und hatte mir etwas Leckeres mitgebracht – einen Topf Gänseleberpastete und etwas Brot und Butter. Bis ich es sah, war mir nicht bewusst, wie schrecklich hungrig ich war; und du hättest sehen sollen, wie ich es aß, während Mellins über mir stand, große Stücke der Pastete auf dicken Scheiben Brot und Butter verteilte und mir alles erzählte, was passiert war.

„Bei unserem ersten Vorbeilauf an diesen Festungen haben sie einfach die Fassung verloren. Man konnte sie wegen des Staubs und des Rauchs der Granaten nicht sehen, und als wir uns umdrehten und erneut auf sie losgingen, feuerten sie kaum eine Waffe ab. Wir konnten sie sehen." Sie stolperten übereinander, als sie es eilig hatten, aus den Festungen zu fliehen, und nachdem wir aufgehört hatten zu schießen, zog jemand ihre Fahnen herunter und hisste eine weiße Flagge, die so groß war wie ein Laken. Es war einfach der Hammer.

„Wie wäre es mit dem Kommandanten?" Ich fragte.

„Er ist stark und feuert alle vier oder fünf Minuten sein großes Geschütz in den Hafen. ‚Nr. 2' und ‚Nr. 3' liegen direkt unter den Forts, und Toddles hat den Kapitän an Land gebracht, um sie in Besitz zu nehmen. oder was von ihnen übrig ist.

„Jemand getötet?" Ich fragte.

„Wir haben einen, den armen Joe Connolly, den Steuermann meines Streikpostenbootes", sagte Mellins traurig, „und die *Strong Arm* hat drei Tote und fast zwanzig ziemlich schwer Verwundete. Eine 6-Zoll-Granate explodierte auf ihrem Oberdeck – im …" Batterie."

Dann kamen Dr. Fox und sein Steward im Krankenbett vorbei, und Mellins wurde weggeschickt, um mir noch mehr Kleidung zu besorgen, da die, die ich trug, zerrissen und blutbefleckt war. Ich glaube , es war nicht nur mein Blut, denn als Dr schreckliche Enterpiken, mit denen die Chinesen mich anstupsten.

Diese Wunde war umso unangenehmer, und Dr. Fox brauchte ziemlich viel Zeit, um sie zu untersuchen und zu spritzen, bis sie ganz sauber war.

Es war sehr schmerzhaft und tat sehr weh; und war ich nicht überglücklich, als er fertig war und mich wieder in Ruhe ließ und Mellins mir in meine sauberen Sachen geholfen hatte!

# KAPITEL XXIV

## Die Eroberung der Insel

Eine Krise – Auf der Pirateninsel – Ein schwacher Widerstand – Ärzte
gesucht – Eine schreckliche Nacht – Schmidt entkommt

Während der *Laird* und der *Strong Arm* zum ersten Mal in einer Entfernung
von vier- bis fünftausend Yards an den Forts vorbeidampften, hatten die
Forts wütend reagiert und den *Laird* wiederholt angegriffen.

Kaum hatte sie die erste Kanone abgefeuert, als eine Granate durch ihren
vordersten Schornstein eindrang und einen großen Riss darin verursachte,
aber glücklicherweise nicht platzte. Ein zweiter traf den ersten Kutter,
zerstörte ihn völlig und verwundete einen oder zwei Männer durch die
Splitter, die in alle Richtungen flogen. Eine weitere Granate traf den
Panzergürtel an der Wasserlinie und explodierte, richtete jedoch keinen
Schaden an und hinterließ lediglich eine Delle im harten Stahl. Ein vierter
war durch das Krankenzimmer gegangen und in die Kabine des Artillerie-
Leutnants geplatzt und hatte sie in Brand gesteckt, während der letzte einen
der 6-Zoll-Geschützschilde auf dem Oberdeck getroffen hatte, ihn zurück
auf das Geschütz drückte und explodierte. Er tötete Connolly, den Kapitän
der Waffe, und verwundete drei seiner Männer schwer.

Die *Strong Arm* war erst getroffen worden, als die Schiffe zu drehen
begannen, doch dann wurde sie schnell hintereinander von mehreren
Granaten getroffen und verlor drei Tote und siebzehn Verwundete.

Aber das Feuer der beiden Schiffe war so gewaltig gewesen, dass der
Signalwärter oben im Vorschiff die Chinesen bereits ihre Geschütze
zurücklassen sah, als sie ihren Kurs stabilisierten und zum zweiten Mal auf
dreitausend Meter herankamen , und bevor sie diesen zweiten Lauf beendet
hatten, hatte der Feind seine Flagge eingeholt und alsbald eine weiße gehisst.

Kapitän Helston stellte sofort das Feuer ein und befahl Lang und Parker, mit
ihren Zerstörern und Aufklärungsfahrzeugen dicht an die Küste zu gehen.

Herr Lang signalisierte von „Nr. 2", dass die Forts evakuiert worden seien,
und Helston rief den zweiten Kutter ab und ging selbst hin, um
sicherzustellen, dass dies der Fall war.

Daran bestand kein Zweifel – die Forts waren völlig verlassen – und er gab
dem *Laird ein Zeichen* und befahl ihr, fünfzig Mann an Land zu bringen und
sie auf einmal zu besetzen, wobei er sich durch den Eingangskanal vorwärts

drängte, bis er auf Höhe der verlassenen Anlegestellen kam . Es war kein Chinese zu sehen.

Hier ließ er die Männer auf ihren Rudern liegen, und nun konnte er den gesamten Hafen sehen, das rauchende Wrack des Kreuzers am Fuße der Klippen zu seiner Rechten, die kleine Stadt auf der anderen Seite des Hafens und die Dahinter schmiegten sich Kreuzer an die Küste und vermischten sich mit den vor Anker liegenden Handelsschiffen.

Die Kreuzer zeigten offensichtlich keine Kampfbereitschaft, das war so deutlich wie ein „Hechtstab", aber die scharfen Gewehrschüsse, die der Wind von One Gun Hill herabwehte, verrieten ihm, dass Cummins immer noch stark bedrängt wurde.

Aus dem eiligen Bericht von Midshipman Glover wusste er, dass die kleine Gruppe zahlenmäßig stark reduziert war und dass ihnen die Munition ausgehen musste, und soweit er es beurteilen konnte, hatte der Angriff auf die Forts die Gefahr für die Position des Kommandanten nicht verringert. Die Schlussfolgerung war tatsächlich, dass er möglicherweise die Garnison dieser Festungen vertrieben hatte, nur um die Menge wütender Chinesen zu verstärken, die nun einen weiteren entschlossenen Versuch unternehmen würden, die tapfere kleine Gruppe von Männern zu überwältigen, die so verzweifelt daran festgehalten hatten Hügelkuppe seit Tageslicht.

Glücklicherweise trugen ihn die plötzliche Notwendigkeit eines sofortigen Handelns, der sofortige Entschluss, die Forts zu bombardieren, um den Druck auf die Gruppe des Kommandanten zu verringern, und die Schnelligkeit, mit der die Reduzierung dieser Forts durchgeführt worden war, auf einer Welle von Glück, das seine jüngste Unentschlossenheit und Schwankung hinwegzufegen schien.

Er beschloss plötzlich, einen noch entschiedeneren Schritt zu tun.

Die Risiken des Projekts erschreckten ihn fast; Aber die Notwendigkeit eines sofortigen Handelns war so deutlich zu erkennen, dass er, obwohl er einen Moment zögerte, bevor er sein kleines Geschwader unwiderruflich aufstellte, das ständige Rasseln der Musketen vom Hügel über ihm zu einem endgültigen Entschluss entschied.

Im Hochland um ihn herum könnten noch weitere Waffen versteckt sein. Die Kreuzer würden ihm vielleicht immer noch tapfer entgegentreten, und es blieb nur noch eine Stunde Tageslicht, doch er beschloss, diese letzte Anstrengung zu unternehmen, um vollen Erfolg zu erzielen.

„Gehen Sie so schnell wie möglich zum *Laird zurück* ", sagte er zu Toddles, dem Midshipman des Bootes, der die Veränderung, die ihn überfallen hatte, mit Staunen betrachtet hatte.

„Zurück an Steuerbord; geben Sie Backbord Vorfahrt. Ziehen Sie, Männer, um Ihr Leben." und mit gebeugten Rudern trieben sie das Boot wieder hinaus aufs Meer, zwischen den Zerstörern hindurch, und plätscherten durch die schwere See.

Während ihr Boot halbvoll mit Wasser war, fuhren sie unter dem Windschatten des *Laird hindurch* , hakten sich an den Wasserfällen ihres Bootes ein und wurden mit einem Lauf hochgezogen.

„Sichern Sie diese fünfzig Männer", sagte Kapitän Helston zum Oberleutnant, der herbeieilte, um ihn zu empfangen, als er an Deck hinunterkletterte, „und gehen Sie wieder ins Quartier. Ich werde das ganze Geschwader hineinbringen."

"Oh!" pfiff der Oberleutnant und stürmte davon.

Die Signalhörner dröhnten; Signale flogen zum *Strong Arm* ; Männer teilten den Geschütztrupps mit, dass sie direkt hineingehen würden; Männer brüllten die Nachricht durch die Munitionsaufzüge, durch die Gitter des Maschinenraums und des Heizraums und an Deck und unten aus den Eingeweiden des Schiffes brach Jubel nach dem anderen aus.

Jetzt hatte der *Starke Arm* die Nachricht, und auch ihre Männer begannen zu jubeln, als die beiden Schiffe sich näherten und direkt auf den Eingang zusteuerten.

Als sie zwischen den beiden wettergegerbten kleinen Zerstörern hindurchfuhren, deren Dollbord unter ihnen rollte und deren Schornsteine weiß vom Salz waren, machten die Besatzungen der Zerstörer „Achtung" und brachen dann in Jubelrufe aus. Die *Laird* befand sich jetzt direkt am Eingang, ihre Boote waren an den Davits ausgeschwenkt und streiften fast die Felsvorsprünge an Backbord und Steuerbord, in denen die verlassenen Kanonen montiert waren.

Großartig antwortete sie ihrem Ruder, drehte sich um die Kurve im Kanal und stabilisierte sich, während sie majestätisch an den verlassenen Anlegestellen vorbeizog. Der *Starke Arm* folgte ihr, sorgfältig geführt vom Oberleutnant. „Nr. 2" und „Nr. 3" stürmten hinter ihnen her, und das gesamte Geschwader mit Ausnahme der „ *Sylvia* "befand sich im Inselhafen.

* * * * *

Die plötzliche Annäherung dieser beiden Schiffe an den Angriff hatte zur Folge, dass die Festungen völlig unvorbereitet waren, wirksamen Widerstand zu leisten.

In den letzten drei Wochen hatte das Geschwader eine so offensichtliche Abneigung gegen Nahkampf gezeigt, dass Hopkins, Hamilton und Schmidt sich in einem Gefühl falscher Sicherheit eingelullt hatten und glaubten, dass von dort aus kein Angriff erfolgen würde zog eine beträchtliche Anzahl der Artilleristen aus den Forts ab, allesamt ausgebildete und disziplinierte Männer, um den Angriff auf One Gun Hill zu verstärken.

Die Beschlagnahmung des Krupp-Geschützes hatte sie völlig überrascht, und die Notwendigkeit ihrer Rückeroberung war zwingend.

Da sie sich nicht auf ihre Kulis verlassen konnten, hatten sie die Schiffe hastig entblößt und genügend Blaujacken gesammelt, um den ersten Ansturm zu unternehmen. Obwohl es fast erfolgreich war, endete es katastrophal: Hopkins wurde tödlich verwundet und so viele Männer wurden getötet, dass der Rest nur mit Mühe wieder dazu gebracht werden konnte, aus der Deckung vorzurücken.

Der erfolglose Versuch, die kleine Gruppe mit den Ölfässern abzuschneiden, die Zerstörung des Kreuzers und der Tod von Hamilton, dem lahmen Engländer an Bord, machten Schmidt klar, dass er Cummins ein für alle Mal überwältigen musste seine Männer, bevor das Wetter nachließ und weitere Verstärkungen landen ließen. Deshalb hatte er jeden Kuli herbeigeholt, den er finden konnte, sie mit jeder Waffe bewaffnet, die er in die Finger bekommen konnte, und ihre schwankenden Reihen mit den disziplinierten Männern aus den Forts und allen Blaujacken, die er aufbringen konnte, verstärkt.

Indem er sie mit Geschichten über ihr Schicksal im Falle einer Gefangennahme zum Zorn anstachelte, überschüttete er sie mit Alkohol, sammelte sie hinter dem Rauch der brennenden Büsche und warf sie auf die Spitze des Hügels.

Mit diesem wilden, fanatischen Mob, verrückt nach ungewohntem Alkohol, hatte Hopkins die kleine Truppe von Blaujacken geschickt, um zu versuchen, Glover zu retten, und obwohl ihm dies gelungen war, war der Angriff selbst schließlich abgewehrt worden.

In den Forts selbst waren nur noch wenige Männer übrig, und der verantwortliche Europäer, der in den letzten zehn Tagen stark getrunken hatte, war nicht in der Lage, auch nur die Männer einzusetzen, die ihm verblieben waren, und als Schmidt zum ersten Mal von dieser Tatsache erwachte Da das Geschwader schließlich den Angriff gewagt hatte, ließ er seine geschlagenen Männer zurück, damit sie weiterhin die Spitze des Hügels mit Gewehrfeuer belästigten, und stürmte zu den Forts hinab.

Bevor er sie erreichen konnte, traf er auf die entsetzte Menschenmenge, die von ihnen floh, und sah fast unmittelbar darauf die Spitzenmasten der *Laird* und der *Strong Arm* hinter der Hafeneinfahrt auftauchen.

Diese verängstigten Flüchtlinge, die um ihr Leben gefürchtet waren, waren eilig an den an der Küste zusammengedrängten Zerstörern vorbeigestürmt und hatten die Panik unter ihren Besatzungen verbreitet, die nicht einmal warteten, bis der *Laird* im Hafen erschien, zu ihren Booten gingen oder über Bord sprangen und gemacht für das Ufer.

Schmidt wusste genau, dass es jetzt nichts mehr gab, was Helstons Geschwader aufhalten konnte, wusste, dass der größte Teil seiner Blaujacken bereits oben auf dem Hügel war – viele von ihnen waren tot –, wusste, dass einer seiner Partner auf dem Hügel in Stücke gerissen worden war gegenüberliegende Seite des Hafens, und dass die andere im Sterben lag; aber mit dem Vertrauen eines Spielers in den letzten Würfelwurf sprang er in ein Beiboot, zog sich zum *Hong Lu hinüber* und versuchte, seine eingeschüchterten und entmutigten Männer zu sammeln.

* * * * *

„*Laird*" und die „ *Strong Arm* " in den Hafen steuerten, schossen plötzlich Flammen von der Seite der *Hong Lu aus und Granaten rasten wild an ihnen vorbei.* Die beiden verbleibenden Kreuzer schlossen sich an, und etwa fünf Minuten lang wurde das Wasser um die beiden Schiffe herum in Schaum gepeitscht, und die Klippen hinter ihnen wurden immer wieder von den chinesischen Granaten getroffen.

Aber jedes Geschütz, das den unglücklichen Kreuzern, die sich unter dem Land drängten, standhalten konnte, ergoss sich in einem Feuer, das so konzentriert, so kühl gezielt und so genau war, dass ihre bereits demoralisierten Besatzungen ihren Geschützen nicht standhalten konnten und ihre Schiffe an Land trieben und über das Meer strömten verbeugt sich und überlässt sie ihrem Schicksal.

Der *Hong Lu* unternahm tatsächlich einen verzweifelten und tapferen Versuch. Sie befreite sich von den anderen Schiffen, dampfte auf die „*Laird*" und die „ *Strong Arm* "zu und stürzte mit großer Geschwindigkeit herab, mit der Absicht, entweder das eine oder andere von ihnen zu rammen oder sich einen Weg vorbeizudrängen und aufs Meer zu fliehen.

Die „*Laird*" und die „ *Strong Arm* ", die sich ein wenig im breiteren Teil des Hafens öffneten, ergossen einen gewaltigen Hagel aus 6-Zoll-Granaten. Die dünnen, niedrigen Teller der *Hong Lu* rissen an einem Dutzend Stellen auf, Wasser floss hinein und sie begann sichtbar am Kopf zu sinken. Eine 8-Zoll-Granate explodierte am Fuß ihres Fockmastes unter der Brücke, ihr Bug wurde in Flammen und Rauch erstickt, sie stürzte nach Backbord, und dann rannte auch sie krachend das Ufer hinauf, und ihre Besatzung begann über Bord zu springen.

Die *Strong Arm* dampfte auf sie zu, um bei Bedarf die Zerstörung abzuschließen, und sah eine riesige, einsame Gestalt auf ihrem Achterdeck. Das war Schmidt, der schnell ins Meer tauchte, mit kräftigen Zügen an Land schwamm und in der dichten Decke verschwand.

Nachdem *Hong Lu* aufgegeben worden war, hörte jeglicher Widerstand auf und von der Spitze des One Gun Hill war ein schwacher Jubelruf zu hören. Als sie durch ihre Teleskope schauten, konnten sie die tapfere kleine Gruppe sehen, die sich hinter den Brustwehren, die sie so lange verteidigt hatten, versammelt hatte, auf den Sandsäcken stand und ihre Helme schwenkte, während sie jubelte.

Auch sie waren in Sicherheit.

Das Licht begann bereits zu schwinden und heftige Regenböen machten die Signalisierung schwierig, aber Cummins schaffte es, ein Semaphorsignal zum *Laird durchzuleiten* : „Feind verschwindet; mir fehlt die Munition und ich benötige medizinische Hilfe. Richardson wird getötet."

Helston ließ Dr. Fox rufen und gab ihm das Signal.

„Ich gehe selbst", sagte der Doktor.

„Das dachte ich mir", antwortete Helston. „Ich gebe dir fünfzig Männer, und du musst so schnell wie möglich dort hinaufkommen, und ich werde meine Suchscheinwerfer auf die Spitze des Hügels richten, sobald es dunkel ist. Das erwarte ich nicht von dir Ich werde feststellen, dass die Chinesen noch mehr Kampfkraft haben, aber wenn du das tust, werde ich dir helfen."

„Nr. 3" wurde ausgesandt, um die *Sylvia* in den Hafen zu bringen, Gruppen von Männern wurden an Bord der Schiffe, Zerstörer und Torpedoboote geschickt, um die Verschlüsse ihrer Geschütze zu entfernen, und eine starke Gruppe von Männern wurde heruntergeschickt zu den Festungen, um dort dasselbe zu tun. Sie fanden fünf Leichen in den Batterien, aber der materielle Schaden war sehr gering – sehr gering im Vergleich zu der offensichtlichen Zerstörung, die von den Schiffen aus zu sehen war. Zwei der kleineren Geschütze waren abmontiert und eines der 6-Zoll-Geschütze außer Gefecht gesetzt worden, aber nichts weiter, obwohl große Felsmassen hinter ihnen von den Granaten zertrümmert worden waren und in Haufen zwischen den Geschützen lagen.

*Hong Lu* zu löschen , musste sie jedoch ihrem Schicksal überlassen, da die Flammen sie fest im Griff hatten und sich schnell auf die Magazine ausbreiteten.

Es war ziemlich dunkel, bevor diese Vorsichtsmaßnahmen abgeschlossen waren, und währenddessen eilte Dr. Fox mit seiner Eskorte von fünfzig

Männern zum Gipfel des Hügels, mit mehr Munition und den dringend benötigten chirurgischen Verbänden beladen.

Er war weit von der Stadt entfernt gelandet und hatte einen weiten Bogen um sie gemacht – denn schon waren Aufruhr und Tumult zu hören – und auf den Zickzackpfad gestoßen, als gerade das Tageslicht nachließ.

Aber es waren nur wenige Eingeborene angetroffen worden, und diese waren überstürzt geflohen.

Dr. Fox drängte weiter den Hügel hinauf, unterstützt vom Suchscheinwerfer *des Laird , der den Weg vor ihm beleuchtete, der durch den jetzt fallenden starken Regen noch rutschiger und tückischer wurde.* Zu Höchstleistungen getrieben durch das Wissen, dass er und seine Männer dringend gebraucht wurden, stolperte er weiter und stolperte hin und wieder über die Leichen toter Chinesen und über Gewehre, die bei ihrer Flucht weggeworfen worden waren und jetzt in großen Mengen verstreut lagen Zahlen auf dem Weg.

Schließlich trat er vor die Brustwehr und wurde von schwachem Jubel von den Überresten der Verteidiger begrüßt. Die Suchscheinwerfer der Schiffe erleuchteten den gesamten verkohlten offenen Raum unterhalb des Kamms, und Hunderte von am Boden liegenden Körpern lagen dort dicht gestapelt, buchstäblich in Haufen, dort, wo die Maxims sie in ihrem letzten wilden Ansturm, ihrem Gelb, hinabgeschwemmt hatten Gesichter, die in den Strahlen des Lichts schrecklich waren. Bis zu den Sandsäcken lagen sie und bewiesen die Heftigkeit ihres Angriffs, während die dunklen Augen und hageren, verhärmten Gesichter der Marinesoldaten und Blaujacken hinter der Brustwehr nur zu deutlich den schrecklichen Kampf zeigten, den sie zur Verteidigung geführt hatten Es.

Cummins trat mit bleichem, besorgtem Gesicht vor, den linken Arm um die Brust gefesselt.

„Gott sei Dank! Du bist gekommen. Der arme Richardson wurde vor drei Stunden getötet, und wir haben dreißig Männer, die dich suchen."

Die erschöpften Verteidiger hatten sich für ein oder zwei Minuten aufgerafft, um ihre Kameraden zu begrüßen, legten sich dann aber erschöpft hin und schliefen, nachdem alle Gefahr vorüber war, sofort ein, obwohl sie vom bitterkalten Regen durchnässt waren, der stöhnend über das Plateau fegte .

Niemand auf diesem trostlosen Hügel wird die Nacht, die darauf folgte, jemals vergessen.

Die Männer waren zu erschöpft, um die Verwundeten hinunterzutragen, selbst wenn dies möglich gewesen wäre. Niemand dachte daran, die Toten unbewacht zu lassen, also rissen die fünfzig Männer, die Dr. Durch ihr Licht und das des Suchscheinwerfers verband Dr. Fox die Verwundeten, die steif von der Stelle, an der sie gefallen waren, hinüberhumpelten oder zu ihm getragen wurden.

Auch die Toten wurden eingesammelt, ehrfurchtsvoll zusammengelegt und mit der großen Plane der Krupp-Kanone abgedeckt – Kapitän Hunter, Dr. Richardson, elf Marinesoldaten, der Bahnwärter, der als erster gefallen war, und der Krankensteward, der gefallen war wurde zusammen mit Dr. Richardson während dieses Kampfes um die Waffe getötet, als er versuchte, die Verwundeten zu schützen, und fünf Blaujacken.

Der Kommandant lehnte die Hilfe bis zuletzt entschieden ab, und als er an die Reihe kam, stellte Dr. Fox fest, dass er eine schreckliche Schnittwunde an der linken Schulter hatte – von einem Entermesser –, die bis zum Schlüsselbein und Schulterblatt reichte, und sein Arm war ebenfalls verletzt ziemlich hilflos. „Noch einen Zentimeter, und Sie wären verblutet", sagte Dr. Fox grimmig. „Die Knochen haben dich gerettet."

„Ich bin rechtzeitig meinem Kopf ausgewichen, sonst hätte es mich dort erwischt", sagte Cummins und lachte schwach. Doch dann fiel er vor lauter Blutverlust und völliger Erschöpfung in Ohnmacht.

Saunderson hatte eine Kugel in der Brust und lag ganz still da, fest umwickelt mit einem Verband, und zu erschöpft und gefühllos vor Kälte, um sich um seinen Zustand zu sorgen.

„Es wird alles gut gehen", sagte Dr. Fox zu ihm und deckte ihn mit einer Decke zu; „Beweg dich nur nicht bis zum Morgen."

* * * * *

Unten wurde jede Ecke des Hafens von den Lichtern der Schiffe abgesucht, denn Schmidt war immer noch auf freiem Fuß, und man wusste nicht, welche Teufelei er ersinnen würde.

Die heftig brennende *Hong Lu* warf einen roten Schein über die Hügel und verwandelte den Hafen in eine blutige Farbe, und von Zeit zu Zeit löschten gewaltige Explosionen an Bord die Flammen für einen Moment, aber sie sprangen wieder wütender als je zuvor hervor.

Aus der Stadt selbst erklang das wütende Geschrei und Gebrüll; Gewehrschüsse erklangen in einem ruckartigen, krampfhaften Knistern, und es war offensichtlich, dass die Eingeborenen, ermutigt durch Hunger, durch den Wunsch, ihren eigenen Besitz zu retten, oder durch die Gier nach Plünderung, sich allmählich zurückgeschlichen hatten und nun untereinander kämpften.

Plötzlich wurden die Schrecken der Nacht durch Flammen verstärkt, die aus den Kellern und Lagerhäusern in der Nähe des Wassers schlugen. In einer halben Stunde waren sie gut angezündet, brannten heftig, und angefacht vom Wind breiteten sich die Flammen auf die mit Bambusmatten ausgelegten Hütten aus und sprangen mit ihren feurigen Zungen von einer zur anderen, bis der gesamte untere Teil der Stadt ein einziger brüllender Ofen war . Die Flammen und der schwarze Rauch, der über den grellen Hafen wehte, verdeckten fast die Scheinwerfer der Schiffe.

Es war ein seltsames und schreckliches Spektakel, das den krönenden Abschluss eines schrecklichen Tages bildete.

** * * * **

Weit davon entfernt, über seinen Erfolg zu jubeln, war Helstons Geschwader in dieser Nacht in Düsternis versunken, das dunkler war als die beißenden schwarzen Rauchwolken, die durch seine Takelage fegten, denn die Namen der Getöteten und Verwundeten waren mit Blitzlampen vom Hügel aus signalisiert und angebracht worden Auf jedem Unterdeck befand sich die düstere Liste, die Liste der Getöteten, beginnend mit Captain Hunter, der von Offizieren und Männern gleichermaßen vergöttert wurde, und endend mit Gunner Bolton, dem Eckmann der Nigger-Minstrel-Truppe *des Laird* . Seine Tischkameraden würden ihn nicht mehr ärgern, „dass er sie aus einer Show heraus getan hat".

Sogar Ping Sang war nicht glücklich und rang die Hände, als er sah, wie die Flammen die Lagerhäuser verschlangen, die, wie er nur zu genau vermutete, mit seinen eigenen Waren vollgestopft waren, und flehte Helston an — manchmal befahl er es fast —, sich zu bemühen, sie zu retten.

Aber Helston war hartnäckig – er würde keinen anderen Mann riskieren; und obwohl er zwei Dampfboote schickte, um einen großen Dampfer, der am Pier unter der Stadt lag, abzuschleppen, und es ihnen gelang, ihn abzuschleppen, bevor die Flammen ihn erreichten, weigerte er sich entschieden, einen anderen Mann an Land zu bringen, entweder um den Aufruhr zu unterdrücken oder zu unterwerfen das Feuer.

Selbst jetzt machte er sich Sorgen um Cummins und Dr. Fox und „stand" die ganze Nacht mit ein paar hundert Männern bereit, um ihnen selbst zu Hilfe zu kommen, falls der Hügel erneut angegriffen würde.

In den Rauchschwaden konnte er die flackernden Freudenfeuer sehen, die sie oben auf dem Hügel angezündet hatten und um die sie sich zusammendrängten und auf den Morgen warteten. Ein Vorfall unterbrach die Spannung dieser schrecklichen Nacht. Als die Rauchwolken am dichtesten waren , sang plötzlich ein Mann an Bord der „No.

Er verlor es hinter dem treibenden Rauch aus den Augen, und als sich die Sicht wieder klarte und ein Suchscheinwerfer darauf zugeschwenkt war, konnte man deutlich sehen, wie sich ein Dschunken unter den heftigen Windböen, die auf ihn herabwirbelten, als er sich entfernte, bückte und taumelte die Insel. Ein Regenböen versperrte ihr den Weg, und als dieser vorüber war, war von ihr keine Spur mehr zu sehen.

Herr Lang glaubte zu Recht, dass Schmidt selbst an Bord war, und gab ein Zeichen, um um Erlaubnis zu bitten, den Versuch zu unternehmen, sie auf der Leeseite der Insel abzuschneiden, aber Helston weigerte sich, ihn hinauszulassen – die Risiken waren zu groß – und zweifelte nicht daran Der hilflose, tollpatschige Dreckskerl konnte durchaus dem kurzen Prozess des heulenden Sturms draußen überlassen werden.

Sogar seine eigenen Schiffe mussten in dieser Nacht zerstreut worden sein, und er dankte inbrünstig, wo Dank gebührte, dass ihm der Erfolg beschert worden war und dass sein Geschwader sicher im Hafen lag.

Tatsächlich war es Schmidt, der mit einigen seiner kühnsten Männer die Dschunke im Schutz des Rauchs ergriffen, ihre Grastrosse zerschnitten, sie lautlos mit einem Beiboot geschleppt hatte, bis sie den Auslass erreicht hatte, und ihre Bambusmattensegel gehisst hatte, bis er es erreicht hatte räumte das Land ab und ließ sie dann vor dem tobenden Sturm unter bloßen Pfählen laufen.

Wie er schließlich das Land erreichte, mehr Männer um sich scharte und Schrecken in den Inselgewässern des Chusan-Archipels verbreitete, muss an einem anderen Tag erzählt werden.

# KAPITEL XXV

## Die Früchte des Sieges

Oh, wie schade! – Wir finden Hopkins – Helston hat einen Verdacht –
Helstons Rede – Ein „Stand Easy" – Ping Sang reist ab – Wir übergeben
unsere Schiffe – Auf dem Weg nach Hause – Der Admiral äußert seine
Meinung

*Dr. Fox fasst seine Erfahrungen zusammen*

Wenn ich nur gewusst hätte, dass ich die ganze Nacht auf diesem Hügel
verbringen müsste, wäre ich nie so dumm gewesen, mich freiwillig zu
melden.

Der junge Chirurg des *Starken Arms* war genauso fähig, die Arbeit zu
erledigen wie ich, und seine Jugend hätte ihn ohne Schaden durch die
nächtliche Enthüllung getragen. So wie es war, datiere ich den Beginn meines
Rheumatismus immer auf diese schreckliche Nacht und bereue es immer
wieder, als Helston mir das Signal von One Gun Hill zeigte und ich vom Tod
meines Chirurgen Richardson las Als ich die Verwundeten in den letzten drei
Stunden dort liegen sah, ohne dass sich jemand um sie kümmerte, hätte mich
mein gesunder Menschenverstand für einen Moment im Stich lassen müssen.

Pfui! Wie es regnete und wehte! Dieser Zick-Zack-Pfad war ein kleiner
Wildbach, und bei jedem Schritt rutschten meine Füße im schmatzenden
Schlamm nach hinten aus. Auch der Idiot, der den
Suchscheinwerfergedanken *des Laird* trainierte , daran habe ich keinen
Zweifel, er hat mir den Weg geleuchtet; Aber er hielt seinen Strahl auf mich
und die Männer gerichtet, die mich begleiteten, mit dem Ergebnis, dass ich
fast geblendet war. Die Schatten wurden noch intensiver, und es war
schwieriger denn je, nicht über die Leichen der toten Chinesen zu stolpern,
die auf dem Weg lagen.

Es dauerte zwei Stunden harter Arbeit, bis die Verwundeten
zusammengeflickt und einigermaßen schiffstauglich gemacht waren.

Die Schusswunden der Mauser haben mich nicht sonderlich gestört, aber
eine ganze Reihe von Männern hatten tiefe Fleischwunden, die ihnen durch
Entermesser, Schwerter oder Bajonette während des Nahkampfs zugefügt
wurden, und es erfordert nicht viel Vorstellungskraft, um die Schwierigkeit
zu verstehen – die In der Tat ist es unmöglich, sie gut zu nutzen, sie mit dem
unsteten Licht des Suchscheinwerfers *des Laird zu beleuchten, während der Regen
in Strömen ergoss und vor dem Sturm fast horizontal über die Hügelkuppe strömte.*

Als jeder Fall abgeschlossen war und der arme Kerl, blau vor Kälte (die Haut an Händen und Gesichtern war faltig wie die Hände einer Wäscherin), irgendwo im Windschatten der tropfenden Sandsäcke niedergelegt wurde, injizierte ich Morphium, um ihn zu lindern Er litt unter Schmerzen und konnte nur hoffen, dass er am nächsten Morgen noch so lebendig sein würde, dass wir ihn sicher zu den Schiffen bringen könnten, wo er vielleicht eine Chance auf angemessene Pflege hätte.

Der kleine Cummins hatte ungefähr die schlimmste Wunde von allen, und selbst wenn er es schaffte, durchzukommen, hatte ich wenig Hoffnung, dass sein linker Arm ihm von großem Nutzen sein würde.

*Laird* wohlbehalten sei , und gab ein oder zwei seiner irritierenden Lacher von sich, bevor er ohnmächtig wurde. Anschließend blieb er den Rest der Nacht ruhig liegen. Es bestand keine Notwendigkeit, ihm Morphium zu verabreichen, da er völlig „erschöpft" war.

Saunderson, dessen rechte Lunge durchschossen wurde, bereitete mir keine großen Sorgen, denn solange er still blieb und fest verbunden war, konnte nichts mehr für ihn getan werden, und sein großartiger Körperbau würde ihn sicher durch die nächtliche Enthüllung tragen.

Die Sache wurde noch komfortabler, als die Männer, die mit mir gekommen waren, ein paar Holzscheite von einer der Brustwehren herüberzogen und in der Nähe der Krupp-Geschützbrüstung ein Feuer machten, und wahrscheinlich wurden dadurch mehr Leben gerettet als durch alles, was ich tat.

Die Männer, die den Hügel den ganzen Tag verteidigt hatten, schliefen jetzt tief und fest, die meisten von ihnen waren völlig schutzlos vor dem kalten Regen, also ließ ich meine Kameraden sie näher an das Feuer bringen. Viele waren so erschöpft, dass sie hinübergetragen wurden, ohne geweckt zu werden. Tatsächlich war es so schwierig, die Toten von den Lebenden zu unterscheiden, dass sie tatsächlich zwei Tote herübertrugen und sie um das Feuer legten, und ihr Fehler wurde erst am Morgen entdeckt.

Endlich war ich fertig, hatte Zeit, mich hinter ein paar Sandsäcken zu ducken und schaffte es, eine Pfeife anzuzünden. Ich zitterte vor Kälte und verfluchte mich für einen Idioten, weil ich jemals dazu gebracht worden war, mich Helston bei seinem verrückten Unternehmen anzuschließen.

Der Sturm heulte und heulte; Der Regen brannte in meinem Gesicht. Seewärts, aus der pechschwarzen Nacht, heulten die Wellen, als sie mit einem unaufhörlichen Brüllen gegen den Fuß des Hügels schlugen; Die brennenden Schiffe und Lagerhäuser, das Knistern der Musketen in der Stadt unten, die ständigen Explosionen der zum Scheitern verurteilten Schiffe — all das machte den Hafen zu einem wahren Inferno, aus dem das kalte, klare Suchlicht erbarmungslos auf das Schlachthaus blitzte um mich herum.

Zwanzig Engländer und zweihundert oder mehr Chinesen lagen dort und schliefen ihren letzten langen Schlaf.

Oh, wie schade das alles ist!

Mein schlimmster Feind konnte mir nicht vorwerfen, sentimental zu sein, und in dieser Nacht schienen alle Gefühle, was auch immer, betäubt zu sein; Aber als ich die toten Gesichter von Hunter, Richardson und einem Dutzend Männern, die ich kannte, erkannte, war der einzige Gedanke der der Bitterkeit, dass Männer ihr Leben so vergleichsweise nutzlos wegwerfen sollten, und die Selbstsucht des Ganzen machte mich fast wütend ihnen.

Hunters Familie kannte ich. Er hinterließ eine Frau und zwei Kinder. Richardson hatte erst vor kurzem geheiratet; Und sie und die anderen armen Kerle hatten kaum damit gerechnet, als sie sich freiwillig für diese Expedition meldeten, in ihrer Gier nach Veränderung, nach Aufregung, nach Selbstverherrlichung oder einer Chance auf Beförderung, mit dem Elend, das sie anrichten würden.

Wer trägt den größeren Anteil, wenn der Mann in den Krieg zieht?

Ist es der Mann, dessen Sorgen vergessen sind, während die Küsten Englands hinter dem Horizont verschwinden, mit dem heißen Blut, das durch seinen Körper fließt, und dem Kampfinstinkt des männlichen Tieres, der ihn trägt, oder ist es die Frau, die er zurücklässt? – die Mutter, Ehefrau oder Liebste –, die Tag für Tag, Woche für Woche ihren eintönigen Alltagspflichten überlassen bleibt, mit einem Herzen voller leerer Schmerzen und quälender Ängste, in der Hoffnung und Sehnsucht nach Neuigkeiten?

Es scheint töricht, dies zu schreiben, aber in dieser grässlichen Nacht – egal, wie ich es wollte – kamen meine Gedanken immer wieder auf die Bitterkeit, den Egoismus und das Mitleid des Ganzen zurück.

Hin und wieder verlangte ein verwundeter Mann nach Aufmerksamkeit – ein Mann geriet ins Delirium und stieß ab und zu schreckliche Schreie aus. Auch Pattison geriet ins Delirium, und ich musste einen Mann bewachen, damit er sich nicht den Verband abriss.

Gegen drei Uhr morgens glaubte einer meiner Männer einen Hilferuf am Meereshang des Hügels zu hören, und wir suchten im Licht der Signallaterne fast eine Stunde lang, fanden aber niemanden.

Keine schreckliche Nacht mehr habe ich je verbracht; Aber schließlich war es vorbei – die Dunkelheit ließ nach, das unheimliche Suchlicht wurde ausgeschaltet, und der Tagesanbruch offenbarte nach und nach die grausigen

Anblicke, die man zuvor nur zur Hälfte gesehen und nur teilweise vermutet hatte.

kamen beide Ärzte des *Strong Arm eine Stunde nach Tagesanbruch, um mich abzulösen, und ich kletterte schnell den Hügel hinunter, wobei ich im Schlamm ausrutschte und rutschte.*

Auf dem Weg nach unten traf ich Helston, und sein Gesicht strahlte vor Erleichterung, als er mich sah, und ich konnte ihm einen ziemlich fröhlichen Bericht über die Verwundeten geben. Er war mit ein paar hundert Männern gelandet und hatte die Menge der Chinesen aus den Überresten der Stadt vertrieben und war nun auf dem Weg zu Hopkins' Bungalow, geführt von Hi Ling, dem Schulsprecher.

„Kommen Sie mit, Doc, alter Junge. Ich möchte, dass Sie Hopkins sehen, bevor Sie zum Schiff gehen, wenn es nicht zu spät ist."

Wir befanden uns in der Nähe der europäischen Bungalows, und Hi Ling führte uns direkt zu dem Bungalow, in dem Hopkins wohnte, der vor uns weiterging.

Als wir näher kamen, sahen wir, dass alles in Unordnung war. Überall auf der Veranda waren Möbel, Kleidung, Bücher und Papiere verstreut, und ein toter Chinese lag ausgestreckt, halb im Fenster, halb außerhalb des Fensters.

„In der Nacht geplündert", dachte ich und sah, dass Helston das auch dachte, und keiner von uns erwartete, den Amerikaner lebend zu finden.

Hi Ling traf uns auf der Veranda, händeringend und stöhnend. Wir schob einen Bambusvorhang beiseite und folgte ihm in einen Raum, in dem alles noch größere Verwirrung herrschte, ein aufklappbares Bett umgeworfen, Schubladen durchwühlt und der Inhalt verstreut, und auf dem Boden lag Hopkins selbst, neben ihm ein toter Chinese. Derjenige, den wir von draußen gesehen hatten, war wahrscheinlich bei einem Fluchtversuch getötet worden.

Beide hatten Schusswunden und waren offensichtlich durch den Revolver getötet worden, den Hopkins immer noch in seiner geballten Hand hielt.

Er war ziemlich tot, und ich muss gestehen, dass ich mich sehr erleichtert fühlte, denn nichts hätte ihn retten können, und ich wollte auch nicht, dass er mit Helston aus Milly sprach, wie ich befürchtet hatte, er hätte es getan, denn Helston war ein solcher Aufgrund ihrer eigenartigen Veranlagung war ich sehr darauf bedacht, dass er nichts von dem Foto oder dem Testament erfuhr, das Hopkins zu ihren Gunsten verfasst hatte – zumindest nichts, bis ich ihn sicher nach Hause gebracht hatte.

Ich untersuchte Hopkins eilig und versuchte dabei, das Foto zu finden, von dem Glover mir erzählt hatte; aber es war nicht in seiner Nähe, nur das zerknüllte Stück Papier, das Helston bei der sicheren Rückkehr des jungen Glover unterschrieben hatte.

Armer Kerl! Das Wissen, dass sein Wille sicher war, mag seine letzten Augenblicke aufgeheitert haben.

Wir bereiteten uns darauf vor, die Leiche hochzuheben und ordentlich auf das Bett zu legen, doch leider fiel das Foto beim Aufrichten des Bocks auf den Boden, und obwohl ich hastig versuchte, es zu ergreifen, bückte sich Helston vor mir und hob es auf hoch.

Sein Gesicht wurde starr, als er es erkannte, und ich sah, wie seine Hand zitterte, als hätte er einen Fieberanfall, aber nach wenigen Augenblicken erholte er sich und legte sie sanft auf den Tisch.

„Hilf mir, ihn hochzuheben, Fox“, sagte er mit heiserer Stimme und sah mich misstrauisch an. Wir legten Hopkins auf sein Bett und überließen es Hi Ling, seinen Herrn für die Beerdigung vorzubereiten.

Der treue Chinese weinte tatsächlich. Ich hatte noch nie einen Chinesen weinen sehen.

Kaum hatten wir die Veranda erreicht, als Helston anhielt, sich abrupt umdrehte und wieder zurückging. Durch das offene Fenster sah ich, wie er das Foto in Hopkins' Brust legte, in seinen Schlafanzug.

Er gesellte sich sofort zu mir zurück und sagte mit angespannter, harter Stimme: „Was hat das alles zu bedeuten, Fuchs? Du scheinst etwas darüber zu wissen. Sag es mir, um Gottes willen!“

Ich hielt es für das Beste, ihm alles zu sagen, was ich wusste, und tat es auch.

Wie ich befürchtet hatte, vergrößerte er das wenige, was ich ihm sagen konnte, und wollte nicht glauben, dass ich nichts mehr wusste.

Armer Kerl! Sein Gesicht war eingefallen und verhärmt, als er mich schnell, ruckartig und zurückhaltend befragte, vergeblich versuchte, seine Aufregung zu verbergen und mir misstrauische Blicke zuwarf.

„Wussten Sie etwas davon, bevor wir England verließen?“

„Nichts. Ich wusste, dass sie sich kennengelernt hatten. Sonst nichts.“

„Aber hatten Sie keinen Verdacht?“

Das hat mich wütend gemacht. Ich hasse es, bedrängt zu werden.

„Sehen Sie, Helston, alles, was ich weiß, habe ich Ihnen gesagt. Dass er sich in Milly verliebt hat, ist nichts Besonderes. Meines Wissens sind ein Dutzend Männer in sie verliebt oder tun so, als ob sie es wären, und was die … angeht

Foto, nun ja, jedes Mädchen hält das Geschenk eines Bildes von sich selbst für völlig ausreichend als Belohnung dafür.

„Ja, vielleicht; aber es muss etwas drin gewesen sein, wenn er ihr sein ganzes Geld hinterlassen hat."

„Oh, verwirr dich, sei nicht so ein Idiot!" Und völlig verärgert ließ ich ihn müde den Gipfel des Hügels erklimmen, während ich zum *Laird ging* , um etwas zu essen, ein Bad zu nehmen und eine Stunde zu schlafen. Ohne diese mehr oder weniger neun Kilo teure Milly mit Rüschen und Fell würde Hunter nicht tot auf dem Hügel darüber liegen, und Richardson auch nicht, und ohne Richardson war ich auf sich allein gestellt, genau in dem Moment, als ich ihn am meisten wollte. Ich wünschte inständig, dass Helston und ich vor zehn Jahren nie das Leben dieses geizigen alten Chinesen Ping Sang gerettet hätten.

Das erste, was ich tat, als ich an Bord der *Laird ging* , war, den Oberleutnant dazu zu bringen, ein halbes Dutzend Männer an Land zu schicken, um Hopkins hinter seinem Bungalow zu begraben, und dann nahm ich ein heißes Bad, legte mich hin und schlief wie ein Murmeltier, bis ich es geschafft hatte rief eine Stunde später an.

Danach ging es mir besser und ich arbeitete den Rest des Tages hart daran, eines der saubersten Handelsschiffe – die *Hoi Feng* – für die Verwundeten vorzubereiten, und nachts hatten wir sie alle vom Hügel heruntergebracht und sicher an Bord gebracht Sie schickte ihr die Verwundeten, die sich noch an Bord der *Strong Arm* und auch unseres eigenen Schiffes befanden.

Aber für eine halbe Stunde zum Abendessen hörte ich den ganzen Tag nicht auf zu arbeiten, und mit unseren eigenen Leuten und den verwundeten Chinesen, die in großer Zahl in die Stadt zurückkrochen, hatten wir genug zu tun und zu entbehren.

Es war fast Mitternacht, als ich endlich zu Bett ging, und um zwei Uhr weckte mich Jeffreys, der Unterleutnant, und sagte mir, dass der Kapitän im Regen auf dem Achterdeck auf und ab ging und ob ich mit ihm sprechen würde Ihn zu bezwingen und ihn dazu zu bringen, nach unten zu gehen, da sonst niemand es wagt, sich ihm zu nähern.

Er ging mit großen Schritten auf und ab, die Hände auf dem Rücken verschränkt, den Kopf zwischen den Schultern hängend und seine Augen starrten ausdruckslos vor sich hin.

Er schien wie aus dem Schlaf aufzuwachen, als ich meine Hand auf seine Schulter legte (seine Affenjacke war durchnässt).

„Und das ist der Moment, in dem Bannerman beschließt, mich um den *Starken Arm zu bitten* ", sagte er grimmig, „und der arme Hunter ist noch nicht einmal begraben. Wie sehr ich diesen Mann verachte und von ganzem Herzen wünsche, dass ich ihn ihr geben könnte." zu Cummins; aber er wird erst in einigen Wochen dienstfähig sein und ist Bannerman untergeordnet, also muss Bannerman sie haben. Es bringt mich zum Kochen, wenn ich daran denke, dass er in Hunters Fußstapfen tritt.

Ich wusste genau, dass dies nicht der wahre Grund für seine Verunsicherung war, aber ich war nur zu froh, dass seine Gedanken in eine andere Richtung gelenkt wurden.

„Er wird deine Füße betreten, wenn du nicht mehr auf dich aufpasst und vor dem Regen nach unten gehst", sagte ich ihm.

Letztendlich gelang es mir, ihn dazu zu bewegen, sich auszuziehen und ins Bett zu gehen; aber sein geistiger Zustand schien sehr instabil zu sein, und ich fürchtete sehr, dass die Strapazen der gesamten Expedition zu seinem völligen Zusammenbruch führen würden.

Danach schlief er jedoch ziemlich tief und war am Morgen viel gelassener.

An diesem Tag wurde jeder Mann, der von der Staffel entbehrlich war, auf den Gipfel des One Gun Hill marschiert, und dort wurden Hunter, Richardson und ihre Männer begraben und ihre Gräber mit groben Holzkreuzen markiert, auf denen ihre Namen eingraviert waren.

Es wurden drei Salven abgefeuert. Die Trompeten des Geschwaders ließen einen melancholischen „Last Post" ertönen, und sie blieben dort zurück, mit der grässlichen, von Kugeln durchsiebten Krupp-Kanone, die sie bewachte.

Die Expedition war erfolgreich gewesen.

Es war Helston, der den Trauergottesdienst las, und bevor die Männer zu ihren Schiffen marschierten, hielt er ihnen eine kurze Ansprache, während sie auf dem Plateau in einem hohlen Quadrat um ihn herum standen. Bei diesen Gelegenheiten glänzte er immer mit seiner großen Figur, seinen gebieterischen Gesichtszügen und seiner klangvollen Stimme.

„Offiziere und Männer der Royal Navy und der Royal Naval Reserve", sagte er, „wir haben denjenigen unserer Kameraden die letzte Ehre erwiesen, die hier auf dem Gipfel des Hügels begraben liegen, den sie so tapfer verteidigt haben, und ich kann es nicht in Worte fassen." sagen wird zu ihrer Ehre beitragen.

„Durch ihren Mut und ihre Hingabe haben sie dafür gesorgt, dass diese Expedition völlig erfolgreich war, und jetzt, da unsere Rückkehr nach England nicht mehr lange auf sich warten lässt, möchte ich Ihnen zwei Dinge sagen."

„Vergiss sie nicht.

„Wenn wir sie hier auf diesem einsamen Hügel inmitten eines fernen Ozeans zurücklassen, denken wir manchmal an sie.

„Wenn das Schicksal es so bestimmt hätte, dass einer von euch, der um mich herum stand, jetzt unter ihnen liegen würde, hättet ihr euch gewünscht, dass eure Tischkameraden sich ihrer erinnern würden.

„Sie haben ihre Pflicht erfüllt und dafür ihr Leben gegeben. So soll jeder die Erinnerung an das, was er getan hat, vor sich behalten, so lange er kann, und ihnen so eine größere Ehre erweisen, als nur durch bloßes Handeln.“ marschieren hierher zu ihrer Beerdigung.

„Das andere, was ich sagen möchte, ist Folgendes.

„Sie sind nicht im direkten Dienst ihrer Königin oder ihres Landes gestorben (wir sind, wie Sie wissen, der chinesischen Regierung geliehen), und das macht das Opfer ihres Lebens umso bitterer und wird für sie noch tiefer zu spüren sein.“ Verwandte zu Hause.

„Aber obwohl sie nicht unter der britischen Admiralität gedient haben, denken Sie daran, dass das, was sie hier auf diesem Hügel getan haben, zum Ruhm unserer Marine beitragen und dazu beitragen wird, ihren Kampfgeist aufrechtzuerhalten.“

„Die Royal Navy wurde seit vielen Generationen keiner schweren Prüfung unterzogen, und eine Tat wie diese – die Verteidigung von One Gun Hill – stärkt das Selbstvertrauen der Marine, ihre alten Traditionen unbefleckt aufrechtzuerhalten, wenn die Stunde der Prüfung kommt.“ kommen.

„Seien Sie versichert, dass die Leben, die wir verloren haben, seit wir England verlassen haben, nicht verschwendet wurden, wenn wir – die Toten und die Lebenden – auch nur ein wenig dazu beigetragen haben, die Ehre und das Ansehen der Royal Navy zu steigern.

„Männer, denkt an die Kameraden, die ihr hier zurücklasst, so wie ihr selbst gerne in Erinnerung bleiben würdet.“

Helston bildete sich immer ein, Reden zu halten, und war fast fröhlich, als er und ich zusammen den Hügel hinuntergingen und an den Hängen anhielten, um einer Schar kapitulierter Kulis zuzusehen, die sich an die Arbeit gemacht hatten, ihre eigenen Toten zu begraben.

＊ ＊ ＊ ＊ ＊

Eine Woche lang wehte der Sturm nach der Eroberung der Insel Hong Lu so heftig, dass Helston sich nicht aus dem gemütlichen Hafen wagen konnte.

Während dieser Zeit hatten praktisch alle Chinesen kapituliert und wurden von Ping Sang und A Tsi damit beauftragt, ihre toten Landsleute zu begraben und anschließend die Handelsschiffe mit den Waren zu beladen, die vor dem großen Brand gerettet worden waren, und sie für die Abfahrt vorzubereiten. Unter den Kulis befanden sich genügend Seeleute, um Besatzungen für alle gefangenen Handelsschiffe zu bilden, und die Überlebenden der Besatzungen der Kriegsschiffe sollten auch an Bord der verbleibenden Kreuzer, Zerstörer und Torpedoboote arbeiten, um sie in einen tauglichen Zustand zu versetzen zum Festland dampfen.

Persönlich hätte ich gezögert, diese Männer wieder an Bord ihrer eigenen Schiffe zu schicken, aber Ping Sang und A Tsi zweifelten nie an der Zweckmäßigkeit dieses Kurses, und ihr Vertrauen war nicht fehl am Platz, denn sie arbeiteten mit solcher Energie, dass sie innerhalb weniger Tage die Schiffe zerstörten waren bereit für die Seefahrt und wahrscheinlich sauberer als je zuvor.

Ein Chinese erkennt seinen Herrn, wenn er ihn trifft – er hat genug Verstand dafür – und sie haben sich sehr bemüht, den Zorn eines solchen Tyrannen wie Ping Sang zu besänftigen.

Jeder dachte, dass die Sicherheit seines Kopfes und seines Zopfes von seinen Anstrengungen abhänge und dass kein größerer Anreiz erforderlich sei. Auch wenn ein Chinese den Tod vielleicht nicht fürchtet, so verabscheut er doch den Gedanken an den vorläufigen Schmerz.

Auf jeden Fall haben sie unsere fünf Schiffe mit einer Geschwindigkeit befeuert, die das intelligenteste Schiff der Kanalflotte nicht erreichen konnte.

Während dieser Zeit waren wir Ärzte äußerst beschäftigt, und den Verwundeten ging es, mehr durch Glück als durch übertriebene Geschicklichkeit, gut voran.

Sie waren alle an Bord der *Hoi Feng* – dem Dampfer, den ich für sie in ein Lazarettschiff umgebaut hatte – und machten es sehr gut. Pattison war innerhalb von zehn Tagen genesen. Saunderson und der kleine Cummins gesellten sich bald darauf zu ihm, und alle drei waren immer bereit, mich fröhlich zu begrüßen, wann immer ich die Seite hochkletterte. Cummins kicherte sehr und ärgerlich darüber, dass er „den Ärzten ausgewichen" war, weil er wusste, dass ich es zunächst getan hatte dachte, sein Arm müsste abgenommen werden.

Der junge Glover machte mir ziemliche Sorgen. Die Wunden des Jungen heilten nicht richtig, und die Wunde in der Brust musste tiefer eingedrungen sein, als ich zunächst gedacht hatte, da er auf dieser Seite eine Rippenfellentzündung entwickelte.

Auch Helstons gebrochener Arm war auf dem Weg der Genesung, und die Ruhe im Hafen und die relative Immunität vor Sorgen haben ihm sehr gut getan.

Ich ging jeden Tag, wenn es nicht regnete, mit ihm an Land spazieren, achtete aber immer darauf, auf der der Stadt gegenüberliegenden Seite zu landen, und ging nie in die Nähe von One Gun Hill oder Hopkins' Bungalow. Er gab sich immer große Mühe, über jedes erdenkliche Thema zu sprechen, aber bevor wir weit gekommen waren, fiel er unweigerlich auf ein einziges Thema zurück: Milly. Es war etwas mühsam und hat mich ziemlich anstrengend gemacht; Aber die gesamte Existenz des Mannes konzentrierte sich auf sie, also vermute ich, dass es natürlich war.

Das machte es jedoch nicht weniger langweilig.

Unsere Leute waren seit einem Monat auf Salzvorräte angewiesen, aber wir konnten sie jetzt mit frischem Gemüse von der Insel versorgen und die wenigen Ochsen und Ziegen, die wir finden konnten, schlachten, um ihnen frisches Fleisch zu geben.

Es gab viele Vögel auf der Insel, aber leider hatten die Kulis sie in den ersten beiden Tagen alle gefressen.

Es gab jedoch viele Fasane und Tauben im Wald, und von irgendwoher tauchten Gewehre auf – jeder Offizier schien eine mitgebracht zu haben, obwohl keiner von uns dachte, dass wir Sport treiben sollten –, und jeden Tag landeten Schießgruppen und waren so erfolgreich, dass die Verwundeten an Bord der *Hoi Feng* das frische Wild genossen.

Das frische Fleisch und das Gemüse haben wahrscheinlich mehr geholfen als all das Können unserer Ärzte; Auf jeden Fall haben wir die hervorragenden Fortschritte auf diese Ernährungsumstellung zurückgeführt – und das zu Recht, wie ich finde.

Schließlich milderte sich das Wetter, und Helston schickte die *Sylvia* nach Shanghai, um seine Depeschen nach Peking und zur heimischen Admiralität zu telegraphieren, um mehr chirurgische Verbände und mehr Vieh zu kaufen und vor der Rückkehr auf Anweisungen aus England zu warten.

Ping Sang begleitete sie.

Wir waren auch sehr froh, ihn loszuwerden, denn der alte Herr war „uns auf die Nerven gegangen" und wir hatten begonnen, ihn zu verabscheuen. Ohne einen Funken Menschlichkeit und unfähig, Mitleid mit unseren schweren Verlusten zu haben, zeigte er durch sein Verhalten, wenn auch nicht durch seine tatsächlichen Worte, dass er uns praktisch als seine Mitarbeiter betrachtete, und jetzt, da unsere Arbeit erledigt war, war er es auch nur noch Ich war gespannt darauf, dass wir uns auf den Heimweg machten. Nach

Vereinbarung mit der Admiralität würden die Kosten für das Personal der Expedition aufhören, wenn er uns nach Hongkong geschickt hätte, daher war es ganz natürlich, dass er versuchen sollte, unsere Abreise zu beschleunigen. Allerdings zeigte er so wenig Rücksicht auf alle, dass wir ihn hassten.

Er war auch sehr empört über Helstons absolute Weigerung, seinen Männern zu gestatten, bei der Umrüstung der erbeuteten Schiffe mitzuhelfen; Aber Helston war zu Recht der Meinung, dass sie nach den drei Monaten harter Arbeit eine Ruhepause verdient hatten, und sie hatten eine richtig schöne Zeit, denn nach den morgendlichen „Einteilungen" wurde jedem Mann, der nicht wirklich an Bord benötigt wurde, Urlaub gegeben, und sie gönnten sich nach Herzenslust Ich begnüge mich damit, Trophäen zu sichern, Fußball zu spielen, Fische zu fangen und auf der Insel herumzukrabbeln.

Was für seltsame Wesen doch Blaujacken und Marinesoldaten sind!

Sie baten darum, während der Zeit, in der das Geschwader dort blieb, die Gräber auf One Gun Hill bewachen zu dürfen, und arbeiteten alle Einzelheiten selbst aus. Helston fand ihre Vereinbarungen so, dass jeder Mann im Geschwader zu der einen oder anderen Zeit seinen Dienst auf diesem Plateau verrichten würde, und die einzige Änderung, die er an dem Plan vornahm, bestand darin, zwei Midshipmen für den Dienst dort einzusetzen, die für die Hügelspitze verantwortlich waren, und zwar abwechselnd sie alle vierundzwanzig Stunden.

Viele der Männer gingen auch in ihren Arbeitsanzügen an Land, und die Schmiede und Waffenschmiede erhielten die Erlaubnis, ihre Werkzeuge mitzunehmen.

Wir konnten vom Schiff aus sehen, dass sie um das große Krupp-Geschütz herum arbeiteten, aber sie griffen nicht ein, und nach etwa zehn Tagen baten sie Helston und mich, dorthin zu gehen. Wir stellten fest, dass sie einen stabilen Eisenzaun errichtet hatten, der die Waffengrube und die Gräber abschloss, rundherum kleine Tannen pflanzten und tatsächlich einen massiven Steinhaufen errichteten, der einen großen Felsbrocken aus hartem Fels stützte. Offensichtlich war es vom Strand am Fuße des Hügels gekommen; Aber wir fragten nie, wie sie es geschafft hatten, es hochzuziehen, obwohl wir klugerweise vermuteten, dass sie die Kulis gezwungen hatten, dies für sie zu tun.

Sie hatten die Oberfläche dieses Felsbrockens geglättet und poliert und darauf die Namen aller dort begrabenen Männer eingraviert. Auf einer Seite standen auch die Namen derjenigen, die zuvor getötet wurden – während des Kampfes südlich von Hongkong und während der Operationen außerhalb der Insel.

Sie sind seltsame Kerle, denn wenn Helston ihnen den Befehl gegeben hätte, dies zu tun, wäre die Arbeit wahrscheinlich nicht halb so gründlich ausgeführt worden.

Sie waren alle da oben, um es Helston zu zeigen. Jeder Mann im Geschwader hatte etwas getan, also sagten sie es mir. Helston hielt eine Rede, und alle waren äußerst zufrieden mit sich selbst – auch mit der Gerechtigkeit, denn das Geländer und das Denkmal waren stabil genug, um jahrelang unbeaufsichtigt zu stehen.

Die *Sylvia* kehrte ein oder zwei Tage später mit der Nachricht zurück, dass die chinesische Regierung einen Transporter mit blauen Jacken und Offizieren schicken würde, um unsere Schiffe zu übernehmen, und dass wir, sobald dies erledigt sei, sofort nach Hongkong gebracht und nach Hause geschickt werden sollten .

Sie brachte eine Post mit, die sie in Shanghai auf uns wartete. Außer ein paar Scheinen gab es wie immer nichts für mich. Von der Admiralität kamen Telegramme für Helston, in denen sie ihm und der Expedition zu ihrem Erfolg gratulierten, und auch die Königin hatte uns die Ehre erwiesen, ihre Glückwünsche, ihr Beileid zu unseren Verlusten und ihre Mitgefühlsbekundungen für die Verwundeten zu telegraphieren.

Diese beiden Telegramme wurden sofort an die gesamte Flotte weitergeleitet, und es war ziemlich erfreulich zu wissen, dass sie erst vor drei Tagen aus England abgeschickt worden waren.

Helston veranstaltete eine große Zeremonie bei der Verlesung des Telegramms der Königin, dem „gekleideten Schiff", und „fiel" der Besatzung der *Laird* auf dem Achterdeck zu, hielt ihnen eine Rede, nachdem sie das Telegramm gehört hatte, und rief zu drei Beifallsrufen auf für „Die Königin". Das Gefühl der persönlichen Loyalität gegenüber der Königin war immer so intensiv, dass man immer das Gefühl hatte, die Jubelrufe seien vollkommen echt. Jeder Mann schrie Jack, bis er heiser wurde.

Helston ging vom *Laird* der Reihe nach zu jedem der Schiffe und wiederholte die Zeremonie. Als er zurückkam, war er so überaus zufrieden, dass ich zu Recht vermutete, dass er die Rede ebenfalls wiederholt hatte.

Wir hatten jetzt nichts anderes zu tun, als auf den Transport zu warten, und schließlich erschien er, ein großer, schwerfälliger Dampfer, die *Moi Wa* , voller chinesischer Blaujacken.

„Ping Sang muss sie in Peking gedrängt haben", sagte Helston zu mir, offensichtlich überrascht über die Schnelligkeit der chinesischen Admiralität. „Er weiß, dass wir es kaum erwarten können, nach Hause zu kommen, und hat vermutlich sein Bestes für uns getan."

„Hat sein Bestes für uns getan? Für sich selbst, meinst du!" Ich antwortete. „Er kümmert sich keinen Cent um unsere Gefühle, sondern will uns und die Kosten für unseren Lohn und unser Essen loswerden. Ich habe tatsächlich gehört, wie der alte Geizhals den Zahlmeister fragte, ob er die zurückgebliebenen Männer bezahlen müsste." in Hongkong verwundet; und der Zahlmeister erzählte mir, dass Ping Sang ihn auch gebeten habe, ihm den gesamten Tageslohn der auf One Gun Hill getöteten Offiziere und Männer mitzuteilen, und als er davon erfuhr, rieb er sich vor Freude die Hände – das fette, ölige Tier – und sagte: „Fünf Pfund pro Tag, fünfzig Dollar pro Tag, fast vierhundert Dollar pro Woche" und ging lachend davon."

„Sie nehmen keine Rücksicht auf ihn, Doc."

„Nein, das tue ich nicht", antwortete ich knapp, „und ich kann es auch nicht."

Ich kann mir nicht vorstellen, wie wir es alle geschafft haben, uns in diesen Transporter zu zwängen, aber wir schafften es irgendwie, nachdem er ausgeräumt worden war, und unter vielen Salutschüssen der Chinesen, die sich jetzt an Bord unserer alten Schiffe befanden, dampften wir langsam aus dem Hafen Drei Tage später stapften wir durch den dunklen Eingangskanal und zwischen den Festungen hindurch, die uns so lange auf Abstand gehalten hatten, und richteten unseren Bug nach Süden.

Wir alle verspürten einen Anflug von Bedauern, als wir die Schiffe verließen, die so aufregende drei Monate lang unser Zuhause gewesen waren, und ich glaube, alle kamen an Deck, um zuzusehen, wie One Gun Hill langsam unter dem Horizont versank, und blieben für den Rest der Zeit etwas still Tag.

Vier Tage später ankerten wir vor der Werft in Hongkong. Es war eine äußerst unangenehme Passage, und einer der ersten, der über die Seite kam, war Harrington, der Unterleutnant von „Nr. 1", der so schwer verbrüht worden war und im Krankenhaus lag. Es ging ihm praktisch gut und er war nur ziemlich traurig, dass er uns nicht begleiten konnte.

Helston und ich bezogen, sobald es uns möglich war, Zimmer im Peak Hotel und nahmen auch Jenkins und Hi Ling mit, denn ich hatte vor, ein Auge auf diesen Mann zu haben und ihn sicher in England zu sehen, falls es eines gab irgendwelche rechtlichen Probleme mit Hopkins' Testament.

Fast sofort machte sich ein großer Kreuzer auf den Weg nach Hause, und die Besatzung der *Strong Arm* übernahm die Überfahrt. Bannerman begleitete sie natürlich und war sehr froh, dass wir ihn nicht mehr sahen. Ich weiß, dass ich es war.

Der Rest von uns wurde vom nächsten Zwischenhändler nach Hause beordert, und wir hatten fünf Tage Zeit, auf sie zu warten. Diese fünf Tage waren für mich voller lästiger Belästigungen, denn die Kolonie, vom Gouverneur abwärts, insbesondere die chinesischen Kaufleute, feierte uns, wie ich sicherlich noch nie zuvor gefeiert worden war und wie ich es nie wieder tun werde. Es gelang mir jedoch, den meisten Unterhaltungsveranstaltungen aus dem Weg zu gehen, und ich verbrachte die meiste Zeit mit Golfspielen im Happy Valley und überließ all diese Dinge Helston, der im Durchschnitt drei Reden pro Tag gehalten haben musste und sich daher sehr amüsierte .

Cummins, Saunderson und Glover hatte ich in das Sanatorium des Offiziers geschickt, und die letzten beiden waren praktisch gesund, bevor wir gingen.

Schließlich traf unser P. & O. ein, und wir machten eine bequeme Heimreise in ihr, nur getrübt durch den törichten Enthusiasmus der Menschen in Singapur, Colombo und Aden, die zu unseren Ehren große Abendessen gaben und mehr Reden wollten. Sie haben sie nicht von mir bekommen, aber Helston war in seinem Element.

Als wir Port Said erreichten, hatte Cummins seinen Dienst wieder aufgenommen, ohne dass sich seine schreckliche Wunde verschlechtert hatte, und Helston, der unbedingt so schnell wie möglich nach England, insbesondere nach Fareham, gelangen wollte, telegrafierte an die Admiralität und erhielt die Erlaubnis, über Land zu gehen. Er kam eine Woche vor uns in London an.

Ich begleitete ihn so schnell wie möglich in seinem Hotel und fand Jenkins dort in einem Zustand des milden Glücks.

„Der Kapitän tut sich einfach was Gutes, Sir", sagte er mir. „Dass Fräulein Milly endlich zur Besinnung gekommen ist, Sir, und dass alles so enden wird. Der Admiral war da und hat ihm, glaube ich, ‚Die Kriegsartikel' und die Mütze vorgelesen." „Er wird nicht mehr wollen, dass Frau J. und ich für ihn den Haushalt führen."

„Hast du deine Frau schon gesehen?" Ich fragte ihn; und sein Gesicht senkte sich, als er etwas traurig antwortete: „Nun, Sir, ich habe meinen Urlaub noch nicht beendet."

Plötzlich kam Helston herein, er sah wunderbar gesund aus und war voller Lebhaftigkeit.

„Es ist alles in Ordnung, alter Junge", sang er, als er mir beinahe die Hand abriss. „Milly wird mich heiraten, sobald ich befördert werde, und nach dem, was man mir bei der Admiralität sagt, werde ich ohne Zweifel im Juli befördert. Du musst mein Trauzeuge sein, alter Junge; und der Admiral bringt sie mit." Wir bleiben etwa eine Woche dort, und wir vier werden eine tolle Zeit haben, bevor wir nach Fareham fahren.

Meine „lustige Zeit" bedeutete, wie ich erwartet hatte, dass ich mich um den Admiral kümmerte und seinen endlosen und sinnlosen Erzählungen zuhörte. Allerdings machte es mir ausnahmsweise nichts aus, und ich hätte mich sehr amüsieren können, wenn Milly selbst glücklich gewirkt hätte. Aber, arme kleine Seele, ich konnte sehen, dass das nicht der Fall war, und eines Abends, als wir nach einem sehr anstrengenden Tag zufällig allein im privaten Wohnzimmer waren, kam sie plötzlich zu mir herüber, wo ich die Abendzeitung las Sie vergrub ihren Kopf an meiner Schulter und brach in Tränen aus. Sie hat auch meine Brille kaputt gemacht, was ärgerlich war. Soweit ich es zwischen ihren Schluchzern verstehen konnte, fühlte sie sich furchtbar einsam, wünschte sich eine Mutter, die sie, die arme kleine Seele, seit ihrem zweiten Lebensjahr nicht mehr gehabt hatte, und wollte niemanden heiraten.

Ich schickte sie ins Bett und ging los, um noch eine Brille zu kaufen.

Ich hatte den Verdacht, dass der alte Admiral nicht so sehr daran interessiert wäre, dass sie Helston heiratete, wenn er gewusst hätte, dass Hopkins ihr sein ganzes Geld hinterlassen hatte, und ihm alles darüber erzählt hätte; aber ich hatte den alten Mann falsch eingeschätzt, denn das erste, was er sagte, war: „Nun, Helston hat es verdient, wenn irgendjemand es verdient, und Helston soll es auch haben", also konnte ich nichts mehr sagen.

Am nächsten Morgen war Milly in bester Stimmung.

# KAPITEL XXVI

## Wieder zuhause

Endlich zu Hause! – Die große Waffe wieder – Millys Hochzeit

*Mr. Midshipman Glover erzählt von seiner Heimkehr*

Hurra! Wie schön ist es, wieder zu Hause zu sein! Ihr Landgänger wisst nicht, wie es ist, wenn man in ein oder zwei Stunden das Ushant-Licht fallen lässt und den Eddystone aufnimmt. Manchmal ist es ziemlich schlimm, wenn es umgekehrt ist und man weggeht und nicht weiß, wie lange es dauern wird, bis man Old England wieder sieht; Aber es lohnt sich einfach, zurückzukommen, den aus dem Meer ragenden Eddystone zu sehen und dann Plymouth und die grünen Hügel von Devonshire und Cornwall zu besuchen.

Ihr, die ihr ganzes Leben lang zu Hause bleibt, wisst nicht, wie England ist, bis ihr es aus den Augen verloren habt.

Toddles, Mellins und ich sprühten vor Glück, blieben die ganze Nacht wach und wetteten, wer die Eddystone zuerst entdecken würde, da der Wachoffizier an Bord dieses P. & O. uns erlaubte Bleiben Sie in einer Ecke der Brücke, solange wir keinen Streit machen und uns viel bewegen.

Toddles sah es zuerst, also mussten Mellins und ich bei der allerersten Gelegenheit eine gewaltige Pleite über sich ergehen lassen. Jetzt ging es mir gut, so gut wie Regen, und seit mindestens zwei Wochen ging es mir ganz gut.

Am frühen Morgen stießen wir auf den Plymouth Sound. Sie schickten Admiralitätsschlepper aus, um alle unsere Leute an Land zu bringen. Wir drei Midshipmen hatten bis in die Nacht Urlaub und hatten zu dritt eine tolle Zeit. Mellins schwor, dass er noch nie in seinem Leben so viel gegessen hatte, und wir alle hofften, dass er es nicht getan hatte – selbst er tat sich hinterher ziemlich leid.

Sie ließen uns am nächsten Tag in Urlaub gehen. Die Admiralität hatte uns als besondere Belohnung einen Monat geschenkt (wow! War das nicht Glück?), und es war einfach großartig, nach Hause zu kommen.

Mein Vater lebt in Hampshire und hat ein gemütliches Haus mitten auf dem Land, meilenweit von der Eisenbahn entfernt. Effie, meine kleine Schwester, holte mich in einem Hundewagen ab und fuhr mich nach Hause. Sie sah schick aus wie eine neue Anstecknadel, aber Sie können sich nicht vorstellen, wie schäbig ich war, denn irgendwie hatte ich meine gesamte Zivilkleidung verloren und musste mir Krimskrams von Toddles ausleihen, und sie waren viel zu klein für mich, und meine Stiefel waren Geldbeutelkrabben[#], die mit Schnüren zusammengebunden waren. Aber es spielte keinen Cent eine Rolle.

[#] Stiefel im Admiralitätsmuster, die den Männern aus den Geschäften des Zahlmeisters geliefert werden.

Effie ließ ihr Pony wie der Wind rasen, das kann ich Ihnen sagen, und meine ramponierte alte Uniformbüchse aus Blech fiel durcheinander auf die Straße – sie konnte ihr aber nichts mehr anhaben – und wir mussten sie festzurren.

Du fühlst dich wie ein Mann, wenn du in den Zug steigst, und, nun ja – wenn du am verschlafenen alten Bahnhof aussteigst und die gleiche alte Straße entlang fährst und all die Dorfbewohner triffst, die du seit jeher kennst, dann fühlst du dich Recht jung.

Wir trafen Toby, den Stallburschen, eine halbe Meile vom Haus entfernt und führten die Farmpferde von der Tränke zurück, und ich konnte nicht widerstehen, ließ Effie anhalten, sprang auf den Rücken eines von ihnen und raste mit ihr nach Hause.

Sie flog einfach mit, aber ich überholte sie und gewann souverän, wobei ich den Antrieb zerriss; Und obwohl der Pater und meine Mutter und alle anderen an der Tür auf mich warteten, konnte ich das Pferd nicht aufhalten, und es bog abrupt in den Stallhof ein und warf mich in einen Busch.

Fröhlicher alter Busch! Ich war schon fünfzig Mal darauf reingefallen.

Wir Matrosen freuen uns die ganze Zeit, wenn wir weg sind, auf diesen Tag, wenn wir nach Hause kommen, und das ist es wert, das kann ich Ihnen sagen.

Ich hatte jedem von ihnen eine Art Geschenk mitgebracht – eine Kuriosität aus Hongkong oder etwas, das ich auf der Insel mitgenommen hatte –, ein Gewehr von One Gun Hill für die Pater und ein großes Stück einer Granate, die an Bord der geplatzt war *Laird* für meine Mutter, und sie ging nicht aus dem Kopf, dass es das war, was mich verletzt hatte.

Dann und dort musste ich ihnen alle meine Wunden zeigen – ich hatte vier, wissen Sie.

Erstens das Kleine auf meinem Kopf, das man finden könnte, wenn man genau hinsehe; und der auf meiner Brust, der mir so viel Ärger bereitet und eine ziemlich große Narbe hinterlassen hatte; und der Stich in mein Bein und die Schusswunde direkt darunter.

War der Pater nicht stolz und Effie auch? aber meine Mutter brach in Tränen aus, und dann, glaube ich, weinten wir alle und umarmten uns und hatten eine tolle Zeit; und ich erzählte ihnen, dass Toddles und Mellins kommen würden, um vierzehn Tage bei mir zu verbringen, und dass Mellins Sardinen und Kuchen liebte – je reicher, desto besser – und sagte Effie, sie müsse einen von ihnen heiraten, denn sie seien die besten Kerle der Welt Welt, und sie sagte, sie würde es tun, und das war in Ordnung.

Natürlich beruhigten wir uns danach, und dann musste ich gehen und Toby meine Wunden zeigen, und der alten Haushälterin, und sie weinte auch und gab mir selbstgebackenes Brot, auf dem Honig einen halben Zoll dick aufgestrichen war, der Honig -Kämmen Sie es auch hinein, denn sie wusste, dass mir das gefiel.

Und auch das Bett – dasselbe kleine Bett, auf demselben alten Dachboden, mit einem komischen, schmalen kleinen Fenster mit Blick auf den Küchengarten – es hatte noch nie so gemütlich ausgesehen; Und meine Mutter kam herauf, als ich mich umdrehte, und weinte, als sie sah, dass mein Pyjama ganz durchlöchert war, und kniete sich neben mein Bett und sprach ihre Gebete, und ich sagte meins zu ihr, und sie weinte erneut, und ich heulte ein wenig. Ich war so absolut glücklich; und Effie kam am nächsten Morgen sehr früh herein und wir hatten eine richtig gute Kissenschlacht.

Gute Dinge können nicht ewig dauern. Ich denke, es ist auch genauso gut, sonst würden wir nie erfahren, dass sie so gut sind.

Toddles und Mellins kamen sofort und wir hatten einfach eine tolle Zeit; aber dann wurden wir alle auf verschiedene Schiffe versetzt und mussten uns ihnen in Portsmouth anschließen.

Ich hatte Milly und den alten Admiral in Fareham nicht vergessen und ihm das Testament übergeben, wie ich es Hopkins versprochen hatte. Ich glaube nicht, dass die Anwälte irgendwelche Schwierigkeiten damit gemacht haben, obwohl ich glaube, dass es sehr lange gedauert hat, das Geld aus Amerika herüberzubekommen.

Milly wollte mich küssen – davor hatte ich immer Angst –, aber ich schüttelte ihr kräftig die Hand und wich zurück; Daraus hat sich also nichts ergeben, und sie hat es nie wieder versucht. Sie wollte viel über Hopkins wissen, aber sie erfuhr nie, dass er ein Pirat war und gegen uns kämpfte, und ich glaube, niemand hat es ihr jemals erzählt. Ich bin mir sicher, dass der Captain das niemals tun würde.

Sie war jetzt richtig mit ihm verlobt und die Dinge schienen sehr ruhig zu verlaufen.

Ich ging ins Dorf hinunter und sah ihn und Dr. Fox und auch Jenkins in Todesangst vor seiner Frau – das ahnte ich sofort – und der Kapitän lud mich zu seiner Hochzeit ein, die hoffentlich im August stattfinden würde.

Dr. Fox war so grimmig wie immer. Er öffnete gerade ein Paket, als ich hineinging, und ich hörte ihn mit seiner bissigen Stimme sagen: „Sehen Sie, was mir diese dummen Narren geschickt haben! Was für eine Zeitverschwendung, und ich kann das Ding nirgendwo hinstellen."

Es handelte sich um ein Messingmodell der großen Krupp-Kanone im Waffenschacht, und rund um den Eichenständer hing ein silbernes Schild mit den Namen aller Männer *des Lairds* auf dem Unterdeck, die auf One Gun Hill gekämpft hatten.

Ich selbst hätte sehr stolz darauf sein sollen, es zu bekommen, aber Dr. Fox hustete ein oder zwei Mal komisch und sagte dann noch einmal: „Was für dumme Idioten! Ich muss wohl schreiben und ihnen danken. Ich hasse es, Briefe zu schreiben."

Ich traf Mr. Saunderson an diesem Tag etwas außerhalb der Portsmouth Dockyard, als ich den Hard entlang spazierte. Er streckte seine riesige Hand aus und hob mich halb vom Boden.

Ich war froh, ihn zu sehen.

„Ich möchte nicht, dass du jetzt die Kugeln abwehrst, Glover", sagte er, nahm mich mit in den Keppel's Head und gab mir das Mittagessen.

Die nächsten vier Monate fuhr ich mit meinem neuen Schiff, der *Royal Oak*, in der Kanalflotte zur See, und als die Juli-Aktionen herauskamen, brodelte es einfach nur.

Kapitän Helston und der Kommandant waren beide zu Postkapitänen befördert worden, Herr Parker von „Nr. 3" und Herr Lang von „Nr. 2" zu Kommandeuren. Collins, das U-Boot von „No. 3", und Harrington von „No. 1", der versucht hatte, die Heizer zu retten, als die Granate ihren Kessel platzte, wurden zu Leutnants ernannt und standen am Ende der Liste war „Noted for Early Promotion", und dann folgten mein Name und der von Toddles und Mellins, zwei weiteren Midshipmen *des Laird* und drei von den *Strong Arms* . Dumplings Name war nicht da. Ogston, der stellvertretende Ingenieur *des Laird*, war einige Tage zuvor befördert worden. Wir waren alle so froh.

Waffenraum *des Royal Oak* ein Sardinenessen vertragen .

Ich wusste auch, wie entsetzlich erfreut sie zu Hause sein würden, und schon mit der nächsten Post bekam ich einen Fünfer von meinem Pater.

Pat Jones war zufällig als einer der Quartiermeister auf mein Schiff geschickt worden, und er war genauso begeistert wie ich, und ich versuchte, ihn dazu zu bringen, den Fünfer mit mir zu teilen, aber er wollte nicht.

Ich weiß jedoch, dass der Pater sich um ihn kümmern und ihm bei jedem Ausscheiden aus dem Dienst eine gute Unterkunft geben wird, also wird das in Ordnung sein.

Nun, Milly hat im August oben in London geheiratet, und da die *Royal Oak* zufällig in Portland war, bekam ich Urlaub und ging hinauf, um der Hochzeit beizuwohnen. Es war eine lustige, großartige Angelegenheit, und es waren jede Menge alte Freunde da.

Ich traf Captain Cummins am Tag zuvor, als er mit den Händen in den Taschen und einem Zahnstocher im Mund in ein Juweliergeschäft in der Regent Street schaute. Er hatte so einen melancholischen, komisch wirkenden Gesichtsausdruck, und er kicherte, so wie er es immer tat, wenn er mich erblickte, und nahm mich mit in den Laden, um ihm bei der Auswahl etwas für Milly zu helfen.

Es war ein Ding, das sie sich ins Haar stecken konnte, wenn sie wollte, oder sie konnte es in drei Teile teilen und es mit einer Kette um ihren Hals befestigen, mit dem großen Stück unter ihrem Kinn, wenn sie es so tragen wollte. Ich weiß, dass er dafür eine enorme Summe gegeben haben muss.

Er gab mir ein Mittagessen in einem Swagger-Club, redete aber nicht viel. Er hatte gerade das Kommando über ein Schiff auf der Station am Kap der Guten Hoffnung erhalten und wollte es in einer Woche in Dienst stellen.

„Bin damit beschäftigt, einen Vorrat an Zahnstochern anzulegen, Junge", kicherte er.

Ich glaube, er hatte ziemliches Pech.

Die Hochzeit war ein herrlicher Erfolg, und ich fand, dass Milly oder jedes andere Mädchen auf einen Ehemann wie Captain Helston sehr stolz sein sollte. Er sah großartig aus, obwohl sein linker Arm immer noch fast hilflos war, und hielt anschließend beim Mittagessen eine Rede; und der liebe alte Toddles – er hatte es auch geschafft, zu entkommen – musste für die Damen antworten, und wir hatten alle Spaß, außer Toddles, der den Rest des Tages rot und wütend war.

Erstaunlicherweise war Dr. Fox dort, ganz freundlich, und Captain Williams und Mr. Saunderson sowie Mr. Parker und Mr. Lang, jetzt beide Kommandeure.

Mr. Pattison war zur australischen Station gegangen (er tat mir sehr leid), aber Captain Cummins war dort und hielt eine furchtbar komische Rede und ging dann weg, ohne sich von jemandem zu verabschieden.

Toddles und mir gelang es, ein paar weiße Schuhe mit Draht an der Kutsche zu befestigen, so dass sie sie nicht ausziehen konnten, und wir machten einen herrlichen Lärm, als Kapitän Helston und Milly wegfuhren.

Am Abend gingen Toddles und ich ins Theater – Captain Helston hatte uns eine Loge ganz für uns allein gegeben – und wir wünschten, Mellins hätte bei uns sein können. Wir hatten eine tolle Zeit. Toddles vergaß die Rede völlig und wir schafften es, die letzten Züge zurück zu erwischen – er nach Portsmouth und ich nach Portland. Er hatte viel mehr Glück als ich, denn sein Schiff lag neben der Anlegestelle und er musste nur zu Fuß an Bord gehen, während ich ein Landboot nehmen und zwei Meilen zum Schiff fahren musste, um um zwei Uhr morgens an Bord zu gehen , durchnässt, und musste um sechs Uhr wieder aufstehen, da ich zufällig die Woche lang Signalfähnrich war.

Ich habe nie wieder etwas von Ping Sang gehört, obwohl ich glaube, dass er Kapitän Helston und Dr. Fox zwei teure chinesische Gläser geschickt hat; Aber etwa drei Monate nach der Hochzeit erhielten sowohl Toddles als auch ich Briefe von A Tsi, und er schickte uns jedem eine sehr urige geschnitzte Elfenbeinschrottware.

Wir waren beide sehr zufrieden damit, und Toddles sagt, er beabsichtige, seinen Schrott als Erbstück an seine Kinder weiterzugeben.

* * * * * * *